DISCURSOS

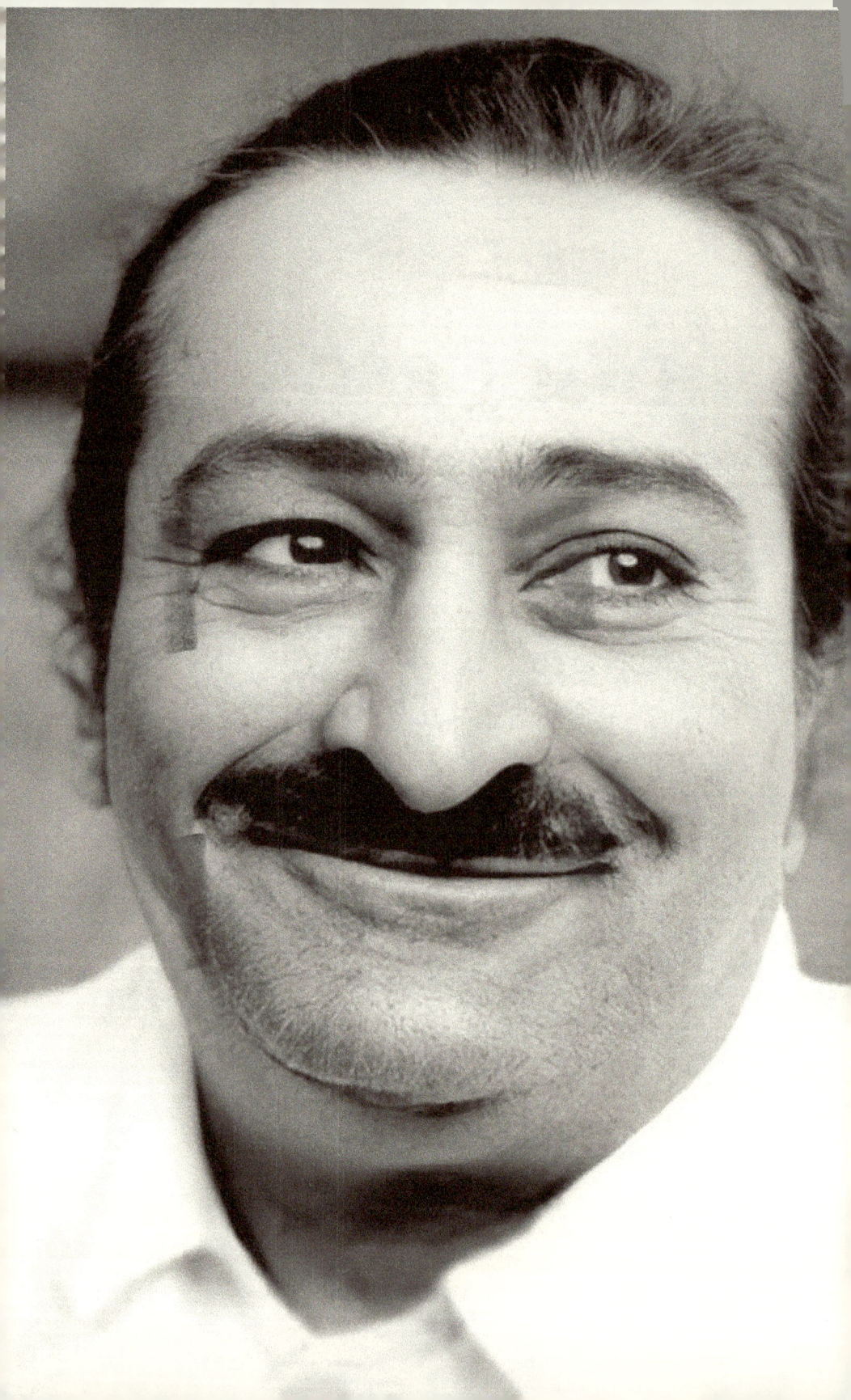

DISCURSOS

de Meher Baba

MEHER BABA

Meher Baba abandonó su cuerpo físico el 31 de enero de 1969. Los últimos años de su presencia física los pasó en estricta reclusión, marcados por una preocupación dolorosamente intensa y agotadora por su obra universal. En 1968 anunció que esta se había completado 100 por ciento a su satisfacción. El mismo período también atestiguó un crecimiento vertiginoso en el número quienes, en él, buscaban la clave del significado de la vida. Miles de estos pasaron ante su amada forma física mientras yacía durante siete días en su tumba en Meherabad, cerca de Ahmednagar, India. Más miles de personas de todo el mundo asistieron al darshan de abril a junio, que él había organizado meses antes. El impacto de estos sucesos en la persona interior, y de los meses que ya han pasado, dan testimonio de la fuerza del amor puesto en movimiento por quien conocimos y aceptamos como el Avatar de nuestra era.

Volumen I
Contenido

Volumen II
Contenido

Volumen III
Contenido

VOLUMEN I

Las Siete Realidades de las Enseñanzas de Meher Baba

EXISTENCIA, AMOR, SACRIFICIO, RENUNCIA, CONOCIMIENTO, CONTROL Y ENTREGA

La enseñanza de Meher Baba no da ninguna importancia a credo, dogma, casta o a la realización de ceremonias y ritos religiosos, pero sí a la COMPRENSION de las siguientes siete Realidades:

1. La única **Existencia Real** es la del Único Dios, Quien es el Ser en todo ser (finito).
2. El único **Amor Real** es el Amor por esta Infinidad (Dios), que suscita un anhelo intenso de ver, conocer y volverse uno con su Verdad (Dios).
3. El único Sacrificio Real es aquél en el cual, persiguiendo este Amor, todas las cosas —cuerpo, mente, posición social, bienestar e incluso la vida misma— son sacrificadas.
4. La única **Renuncia Real** es la que abandona, incluso en medio de deberes mundanos, todo pensamiento y deseo egoísta.
5. El único **Conocimiento Real** es el Conocimiento de que Dios mora internamente en las personas buenas y en las así llamadas malas, en el santo y en el así llamado pecador. Este Conocimiento requiere de ayudar a todos por igual conforme lo demanden las circunstancias, sin expectativa de recompensa, y al ser obligado a tomar parte en una disputa, de actuar sin el menor rastro de enemistad u odio; de tratar de hacer felices a los demás con sentimiento fraternal hacia cada uno, y de no dañar a nadie con pensamiento, palabra u obra, ni siquiera a quienes nos dañen.
6. El único **Control Real** es la disciplina de los sentidos para abstenerse de la indulgencia en bajos deseos, que es lo único que asegura la pureza absoluta de carácter.

7. La única **Entrega Real** es aquélla en la que el aplomo es imperturbable por cualquier circunstancia adversa y el individuo, en medio de toda clase de dificultades, se resigna con perfecta calma a la voluntad de Dios.

La Nueva Humanidad

Como en todos los grandes períodos críticos de la historia humana, la humanidad ahora pasa por el agonizante trabajo del renacimiento espiritual. Grandes fuerzas de destrucción están en marcha y parecen

El Plan Divino

dominar por el momento, pero fuerzas constructivas y creativas que redimirán a la humanidad también están siendo liberadas mediante diversos canales. Aunque el trabajo de estas fuerzas de luz se hace mayormente en silencio, están destinadas a traer consigo las transformaciones que harán que el subsiguiente avance espiritual de la humanidad sea seguro y firme. *Todo es parte del plan divino, que es dar al mundo cansado y famélico una nueva dispensación de la única y eterna Verdad.*

El problema urgente que enfrenta la humanidad ahora es idear maneras y medios para eliminar la competencia, el conflicto y la rivalidad

La guerra, un síntoma de causas más graves

en todas las formas sutiles y densas que asumen en las diversas esferas de la vida. Las guerras militares son, por supuesto, el origen más obvio del caos y la destrucción. Sin embargo, las guerras en sí no constituyen el problema central, sino que son síntomas externos de algo más grave de raíz. Las guerras y el sufrimiento que conllevan no se pueden evitar completamente con mera propaganda anti-guerra; si han de desaparecer de la historia humana, será necesario enfrentar su causa raíz. Aun sin conflictos militares, el individuo o grupos de individuos se involucran constantemente en *conflictos económicos o en alguna otra forma sutil de contienda.* Las guerras militares, con toda la crueldad que implican, surgen sólo cuando se agravan estas causas subyacentes.

La causa raíz del caos que se precipita en las guerras, reside en que la mayoría de la gente se encuentra en las garras del egoísmo y las

La causa última del caos está en el egoísmo e interés propio

consideraciones egoístas, expresando su *egoísmo e interés propio,* tanto en forma individual como colectiva. *Ésta es la vida de valores ilusorios en la que se encuentra atrapado el hombre.* Enfrentar la Verdad es darse cuenta de que la vida es una en todas sus múltiples manifestaciones y a través de ellas. Entender esto es olvidar al yo limitante, en la realización de la unidad de la vida.

Con el amanecer del verdadero entendimiento, el problema de las guerras desaparecería inmediatamente. *Las guerras deben considerarse tan claramente innecesarias e irracionales, que el problema inmediato no sería cómo pararlas, sino cómo librarlas espiritualmente en contra de la actitud mental responsable de tan cruel y penosa situación.* A la luz de la Verdad de la unidad de toda la vida, la acción cooperativa y armoniosa se vuelve natural e inevitable. Por lo tanto, la principal tarea para quienes se interesan profundamente por la reconstrucción de la humanidad, es hacer todo lo posible para disipar la ignorancia espiritual que envuelve a la humanidad.

Las guerras son innecesarias e irracionales

Las guerras no surgen sólo para asegurar el ajuste material, sino que a menudo son el resultado de la identificación acrítica con intereses mezquinos, que por asociación vienen a quedar incluidos en la parte del mundo considerada como "mía". *El ajuste material es sólo parte del problema más amplio de establecer el ajuste espiritual; pero el ajuste espiritual requiere la eliminación del yo, no sólo de los aspectos materiales de la vida, sino también de aquellos ámbitos que afectan la vida intelectual, emocional y cultural del hombre.*

El interés propio debe ser eliminado de toda esfera de la vida

Comprender el problema de la humanidad meramente como un problema de pan es reducir a la humanidad al nivel de la animalidad.

Incluso el ajuste material requiere entendimiento espiritual

Pero aun cuando el hombre emprende la limitada tarea de asegurar un ajuste puramente material, sólo puede tener éxito si tiene entendimiento espiritual. El ajuste económico es imposible a menos que la gente se percate de que no puede haber ninguna acción planificada y cooperativa en materia económica, hasta que el interés propio ceda lugar al amor desinteresado. De lo contrario, aun con el mejor de los equipos y eficiencia en las esferas materiales, la humanidad no podrá evitar el conflicto y la insuficiencia.

LA NUEVA HUMANIDAD que emerge del esfuerzo de la presente lucha y sufrimiento, no ignorará la ciencia ni sus logros prácticos. Es un error considerar a la ciencia anti-espiritual. *La ciencia es una ayuda o un obstáculo para la espiritualidad según el uso que se le da.* Así como el

Justo lugar de la ciencia

arte verdadero expresa espiritualidad, la ciencia, manejada adecuadamente, puede ser la expresión y realización del espíritu. Las verdades científicas relativas al cuerpo físico y su vida en el mundo denso pueden convertirse en un medio para que el alma se conozca a sí misma; pero para servir este propósito, se deben ajustar debidamente al mayor entender espiritual. Esto incluye una percepción constante de los valores verdaderos y perdurables. En ausencia de tal entendimiento espiritual, las verdades y los logros científicos pueden ser utilizados para la destrucción mutua y para una vida que tiende a fortalecer las cadenas que aprisionan al espíritu. Sólo se puede garantizar el progreso íntegro de la humanidad si la ciencia y la religión van de la mano.

La civilización venidera de la Nueva Humanidad será dotada, no de secas doctrinas intelectuales, sino de una experiencia espiritual viviente. La experiencia

Necesidad de experiencia espiritual

espiritual captura las verdades más profundas, que son inaccesibles al mero intelecto. No puede nacer solamente del intelecto. La verdad espiritual a menudo se puede afirmar y expresar a través del intelecto y el intelecto seguramente es de cierta ayuda para la comunicación de la experiencia espiritual; pero por sí solo, el intelecto es insuficiente para capacitar al hombre para tener una experiencia espiritual o comunicarla a otros. Si dos personas han tenido dolores de cabeza, pueden examinar conjuntamente su experiencia y hacerla explícita entre sí mediante el desempeño del intelecto; pero si una persona jamás ha experimentado un dolor de cabeza, ninguna explicación intelectual será suficiente para hacerle comprender lo que es un dolor de cabeza. La explicación intelectual jamás puede substituir a la experiencia espiritual. A lo sumo, puede preparar el terreno para ello.

La experiencia espiritual conlleva más de lo que se puede captar con el mero intelecto. Esto a menudo se enfatiza al denominarla una

Naturaleza y lugar de la experiencia espiritual

experiencia mística. El misticismo con frecuencia se considera como algo anti-intelectual, oscuro y confuso, o impráctico y desconectado de la experiencia. De hecho, el verdadero misticismo no es nada de esto.

No hay nada irracional en el misticismo verdadero cuando es, como debe ser, una visión de la Realidad. Es una forma de percepción absolutamente cristalina y tan práctica que puede vivirse en cada momento de la vida y expresarse en los deberes cotidianos. Su conexión con la experiencia es tan profunda que, en cierto sentido, es el entendimiento final de toda experiencia. Cuando la experiencia espiritual se describe como mística, no se debe asumir que es algo sobrenatural o completamente fuera del alcance de la consciencia humana. Lo único que se quiere decir, es que no es accesible al limitado intelecto humano hasta que éste trasciende sus límites y es iluminado por la realización directa del Infinito. Cristo señaló el camino a la experiencia espiritual cuando dijo: "Dejad todo y seguidme." Esto significa que el hombre debe abandonar sus limitaciones y establecerse en la vida infinita de Dios. La experiencia espiritual real implica no sólo la realización del alma en los planos superiores, sino también una actitud correcta hacia los deberes mundanos. Si se pierde la conexión con las diferentes facetas de la vida, lo que tenemos es una reacción neurótica que queda lejos de ser una experiencia espiritual.

La experiencia espiritual que ha de avivar y energizar a la Nueva Humanidad, no puede ser una reacción a las severas e intransigentes demandas hechas por las realidades de la vida. Quienes no tienen la capacidad de ajustarse al flujo de la vida, tienden a replegarse ante las realidades de ésta y buscan refugio y protección en una fortaleza de ilusiones auto creadas. Tal reacción es un intento para perpetuar la existencia separada, al protegerla de las demandas hechas por la vida. Esto sólo puede ofrecer una seudo solución a los problemas de la vida, al dar una falsa sensación de seguridad y plenitud. Ni siquiera es un avance hacia la solución real y duradera. Al contrario, es un desvío del verdadero Camino. *Frescas e irresistibles oleadas de vida desalojarán al hombre una y otra vez de sus refugios ilusorios, y él invitará sobre sí nuevas formas de sufrimiento, al buscar proteger su existencia separada a través de la evasión.*

La experiencia espiritual no nace de la evasión

Así como una persona puede tratar de aferrarse a su experiencia separativa a través de la evasión, también puede tratar de conservarla mediante la identificación acrítica con formas, ceremonias y rituales o con tradiciones y convencionalismos. En la mayoría de los casos, las

La Nueva Humanidad no se adherirá a formas externas

formas, ceremonias y rituales, tradiciones y convencionalismos, son impedimentos para la liberación de la vida infinita. Si fuesen un medio flexible para la expresión de la vida ilimitada, serían una ventaja más que una desventaja para asegurar la realización de la vida divina en la tierra; pero principalmente tienden a procurar prestigio y atribuciones por derecho propio, independientemente de la vida que pudiesen expresar. Cuando esto sucede, cualquier apego a éstos eventualmente conduce a una drástica limitación y restricción de la vida. *La Nueva Humanidad será liberada de una vida de limitaciones, concediendo campo libre para la vida creativa del espíritu; y romperá el apego a formas externas, y aprenderá a subordinarlas a las demandas del espíritu.* La vida limitada de ilusiones y falsos valores será entonces reemplazada por una vida ilimitada en la Verdad, y las limitaciones, a través de las cuales vive el ser separativo, se marchitarán al ser tocadas por el verdadero entendimiento.

Así como una persona puede tratar de aferrarse a su existencia separativa mediante la evasión o identificación con formas externas,

Identificarse con un grupo reducido es una modalidad del ser limitado

también puede buscar conservarla identificándose con alguna clase, credo, secta o religión de carácter estrecho, o con las divisiones derivadas del sexo. Aquí puede parecer que el individuo ha perdido su existencia separativa al identificarse con un todo mayor; pero, de hecho, a menudo *expresa* su existencia separativa a través de tal identificación, lo que le permite deleitarse en su sentimiento de estar separado de quienes pertenecen a otra clase, nacionalidad, credo, secta, religión o sexo.

La existencia separativa obtiene su ser y fortaleza al identificarse con un opuesto y contrastarse con el otro. La persona puede tratar

El ser limitado vive a través de los opuestos

de proteger su existencia separada al identificarse con una ideología más que con otra, o con su concepción del bien, en contraste con su idea del mal. El resultado de la identificación con grupos estrechos o ideales limitados no es una unión real del ser separativo, sino sólo un semblante de ésta. Una unión real del ser limitado con el océano de vida universal implica la entrega completa de la existencia separativa en todas sus formas.

La gran masa de la humanidad está atrapada en las garras de las tendencias separativas y asertivas. Para quien se abruma con el

Esperanza para el futuro
espectáculo de tales ataduras sobre la humanidad, no habrá sino desesperación constante en torno al futuro de este. Para llegar a una perspectiva correcta de la presente angustia de la humanidad, se deben revisar más a fondo las existentes realidades. Las posibilidades reales de la Nueva Humanidad se ocultan de quienes solamente ven la superficie de la situación mundial, pero estas existen, y sólo necesitan una chispa de entendimiento espiritual para entrar en pleno juego y efecto. Las fuerzas de la lujuria, el odio y la codicia producen sufrimiento y caos incalculables, pero *la característica redentora de la naturaleza humana es que aún en medio de las fuerzas disruptivas, indefectiblemente existe alguna forma de amor.*

Incluso las guerras requieren del funcionamiento cooperativo, pero el alcance de este funcionamiento cooperativo se restringe artificialmente por la identificación con grupos o ideales limitados.

El amor debe ser libre de limitaciones
Las guerras a menudo se libran a causa de alguna forma de amor, pero es un amor que no se ha entendido correctamente. Para que el amor pueda florecer, debe ser irrestricto e ilimitado. El amor de hecho existe en todas las fases de la vida humana, pero está latente o limitado y envenenado por la ambición personal, orgullo racial, lealtades y rivalidades estrechas, y el apego al sexo, nacionalidad, secta, casta o religión. Si ha de haber una resurrección de la humanidad, el corazón del hombre debe abrirse para que un nuevo amor nazca en este; *un amor que no conozca corrupción y esté completamente libre de la codicia individual o colectiva.*

La Nueva Humanidad nacerá a través de una liberación de amor en abundancia inmensurable, y esta liberación de amor puede provenir del despertar espiritual generado por los Maestros.

El amor es auto comunicativo
El amor no puede nacer por mera determinación. A través del ejercicio de la voluntad, uno puede, en el mejor de los casos, ser diligente. Con lucha y esfuerzo uno se puede asegurar de que su acción externa se haga conforme al concepto propio de lo que es correcto, pero tal acción es espiritualmente estéril porque carece de la belleza interna del amor espontáneo. El amor debe nacer espontáneamente desde el interior; para nada es susceptible a alguna forma de fuerza interna o externa. El amor y la coerción jamás pueden existir juntos, pero mientras que el amor no se le puede imponer a nadie, puede ser despertado mediante el amor mismo. *El amor es*

esencialmente auto comunicativo; quienes no lo tienen se contagian de quienes lo tienen. Quienes reciben amor de otros no pueden ser sus receptores sin dar una respuesta que, en sí, es la naturaleza del amor. El verdadero amor es inconquistable e irresistible. Continúa acumulando poder y diseminándose hasta que finalmente transforma a todos quienes toca. *La humanidad alcanzará un nuevo modo de ser y de vida mediante la libre e irrestricta interacción de amor puro, de corazón a corazón.*

Cuando se reconozca que no hay mayor derecho que el derecho de la vida divina universal, que sin excepción incluye a todos y a todo, el amor no sólo establecerá paz, armonía y felicidad en las esferas sociales,

Redención de la humanidad mediante el amor divino

nacionales e internacionales, sino que brillará en su propia pureza y belleza. El amor divino es inexpugnable ante los ataques de la dualidad y es una expresión de la divinidad misma.

Mediante el amor divino, la Nueva Humanidad se sintonizará con el plan divino. El amor divino no sólo introducirá dulzura imperecedera y dicha infinita a la vida personal, sino también hará posible la era de una Nueva Humanidad. *Mediante el amor divino, la Nueva Humanidad aprenderá el arte de una vida armoniosa y cooperativa; se liberará de la tiranía de las formas muertas y liberará una vida creativa de sabiduría espiritual; se despojará de todo lo ilusorio y se establecerá en la Verdad; disfrutará de la paz y felicidad permanentes y se iniciará en la vida de la Eternidad.*

El Egoísmo

El egoísmo surge debido a la tendencia de los deseos por cumplirse mediante la acción y la experiencia. Nace de la ignorancia fundamental sobre nuestra naturaleza verdadera. La consciencia humana se nubla por la acumulación de varios tipos de impresiones, que se depositan durante el curso prolongado de la evolución de la consciencia. Estas impresiones se expresan como deseos y el rango de operación de la consciencia se limita estrictamente por estos deseos. Los *sanskaras* o impresiones forman un cerco alrededor del posible campo de la consciencia. Este círculo de *sanskaras* constituye la única área limitada en la que la consciencia individual se puede enfocar. Algunos de los deseos solo tienen mera latencia de acción, pero otros pueden traducirse en acciones efectivas. La capacidad para que se exprese un deseo a través de la conducta, depende de la intensidad y cantidad de *sanskaras* conectados con éste. Usando una metáfora geométrica, podemos decir que cuando un deseo pasa a la acción, atraviesa una distancia equivalente al radio del círculo que delimita los *sanskaras* conectados con este. Cuando un deseo acumula la fuerza suficiente, se proyecta en acciones para realizarse.

Análisis del egoísmo

La gama del egoísmo es igual a la gama de los deseos. Debido al lastre de sus múltiples deseos, es imposible que el alma encuentre la expresión libre y plena de su verdadero ser, y la vida se vuelve egocéntrica y estrecha. La vida total del ego personal queda continuamente a la merced del deseo; es decir, en el intento de cumplir los deseos mediante las cosas que cambian y desaparecen, pero *no puede haber una plenitud verdadera mediante las cosas transitorias*. La satisfacción derivada de las cosas pasajeras de la vida no perdura y los deseos del hombre quedan insatisfechos. Por ende, hay una sensación general de insatisfacción, acompañada de todo tipo de preocupaciones.

El deseo acaba en la insatisfacción

Las formas principales en las que el ego frustrado encuentra expresión son la lujuria, la codicia y la ira. La lujuria es muy parecida a la codicia en muchos aspectos, pero difiere en la forma de su realización, que se asocia directamente con la esfera densa. La lujuria encuentra expresión por medio del cuerpo físico y tiene que ver con lo carnal. Es una forma de enredo con la esfera densa. La codicia es un estado **Lujuria,** de inquietud del corazón, y consiste principalmente **Codicia e Ira** en ansiar poder y posesiones. Las posesiones y el poder se procuran para cumplir los deseos. En el intento de cumplir sus deseos, el hombre sólo se satisface parcialmente y esta satisfacción parcial aviva y aumenta la llama del ansia en vez de extinguirla. La codicia encuentra así un campo de conquista interminable que deja al hombre permanentemente insatisfecho. Las expresiones principales de la codicia se asocian con la parte emocional del hombre. Es una forma de enredo con la esfera *sutil.* La ira es el humo de una mente irritada, ocasionada por la frustración de los deseos. Alimenta al ego limitado y se usa para dominar y agredir. Intenta quitar los obstáculos existentes para el cumplimiento de los deseos. El frenesí de la ira alimenta al egoísmo y la arrogancia, y es el más grande benefactor del ego limitado. La mente es el asiento de la ira, y sus expresiones generalmente se dan a través de las actividades de la mente. La ira es una forma de enredo *mental.* La lujuria, la codicia y la ira se expresan mediante el cuerpo, el corazón y la mente, respectivamente.

El hombre experimenta la decepción mediante la lujuria, la codicia y la ira; y el ego frustrado, por su parte, busca aún más gratificación a través de la lujuria, la codicia y la ira. Así, la **El círculo vicioso** consciencia queda atrapada en un *círculo vicioso de decepciones.* La decepción surge cuando la lujuria, la codicia o la ira se frustran en su expresión. Por lo tanto, es una reacción generalizada del enredo denso, sutil y mental. Es una depresión que se da por no satisfacerse la lujuria, la codicia y la ira, la cuales juntas, son coextensivas con el egoísmo. El egoísmo, siendo la base común de estos tres ingredientes viciosos, es por consiguiente la causa última de la decepción y las preocupaciones. Se derrota a sí mismo. Busca realizarse a través del deseo, pero sólo logra una insatisfacción interminable.

El egoísmo inevitablemente conduce a la insatisfacción y la decepción, porque los deseos no tienen fin. El problema de la felicidad es entonces el problema de desprenderse **El camino a la felicidad** de los deseos. Sin embargo, los deseos no se pueden superar eficazmente mediante la represión mecánica. Sólo se pueden eliminar con el conocimiento. Si se sumergieran en pensamientos profundos, y reflexionaran seriamente por solo unos breves minutos, se darían cuenta de la vacuidad de los deseos. Piensen en lo que han disfrutado todos estos años y en lo que han sufrido. Todo lo que han disfrutado en la vida, hoy es nulo. Todo lo que han sufrido en la vida también es nulo en el presente. Todo fue ilusorio. Es su derecho ser felices, y, aun así, crean su propia infelicidad al desear cosas. El deseo es la fuente del descontento perpetuo. Si no consiguen la cosa que quieren, se decepcionan; y si la consiguen, quieren más y más de lo mismo, y son infelices. Digan: "No quiero nada", y sean felices. La realización continua de la futilidad de los deseos eventualmente conduce al Conocimiento. Este Conocimiento de Sí, los liberará del deseo y los conducirá al camino de la felicidad duradera.

Los deseos se deben distinguir cuidadosamente de las necesidades. El orgullo y la ira, la codicia y la lujuria, todos estos son diferentes de las necesidades. Podrán pensar, "necesito todo lo que quiero", pero esto es un error. Si tienen sed en un desierto, lo que necesitan es agua pura, no una limonada. Mientras el hombre tenga cuerpo habrá algunas necesidades, y es necesario satisfacerlas. Pero los deseos son el resultado de una imaginación infatuada. Si ha de haber alguna felicidad, los deseos deben ser escrupulosamente eliminados. Como la existencia misma del egoísmo consiste en deseos, *la renuncia de los deseos se convierte en un proceso de muerte*. En el sentido habitual, morir significa separarse del cuerpo físico; pero morir en el sentido real significa renunciar a los bajos deseos de los sentidos. Los sacerdotes preparan al hombre para una muerte falsa pintando imágenes sombrías del infierno y del cielo, pero esta muerte es ilusoria, ya que la vida es una continuidad ininterrumpida. La muerte real consiste en el cese de deseos y llega en etapas graduales.

La renuncia de los deseos

El amanecer del amor facilita la muerte del egoísmo. Ser, es morir mediante el amor. Si no pueden amarse unos a otros, ¿cómo podrán amar incluso a quienes los torturen? Los límites del egoísmo son creados por la ignorancia. Cuando el hombre entiende que puede tener una satisfacción más gloriosa al ampliar la esfera de sus intereses y actividades, se dirige hacia la vida de servicio. Durante esta etapa alberga

Amor y servicio

muchos deseos buenos. Quiere hacer felices a los demás aliviando sus aflicciones y ayudándolos. Y aunque incluso en esos buenos deseos suele haber una referencia indirecta y latente al ser, el egoísmo estrecho no tiene asimiento sobre las buenas obras. Incluso podría decirse, que, en cierto sentido, los buenos deseos son una forma de egoísmo iluminado y extendido, ya que al igual que los malos deseos, también se mueven dentro del dominio de la dualidad. Pero conforme el hombre alberga buenos deseos, su egoísmo abraza una concepción más amplia que eventualmente genera su propia extinción. En lugar de sólo tratar de ser brillante, llamativo y posesivo, el hombre aprende a ser útil a los demás.

Los deseos que entran en la constitución del ego personal pueden ser buenos o malos. Los deseos malos comúnmente se conocen como formas de egoísmo y los deseos buenos se conocen como formas de altruismo; pero no hay una línea rígida que divida al egoísmo del altruismo. Ambos se mueven en el dominio de la dualidad, y desde el punto de vista último que trasciende los opuestos del bien y del mal, la distinción entre egoísmo y altruismo es principalmente una de alcance. El egoísmo y el altruismo son dos fases de la vida del ego personal, y estas dos fases son continuas entre sí. El egoísmo surge cuando todos los deseos giran en torno a la individualidad estrecha. El altruismo surge cuando esta cruda organización de los deseos sufre una desintegración y hay una dispersión general de los deseos, con el resultado de que éstos cubren una esfera mucho más amplia. El egoísmo es el ceñimiento de los intereses a un campo limitado; y el altruismo es la extensión de los intereses sobre un campo amplio. Paradójicamente, el egoísmo es una forma restringida de altruismo y el altruismo es la extensión del egoísmo sobre una esfera amplia de actividad.

El surgimiento del egoísmo

Para que se pueda trascender completamente el dominio de la dualidad, el egoísmo debe transmutarse en altruismo. El desempeño persistente y continuo de las buenas acciones desgasta al egoísmo. El egoísmo extendido y expresado en forma de buenas acciones, se convierte en el instrumento de su propia destrucción. *El bien es el factor principal que determina si el egoísmo prospera o muere.* El egoísmo, que al principio fue el padre de las malas tendencias, a través de las

Transformación del egoísmo en altruismo

buenas acciones se convierte en el héroe de su propia derrota. Cuando las malas tendencias se reemplazan completamente por las buenas, el egoísmo se transforma en altruismo; es decir, el egoísmo individual se pierde en el interés universal. Aunque esta vida bondadosa y altruista también se delimita por los opuestos, la bondad es un paso necesario para liberarse de los opuestos. La bondad es el medio por el cual el alma aniquila su propia ignorancia.

Del bien, el alma pasa a ser Dios. El altruismo se funde con la *Individualidad Universal*, que se encuentra más allá del bien y del mal, de la virtud y del vicio, y de todos los demás aspectos duales de *Maya*. La cúspide del altruismo es el principio de la sensación de unión con todo. En el estado de liberación no hay egoísmo ni altruismo en el sentido común, sino que ambos se absorben y se funden en el sentimiento de *mismidad con todo*. La realización de la unidad del todo se acompaña de paz y dicha insondables. De ninguna manera conduce a un estancamiento espiritual o a la erradicación de los valores relativos. *La mismidad con todo produce armonía imperturbable sin pérdida de discriminación, y paz inquebrantable sin indiferencia hacia el entorno.* Esta mismidad con todo no es producto de una síntesis meramente subjetiva. Es el resultado del verdadero logro de la unión con la Realidad Última, que incluye todo.

Individualidad Universal

Abran el corazón, desechando todos los deseos y albergando sólo un anhelo - el anhelo de unión con la Realidad Última. La Realidad Última no se debe buscar en las cosas cambiantes del entorno exterior, sino en el propio ser. Cada vez que tu alma intenta entrar en tu corazón humano, encuentra las puertas cerradas y su interior repleto de deseos. No mantengan las puertas del corazón cerradas. La fuente de la dicha perdurable está en todas partes, y aun así todos son miserables por los deseos nacidos de la ignorancia. La meta de la felicidad duradera resplandece plenamente sólo cuando el ego limitado, con todos sus deseos, alcanza su extinción completa y final.

Unión con la Realidad Última

Renunciar a los deseos no significa ascetismo o una actitud meramente negativa hacia la vida. Tal negación de la vida deshumanizaría al hombre. La Divinidad no está desprovista de humanidad. La espiritualidad debe hacer al hombre más humano. Es

La espiritualidad es una actitud positiva hacia la vida

una actitud positiva que libera todo lo que es bueno, noble y bello en el hombre. También contribuye a todo lo que es bello y encantador en el entorno. No requiere la renuncia externa de las actividades mundanas ni la evasión de los deberes y las responsabilidades. Sólo requiere que, al realizar las actividades mundanas o al cumplir con las obligaciones derivadas del lugar y posición específicos del individuo, el espíritu interno permanezca libre de la carga de los deseos. La perfección consiste en permanecer libre de los enredos de la dualidad. Tal libertad de los enredos es el requisito más esencial para la creatividad irrestricta. Pero esta libertad no se puede lograr huyendo de la vida por temor a enredarse. Esto significaría la negación de la vida. La perfección no consiste en rehuir las expresiones duales de la naturaleza. El intento de escapar del enredo implica el temor a la vida. La espiritualidad consiste en enfrentar la vida adecuada y plenamente, sin dejarse superar por los opuestos. Debe afirmar su dominio sobre todo lo ilusorio, por atractivo o poderoso que sea. Sin evitar el contacto con las diferentes formas de vida, un ser perfecto actúa con desapego total en medio de la actividad intensa.

Dios y el Individuo

Dios es infinito. Está más allá de los opuestos de bien y mal, correcto e incorrecto, virtud y vicio, nacimiento y muerte, placer y sufrimiento.

Dios es la única realidad

Tales aspectos duales no pertenecen a Dios. Si vemos a Dios como una entidad separada, se vuelve un término dentro de la existencia relacional. Así como el bien es la contraparte del mal, Dios se convierte en la contraparte del no Dios, y el Infinito acaba siendo considerado lo opuesto de lo finito. Cuando hablamos de lo Infinito y lo finito, se consideran como dos cosas, y el Infinito ya se ha convertido en la segunda parte de una dualidad. Pero el infinito pertenece al orden no dual de la existencia. Si el Infinito se considera la contraparte de lo finito, estrictamente hablando, ya no es infinito sino una especie de finitud, pues queda fuera de lo finito como su opuesto y de esa forma queda limitado. *Como el Infinito no puede ser la segunda parte de lo finito, la existencia aparente de lo finito es falsa.* Sólo existe el Infinito. No se puede rebajar a Dios al dominio de la dualidad. En realidad, sólo existe un ser y es el Alma Universal. La existencia de lo finito o limitado es sólo aparente o imaginaria.

Tú eres infinito. Realmente estás en todas partes, pero piensas que eres el cuerpo y por ende te consideras limitado. Si piensas que eres el cuerpo que ahora está sentado, no conoces tu verdadera naturaleza. Si miraras al interior y experimentaras tu propia alma en su verdadera naturaleza, te darías cuenta de que eres infinito y estás más allá de toda la creación; pero te identificas con el cuerpo. Esta identificación falsa se debe a la ignorancia que se hace presente a través del vehículo de la mente. El hombre común piensa que es el cuerpo físico. El hombre espiritualmente avanzado piensa que es el cuerpo sutil. El santo piensa que es la mente. Pero el alma no experimenta el Conocimiento de Sí directamente en ninguno de estos casos. No se trata del pensamiento puro sin mezcla de ilusión. El alma como alma es infinita; al margen de mente o cuerpo, pero debido a la ignorancia, el alma queda bajo la influencia de la mente y se convierte en "pensadora", identificándose a veces con el cuerpo y a veces con

Existencia aparente de lo finito

la mente. Desde el punto de vista limitado de la persona que no ha trascendido el dominio de *Maya*, existe un sinnúmero de individuos. Parece haber tantos individuos como mentes y cuerpos. De hecho, sólo hay un Alma Universal, pero el individuo piensa que es distinto a otros individuos. Ultimadamente, sólo hay una misma alma detrás de las mentes de los individuos supuestamente diferentes, y por medio de estas tiene las múltiples experiencias de la dualidad. El Uno en los muchos llega a experimentarse como uno de los muchos. Esto se debe a la imaginación o el falso pensar.

El pensar se vuelve falso debido a la interferencia de los sanskaras acumulados durante el proceso de la evolución de la consciencia. La función de la consciencia se pervierte por la operación de los sanskaras que se manifiestan como deseos. A lo **La causa del** largo de muchas vidas, la consciencia va acarreando **falso pensar** las secuelas de la experiencia. La percepción del alma se ve limitada por estas secuelas. El pensar del alma no puede romper el cerco creado por los *sanskaras y la consciencia se vuelve una indefensa prisionera de las ilusiones proyectadas por su propio falso pensar*. Esta falsedad de pensamiento no sólo se presenta en casos donde la consciencia está parcialmente desarrollada, sino también en el hombre, donde se ha desarrollado plenamente.

La evolución progresiva de la consciencia, comenzando con la etapa de la piedra, culmina en el hombre. La historia de la evolución es la historia del desarrollo gradual de la consciencia. **Alcance de la** El fruto de la evolución es la consciencia **consciencia plena** plena, que es característica del hombre. Pero incluso esta consciencia plena es como un espejo cubierto de polvo. Debido a la operación de los *sanskaras*, no brinda un conocimiento claro y verdadero de la naturaleza del alma. Aunque se ha desarrollado completamente, no produce la verdad, sino una construcción imaginativa, porque su libre funcionamiento se obstaculiza por el peso de los *sanskaras*. Además, no se puede extender más allá de la prisión creada por sus deseos, y por ende su alcance es limitado.

El límite en el que la consciencia se puede mover se prescribe por los sanskaras, y el funcionamiento de la consciencia también se determina por los deseos. Como los deseos apuntan hacia la satisfacción propia, la consciencia total se individualiza y se vuelve egocéntrica. *En cierto*

Individualización de la consciencia

sentido se puede decir que la individualización de la consciencia es el efecto del vórtice de los deseos. El alma se enreda con los deseos y no puede salir de la individualidad circunscrita por estos deseos. Se imagina estas barreras y queda *auto hipnotizada*. Se ve a sí misma como limitada y separada de los demás. Se enreda con la existencia individualista e imagina un mundo de separación múltiple, compuesto de muchos individuos con sus mentes y cuerpos respectivos.

Cuando los rayos del sol pasan por un prisma, se dispersan y se separan debido a la refracción. Si cada uno de estos rayos tuviese

La separación sólo existe en la imaginación

consciencia, se consideraría separado de los otros rayos, olvidando por completo que de origen y al otro lado del prisma no tenía existencia separada. De igual manera, el Ser Único desciende al dominio de *Maya* y asume una multiplicidad que de hecho no existe. La separación de los individuos no existe en *realidad*, sino sólo en la imaginación. El Alma Universal única, imagina separaciones en ella misma, y de estas divisiones surge la idea del "yo" y lo "mío", como opuesta al "tú" y lo "tuyo". Aunque el alma es en realidad, una unidad indivisa y absoluta, aparece como múltiple y dividida debido al trabajo de su propia imaginación. La imaginación no es la realidad. Incluso en su más alto vuelo, es una divergencia de la verdad. Es cualquier cosa, menos la verdad. La experiencia que el alma acumula en términos del ego individualizado es imaginación pura. Es un malentendido del alma. De la imaginación del Alma Universal nacen múltiples individuos. Esto es *Maya* o ignorancia.

Junto al nacimiento de la individualidad separada y limitada, nace también el universo objetivo. Tal como la individualidad limitada sólo

Universo objetivo

tiene una existencia separada en la imaginación, y no en la realidad, el universo objetivo tampoco tiene una realidad independiente y separada. Es el Ser Universal Único quien representa el segundo rol dentro de su manifestación mediante los atributos. Cuando el alma desciende al dominio de *Maya*, asume las limitaciones de la existencia múltiple. Esta autolimitación del alma se podría considerar como su sacrificio ante el altar de la consciencia. Aunque sigue siendo eternamente el mismo Infinito Absoluto, sufre una especie de contracción atemporal mediante su aparente descenso al mundo del tiempo, la variedad y la evolución. Sin embargo, lo que realmente evoluciona no es el alma en sí, sino sólo la consciencia, que, por sus limitaciones, da origen a la individualidad limitada.

La historia de la individualidad limitada es la historia del desarrollo de un triple enredo con mente, energía y materia (cuerpo). La dualidad prevalece en todos éstos dominios y **Triple enredo y dualidad** el alma se enreda con ellos, aunque en esencia está más allá de la dualidad. La dualidad implica la existencia de los opuestos que se limitan y equilibran entre sí, a través de la tensión mutua. Bien y mal, virtud y vicio, son ejemplos de tales opuestos. El alma ignorante, enredada en la dualidad, queda en las garras tanto del bien como del mal. La dualidad del bien y del mal surge debido a la ignorancia, pero una vez enredada con ésta, el alma queda bajo su influencia. Durante la evolución del triple enredo con la materia (cuerpo), energía y mente, el alma ignorante se encuentra continuamente en las garras del deseo. Desea lo bueno y lo malo del mundo *denso*, desea lo bueno y lo malo del mundo *sutil*, y desea lo bueno y lo malo del mundo *mental*; y debido a la distinción entre el bien y el mal, el deseo mismo se vuelve bueno o malo. Así, el deseo inevitablemente queda limitado por la tensión perpetua entre los opuestos. Esto origina una oscilación interminable de un estado a otro, sin llegar al estado ilimitado que sólo puede descubrirse en el aspecto inmutable y eterno de la vida. El Infinito se debe buscar más allá del dominio de la dualidad. Esto se hace posible sólo cuando la consciencia puede emerger de la individualidad limitada, al romper las barreras de los *sanskaras*.

Hemos visto que el posible campo de la consciencia es limitado por los *sanskaras*. Esta limitación crea una división de la psique humana en dos partes. Una parte cae dentro del rango de **Abismo entre** la consciencia, y la otra parte cae más allá de ella. **consciencia e** La parte inconsciente, en toda su extensión, es **inconsciencia** idéntica al poder que existe detrás de la materia. Las religiones ortodoxas la denominan Dios. La Realidad Última, que se representa simbólicamente mediante tales conceptos, sólo se puede conocer plenamente *al llevar el inconsciente a la consciencia*. Una extensión de la consciencia consiste en ser consciente de lo que antes fuera parte del inconsciente. La conquista progresiva del inconsciente por lo consciente culmina en una consciencia consumada, que es ilimitada en alcance e irrestricta en función. Entre este estado altísimo de consciencia y la consciencia limitada de la humanidad promedio, aunque ya sea plena, hay cerca de cuarenta y nueve grados de consciencia iluminada. Éstos marcan las etapas importantes de la iluminación en crecimiento.

El abismo entre la consciencia opaca de la humanidad promedio y la consciencia plenamente iluminada de un Maestro Perfecto, se crea por los *sanskaras*, que dan pie al egoísmo.

Avance espiritual Éstos se pueden eliminar a través de un carácter perfecto, devoción y servicio desinteresado, pero los mejores resultados en esta dirección se logran con la ayuda de un Maestro Perfecto. El progreso espiritual no consiste en el *desarrollo* adicional de la consciencia (pues ya está plenamente desarrollada en el hombre), sino en la emancipación de la consciencia de la esclavitud de los *sanskaras*. Aunque, en esencia, la consciencia es la misma en todos los diferentes estados de existencia, esta no se puede consumar, a menos que refleje el conocimiento de la Infinidad sin la menor sombra de ignorancia, y también cubra la extensión total de la creación, iluminando las diferentes esferas de la existencia.

Cada vez que duermes, te unes inconscientemente con la Realidad Infinita. Esta unificación implica la extensión de la inconsciencia sobre la consciencia. Así se cruza el abismo

Sueño profundo entre el inconsciente y el consciente. Pero siendo inconsciente de esta unión, no derivas beneficio alguno de esta conscientemente. Por ende, cuando despiertas otra vez del sueño profundo, te haces consciente del mismo individuo rutinario de siempre, y empiezas a actuar y experimentar exactamente lo que actuabas y experimentabas antes de irte a dormir. Si tu unión con la Realidad Suprema hubiese sido una unión consciente, hubieras despertado a una vida completamente nueva e infinitamente rica.

Un Maestro Perfecto se encuentra conscientemente unido con la Realidad Infinita. En su caso, el abismo entre consciencia e inconsciencia se cruza, no por la extensión

Unión consciente del inconsciente sobre el consciente, como **con la Realidad** en el hombre que disfruta del sueño profundo, sino por la extensión de la consciencia sobre la inconsciencia. El crecer o menguar de la consciencia sólo aplica al individuo limitado. En el caso del Maestro Perfecto, la conquista del inconsciente por el consciente es definitiva y permanente, y por ende, su estado de Conocimiento del Ser es continuo e ininterrumpido y permanece igual en todo momento sin disminución alguna. De esto se puede ver que el Maestro Perfecto nunca duerme en el sentido ordinario de la palabra. Cuando descansa su cuerpo, no experimenta ninguna interrupción en su consciencia.

En el estado de la perfección, la consciencia plena se consuma al desaparecer todo obstáculo hacia la iluminación. La conquista del inconsciente por el consciente es completa, y la **El estado de** persona mora continuamente en el pleno resplandor **perfección** de la iluminación, o en unión con la iluminación. Se convierte en la iluminación misma. Mientras la persona permanece bajo la influencia de la dualidad y considera que la experiencia múltiple es verdadera y definitiva, no ha cruzado el dominio de la ignorancia. En el estado del entendimiento final, la persona realiza que el Infinito, que es Uno, sin segundo, es la única realidad. El Infinito permea e incluye toda existencia, sin dejar nada como su rival. La persona que tiene tal realización ha alcanzado el estado más elevado de la consciencia. En este estado, la consciencia plena, que es el fruto de la evolución, se retiene, pero las limitaciones de los *sanskaras* y deseos se trascienden por completo. La individualidad limitada, que es la creación de la ignorancia, se transforma en la individualidad divina, que es ilimitada. La consciencia ilimitada del Alma Universal se individualiza con este enfoque, sin dar lugar a ninguna forma de ilusión. La persona se libera de todo deseo egocéntrico y se convierte en el instrumento del flujo espontáneo de la voluntad suprema y universal, la cual expresa la divinidad. *La individualidad se vuelve ilimitada al desaparecer la ignorancia.* Como no le afecta el estado separativo de Maya ni se enreda en su dualidad, disfruta el estado de liberación en el que hay consciencia libre de objetivo, existencia pura, y diáfana alegría. Tal persona ya no tiene las ilusiones que desconciertan y confunden al hombre. En cierto sentido, está muerta. El ego personal, que es la fuente del sentimiento de separación, ha sido aniquilado para siempre. Pero en otro sentido, vive eternamente, con amor inconquistable y dicha eterna. Tiene poder y sabiduría infinitos, y el universo entero se convierte para esta en un campo para su trabajo espiritual de perfeccionar a la humanidad.

Principio y Fin de la Creación

Mientras la mente humana no experimenta directamente la Realidad Última tal y como es, la mente se desconcierta en cada intento por

¿De dónde y adónde?

explicar el origen y propósito de la creación. El remoto pasado parece estar envuelto en un misterio insondable, y el futuro parece ser un libro plenamente sellado. Al estar atrapada por el hechizo de *Maya*, la mente humana puede, en el mejor de los casos, hacer brillantes conjeturas sobre el pasado y el futuro del universo. No puede llegar al conocimiento final sobre estos temas, ni quedar satisfecha con su ignorancia sobre los mismos. "¿De dónde?" y "¿Adónde?" son las dos interrogantes eternas y punzantes que inquietan divinamente a la mente humana.

La mente humana no puede reconciliarse con el retroceso infinito en su búsqueda del origen del mundo, ni se puede reconciliar con

El principio y el fin

el cambio constante sin ninguna meta. La evolución es incomprensible si no tiene causa inicial, y carece de toda dirección y significado si no conduce a un final. Las preguntas mismas "¿De dónde?" y "¿Adónde?" presuponen el principio y el fin de esta creación evolutiva. *El comienzo de la evolución es el principio del tiempo, y el fin de la evolución es el fin del tiempo.* La evolución tiene tanto principio como fin, porque el tiempo tiene ambos, principio y fin.

Entre el comienzo y el fin de este mundo cambiante hay muchos ciclos, pero en estos ciclos y a lo largo de ellos hay una continuidad de la evolución cósmica. El fin real del proceso

Mahapralaya

evolutivo se llama *Mahapralaya* o la aniquilación final del mundo, cuando el mundo se convierte en lo que fue al principio, es decir, nada. El *Mahapralaya* del mundo es comparable con el sueño del hombre. Así como el variado mundo de la experiencia desaparece completamente para el hombre que está en sueño profundo, el cosmos objetivo entero, que es la creación de

Maya, se desvanece en la nada al momento del *Mahapralaya*. Es como si el universo nunca hubiese existido.

Incluso durante el período evolutivo, el universo en sí no es más que imaginación. De hecho, sólo hay una indivisible y eterna Realidad que no tiene principio ni fin, y que está más allá del tiempo.

La realidad es atemporal y absoluta Desde el punto de vista de esta Realidad atemporal, todo el proceso del tiempo es netamente imaginario, y tanto los billones de años que han pasado como los billones de años que han de pasar, no tienen siquiera el valor de un segundo. Es como si nunca hubiesen existido.Entonces, no se puede decir que el universo múltiple y evolutivo sea resultado real de esta Realidad única. Si fuese resultado de esta Realidad única, la Realidad sería un término relativo o un ser compuesto, cosa que no es. La Realidad única es absoluta.

La Realidad única incluye en sí a toda la existencia. Es Todo, pero tiene a la Nada como su sombra. La idea de una existencia todo inclusiva implica que no deja nada fuera de su ser. Al analizar la idea de ser, se llega implícitamente a la idea de lo que no existe.

La realidad y la nada Esta idea de la no existencia o "Nada", ayuda a definir claramente nuestra noción de ser. Así, *el aspecto complementario de Ser es No Ser o Nada*. Pero no se puede considerar que la "Nada" tenga su propia existencia separada e independiente. Es nada en sí. Tampoco puede en sí, ser causa de algo. El universo múltiple y evolutivo no puede ser consecuencia de la "Nada " por sí misma, y ya se ha visto que tampoco puede ser producto de la Realidad única. Entonces, ¿cómo surge el universo múltiple y evolutivo?

El universo múltiple y evolutivo surge de la mezcla de la Realidad única y la "Nada". Brota de la "Nada" cuando esta "Nada" se toma con la Realidad única como trasfondo.

La realidad y el universo Pero esto no significa que el universo es el resultado parcial de la Realidad única, o que tiene algún elemento de Realidad. Siendo resultado de la "Nada", no es nada. Sólo aparenta tener existencia. Su existencia aparente se debe a la Realidad única que está, por decirlo así, detrás de la "Nada". *Cuando la "Nada" se agrega a la Realidad única, el resultado es el universo múltiple y evolutivo*. La Realidad única, que es infinita y absoluta, por consiguiente, no sufre modificación alguna. Es absoluta y, como tal, enteramente inafectada por cualquier adición o substracción. La Realidad única sigue siendo lo que fue, completa y absoluta en sí misma, desapegada y sin conexión con el panorama de la creación que brota de la "Nada". La "Nada" se puede comparar con el valor del "cero" en las matemáticas. En sí, no tiene ningún valor positivo, pero cuando se añade a otro número, origina la multiplicidad. De la misma forma, el universo múltiple y evolutivo surge de la "Nada" cuando se combina con la única Realidad.

Todo el proceso evolutivo se encuentra dentro del dominio de la imaginación. Cuando en la imaginación, el océano único de la Realidad aparenta alterarse, surge el mundo múltiple de los centros de consciencia separados. Esto implica la división básica de la vida en el *yo* y el *no yo*, o el "ser" y su entorno. Debido a la falsedad y al estado incompleto de este ser limitado (que sólo es una parte imaginaria de la totalidad realmente indivisible), la consciencia no puede quedar satisfecha identificándose eternamente con este. Así, la consciencia queda atrapada en un descontento incesante, que la obliga a intentar identificarse con el no yo. Esa porción del no yo o del entorno, con la cual la consciencia logra identificarse, se afilia con el ser en forma de "lo mío", y esa porción del no yo, con la que no logra identificarse, se convierte en el entorno irreductible, que inevitablemente crea un límite y una oposición al ser. Entonces la consciencia no llega al *término* de su dualidad limitante, sino a su *transformación*. Mientras la consciencia sigue sujeta al funcionamiento de una imaginación enviciante, no puede poner fin a la dualidad exitosamente, y cualquier variedad de intentos que haga para asimilar al no yo (o el entorno), resultará meramente en el reemplazo de la dualidad inicial por otras innumerables formas nuevas de la *misma* dualidad. La aceptación y rechazo de ciertas porciones del entorno se expresan, respectivamente, como "desear" y "no desear", dando origen así a los opuestos de placer y dolor, bien y mal, etc. Pero ni la aceptación ni el rechazo pueden conducir a la libertad frente a la dualidad, y por esto la consciencia se ve involucrada en una *oscilación incesante de un opuesto a otro*. El proceso entero de la evolución del individuo se caracteriza por esta oscilación entre los opuestos.

La evolución del individuo limitado se determina completamente

La división imaginada entre el ser y su entorno conduce a la dualidad en evolución

por los *sanskaras* que ha acumulado a través de las eras, y aunque todo es parte de la imaginación, el determinismo es riguroso y automático.

El riguroso determinismo de los sanskaras

Cada acción y experiencia, por efímera que sea, deja tras de sí una impresión en el cuerpo mental. Esta impresión es una modificación *objetiva* del cuerpo mental, y como el cuerpo mental sigue siendo el mismo a lo largo de varias vidas, las impresiones acumuladas por el individuo también pueden persistir a lo largo de varias vidas. Cuando los *sanskaras* así acumulados comienzan a expresarse (en vez de reposar meramente latentes en el cuerpo mental), se experimentan como deseos; es decir, se perciben como *subjetivos*. Lo objetivo y lo subjetivo son los dos aspectos de los *sanskaras*; el primero es un estado pasivo de latencia y el segundo es un estado activo de manifestación. Durante la fase activa, los *sanskaras* acumulados determinan cada experiencia y acción del ser limitado. De la misma forma en que deben rodar varios pies de película en el cine para mostrar una breve acción en la pantalla, muchos *sanskaras* a menudo se involucran para determinar una sola acción del ser limitado. A través de tal expresión y realización en la experiencia, los *sanskaras* se desgastan. Los *sanskaras* débiles se desgastan mentalmente, los menos débiles se desgastan sutilmente en forma de deseos y experiencias imaginativas, y los *sanskaras* potentes se desgastan físicamente expresándose mediante la acción corporal. Aunque el desgaste de los *sanskaras* es continuo, esto no resulta en que el individuo quede libre de los *sanskaras*, porque nuevos *sanskaras* inevitablemente se siguen creando, *no sólo a través de las nuevas acciones, sino incluso por medio del proceso mismo del desgaste.* De esta forma, la carga de los *sanskaras* va en aumento y el individuo se ve impotente ante el problema de deshacerse de la carga.

Los *sanskaras* depositados por acciones y experiencias específicas, vuelven a la mente susceptible a acciones y experiencias similares; pero después de alcanzar cierto punto, esta tendencia se frena y contrarresta

Equilibrio mediante lo opuesto

por una *reacción* natural, que consiste en un cambio completo hacia su opuesto directo, permitiendo la operación de *sanskaras* opuestos Con mucha frecuencia, los dos opuestos forman parte de una misma cadena de imaginación. Por ejemplo, una persona puede primero experimentar que es un escritor famoso, con riqueza, fama, esposa y todas las cosas agradables de la vida, y más tarde en la misma vida, puede experimentar que ha perdido su riqueza, fama, esposa y todas las cosas agradables de la vida. A veces puede parecer que una cadena de imaginación no contiene ambos opuestos. Por ejemplo, una persona puede experimentar que a lo largo de su vida es un rey poderoso, siempre victorioso en las batallas. En este caso, tiene que equilibrar esta experiencia con la experiencia de derrotas o situaciones similares en la próxima vida, requiriendo así una vida más para completar su cadena de imaginación. *La compulsión puramente psicológica de los sanskaras, de este modo está sujeta a la necesidad teleológica más profunda del alma.*

Supongamos que un hombre asesina a alguien en esta vida. Esto deposita los sanskaras de haber asesinado en su cuerpo mental. Si

El ejemplo

la consciencia se determinara únicamente por esta tendencia inicial creada por estos *sanskaras*, el hombre seguiría asesinando una y otra vez *ad infinitum*, tomando cada vez más impulso por subsecuentes actos del mismo tipo. No habría escape de este determinismo recurrente, si no fuera por el hecho de que la lógica de la experiencia le proporcionara el contrapeso necesario. La persona pronto se da cuenta de lo incompleto de la experiencia de un opuesto e inconscientemente busca restaurar el equilibrio perdido, pasando al otro opuesto. Así, la persona que ha tenido la experiencia de matar desarrolla la necesidad psicológica y la susceptibilidad para ser asesinada. Al matar a otra persona, sólo ha apreciado una porción de la situación total en la que fue partícipe; específicamente, la parte de matar. La mitad complementaria de la situación total, es decir, el rol de ser asesinada sigue siendo para ella un dato no comprendido y ajeno, que, no obstante, se ha introducido en su experiencia. Surge así la *necesidad de completar la experiencia* al atraerse lo opuesto de lo que se ha experimentado personalmente, y la consciencia tiene la tendencia de satisfacer esta nueva y apremiante necesidad. La persona que ha matado pronto desarrollará la tendencia a ser asesinada, a fin de cubrir la situación entera con su experiencia personal. La pregunta que aflora aquí es: "¿quién aparecerá para matarla en la próxima vida?" Puede ser la misma persona que fue asesinada en la vida anterior, o puede ser alguna otra persona con *sanskaras* similares. Como resultado de la acción e interacción entre individuos, se originan vínculos o lazos *sanskáricos*; y cuando el individuo toma un nuevo cuerpo físico, puede ser entre quienes tienen lazos *sanskáricos* previos con él o entre quienes tienen *sanskaras* similares. Pero el ajuste de la vida es tal, que posibilita el libre juego de la dualidad evolutiva.

La mente, a semejanza de la lanzadera de un telar, se desplaza entre los extremos, desarrollando la urdimbre y trama de la tela de la vida.

A través de los opuestos al más allá de los opuestos *El desarrollo de la vida psíquica se representa mejor como un recorrido en zigzag, que como una línea recta.* Tomemos la función de las dos riberas de un río. Si no hubiera riberas, las aguas de los ríos se dispersarían, imposibilitando que el río alcanzara su destino. De igual forma, la fuerza vital se disiparía en formas interminables e innumerables si no estuviera confinada entre los dos polos de los opuestos. Es mejor no contemplar estas riberas del río de la vida como dos líneas paralelas, sino como dos líneas convergentes que se juntan en el punto de la liberación. El grado de oscilación disminuye conforme el individuo se acerca al objetivo, y desaparece completamente al lograrlo. Es como el movimiento de un muñeco que tiene su centro de gravedad en la base. Lo que resulta en una tendencia gradual a estabilizarse y quedar en postura sedente. Si se agita, oscila de lado a lado por algún tiempo, pero cada movimiento cubre una distancia menor, y al final el muñeco queda inerte. En el caso de la evolución cósmica, este aquietamiento de la alternancia entre los opuestos equivale al *Mahapralaya*, y en la evolución espiritual del individuo significa la *Liberación*.

El paso de la dualidad a la no-dualidad, sin embargo, es sólo una cuestión de diferencia en el estado de consciencia. Como las dos son cualitativamente diferentes, la diferencia **Planos de consciencia** entre ambas es infinita. La primera es un estado de no Dios y la segunda es el estado de Dios. Esta diferencia infinita constituye el abismo entre el sexto plano de consciencia y el séptimo. Los seis planos inferiores de consciencia también están separados por una especie de valle o distancia. Sin embargo, aunque la diferencia entre ellos es grande, no es infinita porque *todos están igualmente sujetos a la bipolaridad de la experiencia limitada, que consiste en la alternancia entre los opuestos.* La diferencia entre el primer plano y el segundo, el segundo y el tercero, y así sucesivamente hasta el sexto plano, es grande pero no infinita. Por consiguiente, estrictamente hablando, no se puede decir que alguno de los seis planos de la dualidad esté realmente más cerca del séptimo plano que cualquier otro. La diferencia entre cualquiera de los seis planos y el séptimo plano es infinita, tal y como la diferencia entre el sexto plano y el séptimo es infinita. El progreso a través de los seis planos es un progreso imaginativo, pero la realización del séptimo plano es el cese de la imaginación, y por lo tanto, el despertar del individuo a la consciencia de la Verdad.

El progreso ilusorio a través de los seis planos, sin embargo, no se puede evitar del todo. La imaginación tiene que agotarse completamente antes de que la persona pueda realizar la Verdad. Cuando el discípulo tiene un Maestro, tiene que atravesar todos los seis planos. El Maestro puede llevar a su discípulo a través de los planos, *ya sea con los ojos abiertos o bajo un velo*. Si lleva al discípulo encubierto y no es consciente de los planos que cruza, los deseos persisten hasta el séptimo plano; pero si lo lleva con los ojos abiertos y es consciente de los planos que cruza, no quedan más deseos en el quinto plano ni después de este. Si el Maestro viene por trabajo, a menudo opta por llevar a sus discípulos encubiertos, pues es probable que puedan ayudar más activamente en Su trabajo si los lleva bajo un velo, que con los ojos abiertos.

Progreso a través de los planos

El cruce de los planos se caracteriza por el *desenrollamiento de los sanskaras*. Este proceso de desenrollamiento se debe distinguir cuidadosamente del proceso de desgaste. En el proceso de desgaste, los *sanskaras* se dinamizan y se transforman en acción o experiencia. Esto no conduce a la emancipación final de los *sanskaras*, pues la incesante y nueva acumulación de sanskaras, hace más que sustituir a los *sanskaras* que se desgastan, y el desgaste mismo es responsable de crear más sanskaras. Sin embargo, en el proceso de desenrollarse los *sanskaras* se debilitan y aniquilan por la llama del anhelo por el Infinito.

Anhelar el Infinito puede ser la causa de mucho sufrimiento espiritual. No hay comparación entre la agudeza del sufrimiento común y la intensidad del sufrimiento espiritual que la persona debe experimentar al cruzar los planos. El primero es el efecto de los *sanskaras* y el segundo es el efecto de su desenrollamiento. Cuando el sufrimiento físico alcanza su clímax, la persona queda inconsciente, obteniendo así alivio de éste, pero no hay tal alivio automático del sufrimiento espiritual. Sin embargo, el sufrimiento espiritual no se vuelve tedioso porque también se entremezcla con una especie de placer.

El anhelo por el Infinito se acentúa y agudiza hasta llegar a su clímax, y después empieza a enfriarse gradualmente. Mientras se enfría, la consciencia no renuncia por completo al anhelo por el Infinito, sino que sigue aferrada a su objetivo de realizar el Infinito. Este estado de anhelo, atemperado pero latente, precede a la realización del Infinito. En esta etapa, ha sido el instrumento para aniquilar a todos los demás deseos, y está listo en sí para ser saciado por la insondable quietud del Infinito.

Antes de que el anhelo por el Infinito se cumpla mediante la realización del Infinito, la consciencia debe pasar del sexto al séptimo plano. Debe pasar de la dualidad a la no dualidad. En **La paz de la realización** vez de vagar en la imaginación, debe arribar al cese de la imaginación. El Maestro comprende la sola Realidad como la única Realidad y la "Nada" como siendo la mera sombra de esta. Para él, el tiempo ha sido engullido por la eternidad. Como él ha realizado el aspecto atemporal de la Realidad, está más allá del tiempo y *contiene en su ser, tanto el principio como el fin de los tiempos*. Permanece inconmovible ante el proceso temporal que consiste en la acción e interacción de los muchos. El hombre ordinario no conoce el principio ni el final de la creación. Por esto y por estar atrapado en el tiempo, es abrumado por la marcha de los eventos que cobran demasiada importancia por falta de una perspectiva adecuada. Aprecia todo en términos de la posible realización o no realización de sus *sanskaras*. Por consiguiente, se perturba profundamente por los acontecimientos de este mundo. Todo el universo objetivo le parece una limitación no deseada que debe superar o tolerar.

El Maestro, por otro lado, queda libre de la dualidad y de los *sanskaras* característicos de la dualidad. Está libre de toda limitación. La tormenta y tensión del universo no afectan su ser. Todo el bullicio del mundo, con sus procesos constructivos y destructivos, no tiene importancia especial para él, ya que ha entrado *al santuario de la Verdad, que es la morada del significado eterno que sólo se refleja parcial y débilmente en los valores efímeros de la fantasmagoría de la creación*. Comprende dentro de su ser toda la existencia y contempla el drama entero de la manifestación como un mero juego.

La Formación y Función de los Sanskaras

Hay dos aspectos de la experiencia humana: el subjetivo y el objetivo. Por un lado, hay procesos mentales que constituyen los ingredientes esenciales de la experiencia humana, y por el otro, las cosas y objetos a los que se refieren. Los procesos mentales dependen en parte de la situación objetiva que se da inmediatamente, y en parte del funcionamiento de los *sanskaras* o impresiones acumuladas por la experiencia previa. Así, la mente humana se encuentra entre un mar de *sanskaras* pasados, por un lado, y todo el extenso mundo objetivo por el otro.

Análisis de la experiencia humana

Desde el punto de vista psicogenético, las acciones humanas se basan en la operación de las impresiones almacenadas en la mente por la experiencia previa. Cada pensamiento, emoción y acción se basa en grupos de impresiones que, cuando se consideran objetivamente, se ven como modificaciones de la composición mental del hombre. Estas impresiones son depósitos de la experiencia previa y se convierten en los factores más importantes para determinar el curso de la experiencia presente y futura. En el curso de su experiencia, la mente crea y almacena dichas impresiones constantemente. Cuando se ocupa con los objetos físicos de este mundo, tales como el cuerpo, la naturaleza y demás cosas, la mente se exterioriza, por así decir, y crea impresiones *densas*. Cuando se ocupa con sus propios procesos mentales subjetivos (que son expresiones de los *sanskaras* ya existentes), crea impresiones sutiles y mentales. La pregunta de qué fue primero, los *sanskaras* o la experiencia, es como la pregunta de la gallina y el huevo, ambas son condiciones mutuas y se desarrollan a la par. *El problema de entender el significado de la experiencia humana, por lo tanto, gira en torno al problema de entender la formación y función de los sanskaras.*

Los *Sanskaras* se originan con la experiencia y se vuelven la base de la experiencia futura

Los *sanskaras* son de dos tipos: naturales y no naturales, de acuerdo con la manera en que se originan. Los *sanskaras* acumulados por el alma durante el período de evolución orgánica son sanskaras naturales.

***Sanskaras* naturales y no naturales**

Estos *sanskaras* surgen, conforme el alma sucesivamente toma y abandona diversas formas subhumanas, pasando así gradualmente del estado aparentemente inanimado de la piedra o el metal, al estado humano, donde hay pleno desarrollo de la consciencia. Todos los *sanskaras* que se agrupan en torno al alma antes de alcanzar la forma humana son producto de la evolución natural y se denominan *sanskaras* naturales. Se deben distinguir cuidadosamente de los *sanskaras* cultivados por el alma *después* de alcanzar la forma humana. Los sanskaras que se adhieren al alma durante la etapa humana se cultivan bajo la libertad moral de la consciencia, con su correspondiente responsabilidad de elegir entre el bien y el mal, la virtud y el vicio. Se conocen como *sanskaras* no naturales. Aunque estos sanskaras post humanos dependen directamente de los *sanskaras* naturales, se crean bajo unas condiciones de vida fundamentalmente diferentes, y son, en su origen, comparativamente más recientes que los *sanskaras* naturales. Esta diferencia en duración de los períodos formativos y en las condiciones de formación, es la causa de la diferencia en el grado de firmeza con el que los *sanskaras* naturales y no naturales se adhieren al alma. Los *sanskaras* no naturales no son tan difíciles de erradicar como los *sanskaras* naturales, que tienen una herencia ancestral y por ello están más firmemente arraigados. La obliteración de los *sanskaras* naturales es prácticamente imposible, a menos que el neófito reciba la gracia e intervención de un Sadgurú.

Como se explicó anteriormente, los *sanskaras* no naturales dependen de los *sanskaras* naturales y los *sanskaras* naturales son el resultado de la evolución. La siguiente pregunta importante es: ¿Por qué la vida manifiesta en diferentes etapas de la evolución debe emerger de la Realidad Absoluta, que es infinita? *La necesidad de la vida manifiesta surge del ímpetu en el Absoluto para hacerse consciente de sí mismo.* La manifestación progresiva de la vida a través de la evolución, ultimadamente surge por la voluntad de ser consciente, que es inherente al Infinito. Para comprender la creación en términos del intelecto, es necesario presuponer que esta *voluntad* de ser consciente existe en el Absoluto en estado involutivo, previo al acto de manifestación.

La vida manifiesta surge por la voluntad de ser consciente en el Absoluto

Aunque para el propósito de una explicación intelectual de la creación, el ímpetu en el Absoluto se debe ver como la voluntad de

El *lahar* en el Absoluto, comparado con una ola en el océano

ser consciente, describirlo como una especie de deseo inherente, sería falsear su verdadera naturaleza. Es mejor descrito como un lahar o impulso que es tan inexplicable, espontáneo y repentino,

que denominarlo esto o aquello es deshacer su realidad. Como toda categorización intelectual, necesariamente resulta inadecuada para captar el misterio de la creación, la vía más cercana para comprender su naturaleza no es a través de la concepción intelectual, sino mediante la analogía. Así como una ola que recorre la superficie de un océano en calma, provoca una frenética agitación de innumerables burbujas, el lahar crea miríadas de almas individuales desde la infinidad indivisible de la Sobrealma. Pero el Absoluto todo abundante sigue siendo el sustrato de toda alma individual. Las almas individuales son creaciones de un impulso súbito y espontáneo, y por ello escasamente anticipan la continuidad de la existencia a la que están destinadas durante todo el período cíclico, hasta el cese final de la agitación inicial. Dentro del ser indiferenciado del Absoluto, nace un punto misterioso por el cual surge la variada multiplicidad diversificada de la creación; y las vastas profundidades que una fracción de segundos antes, estaban en glacial quietud, entran en efervescencia con la vida de innumerables seres burbujeantes que aseguran su separatividad en tamaño y forma definidos, al auto limitarse en la superficie efervescente del océano.

Todo esto es una mera analogía. Sería un error imaginar que algún cambio real se suscita en el Absoluto, cuando el *lahar* de la voluntad involutiva de ser consciente se hace efectivo, dando vida al mundo

El ser Absoluto no es afectado por el *bhas* de la manifestación

de la manifestación. No puede haber ningún acto de involución o evolución dentro del ser del Absoluto, y nada real puede nacer del Absoluto, ya que cualquier cambio real necesariamente

sería la negación del Absoluto. El cambio implícito en la creación del mundo manifiesto no es un cambio ontológico o un cambio en el ser de la Realidad Absoluta. Sólo es un cambio aparente. En cierto sentido, el acto de manifestación debe considerarse una especie de *expansión* del ser ilimitable del Absoluto, ya que, mediante este acto, el Infinito, que existe sin consciencia, busca obtener Su consciencia propia. Como esta expansión de la Realidad se efectúa mediante su autolimitación a través de las diversas formas de vida, el acto de manifestación podría llamarse con igual idoneidad el proceso de "contracción atemporal". Ya sea que el acto de manifestación se considere una especie de expansión de la Realidad, o su "contracción atemporal", dicho acto es precedido por un impulso o movimiento inicial que intelectualmente se podría considerar un *deseo involutivo inherente de ser consciente*. La multiplicidad de la creación y la separación de las almas individuales existen sólo en la imaginación. La existencia misma de la creación o del mundo de la manifestación se cimienta en *bhas* o ilusión; de manera que, a pesar de la manifestación de innumerables almas individuales, la Sobrealma sigue siendo la misma sin sufrir ningún tipo real de expansión o contracción, incremento o decremento. Aunque la Sobrealma no sufre ninguna modificación debido al *bhas* o individualización ilusoria, su aparente diferenciación cobra vida en muchas almas individuales.

El *bhas* o ilusión más original que cautivó a la Sobrealma, se sincroniza con la primera impresión. Por ende, marca el comienzo de la formación de los *sanskaras*.

El *bhas* más original aparece en la fase de la piedra

La formación de los sanskaras inicia en el centro más finito que se vuelve el primer foco para la manifestación de la individualidad del alma. En la esfera densa, este primer foco de manifestación se representa con la piedra tridimensional e inerte, que tiene la consciencia más rudimentaria y parcial. Este estado de consciencia vago y subdesarrollado es apenas suficiente para iluminar su propia figura y forma, y totalmente inadecuado para cumplir con el propósito de la creación, que es posibilitar que la Sobrealma se conozca a sí misma. Cualquier escasa capacidad de iluminación que tenga la consciencia en la fase de piedra, ultimadamente se deriva de la Sobrealma y no del cuerpo de la piedra. Pero la consciencia es incapaz de ampliar su alcance independientemente del cuerpo de la piedra, porque la Sobrealma primero se identifica con la consciencia, y luego mediante ésta, con la forma de la piedra. Dado que, debido al cuerpo y languidez de la piedra, todo el desarrollo consiguiente de la consciencia se frena, la evolución de las formas o vehículos de manifestación más avanzados se hace indispensable. El desarrollo de la consciencia debe proceder de la mano con la evolución del cuerpo, por el cual está condicionado. Por ello, la voluntad de ser consciente, que es inherente en la vastedad de la Sobrealma, busca por determinación divina la *evolución progresiva de los vehículos de expresión.*

De esta forma, la Sobrealma se forja un nuevo vehículo de expresión en la forma del metal, en donde la consciencia se intensifica un poco más. Aún en esta etapa es muy rudimentaria, por lo que se tiene que transferir a formas aún más elevadas como la vegetación y los árboles, en donde hay un avance apreciable en el desarrollo de la consciencia, a través del mantenimiento de los procesos vitales de crecimiento, deterioro y reproducción. El surgimiento de una forma de consciencia aún más desarrollada se hace posible cuando la Sobrealma busca manifestarse a través de la vida instintiva de los insectos, las aves y los animales, quienes son plenamente conscientes de sus cuerpos, de sus respectivos entornos, y desarrollan un sentido de autoprotección y procuran establecer un dominio sobre su medio ambiente. En los animales superiores, el intelecto o razonamiento también aparece hasta cierto punto, pero su funcionamiento se limita estrictamente por el accionar de sus instintos, como el instinto de autoprotección y el instinto para el cuidado y preservación de las crías. Así es que, aún en los animales, la consciencia no ha logrado el desarrollo pleno, por lo que no puede servir el propósito inicial de la Sobrealma de obtener la Iluminación de Sí.

La evolución progresiva de consciencia y formas

La Sobrealma finalmente adopta la forma humana, en donde la consciencia alcanza su pleno desarrollo, con la percepción completa del ser y de su entorno. En esta etapa, la capacidad de razonamiento tiene el rango más amplio de actividad y es ilimitada en su alcance. Pero como la Sobrealma se identifica mediante su consciencia con el cuerpo denso, la consciencia no sirve al propósito de iluminar la naturaleza de la Sobrealma. Sin embargo, como la consciencia ha tenido su desarrollo más pleno en la forma humana, existe en esta, el potencial latente para la Realización de Sí; y la *voluntad de ser consciente con la que comenzó la evolución, fructifica en el Hombre Dios o Sadgurú, quien es la flor más bella de la humanidad.*

Consciencia humana

La Sobrealma no puede obtener el Conocimiento de Sí por medio de la consciencia ordinaria de la humanidad, porque se encuentra envuelta en una multitud de *sanskaras* o impresiones. Conforme la consciencia pasa por el estado aparentemente inanimado de la piedra o el metal, luego por la

El devanado de los *sanskaras*

vida vegetativa de los árboles, después avanza al estado instintivo de los insectos, aves y animales, y finalmente hacia la consciencia plena del estado humano, continuamente crea nuevos *sanskaras* y queda envuelta en estos. Estos *sanskaras* naturales se incrementan incluso después de alcanzar el estado humano, por la creación adicional de *sanskaras* no naturales mediante diversas experiencias y múltiples actividades. Por lo tanto, *la adquisición de sanskaras acontece incesantemente tanto durante el proceso de evolución, como durante el período posterior de actividades humanas.* Esta adquisición de *sanskaras* se puede comparar con el enrollado de un trozo de hilo alrededor de un palo. El hilo representa los *sanskaras,* y el palo representa la mente del alma individual. El devanado inicia desde el principio de la creación y persiste a través de todas las etapas evolutivas y la forma humana, y el hilo enrollado representa todos los *sanskaras* positivos, tanto los naturales como los no naturales.

Los *sanskaras* nuevos que se crean constantemente en la vida humana se deben a los múltiples objetos e ideas con los que la consciencia se confronta. Estos *sanskaras* ocasionan

Ejemplos de la potencia de las impresiones transformaciones importantes en los diferentes estados de consciencia. Las impresiones creadas por los objetos bellos tienen la potencia de despertar en la consciencia la capacidad innata para apreciar y disfrutar la belleza. Cuando alguien escucha una buena pieza musical o ve un hermoso paisaje, las impresiones obtenidas de estos objetos dan una sensación de exaltación. De igual forma, cuando uno entra en contacto con la personalidad de un pensador, puede llegar a interesarse en nuevas avenidas de pensamiento e inspirarse con un entusiasmo totalmente ajeno a su consciencia anterior. No sólo las impresiones de los objetos y las personas, sino también las impresiones de las ideas y supersticiones, tienen una gran eficacia para determinar las condiciones de la consciencia.

El poder de las impresiones de las supersticiones se puede ilustrar con una historia de fantasmas. De los diferentes campos del pensamiento humano, quizás ninguno

Las impresiones de las supersticiones abunda tanto en supersticiones como el de los fantasmas, quienes, según la creencia popular, supuestamente hostigan y torturan a sus víctimas de curiosas maneras. Érase una vez, durante el Imperio Mongol en la India, un hombre con un alto nivel de educación, que era muy escéptico de las historias sobre fantasmas, y decidió verificarlas por experiencia propia. Le habían advertido que no visitara cierto cementerio en la noche del *amavasya* (la noche más oscura del mes), pues se reportaba que era la morada de un espantoso fantasma, que infaliblemente aparecía cuando se martillaba un clavo de hierro en el suelo dentro de los límites del cementerio. Con un martillo en una mano y un clavo en la otra, entró directo al cementerio en la noche del *amavasya* y eligió un lugar sin pasto para introducir el clavo. Tanto el terreno como su capa, que colgaba libremente, estaban igual de oscuros. Al sentarse y martillar el clavo, un extremo de su capa quedó atrapado entre el clavo y la tierra. Al acabar de martillar, sintió que había tenido éxito en el experimento sin encontrarse al fantasma. Pero al tratar de levantarse para retirarse del lugar, sintió un fuerte tirón hacia el piso y se aterrorizó.

Debido a la operación de sus impresiones anteriores, no pudo pensar en nada, excepto en que el fantasma por fin lo había atrapado. El shock de pensar eso fue tan fuerte que el pobre hombre murió de un infarto. Esta historia ilustra el tremendo poder que puede residir en las impresiones creadas por la superstición.

Difícilmente se puede sobreestimar el poder y efecto de las impresiones. Una impresión es poderío solidificado, y su cualidad inerte la hace inmóvil y durable. Puede quedar tan grabada en la mente del hombre, que a pesar de su sincero deseo y esfuerzo para erradicarla, ésta se toma su tiempo y busca la forma de traducirse en acción, directa o indirectamente. La mente contiene múltiples *sanskaras* heterogéneo*s* y, al buscar expresión en la consciencia, a menudo chocan entre sí. El choque de los *sanskaras* se experimenta en la consciencia como un conflicto mental. Es inevitable que la experiencia sea caótica y enigmática, llena de oscilaciones, confusión y enredos complejos, hasta que la consciencia se libera de *todos los sanskaras*, buenos y malos. *La experiencia solo se puede volver verdaderamente armoniosa e integral cuando la consciencia se emancipa de las impresiones.*

Liberarse de los *sanskaras* es condición para la experiencia armoniosa

Los *sanskaras* se pueden clasificar de acuerdo con las diferencias esenciales en la naturaleza de las esferas a las que se refieren. Estas diferentes esferas de existencia pueden ser de tres tipos: (1) *Sanskaras* densos que permiten al alma experimentar el mundo denso a través del medio denso, y la obligan a identificarse con el cuerpo denso.

Tres tipos de *sanskaras* originan tres estados diferentes de consciencia

(2) *Sanskaras* sutiles que permiten al alma experimentar el mundo sutil a través del medio sutil, y la obligan a identificarse con el cuerpo sutil. (3) *Sanskaras* mentales que permiten al alma experimentar el mundo mental a través del medio mental, y la obligan a identificarse con el cuerpo mental. Las diferencias entre los estados de las almas individuales se deben enteramente a las diferencias existentes en los tipos de *sanskaras* con los que está cargada su consciencia. Así, las almas conscientes de lo denso sólo experimentan el mundo denso; las almas conscientes de lo sutil sólo experimentan el mundo sutil, y las almas conscientes de lo mental sólo experimentan el mundo mental. La diversidad cualitativa en la experiencia de estos tres tipos de almas, se debe a la diferencia en la naturaleza de sus *sanskaras*.

Las almas Conscientes de Sí difieren radicalmente de todas las otras almas, porque experimentan la Sobrealma a través del medio del Ser, mientras que las otras almas sólo experimentan sus cuerpos y

Las almas Conscientes de Sí quedan libres de *sanskaras*

los mundos correspondientes. Esta diferencia radical entre la consciencia de las almas Conscientes de Sí, y la de las otras almas, se debe al hecho de que, mientras que la consciencia de la mayoría de las almas es condicionada por cierto tipo de *sanskaras*, la consciencia de las almas Conscientes de Sí queda completamente libre de todos los *sanskaras*. Sólo cuando la consciencia se despeja y desacondiciona de todos los *sanskaras*, es que la voluntad inicial de ser consciente llega a su fructificación final y real, y la infinidad y unidad indivisible del Absoluto se realiza conscientemente. Por esto, el problema de desacondicionar la mente mediante la eliminación de los *sanskaras* es extremadamente importante.

La Eliminación de Sanskaras

PARTE I
EL CESE DE SANSKARAS: SU DESGASTE Y DESENROLLO

Los seres humanos no tienen la Iluminación de Sí porque su consciencia está cubierta con *sanskaras*, o la acumulación de huellas de las experiencias pasadas. En estas,

Los *sanskaras* impiden la Iluminación de Sí

la voluntad de ser consciente con la que inició la evolución ha logrado crear consciencia; pero ésta no logra el conocimiento de la Sobrealma porque el alma individual es obligada a usar la consciencia para experimentar los *sanskaras,* en vez de utilizarla para experimentar su propia naturaleza verdadera, como Sobrealma. Experimentar los *sanskaras* la mantiene confinada en la ilusión de ser un cuerpo finito tratando de adaptarse al mundo de las cosas y las personas.

Las almas individuales son como las gotas en el océano. Así como cada gota en el océano es fundamentalmente idéntica al océano mismo, el alma que se individualiza

El problema de liberarse de los *sanskaras*

debido al *bhas* o la ilusión, sigue siendo la Sobrealma y realmente no se ha separado de la Sobrealma. Sin embargo, la capa de *sanskaras* con la que está cubierta la consciencia, le impide tener la Iluminación de Sí y la mantiene dentro del dominio de Maya o la dualidad. Para que el alma realice conscientemente su identidad con la Sobrealma, es necesario que la consciencia se retenga y que los *sanskaras* se eliminen por completo. *Los mismos sanskaras que contribuyen a la evolución de la consciencia, se vuelven impedimentos para su eficacia en iluminar la naturaleza de la Sobrealma.* En adelante, el problema con el que la voluntad de ser consciente se enfrenta, no es el de la evolución de la consciencia, sino el de liberarse de los *sanskaras*.

Liberarse de los sanskaras ocurre en las siguientes cinco maneras:

1. El cese de *sanskaras* nuevos.

Esto consiste en ponerle fin a la actividad constantemente

renovante de crear *sanskaras* nuevos. Si la formación de los *sanskaras* se compara con el devanado de un hilo alrededor de un palo, este paso equivale a dejar de enrollar el hilo.

2. El desgaste de sanskaras viejos.

Si no se permite la expresión de los *sanskaras* en acción y experiencia, gradualmente se desgastan. En la analogía del hilo, este proceso es comparable al desgaste del hilo en el lugar donde está.

3. El desenrollar de sanskaras pasados.

Este proceso consiste en anular los *sanskaras* pasados , revertiendo mentalmente el proceso que conduce a su formación. Continuando con nuestra analogía, sería como desenrollar el hilo.

4. La dispersión y agotamiento de algunos sanskaras.

Si la energía psíquica atrapada en los *sanskaras* se sublima y se desvía hacia otros canales, éstos se dispersan, se lanzan y tienden a desaparecer.

5. La eliminación de los sanskaras.

Esto consiste en aniquilar los *sanskaras* por completo. En la analogía del hilo, sería comparable a cortar el hilo con unas tijeras. La eliminación definitiva de los *sanskaras* se puede lograr sólo con la gracia de un Maestro Perfecto.

Debe notarse cabalmente que muchos de los métodos concretos para deshacer los *sanskaras* se vuelven eficaces en más de una *manera,* y las cinco maneras arriba descritas no pretenden clasificarlos en grupos claramente diferenciados. Más bien, representan los diferentes principios que caracterizan a los procesos psíquicos que ocurren durante la eliminación de los *sanskaras*.

Cinco maneras de liberarse de los sanskaras

Por conveniencia, este artículo sólo tratará con los métodos que preeminentemente ilustran los primeros tres principios (*viz.,* el cese de los *sanskaras* nuevos y su desgaste, así como el desenrollado de los *sanskaras* pasados). Los métodos que predominantemente ilustran los últimos dos principios (*viz.*, la dispersión y sublimación de los *sanskaras* y la eliminación de los *sanskaras*) se explicarán en la siguiente sección.

Para que la mente se pueda liberar de la esclavitud de los *sanskaras* que se acumulan incesantemente, es necesario poner fin a la creación de los *sanskaras* nuevos. La multiplicación de los *sanskaras*

Renuncia nuevos se puede detener a través de la renuncia. La renuncia puede ser externa o interna. La renuncia externa o física consiste en abandonar todo aquello a lo que la mente se apega, *viz.*, hogar, padres, esposa, hijos, amigos, riqueza, comodidades y placeres del mundo denso. La renuncia interna o mental consiste en abandonar todo deseo, particularmente los deseos de los objetos sensuales. Aunque la renuncia externa en sí, no necesariamente se acompaña por la renuncia interna, a menudo allana el camino para la renuncia interna. La libertad espiritual consiste en la renuncia interna y no en la renuncia externa; pero la renuncia externa es una gran ayuda para lograr la renuncia interna. La persona que renuncia a sus posesiones se desconecta de todo lo que tenía o tiene. Esto significa que las cosas a las que ella renuncia ya no son fuente de *sanskaras* nuevos. Así da un paso importante hacia la emancipación de sus *sanskaras*, poniendo fin al proceso de formación de *sanskaras* nuevos. Esto no es lo único que se consigue a través de la renuncia externa. Al renunciar a todo, también renuncia a sus ataduras pasadas. Los *sanskaras* viejos conectados con sus posesiones, se desprenden de su mente, y como no se les ha permitido expresarse, se desgastan.

Para la mayoría de las personas, la renuncia externa crea un entorno favorable para el desgaste de *sanskaras*. Un hombre que posee riqueza y poder está expuesto a una vida de indulgencia y extravagancia. Sus circunstancias son más favorables para las tentaciones. El hombre es mayormente el resultado de la formación, el cincelado y el moldeado de su escultor, el medio ambiente. Si puede o no superar su entorno, depende de su fortaleza de carácter. Si es fuerte, permanece libre en pensamiento y acción, incluso en medio de la acciones y reacciones con su medio ambiente. Si es débil, sucumbe a su influencia. Aún si es fuerte, es probable que se deje llevar por una poderosa oleada de algún modo colectivo de vida y pensamiento. Es difícil resistir la embestida de una corriente de ideas y no caer presa de las circunstancias. Si resiste las circunstancias, es probable que sea arrastrado por alguna oleada salvaje de pasión colectiva, quedando atrapado en ciertos modos de pensamiento a los que es incapaz de renunciar. *Aunque es difícil resistir y vencer las influencias y el entorno, es más fácil escapar de estos.* Muchos vivirían una vida casta y sencilla si no estuvieran rodeados de lujos y tentaciones. La renuncia a todas las cosas superfluas facilita el desgaste de los *sanskaras* y, por lo tanto, contribuye a la vida de libertad.

Las dos formas importantes de renuncia externa que tienen valor espiritual especial son, (1) la soledad y (2) el ayuno. Alejarse de la tormenta y drama de las múltiples actividades **Soledad y ayuno** mundanas y el retiro ocasional en soledad, son valiosos para desgastar los *sanskaras* conectados con el instinto gregario. Pero esto no debe considerarse un objetivo en sí mismo.

Al igual que la soledad, el ayuno también tiene un gran valor espiritual. Comer es satisfacción, el ayuno es negación. El ayuno es físico cuando no se ingiere comida pese al deseo por el placer de comer; es mental cuando los alimentos no se consumen por deleite y apego, sino simplemente para la supervivencia del cuerpo. El ayuno externo consiste en evitar el contacto directo con la comida, a fin de lograr el ayuno mental.

La comida es una necesidad directa de la vida y su negación continua resultaría desastrosa para la salud. Por lo tanto, el ayuno externo debe ser periódico y sólo por corto tiempo. Se debe continuar hasta que haya una victoria completa sobre el deseo por comer. Al poner en acción todas las fuerzas vitales y psíquicas para resistir el ansia por la comida, es posible liberar a la mente del apego a la comida. El ayuno externo no tiene valor espiritual cuando se emprende con motivo de asegurar la conformación del cuerpo o para llamar la atención. No debe ser utilizado como un instrumento para la autoafirmación. De la misma forma, no debe llevarse al extremo hasta que el cuerpo quede reducido a sus límites. La auto mortificación a través del ayuno prolongado no necesariamente promueve la liberación del ansia por la comida. Al contrario, es probable que invite una reacción subsiguiente hacia una vida de indulgencia extravagante en los alimentos. No obstante, si el ayuno se realiza con moderación y con propósitos espirituales, facilita lograr el ayuno interior. Cuando los ayunos externos e internos son verdaderos y de todo corazón, se desenrollan los *sanskaras* conectados con el deseo por la comida.

Se pueden desenrollar muchos otros *sanskaras* mediante la penitencia.

Esto consiste en aumentar y expresar el remordimiento que uno siente tras darse cuenta de haber cometido algún acto condenable.

Penitencia El arrepentimiento consiste en revivir mentalmente los daños hechos con severa auto condenación. Esto se facilita al aprovechar las diferentes circunstancias y situaciones que promueven la penitencia, o al permanecer vulnerable durante períodos de explosiones emocionales, o por esfuerzos deliberados para recordar los incidentes pasados con un corazón sangrante y aguda desaprobación. Tal penitencia desenrolla los *sanskaras* responsables de la acción. La auto condenación acompañada de un profundo sentimiento puede anular los *sanskaras* de la ira, la codicia y la lujuria. Supongamos que una persona le ha hecho un daño irreparable a alguien por no controlar su avaricia, ira o lujuria. En algún momento, seguramente tendrá la reacción del remordimiento auto aniquilante y experimentará el aguijón de la consciencia. Si en ese momento se percata vívidamente del mal que ocasionó, *la intensidad de la concientización emocional que lo acompaña consume las tendencias por las que se auto condena.*

La auto condena a veces se expresa a través de diferentes formas de auto mortificación. Algunos aspirantes incluso infligen heridas en su cuerpo cuando están en estado de penitencia, pero tales expresiones drásticas de remordimiento no se recomiendan en términos generales. Algunos aspirantes hindúes tratan de cultivar la humildad al imponerse como regla caer a los pies de toda persona que encuentren. Para un hombre de voluntad fuerte y carácter estable, la penitencia puede traer el buen efecto que se busca a través de la auto humillación, que desenrolla y erradica los diferentes *sanskaras* conectados con las acciones buenas y malas. Otros, cuya fuerza de voluntad pueda ser débil, también derivan beneficio de la penitencia, si están bajo una dirección comprensiva y amorosa. Cuando la penitencia se practica y se nutre con cuidado, inevitablemente da lugar a la *revocación psíquica* de los modos indeseables de pensamiento y conducta, y predispone al hombre a una vida de pureza y servicio.

Sin embargo, se debe notar con atención que en la penitencia siempre existe el peligro de que la mente se pueda obsesionar de más por los daños cometidos, y así desarrollar el hábito morboso de lamentarse y llorar por cosas insignificantes. Tal extravagancia sentimental, a menudo es un desperdicio indiscriminado de energía psíquica, y de ninguna manera ayuda a desgastar o desenrollar los *sanskaras*. La penitencia no debe ser el arrepentimiento diario tras debilidades diarias. No se debe convertir en un hábito tedioso y estéril de ponderar inmoderada y sombríamente las fallas propias. *La penitencia sincera no consiste en perpetuar la aflicción por los daños ocasionados, sino en decidir evitar a futuro aquellos actos que ocasionen el remordimiento.* Si conduce a la falta de respeto o confianza en uno mismo, no ha cumplido su verdadero propósito, que es meramente el de imposibilitar la repetición de ciertos tipos de acción.

Desgastar y desenrollar los *sanskaras* también puede efectuarse al negar expresión y cumplimiento a los deseos. Las personas difieren en su capacidad y aptitud para poder rechazar deseos. Aquéllos en los que los deseos surgen con gran velocidad impulsiva, no pueden contenerlos en su origen, pero sí pueden abstenerse de buscar su cumplimiento mediante la acción. Incluso si la persona no tiene control sobre el surgimiento de deseos, puede evitar que sean traducidos en acción. Rechazar los deseos vía el control de las acciones evita la posibilidad de sembrar las semillas de futuros deseos. Por otro lado, si la persona traduce sus deseos en acción, podrá gastar y agotar algunas impresiones, pero crea nuevas impresiones durante el proceso mismo de cumplir los deseos, y así siembra las semillas de futuros deseos que, a su vez, exigirán su propia satisfacción. El proceso de desgaste o agotamiento de impresiones a través de su expresión y cumplimiento no contribuye en sí para lograr liberarse de los *sanskaras*.

Evitar el cumplimiento de los deseos

Cuando surgen los deseos y su liberación mediante acciones se bloquea, hay amplia oportunidad para deliberar sobre estos espontáneamente. Esta deliberación ocasiona el desgaste de los *sanskaras* correspondientes. Debe observarse, sin embargo, que tal deliberación espontánea no produce el resultado deseado, si adopta la forma de una indulgencia mental en los deseos. Cuando hay un intento deliberado y lascivo de acoger y albergar los deseos en la mente, tal deliberación no sólo carece de valor espiritual, sino que puede ser responsable en sí misma de crear *sanskaras* sutiles. La deliberación mental no se debe acompañar de ninguna aprobación consciente de los deseos que surgen en la consciencia, y no debe haber esfuerzo alguno para perpetuar la memoria de estos deseos. *Cuando a los deseos se les niega expresión y cumplimiento en acción y se les permite pasar por la intensidad del fuego de una consciencia deliberada que no los aprueba, sus semillas se consumen.* El rechazo de los deseos y la inhibición de una respuesta física, con el tiempo efectúan una negación automática y natural de los *sanskaras* pasados.

Rechazar los deseos es una preparación para el desapego, o el estado de no desear, y sólo esto puede traer consigo la libertad verdadera.

El estado de no desear La acción de desear necesariamente es vinculante, se cumpla o no el deseo. Cuando se cumple, esto conduce a desear más y así se perpetúa la esclavitud del espíritu. Cuando no se cumple, conduce a la decepción y al sufrimiento, que a su manera y mediante sus *sanskaras*, obstaculizan la libertad del espíritu. Desear no tiene fin porque los estímulos externos e internos de la mente, la atraen constantemente hacia un estado de querer o no querer algo, que es otra forma de desear. Los estímulos externos son las sensaciones de vista, oído, olfato, gusto y tacto. Los estímulos internos son los que surgen en la composición mental humana, a partir de los recuerdos de la vida actual y de la totalidad de los *sanskaras* acumulados por la consciencia durante el período evolutivo y durante las vidas humanas. Cuando se entrena la mente para permanecer inalterable y equilibrada en presencia de cualquier estímulo externo e interno, llega al estado de no desear, y al no desear nada *(excepto la Realidad Absoluta que se encuentra más allá de los opuestos de los estímulos),* es posible desenrollar los *sanskaras* del deseo.

Desear es un estado de equilibrio alterado de la mente, y el no desear es un estado de aplomo estable. El aplomo del no desear sólo se puede

El aplomo del no desear implica enfrentar los estímulos con "Neti, Neti" mantener con el incesante desenredo de todo estímulo, sea placentero o doloroso, agradable o desagradable. Para mantenerse impasible ante las alegrías y las tristezas de este mundo, la mente debe encontrarse completamente desapegada de los estímulos externos e internos. Aunque la mente se fortalece constantemente mediante sus propias sugerencias constructivas, siempre existe la posibilidad de que estos puntos de defensa sean arrastrados por alguna ola repentina e inesperada que surja en el océano del entorno natural y mental. Cuando esto sucede, es posible que, por el momento, el individuo se sienta totalmente perdido, pero la actitud de desapego lo puede mantener a salvo. Esta actitud consiste en la aplicación del principio de *"neti, neti"*, "esto no, lo otro no." *Ello implica un esfuerzo constante para mantenerse atento al desapego en relación con los seductores opuestos de la experiencia limitada.* No es posible negar sólo los estímulos desagradables y permanecer apegado internamente a los estímulos agradables. Para que la mente permanezca impasible ante los embates de los opuestos, no puede continuar adhiriéndose a las expresiones de afecto y ser influenciada por estas. El aplomo consiste en afrontar ambas alternativas con total desapego.

El significado del "sí, sí" de los sanskaras positivos sólo puede ser anulado mediante la aseveración negativa del "no." Este elemento negativo necesariamente se presenta en todos los aspectos del ascetismo, expresándose como renuncia, soledad, ayuno, penitencia, negación del cumplimiento de deseos y no desear. La feliz combinación de todos estos métodos y actitudes (ya explicados individualmente en este capítulo) crea una forma saludable de ascetismo en la que no hay labor extenuante ni esfuerzo. Pero para asegurar todo esto, el elemento negativo en estos se debe dar naturalmente, sin provocar ninguna perversión o limitación adicional.

Límite del elemento negativo en las diferentes formas de ascetismo

Tratar de forzar la mente a una vida de ascetismo no es de ninguna utilidad. Cualquier ajuste de vida forzado sobre vías ascéticas probablemente atrofiaría el crecimiento de algunas cualidades buenas. Cuando se permite que las cualidades saludables de la naturaleza humana se desarrollen natural y paulatinamente, despliegan el conocimiento de los valores relativos, así allanando el camino para una vida espontánea de ascetismo; pero cualquier intento de forzar o acelerar la mente hacia una vida ascética, es probable que invite una reacción.

El proceso de liberarse de algunos apegos, a menudo se acompaña del proceso de formar algunos otros apegos nuevos. La forma más densa de apego es la que se dirige al mundo de los objetos; pero cuando la mente se está desapegando del mundo de los objetos, tiende a adquirir algunos apegos más finos de tipo subjetivo. Una vez que la mente ha logrado cultivar cierto grado de desapego, fácilmente puede desarrollar un tipo de egoísmo sutil que se expresa mediante el distanciamiento y un aire de superioridad. *Al desapego no se le debe permitir formar ningún núcleo sobre el cual se pueda afianzar el ego, y al mismo tiempo, no debe ser la expresión de la incapacidad de uno, para lidiar con el torbellino y estrés de la vida mundana.* Las cosas que condicionan al ser puro e infinito deben ser abandonadas mediante una actitud de inmensa fortaleza, nacida de la pureza y la iluminación, y no de una sensación de impotencia al afrontar la lucha y el conflicto. Además, el desapego real no consiste en aferrarse a la mera fórmula de "neti, neti", que a veces se convierte en una obsesión de la mente, sin ningún anhelo profundo por la iluminación. Tal interés en una mera fórmula de negación a menudo se acompaña con una aquiescencia interna a las tentaciones. El desapego sólo puede ser integral y de corazón cuando se convierte en parte intrínseca de la naturaleza de uno.

La afirmación negativa de "esto no, lo otro no" es la única manera de desenrollar los *sanskaras* positivos, acumulados a través de la evolución y las vidas humanas. Aunque este proceso sí destruye los *sanskaras* positivos, también resulta en la formación de *sanskaras negativos* que, a su manera, condicionan a la mente y crean un nuevo problema. La afirmación de "esto no, lo otro no" tiene que ser suficientemente potente como para llevar a cabo la erradicación de todos los *sanskaras* físicos, sutiles y mentales; pero finalmente, después de haber cumplido su propósito, debe ser abandonada.

La finalidad de la experiencia espiritual no consiste en una simple negación. Someterla a una fórmula negativa es limitarla mediante un concepto intelectual. La fórmula negativa debe usarse por la mente para descondicionarse, pero debe desecharse antes de que el objetivo último de la vida se pueda lograr.

Los *sanskaras* negativos también deben desaparecer antes de la iluminación

Debe hacerse uso del pensamiento para superar las limitaciones instituidas por su propio movimiento, pero hecho esto, se debe abandonar el pensamiento mismo. Esto equivale al proceso de *ir más allá de la mente*, y se hace posible mediante la no identificación con la mente o sus deseos. Observar objetivamente al cuerpo, así como a todos los pensamientos e impulsos bajos, es establecerse en un dichoso desapego y negar todos los *sanskaras*. Esto significa la liberación del alma de sus ilusiones autoimpuestas como "yo soy el cuerpo", "yo soy la mente" o "yo soy el deseo", y ganar terreno hacia el estado iluminado de "Yo soy Dios","an al-Haqq", o "aham Brahmasmi".

La Eliminación de Sanskaras

PARTE II
LA DISPERSIÓN Y AGOTAMIENTO DE SANSKARAS

En el último capítulo, expliqué los métodos de la eliminación de *sanskaras*, que dependen principalmente del principio de la negación de los *sanskaras* positivos, que

Negación de *sanskaras* lograda a través del control

velan la consciencia de la Verdad e impiden la Iluminación de Sí, razón por la que surgió la creación entera. Todos estos métodos para negar los *sanskaras* positivos, se basan ultimadamente en el control del cuerpo y la mente. Controlar las tendencias habituales de la mente es mucho más difícil que controlar las acciones físicas. Los fugaces y evasivos pensamientos y deseos de la mente se pueden contener sólo con gran paciencia y práctica persistente. Pero la restricción de los procesos y reacciones mentales es necesaria para frenar la formación de nuevos *sanskaras* y para desgastar o desenrollar los *sanskaras* viejos, de los cuales son expresiones. Aunque el control puede ser difícil al principio, a través del esfuerzo sincero, paulatinamente se vuelve natural y fácil de lograr.

El control es deliberado e implica esfuerzo, siempre y cuando la mente intente descondicionarse mediante la eliminación de los *sanskaras*; pero una vez liberada la mente de los *sanskaras*, el control se vuelve espontáneo, porque la mente ya funciona con libertad y entendimiento. Tal control nace de la fuerza de carácter y de la salud mental, y esto invariablemente trae consigo la libertad de temores y una inmensa paz y tranquilidad. La mente, que aparenta ser débil cuando es indisciplinada y carece de control, se convierte en una fuente de gran fortaleza al ser controlada. *El control es indispensable para la conservación de la energía psíquica,* y el uso económico de la fuerza del pensamiento para fines creativos.

Sin embargo, si el control es puramente mecánico y carece de dirección, frustra su propio propósito, que es facilitar el funcionamiento libre e incondicionado de la mente. El control que conlleva un verdadero valor espiritual no consiste en la represión mecánica de los pensamientos y deseos, sino en la restricción natural ejercida por la percepción de los valores positivos

El control verdadero es el creativo ajuste propio a la luz de los valores percibidos

que se han descubierto durante el proceso de la experiencia. Por lo tanto, el verdadero control no es meramente negativo. Cuando algunos valores positivos quedan enfocados en la consciencia, sus demandas para expresarse en la vida generan la energía y respuesta psíquica que ultimadamente eliminan cualquier tendencia mental que obstruye la expresión libre y plena de estos valores. *Así, las tendencias hacia la lujuria, la codicia y la ira se eliminan mediante el reconocimiento apreciativo del valor de una vida de pureza, generosidad y bondad.*

A la mente que se ha acostumbrado a ciertos hábitos de pensamiento y respuesta, se le dificulta ajustarse a estas nuevas demandas de sus propias percepciones, debido a la inercia provocada por las impresiones de previos modos de pensamiento y conducta. Este proceso de *reajuste a la luz de los valores verdaderos* se convierte en lo que llamamos el control de la mente. Este control no es una torsión mecánica o forzada de la mente, *sino que es* un esfuerzo de la mente para superar su propia inercia. *Es fundamentalmente creativo y no negativo en su propósito*, ya que es un intento de la mente para llegar a un autoajuste, con el fin de liberar la expresión de los verdaderos valores de la vida.

El control creativo se hace posible porque la fuente de la luz se encuentra dentro de todos, y aunque el velo de los *sanskaras* impide la Iluminación de Sí, no todo es oscuridad, incluso dentro de los limites de la consciencia humana ordinaria. El rayo de luz consiste en una inclinación hacia los verdaderos valores y guía al

Dispersión y agotamiento de *sanskaras* viejos a través de la sublimación

hombre hacia adelante con diferentes grados de claridad, conforme al espesor del velo de los *sanskaras. El proceso de la negación de sanskaras, es simultáneamente el proceso de la comprensión de los valores verdaderos.* Así, el progreso espiritual se caracteriza por el doble aspecto de renunciar a los falsos valores de los *sanskaras,* y favorecer los verdaderos valores del entendimiento. El proceso de sustituir los valores inferiores por valores más elevados es el proceso de sublimación, que consiste en redirigir la energía psíquica atrapada en los *sanskaras* viejos, hacia fines creativos y espirituales. *Cuando la energía atrapada en los sanskaras se redirige de esta forma, los sanskaras se dispersan y se agotan.*

El método de sublimación es el método más natural y efectivo para salir de los surcos de viejos *sanskaras*, y tiene la ventaja especial de mantener el interés constante del aspirante durante todas las etapas. El método de mera negación sin ninguna sustitución puede ser aburrido, y conducir a la vacuidad. Sin embargo, el método de la sublimación consiste en *reemplazar los valores más bajos por los más altos*. Por ende, absorbe nuestro interés en cada etapa y brinda una sensación de plenitud en constante aumento. La energía psíquica puede sublimarse hacia canales espirituales mediante (1) la meditación, (2) el servicio desinteresado hacia la humanidad y (3) la devoción.

El proceso de sublimación se sostiene con el interés constante

La meditación es la concentración profunda y constante sobre un objeto ideal. En tal concentración sobre el objeto ideal, el alma sólo es consciente del objeto de la meditación y olvida por completo tanto su mente como su cuerpo. De esta manera se dejan de formar nuevos *sanskaras,* y los viejos se dispersan y agotan mediante la actividad psíquica de contemplar el objeto de concentración. Finalmente, cuando los *sanskaras* desaparecen por completo, *el alma individualizada se disuelve en la intensidad de la concentración y se funde con el objeto ideal.*

Meditación: su naturaleza y propósito

Hay muchas formas de meditación de acuerdo a la aptitud de las diferentes personas. El genio imaginativo de las personas que trabajan mucho, a menudo se marchita debido al exceso de trabajo. Para estas personas, la forma de meditación más adecuada consiste en desconectarse de los pensamientos, para después contemplar estos pensamientos y el cuerpo *objetivamente*. Tras haber contemplado exitosamente sus pensamientos y su cuerpo con completa objetividad, el aspirante trata de *identificarse con el Ser cósmico* mediante sugerencias constructivas como "Soy el Infinito", "Estoy en todo", "Estoy en todos". Quienes tienen imaginación activa y vívida, pueden intentar concentrarse intensivamente sobre algún *punto*, pero fijar la

Formas de meditación

mente sobre un punto debe evitarse por quienes no le tengan gusto. Por lo general, la energía psíquica de la mente se dispersa mediante sus diversos pensamientos. La meditación sobre un punto es muy benéfica para que la mente se recoja y estabilice, pero es un proceso mecánico y por tanto carece de experiencias creativas y gozosas. Sin embargo, en las etapas iniciales, esta forma de meditación se puede utilizar como una preparación para otras formas de meditación más exitosas.

Las formas más exitosas y profundas de meditación son precedidas por pensar deliberada y constructivamente en Dios, el Amado. La

Meditación sobre el aspecto personal e impersonal de Dios

meditación sobre Dios es la más fructífera espiritualmente. Dios puedel ser el objeto de meditación, ya sea en Su aspecto *impersonal* o en Su aspecto *personal*. La meditación en el aspecto impersonal de Dios es adecuada sólo para quienes tienen una aptitud especial para ella. Consiste en enfocar todo pensamiento en la existencia abstracta y no manifiesta de Dios. Por otra parte, la meditación sobre el aspecto personal de Dios, consiste en centrar todo pensamiento en la forma y atributos de Dios. Después de una meditación intensiva, la mente puede querer asentarse, no en el objeto de la meditación, sino en la estabilidad de la paz expansiva que se experimenta durante la meditación. Tales momentos son el resultado natural de la fatiga de la facultad de la imaginación y deben ser fomentados sin ningún esfuerzo.

La meditación debe ser espontánea y no forzada. En los momentos que surjan los impulsos divinos, debe darse rienda suelta a la

Obstáculos en la meditación

imaginación y dejarla volar alto. El vuelo de la imaginación sólo debe ser controlado por el firme propósito de volverse uno con el Infinito. No debe de ser influenciado por las corrientes de los diversos sentimientos de lujuria, codicia o ira. El éxito en la concentración sólo se da gradualmente y es probable que el novato se desaliente por no conseguir resultados satisfactorios al inicio. A menudo la decepción que se experimenta es en sí, un obstáculo serio para comenzar la meditación del día y persistir en esta. Otros obstáculos como la pereza y la mala salud también pueden ser difíciles, pero se pueden superar fijando horas regulares para la meditación y con una práctica habitual. La quietud de la naturaleza durante la madrugada o el atardecer es especialmente propicia para la meditación, pero se puede hacer también en cualquier otro horario conveniente.

La soledad es una de las condiciones esenciales para lograr éxito en la meditación. En el mundo del pensamiento hay una entremezcla constante de las formas del pensamiento

Importancia de la y los colores del pensamiento. Algunas
soledad en la meditación ideas poderosas tienden a fortalecer la mente, facilitando la integración, mientras que algunos pensamientos frívolos son disipantes. Estos diversos pensamientos en el entorno mental atraen o repelen a la mente. Es aconsejable evitar la influencia de estos pensamientos abigarrados para *poder establecerse en el pensamiento ideal propio*. Para este propósito, la soledad ofrece inmensas posibilidades. La soledad implica economía de energía psíquica y aumento de poder de concentración. Sin elementos externos para atraer o repeler a la mente, se gravita hacia el interior y se aprende el arte de abrirse a las corrientes más elevadas que tienen la potencia de impartir fuerza, dicha y paz expansiva.

Mientras que la meditación sobre los aspectos personales e impersonales de Dios requiere que la consciencia se repliegue al santuario del corazón propio, *la*
Servicio desinteresado *concentración sobre el aspecto universal de Dios se logra mejor a través del servicio desinteresado a la humanidad.* Cuando el alma se absorbe completamente en el servicio a la humanidad, es completamente inconsciente de su cuerpo o mente, o de las funciones de estos, al igual que pasa en la meditación, y por tanto no se forman nuevos *sanskaras*. Además, los *sanskaras* viejos que atan a la mente se quebrantan y se dispersan. Como el alma ahora centra su atención e interés sobre el bien de otros en vez del bien propio, *el núcleo del ego se ve privado de la energía que lo nutre*. Por tanto, el servicio desinteresado es uno de los mejores métodos para redirigir y sublimar la energía que se encuentra atrapada en los *sanskaras* vinculantes.

El servicio desinteresado se logra cuando no hay el más mínimo pensamiento de recompensa o resultado, y cuando hay una total indiferencia por la conveniencia o
Implicaciones del comodidad propia, o a la posibilidad de
servicio desinteresado ser mal interpretado. Al estar ocupado por completo en el bienestar de otros, uno difícilmente piensa en sí mismo, y deja de atender a su propia comodidad, conveniencia, salud o felicidad. Por el contrario, uno está

dispuesto a sacrificar todo por el bienestar ajeno. La comodidad de otros es la conveniencia propia, su salud es el bienestar propio y su felicidad es la alegría propia. Se encuentra la vida propia al perderla en los demás. Uno vive en sus corazones y el corazón propio se convierte en el refugio de otros. Cuando hay verdadera unión de corazones, uno se identifica completamente con la otra persona. El acto de ayuda o palabras de consuelo les proporcionan lo que les pudiera faltar, y a través de sus pensamientos de gratitud y de buena voluntad, en realidad se recibe más de lo que se da.

De este modo, a través de vivir para los demás, nuestra propia vida encuentra su amplificación y expansión. Por ende, la persona que lleva una vida de servicio desinteresado **Libertad y plenitud a** difícilmente es consciente de su servicio. **través del servicio** No hace sentir a quienes sirve, ningún tipo de obligación hacia él. Al contrario, él es quien está en deuda por la oportunidad de hacerlos felices. No los sirve por apariencia, renombre o fama. El servicio desinteresado se logra completamente, sólo cuando el hombre deriva la misma felicidad al servir a los demás que al ser servido. El ideal del servicio desinteresado lo libera de los *sanskaras* de anhelar poder y posesiones, de la autoconmiseración, de la envidia y de las malas acciones activadas por el egoísmo.

Tanto el servicio desinteresado como la meditación son espontáneos cuando son inspirados por el amor. El amor, justificadamente entonces, se considera la avenida más importante que **Amor** conduce a la realización del Altísimo. En el amor, el alma está completamente absorta en el Amado y por ende se desapega de las acciones de cuerpo y mente. Esto le pone fin a la formación de *sanskaras* nuevos y también deshace los *sanskaras* viejos, por darle a la vida una dirección totalmente nueva. *De ninguna otra forma llega el olvido propio tan completa y naturalmente como en la intensidad del amor.* Por lo tanto, se le ha dado el primer lugar entre los métodos que garantizan la liberación de la consciencia del cautiverio de los *sanskaras*.

En el amor quedan comprendidas las diferentes ventajas de los otros caminos que conducen a la emancipación, y es en sí, el camino más distinguido y eficaz. Se caracteriza **Eficacia del amor** simultáneamente por la felicidad y el auto **para purificar** sacrificio. Su singularidad radica en que se acompaña por una ofrenda exclusiva, dada con todo el corazón para el Amado, sin admitir reclamo de ningún otro objeto. Así, no hay cabida para el desvío de energía psíquica y la concentración es completa. En el amor, las energías físicas, vitales y mentales del hombre se suman y se ponen a disposición del Amado, con el resultado de que el amor se convierte en un poder dinámico. La tensión del amor verdadero es tan grande que *cualquier sentimiento ajeno que pudiera intervenir es expulsado de inmediato*. Por esto, la eficacia del amor para expulsar y purificar no tiene paralelo.

No hay nada artificial o antinatural en el amor. Existe desde el principio mismo de la evolución. En la etapa inorgánica se expresa burdamente en forma de *cohesión o atracción*.

El amor está presente en toda la creación La afinidad natural es lo que mantiene a las cosas unidas y las atrae entre sí. La atracción gravitacional entre los cuerpos celestes es una expresión de este tipo de amor. En la etapa orgánica, el amor se auto ilumina y se auto aprecia, y ejerce un papel importante desde las formas más primitivas como la amiba, hasta la forma más evolucionada del ser humano. Cuando el amor se auto ilumina, su valor se intensifica por su sacrificio consciente.

El sacrificio del amor es tan completo e incondicional, que tiene todo para dar y nada qué pedir. *Entre más da, más desea dar y menos consciente es de haber dado*. La corriente del amor

El amor se expresa a través del sacrificio consciente verdadero siempre crece y nunca falla. Su sencilla expresión es simplemente brindarse. Ocupa su mejor cuidado y atención en las complejidades del Amado. Continuamente y con abandono, busca agradar al Amado de mil maneras. No duda en acoger sufrimientos con tal de satisfacer un solo deseo del Amado o aliviarlo del más mínimo dolor por descuido o indiferencia. Con gusto se marchitaría y perecería por el bien de su Amado. Exhausto y atormentado, ignora al cuerpo que lo alberga y que lo nutre. Sin regateos, el Amado es el único interés de su vida. El tabernáculo del amor estalla por esta incontrolable agitación y origina corrientes de amor y dulzura suprema, hasta que *el amante rompe más allá de sus limitaciones y se pierde en el ser del Amado*.

Cuando el amor es profundo e intenso, se llama *bhakti* o devoción. En sus etapas iniciales, la devoción se expresa mediante la adoración de símbolos, la súplica ante deidades y la reverencia y lealtad hacia las escrituras reveladas, o mediante la búsqueda del Altísimo a través del pensamiento abstracto. En sus etapas **Diferentes etapas** más avanzadas, la devoción se expresa como **de devoción** interés en el bienestar humano y el servicio a la humanidad, amor y reverencia hacia los santos, y obediencia y lealtad hacia el Maestro espiritual. Estas etapas tienen valores relativos y resultados relativos. El amor por un Maestro viviente es una etapa única en la devoción, ya que eventualmente se transforma en *para-bhakti* o amor divino.

El *para-bhakti* no es meramente un *bhakti* intensificado. Comienza donde termina el *bhakti*. En la etapa de *para-bhakti*, la devoción no sólo se enfoca, sino que se acompaña de una inquietud **Para-bhakti** extrema del corazón y un anhelo incesante de unirse con el Amado. A esto le sigue la falta de interés por el cuerpo propio y sus cuidados, el aislamiento del entorno propio y la indiferencia absoluta hacia las apariencias o críticas, mientras que los impulsos divinos de atracción al Amado se hacen más frecuentes que nunca. Esta elevadísima etapa de amor es la más fructífera, porque su objeto es una persona que es el amor encarnado y que puede, como Amado Supremo, responder al amante más completamente. La pureza, dulzura y eficacia del amor que el amante recibe del Maestro, contribuye al *valor espiritual insuperable* de esta elevadísima etapa de amor.

La Eliminación
de Sanskaras

PARTE III
LA DESTRUCCIÓN DE SANSKARAS

El amor por el *Sadgurú* o Maestro Perfecto es particularmente importante porque invita al contacto con el *Sadgurú*. Mediante tal contacto, el aspirante recibe **Las impresiones que** *impresiones del Sadgurú que tienen la* **vienen de un Sadgurú** *potencia especial de deshacer impresiones* **pueden transformar la vida** *pasadas*, transformando así el tenor de su vida completamente. El receptor de estas impresiones puede renunciar totalmente a los viejos hábitos de vida y formas de pensar. Tal contacto cambia y eleva el tono de la vida más depravada. El individuo puede haber conducido una vida de disipación imprudente, sin pensar siquiera en otra cosa más que el cumplimiento de deseos mundanos. Puede haber estado inmerso en la sed de posesión y poder, sin tener más ideales que la adquisición y almacenamiento de dinero y diversión. Pero incluso tal persona, que no podría siquiera imaginar una vida libre de cadenas mundanas, podría descubrir que los *sanskaras* que adquiere por su contacto con el *Sadgurú*, son lo suficientemente potentes como para dejar atrás su vieja forma de pensar y existir, y abrirle una visión totalmente nueva de una vida más elevada y libre. Las impresiones recibidas del *Sadgurú* pueden ser igualmente beneficiosas para una persona culta e intelectual, cuya visión no obstante es limitada, cuya imaginación en el mejor de los casos, puede apreciar la belleza del arte y de la literatura, y cuyo altruismo no puede trascender los límites de su comunidad o las fronteras de su país. Tal persona, al recibir las impresiones del *Sadgurú*, puede ser elevada a modos aún superiores de vida.

El *Sadgurú* puede elevar al aspirante del nivel ordinario de consciencia intelectual al nivel de consciencia donde hay inspiración e intuición, y después hacia el nivel de visión e iluminación, que culmina en la unión con el Infinito. Este ascenso del aspirante corresponde a su progreso desde la esfera mundana hasta la esfera sutil, desde la esfera sutil hasta

Eliminación total de sanskaras por intervención del Sadgurú

la esfera mental, y finalmente desde la esfera mental hasta el estado de liberación. El último paso implica *la aniquilación de todos los sanskaras - naturales o no naturales - positivos o negativos*. Para usar la analogía del hilo que se enrolla alrededor del palo, el proceso de la eliminación de *sanskaras* consiste en cortar el hilo con unas tijeras. La eliminación de todos los *sanskaras*, que está implícita en la liberación definitiva de la consciencia de toda ilusión y esclavitud, jamás se puede lograr *sin la gracia de un Sadgurú*.

Pero tal intervención activa por parte del *Sadgurú* presupone una relación irrestricta entre el aspirante y el *Sadgurú*, que sólo se puede establecer cuando el aspirante logra la *completa auto entrega* al *Sadgurú*. La auto entrega implica obedecer todas las órdenes del Maestro. Cuando nuestros deseos y acciones son guiados por él y son el resultado de obedecer sus órdenes, él se hace directamente responsable de ellos. Por ende, cuando la auto entrega es completa, la responsabilidad de liberar al aspirante de los *sanskaras* se transfiere al Maestro, y bajo esta nueva condición, el Maestro aniquila todos los *sanskaras* en un santiamén.

Necesidad de la auto entrega total

La obediencia al Maestro implícita en la auto entrega total es de dos tipos: (1) intelectual y (2) literal. De estos dos tipos de obediencia, *la obediencia intelectual viene primero y precede a la obediencia literal*, que es más fructífera. Cuando te convences intelectualmente de la grandeza y perfección del Maestro, hay amor y respeto hacia él, pero eres incapaz de seguir sus órdenes literalmente. Al basar tu convicción en la razón, el aspirante encuentra difícil divorciar ésta de su propia forma de entender al Maestro y sus órdenes. Como ambas se enlazan inextricablemente, tu fe razonada te mantiene dentro de los límites de la obediencia *inteligible*. El Maestro no interviene en esta fase del pupilo y todas las píldoras de obediencia que le ofrece al Maestro, se intelectualizan para adaptarlas a su gusto y calibre.

Obediencia intelectual

Mediante la obediencia intelectual al Maestro, se pueden aniquilar todos los *sanskaras*, siempre y cuando la persona sea sincera en la interpretación lógica de sus órdenes y en su ejecución, pero el resultado se da mucho más

Obediencia literal

rápidamente cuando la obediencia es literal. La obediencia literal es el efecto de la fe inamovible y del profundo amor que el Maestro inspira en el pupilo mediante su atractivo humano. El resplandor desbordante del halo del Maestro y la refulgencia de su pureza y compasión, son las principales razones que crean en el alumno la fe inquebrantable que lo prepara para seguir las órdenes del Maestro implícitamente, sin importar si satisfacen su espíritu crítico, o no. Tal obediencia literal ni siquiera se somete al requisito de que el significado real de las órdenes deba ser comprendido intelectualmente por el pupilo, y es el tipo más alto de obediencia a la que se puede aspirar. *Por medio de esta obediencia implícita e incuestionable, se enderezan los nudos torcidos de los deseos y sanskaras.* Es también con esta obediencia que se crea un vínculo profundo entre el Maestro y el pupilo, que resulta en un *flujo irrestricto y perenne de sabiduría y poder espirituales hacia el pupilo.* En esta etapa el pupilo se convierte en el *hijo espiritual* del Maestro, y a su debido tiempo es liberado de cualquier lazo individualista y *sanskárico*, convirtiéndose él mismo en Maestro.

El *Sadgurú* o Maestro Perfecto tiene una posición y poder únicos. Hay muchas almas en el mundo que están más o menos avanzadas en

Papel del *Sadgurú*

el Camino espiritual, pero son pocos los que han cruzado todas las seis etapas de las esferas internas de la consciencia, para hacerse uno con la fuente infinita de la existencia, el conocimiento y la dicha. El *Sadgurú* no sólo ha experimentado los diferentes planos de consciencia, sino que en realidad permea el ser mismo de toda alma, por haberse hecho uno con el Infinito. Él es el pivote de la actividad universal. En cierto sentido, a él se deben todos nuestros pensamientos y acciones, alegrías y tristezas, preocupaciones y predicamentos, fortalezas y debilidades, posesiones y entrega, amor y añoranza. Él no sólo permea toda la existencia, sino que es conocedor consciente de la ley cósmica de causa y efecto y del accionar complejo de los *sanskaras* de las almas individuales. Las causas de la felicidad, de la miseria y de los vicios o virtudes individuales son tan conocidos por él, como las causas de los cambios y trastornos cósmicos. Todo ser es un libro abierto para el reflector infinito de su consciencia omnipresente. Debido a su unión con el Infinito, está dotado de poder ilimitado y en un abrir y cerrar de ojos puede aniquilar todos los *sanskaras* del alma, y liberarla de todo enredo y esclavitud.

El bien
y el mal

La mente humana no sólo pasa por experiencias, sino que las evalúa constantemente. Algunas experiencias se consideran agradables y otras, desagradables; algunas **Evaluación de la experiencia** experiencias causan felicidad **a través de los opuestos** y otras, sufrimiento; algunas experiencias se perciben como gratas, y otras como no gratas; algunas experiencias parecen restringir la vida del hombre, y otras, dirigirla hacia la libertad y plenitud; y algunas experiencias se consideran buenas, y otras, malas. Estos son los opuestos creados por la imaginación humana *al enfrentar la vida con un punto de vista particular.*

La concepción del hombre de lo que es aceptable o inaceptable, va evolucionando y cambiando de acuerdo con la naturaleza de los deseos que resultan ser dominantes **Aceptable e inaceptable** en un determinado momento. Pero mientras haya cualquier tipo de deseo en su mente, se ve obligado a evaluar su experiencia en relación con ese deseo y dividirlo en dos partes: la que contribuye a su realización y, por lo tanto, es aceptable; y la otra, que tiende a evitar su cumplimiento y es por consecuencia, inaceptable. *En vez de afrontar la vida y todo lo que conlleva sin expectativas, enredos o evasión, la mente crea un estándar con el que divide la vida en opuestos; uno que considera aceptable, y el otro, inaceptable.*

De los opuestos creados por la mente humana, la división entre el bien y el mal es la más significativa espiritualmente. Se basa en el deseo del hombre de liberarse de las limitaciones de todo **Incluso el bien, es** deseo. Aquellas experiencias y acciones que **relativo al deseo** incrementan las ataduras del deseo son malas, y aquellas experiencias y acciones que tienden a emancipar la mente de los deseos que la limitan, son buenas. Como *las acciones y experiencias buenas también existen en relación al deseo,* restringen de la misma manera en que lo hacen las experiencias y acciones malas. Toda atadura puede desaparecer realmente, sólo cuando desaparecen por completo los deseos. Por lo tanto, la verdadera libertad llega cuando el bien y el mal se equilibran entre sí y se fusionan tan completamente, que *el ser limitado por el deseo se queda sin posibilidad alguna de elegir.*

Cuando la consciencia humana se desarrolla plenamente, encontramos en ésta una preponderancia de elementos malos, ya

El hombre comienza con *sanskaras* animales

que en las etapas sub humanas de la evolución, la consciencia ha operado mayormente bajo tendencias limitantes como la lujuria, la codicia y la ira. Las experiencias y acciones creadas y sustentadas por tales tendencias egocéntricas, han dejado sus impresiones en la mente en desarrollo, y la mente ha almacenado estas impresiones de la misma forma en que una película registra el movimiento de los actores. Por consiguiente, es fácil ser malo y difícil ser bueno. La vida animal, de la que emerge la consciencia humana, es determinada mayormente por la lujuria animal, la codicia animal y la ira animal, aunque algunos animales en ocasiones desarrollan las buenas cualidades del autosacrificio, el amor y la paciencia. Si todos los *sanskaras* animales acumulados hubiesen sido malos y ninguno bueno, la aparición de las buenas tendencias en la consciencia humana no hubiese sido posible.

Aunque algunos *sanskaras* animales son buenos, la mayoría son malos; por lo que, al principio, la consciencia humana se encuentra

Necesidad de cultivar *sanskaras* buenos

sujeta a una fuerza propulsora que es mayormente mala. *Desde el principio mismo de la evolución humana, el problema de la emancipación consiste en cultivar y desarrollar sanskaras buenos para que puedan traslaparse con los sanskaras acumulados y anularlos.* El cultivo de *sanskaras* buenos se consigue mediante el fomento de las experiencias y acciones que son opuestas a las que predominan en la vida animal. El opuesto de la lujuria es el amor, el opuesto de la codicia es la generosidad, y el opuesto de la ira es la tolerancia o la paciencia. Al intentar vivir en el amor, la generosidad y la tolerancia, el hombre puede borrar las tendencias de la lujuria, la codicia y la ira.

El proceso general de liberarse de la limitación de los *sanskaras*, por lo tanto, debe ser acompañado por el proceso de renunciar al mal por el bien. Sin embargo, que una persona

Pecador y santo

sea buena o mala en cualquier momento dado, depende del funcionamiento inexorable de sus *sanskaras.* Desde este punto de vista, el pecador y el santo son lo que son, de acuerdo con las leyes que operan en el universo. Ambos tienen el mismo comienzo y el mismo fin. *El pecador no tiene por qué tener el estigma de la degradación eterna y el santo no tiene por qué estar orgulloso por sus logros morales.* Nadie, sin importar qué tan santo sea, ha alcanzado las alturas de la virtud moral sino después de una vida de fracasos morales, y nadie es tan malo como para ser incapaz de mejorar y llegar a ser bueno. Todo individuo, sin importar cuán depravado sea, puede mejorar gradualmente, hasta convertirse en el mejor ejemplo para toda la humanidad. Hay esperanza para todos, siempre. *Nadie está completamente perdido y nadie debe perder la esperanza.* Sigue siendo cierto, sin embargo, que *el camino a la divinidad se encuentra mediante la renuncia del mal en favor del bien.*

El desenvolvimiento gradual del bien trae consigo el amor, la generosidad y la paz. Los *sanskaras* buenos depositados por las manifestaciones de estas cualidades, se

El yo limitado puede vivir tanto en los *sanskaras* buenos, como en los malos

traslapan con los malos *sanskaras* opuestos de la lujuria, la codicia y la ira, y los equilibran. *Cuando hay un equilibrio y un traslape exactos de los sanskaras buenos y malos, de inmediato se terminan ambos tipos de sanskaras y la consciencia se precipita de un estado de confinación a un estado de libertad.* Las columnas de crédito y débito deben ser exactamente iguales para que la cuenta se pueda cerrar; pero usualmente, o la de débito es mayor, o la de crédito lo es, y la cuenta sigue abierta. Es importante notar que la cuenta sigue abierta, no sólo por exceso de débito, sino también por exceso de crédito. Sólo se puede cerrar cuando ambas partes se equilibran. En el *ámbito* de los *sanskaras,* este equilibrio es poco común porque en cualquier momento dado, tanto los *sanskaras* buenos como los malos pueden ser predominantes. Así como la cuenta puede seguir abierta por exceso de débito o de crédito, la vida del yo limitado se prolonga y se sostiene mediante el exceso de *sanskaras* buenos o malos. El yo limitado puede persistir tanto a través de los *sanskaras* buenos, como a través de los *sanskaras* malos. Lo que se requiere para su extinción final es un equilibrio y un traslape exactos entre los *sanskaras* malos y buenos.

El problema del equilibrio y del traslape exactos de los *sanskaras* buenos y malos, no es un problema *matemático* de igualar las cantidades correspondientes. Si se tratara meramente de igualar cantidades, se podría resolver al acumular buenos *sanskaras* persistentemente. Si

Equilibrio y traslape de los *sanskaras* **buenos y malos**

hay un cese o ralentización de la acumulación de *sanskaras* malos, y si paralelamente, hay una acumulación incesante de *sanskaras* buenos a una velocidad mayor, tarde o temprano los *sanskaras* buenos coincidirán cuantitativamente con el cúmulo de *sanskaras* malos y se efectuará el equilibrio necesario. *Para la emancipación de la consciencia, los sanskaras buenos y malos, no sólo deben equilibrarse en cuanto a fuerza, sino debe haber un traslape de punto a punto de un opuesto, sobre el otro.* Entonces, en cierto sentido, el problema ante cada centro de consciencia es un problema *específico* relacionado con la *variedad cualitativa de la naturaleza de los sanskaras acumulados.*

Si la acumulación de *sanskaras* buenos prosigue independientemente de la constitución específica de los *sanskaras* existentes, hay la

Transferencia del ego al bien

posibilidad de acumular en ciertas direcciones un exceso de *sanskaras* buenos, en paralelo con la existencia de *sanskaras* malos de otro tipo. Por ejemplo, mediante la auto mortificación y otras formas severas de ascetismo, algunas formas de apego pueden ser anuladas, pero otras formas de apego pueden permanecer inafectadas por estas prácticas y seguir existiendo. No sólo es probable que el aspirante ignore las formas de apego que han subsistido, sino incluso puede continuar con sus prácticas de auto mortificación y ascetismo debido a la fuerza propulsora de los *sanskaras* creados por estas mismas prácticas. En tal caso, se crea un exceso de *sanskaras* buenos sin ponerle fin al ego limitado. Aún si las otras formas de apego que permanecieron inafectadas se deshacen posteriormente, el ego puede transferirse a estos nuevos *sanskaras* buenos y continuar viviendo a través de ellos.

La emancipación no es cuestión de una mera acumulación de virtudes; se requiere un ajuste inteligente de los sanskaras. Cada centro de consciencia gravita

Necesidad de un ajuste de *sanskaras*

inconscientemente hacia la emancipación final de la realización de la Verdad, y existe una tendencia natural en la mente para invitar hacia sí misma, justo el opuesto preciso que cumpla con los requisitos espirituales de la situación. Sin embargo, éste no es un proceso mecánico y automático que pueda efectuarse solo, independiente del esfuerzo inteligente y correcto por parte del aspirante. Generalmente el aspirante ve que es imposible saber lo que es realmente necesario, a menos de que tenga la suerte de contar con la ayuda infalible del Maestro, el único con el entendimiento directo e inequívoco respecto de lo que es exactamente necesario en cada caso específico.

Se ha visto que los *sanskaras* buenos pueden ser el medio para que persista la vida del yo limitado. *Cuando una persona se ve a sí misma como buena y no mala, practica la auto afirmación al identificarse*

Prisión del bien   *con esta convicción, que sólo es la continuación de la existencia separada en una nueva forma.* En algunos casos, esta nueva casa que el ego se ha construido es más difícil de desmantelar, porque la auto identificación con el bien suele ser más completa que la auto identificación con el mal. La identificación con el mal es más fácil de resolver, porque tan pronto como el mal se percibe como algo malo, su control sobre la consciencia se debilita. Debilitar el control del bien presenta un problema más difícil, ya que *el bien conlleva un semblante de auto justificación, al contrastarse favorablemente con el mal.* Sin embargo, con el transcurso del tiempo, el aspirante se cansa de su nueva casa prisión y después de esta percepción, abandona su existencia separada, *trascendiendo la dualidad del bien y del mal.*

El ego cambia la casa de identificación con el mal por la casa de identificación con el bien, ya que el último le da un mayor sentido de expansión. Tarde o temprano, el aspirante

El bien comparado con el mal   percibe que su nueva morada no es menos limitante. Entonces encuentra que el proceso de dejarla atrás es menos difícil que el proceso de desmantelar la antigua morada de identificación con el mal. *La dificultad con respecto a la morada del mal no es la de percibirla como limitación, sino la de desmantelarla tras haber llegado a esa percepción. La dificultad con respecto a la morada del bien, no radica tanto en desmantelarla, sino en percibir que en verdad es una limitación.* La diferencia se da porque los *sanskaras* animales se arraigan más firmemente debido a su origen antiguo y largo tiempo de acumulación. Es importante notar que el bien aprisiona tanto como el mal, aunque el aprisionamiento del bien se puede deshacer más fácilmente *después* de ser percibido como una limitación.

El ego vive ya sea mediante *sanskaras* malos, mediante *sanskaras* buenos, o mediante una mezcla de *sanskaras* buenos y malos. Por lo tanto, la emancipación de la consciencia de todos los *sanskaras* puede darse mediante un equilibrio y superposición de *sanskaras* buenos sobre *sanskaras* malos; o bien mediante el equilibrio

Analogías para la superposición de sanskaras

y superposición de algunos *sanskaras* buenos sobre *sanskaras* malos, y mediante el equilibrio y superposición de algunos *sanskaras* malos sobre *sanskaras* buenos. Cuando un plato se ensucia se puede limpiar cubriéndolo con jabón y enjuagándolo con agua. Esto es como si los *sanskaras* buenos se superpusieran a los *sanskaras* malos. Ahora bien, si el plato está grasoso, una forma de deshacerse de la grasa es cubriéndolo con polvo y después, enjuagándolo con agua. Como el polvo es la cosa menos grasosa en el mundo y, en cierto sentido, lo opuesto a la grasa, cuando se aplica polvo sobre un plato grasoso, es fácil limpiarlo. Esto es como si los *sanskaras* malos se superpusieran a los *sanskaras* buenos.

Cuando hay un equilibrio y una superposición exactos de *sanskaras* buenos y malos, ambos desaparecen, dejando a la mente como una

La Realización es libre de sanskaras y está más allá del bien y del mal

pizarra limpia sobre la cual no hay nada escrito, y que por ende refleja la verdad tal como es, sin perversión. Jamás hay algo escrito en el alma. Los *sanskaras* se depositan en la mente, no en el alma. El alma se mantiene sin mancha, pero sólo cuando la mente es un espejo limpio, es que puede reflejar la Verdad. Cuando tanto, las impresiones del bien como las del mal desaparecen, la mente ve al alma. Esto es la *Iluminación*. Pero que la mente vea al alma, no es lo mismo a que el alma se conozca, porque el alma no es la mente, sino Dios, Quien está más allá de la mente. Por lo tanto, *aún después de que la mente ha visto el alma, debe fundirse en el alma, si es que el alma ha de conocerse en Verdad. Esto es la Realización. En este estado la mente en sí, con todos sus sanskaras buenos y malos, ha desaparecido.* Es un estado más allá de la mente, que por tanto también está más allá de la distinción entre el bien y el mal. Desde el punto de vista de este estado, sólo hay una existencia indivisible caracterizada por amor, paz, dicha y conocimiento infinitos. *La lucha perpetua entre el bien y el mal ha desaparecido porque no hay ni bien ni mal. Sólo existe la vida inclusiva e íntegra de Dios.*

Violencia
y No Violencia

El hombre tiende a aferrarse a eslóganes y permitir que su actuar se determine por éstos, casi mecánicamente, sin relacionar su acción directamente con la percepción viva que **Detrás de las palabras** estas palabras encarnan. Las palabras tienen su propio lugar y uso en la vida, pero si la acción ha de ser inteligente, es imperativamente necesario que el significado que estas palabras pretenden transmitir sea cuidadosamente analizado y establecido. Entre las palabras que merecen tal exploración, pocas son tan importantes como la "violencia" y la "no violencia." Éstas tienen influencia directa sobre las ideologías que dan forma, no sólo a las acciones particulares, sino también al tenor total de la vida.

La vida espiritual es cuestión de percepción y no de conformidad mecánica a las normas, incluso cuando estas normas intentan representar los más altos valores. *Implica* **La comprensión** *una comprensión que va más allá de cualquier* **espiritual va más allá** *palabra o formulación.* Todas las palabras y **de las formulaciones** formulaciones tienden a limitar la Verdad. Por lo tanto, quienes intentan poner de manifiesto el espíritu que subyace a estas formulaciones, a menudo deben iniciar un análisis profundo sobre los principios formulados y complementar este análisis, manteniendo contacto constante con los ejemplos concretos tomados de la vida. Esto es particularmente cierto con los principios rectores formulados mediante los conceptos opuestos de la violencia y la no violencia.

Las palabras "violencia" y "no violencia" son comúnmente aplicables a situaciones tan diversas en la vida práctica, que la exposición de estos temas no puede ser completa, a menos **Empezando** que se tomen en cuenta las diversas situaciones **con situaciones** y se usen como punto de partida. Sin embargo, **representativas** para efecto de esta exposición, no es necesario agotar numéricamente todas las posibilidades que se puedan cubrir con estas palabras; es suficiente considerar algunas de las situaciones más *representativas*. Las situaciones representativas mencionadas abajo se han seleccionado porque arrojan luz abundante sobre los valores fundamentales que rodean los conceptos de la violencia y la no violencia.

Situación No. 1. Supongamos que una persona que no sabe nadar ha caído en un lago, se está ahogando, y cerca hay otra persona que sabe nadar bien, que lo quiere salvar. La persona que **Caso del hombre** se ahoga tiende a sujetar desesperadamente a **que se ahoga** quien venga a ayudarla, y su agarre puede ser tan restrictivo que no sólo es imposible salvar a quien se ahoga, sino que incluso quien vino a ayudar, podría ahogarse. Quien desea salvar a la persona que se ahoga, por lo tanto, debe golpearla en la cabeza para dejarla inconsciente antes de poder ayudar. Golpear a una persona en tales circunstancias no se puede considerar como violencia, ni como no violencia.

Situación No. 2. Supongamos que un individuo sufre de alguna enfermedad que sólo se puede curar mediante una operación. Aquí, con el fin de curar al que sufre, así como de **Caso de operación** proteger a otros para que no contraigan la **quirúrgica** infección, es posible que el cirujano tenga que eliminar la parte infectada. Cortar el cuerpo con su bisturí tampoco se puede considerar como violencia, ni como no violencia.

Situación No. 3. Supongamos que una nación agresiva invade a una nación más débil con fines egoístas, y otra nación, inspirada únicamente por el noble deseo de salvar a la nación **Caso de nación agresiva** débil, se resiste a esta invasión agresiva por vía de la fuerza armada. La lucha para defender a la nación débil no se puede considerar como violencia ni como no violencia, pero se podría denominar violencia no violenta.

Situación No. 4. Supongamos que un perro rabioso está suelto y que probablemente muerda a los niños de una escuela, y los maestros de **Caso del perro rabioso** la escuela matan al perro rabioso para proteger a los niños. La muerte del perro rabioso sí implica violencia, pero no hay odio en ésta.

Situación No. 5. Supongamos que un hombre físicamente fuerte es insultado y escupido por un hombre **Caso de la no violencia** arrogante quien es, sin embargo, débil; **del fuerte** y supongamos que el hombre fuerte, que fácilmente podría arrollar al hombre arrogante, no sólo desiste de hacerle daño, sino que calmadamente le explica el evangelio del amor. Esta acción implica la no violencia, pero es la no violencia del fuerte.

Las *primeras tres* situaciones antes mencionadas, claramente ponen de manifiesto que no puede decidirse si una situación implica violencia o no violencia, sin atender a varias **Necesidad de** consideraciones sutiles y delicadas: **consideraciones delicadas** (1) con respecto a los diversos detalles de la situación, y (2) en relación con el *motivo* que impulsa la acción. Las últimas dos situaciones muestran que incluso cuando la violencia o la no violencia están implícitas, algunos *otros factores dan un significado más allá del sentido ordinario vinculado a las palabras, "violencia" y "no violencia".*

Un análisis detallado de la situación Nº 1, muestra que a pesar de que implica el uso de la fuerza sin el consentimiento previo de la víctima, el motivo fue salvar a la persona que se **Comentarios del caso del** ahogaba. La aplicación de la fuerza sin **hombre que se ahoga** el consentimiento del hombre sobre el cual es aplicada, se puede llamar un caso de violencia. Pero la fuerza se utiliza *para el bien de la persona que se ahoga,* sin ningún deseo de infligirle daño o perjuicio, y en ese sentido se puede decir que no es un caso de violencia. En estos sentidos *especiales,* se puede decir que la situación involucra violencia y no violencia respectivamente, pero en el sentido *ordinario* de las palabras no se puede contemplar como violencia, ni como no violencia.

La situación No. 2 es ligeramente diferente. Aquí también hay aplicación de fuerza (incluso corte del cuerpo), la cual es por el bien del paciente. Pero en la mayoría de los casos, **Comentarios sobre el** el paciente da *su previo consentimiento* a la **caso de la operación** operación. Además, la operación pretende, **quirúrgica** no sólo proteger al paciente mismo de futuros estragos de la enfermedad, sino también intenta proteger *a otros* de la propagación de la infección. Aquí la aplicación de la fuerza surge del motivo de hacer el bien puro, tanto al paciente, como a muchos otros que podrían entrar en contacto con él. Toda vez que no se pretende daño alguno, la aplicación de la fuerza no equivale a violencia en el sentido ordinario. Tampoco se puede considerar adecuadamente como no violencia, ya que se trata claramente de cortar una parte del cuerpo vivo.

La situación No. 3 también es muy interesante e instructiva. Aquí la lucha consiste en ofrecer resistencia a la agresión, sin ningún motivo egoísta o interés personal, sino únicamente con el fin de defender a la nación más débil. Esto puede causar mucho daño e incluso destrucción sobre la nación agresora, y el uso de la fuerza no sólo se da sin consentimiento previo, sino *en contra de su voluntad deliberada y consciente*. Aún en esta situación no tenemos un claro caso de violencia. A pesar de las lesiones y daños involucrados, la aplicación de la fuerza no sólo es para el bien de la nación más débil, que es la víctima, sino en un sentido muy importante, también es por el bien de la nación agresora misma, porque a través de la resistencia que encuentra a su agresión, *se cura gradualmente de su debilidad espiritual o enfermedad de tener la tendencia de invadir y explotar a naciones más débiles*. Esta violencia realmente no es violenta, por lo que la llamamos violencia no violenta.

Comentarios sobre el caso de la nación agresora

El caso de la lucha con una nación agresora es muy similar al caso de la cirugía en la parte infectada. En el caso de la lucha con la nación agresora, el bien de la nación más débil parece ser el resultado primario y el bien de la nación agresora (contra la cual se ejerció la fuerza) parece ser el resultado secundario. En el caso de la operación, el bien del paciente (sobre el cual se ejerce fuerza) parece ser el resultado primario y el bien de los demás parece ser un resultado secundario. Pero ésta es sólo una diferencia menor en cuanto al beneficio y cuando las dos situaciones se comparan y analizan cuidadosamente, se encuentra que ambas promueven igualmente el bien de quien es el objetivo de la fuerza, así como de muchos otros involucrados en la situación.

Comparación del caso de la nación agresora

La defensa del débil es una forma importante de servicio desinteresado y es parte del *Karma Yoga*. El uso de la fuerza, cuando es necesario para este fin, se justifica completamente como instrumento indispensable para asegurar el objetivo deseado.

Defender al débil es una forma de servicio desinteresado

Pero toda lucha emprendida para defender al débil debe carecer de motivos egoístas u odio, si ha de ser de importancia espiritual pura. Se asemeja al caso del hombre que defiende a una mujer que es atacada por otro hombre con fines viles, salvando así la vida y honor de la mujer y corrigiendo al hombre que ataca al castigarlo y hacer que se arrepienta.

La situación No. 4 es definitivamente un caso de violencia, pero se justifica porque no hay odio en ésta y porque la intención es promover el bien de los niños que podrían

Comentarios sobre los casos del perro rabioso y de la no violencia del fuerte

ser atacados por el perro rabioso. El caso del hombre fuerte, que da un sermón en vez de buscar venganza (situación No. 5), implica la no violencia, pero no es un caso de inacción. No implica pasividad ni debilidad, sino fortaleza y verdadera acción creativa de carácter impersonal. Es la no violencia del fuerte.

El análisis y la comparación a detalle de las diversas situaciones anteriores subrayan el hecho de que las cuestiones relativas a la violencia o no violencia, su justificación o no, y la

El entendimiento espiritual por encima de las reglas requiere amor divino

comprobación de su valor verdadero o falta de éste, no se pueden decidir por ningún enunciado formal de una norma universal. Involucran muchos temas e implicaciones espirituales delicadas. El entendimiento correcto del estatus de la violencia o no violencia en el esquema de los valores espirituales, requiere una percepción verdadera del significado del propósito de la existencia. Las acciones, por lo tanto, no deben ser gobernadas por ningún eslogan (por elevado que suene) basado en unas ideas incompletas e insuficientes de la mera violencia o la mera no violencia. Debe ser el resultado espontáneo del amor divino, que está por encima de la dualidad, y del entendimiento espiritual, que está por encima de cualquier norma.

Violencia y No Violencia Explicadas más Ampliamente

La No-Violencia

(I)
La No-Violencia Pura y Sencilla
(basada en el Amor Divino)

Aquí, uno ve todo como su propio Ser y está más allá tanto de la amistad, como de la enemistad. Nunca, en ninguna circunstancia, puede entrar el menor pensamiento de violencia en la mente.

(II)
No-violencia del valiente
(basada en el amor puro ilimitado)

Ésta aplica a aquéllos que, aunque no son uno con todo mediante una realización verdadera, no consideran a nadie como enemigo. Incluso intentan ganarse a su agresor mediante el Amor y renuncian a sus vidas al ser atacados, no por miedo, sino por Amor.

Violencia
(III)
Violencia No Violenta
(basada en el amor ilimitado)

La violencia se usa únicamente para defender al débil y no existe cuestión alguna de defensa propia o de motivación propia.

(IV)
Violencia desinteresada
(basada en el limitado amor humano)

La violencia ejercida en defensa propia y sin ningún otro motivo egoísta, cuando uno es atacado a traición. Por ejemplo, cuando el honor de la madre está a punto de ser violado por un malhechor lujurioso, y uno la defiende. También cuando el honor de la madre patria está en juego y está siendo atacada por enemigos; el esfuerzo desinteresado de la nación por defender a la patria es violencia desinteresada.

(V a)
No Violencia del Cobarde
(basada en la debilidad ilimitada de carácter y mente)

Quienes no se resisten a la agresión por temor y sin ninguna otra razón, pertenecen a esta clase.

(V b)
Violencia Egoísta
(basada en odio y lujuria)

Cuando la violencia se ejerce por motivos egoístas, por un individuo o nación sólo para adquirir poder, ganancias egoístas, etc.

La no violencia, pura y sencilla, significa Amor Infinito. Es el objetivo de la vida. Cuando se alcanza este estado de Amor Infinito puro, el aspirante es uno con Dios. Para alcanzar este objetivo debe haber anhelo intenso, y el aspirante que tiene este anhelo de realizar el estado supremo, debe comenzar por practicar lo que se denomina la "no violencia del valiente". Ésta aplica a quienes, aunque no son uno con todo mediante la verdadera realización, no consideran a nadie como enemigo. Intentan ganarse al agresor mismo mediante el amor y al ser atacados renuncian a sus vidas, no por temor, sino por amor.

Como se ha señalado, "la no-violencia del valiente" sólo es practicable para el individuo que tiene el anhelo intenso de lograr el estado supremo. Este anhelo no se da en las masas. Por lo tanto, si se intenta conducir a las masas a la "no violencia" pura, primero es necesario prepararlas para la "no violencia del valiente". Para lograr este objetivo de manera práctica, es necesario al comienzo hacerlas seguir el principio de la "violencia no violenta"; es decir, la violencia usada sólo para defender al débil sin motivo egoísta alguno. En tiempos de guerra real, cuando las masas son tomadas por sorpresa y no están de humor para escuchar consejos sobre cómo desarrollar el anhelo intenso para alcanzar el objetivo supremo de la vida, la única manera práctica de llevarlos finalmente hacia el objetivo es comenzar por inculcarles el principio de "la violencia no violenta" y después introducirlos gradualmente a la "no violencia del valiente". Un intento prematuro por introducir la "no violencia del valiente" entre las masas sin preparación en tiempos de guerra franca, no sólo fracasaría, sino que se incurriría en el grave peligro de provocar la "no violencia del cobarde", que es fatal; es decir, las masas no resistirían la agresión simplemente por temor y por ninguna otra razón.

Las masas también se pueden educar y conducir hacia la "no-violencia del valiente", haciéndolas seguir los principios de la "violencia desinteresada", en vez de los de la "violencia no violenta". Se le denomina violencia desinteresada cuando ésta se ejerce en defensa propia, al ser atacado a traición. No se debe permitir que ningún otro motivo egoísta justifique la violencia. Así, por ejemplo, cuando el honor de la madre de alguien está a punto de ser violado por un malhechor lujurioso y se le defiende recurriendo a la violencia, se puede decir que se han seguido los principios de la "violencia desinteresada". De manera similar, cuando el honor de la madre patria está en juego al ser atacada por enemigos, el esfuerzo desinteresado de la nación por defender a la patria es "violencia desinteresada". Como hay un tinte de egoísmo (ya que la madre es la madre de uno), el amor que se expresa aquí es el amor humano limitado.

"La no violencia del cobarde" es, como se ha señalado, fatal. También lo es "la violencia egoísta"; es decir, la violencia por motivos egoístas, hecha por individuo o nación para lograr el poder o algún otro fin egoísta.

Se verá, por lo tanto, que si bien la no violencia, pura y sencillamente, es la meta de la vida, el buscador de Dios debe alcanzarla en lo individual practicando la "no violencia del valiente". Las masas, sin el requisito del anhelo intenso para ser uno con Él, deben ser guiadas gradualmente hacia este objetivo por los principios de la "violencia no violenta " o los de la "violencia desinteresada", de acuerdo con las circunstancias. En conclusión, debe entenderse claramente que "la violencia no violenta" y la "violencia desinteresada" son sólo medios para alcanzar la meta de la vida, que es la "no violencia" pura y simple, o el "Amor Infinito". El medio no se debe confundir o mezclar de ninguna forma con la meta en sí.

El motivo y resultado siempre se juzgan por la aceptación general, en cuanto a si son buenos o malos. Por ejemplo, tanto la "no violencia del valiente" como la "no violencia del cobarde", son no violencia; pero desde el punto de vista de la fuerza que las motiva, la "no violencia del valiente" nace del *amor* y la "no violencia del cobarde" nace del *temor*, que es lo opuesto al *amor*. Siendo ambas "no violencia", no son opuestas, pero sus motivos se oponen diametralmente. El motivo detrás de la "no violencia del valiente" es perder la vida para lograr el Amor Infinito; pero el motivo detrás de la "no violencia del cobarde" es salvar la vida propia, cosa que logra el desprecio infinito. Por ende, colocamos a la "no violencia del cobarde" bajo el encabezado de "no amor" y colocamos a la "no violencia del valiente" bajo el encabezado de "amor".

La "violencia no violenta" no se coloca bajo el encabezado del amor, sino bajo el encabezado del *deber* - el deber practicado desinteresadamente al servicio de los demás, que, según el *Karma Yoga*, con el tiempo se vincula con el amor ilimitado - pero este es motivado por el amor humano.

La diferencia entre las dos fuerzas opuestas no se puede eliminar, pero la transformación de una fuerza a otra puede darse cuando se expresa correctamente mediante los canales adecuados. Un alimento que se da equivocadamente se convierte en veneno, mientras que el veneno (como la estricnina) administrado en pequeñas cantidades, como tónico, se convierte en un alimento para los nervios. Aunque la comida, en sustancia, no se convierte en veneno, y *viceversa*, la acción y el resultado por su uso pueden ser transformados.

Acción
e Inacción

Toda acción, excepto la diseñada inteligentemente para lograr la
La acción puede añadir a la ignorancia acumulada realización de Dios, crea una atadura para la consciencia. No sólo es una expresión de ignorancia acumulada, sino un agregado más a esa ignorancia acumulada.

Las formas y ceremonias religiosas, así como los rituales y mandatos de los diferentes credos e instituciones espirituales, tienden a fomentar **Las ceremonias son un desvío en el Camino** el espíritu de amor y adoración. Como tales, sirven limitadamente para desgastar la cáscara del ego en la que se encuentra atrapada la consciencia humana. Pero si se realizan mecánicamente y sin inteligencia, el espíritu interior de amor y adoración se marchita. Entonces, *en vez de desgastarla, sólo endurecen la cáscara del ego.* Por lo tanto, los rituales y las ceremonias no pueden llevar a un hombre muy lejos en el Camino, y si se realizan sin inteligencia, crean el mismo apego que cualquiera otra acción no inteligente. Desprovistos de toda vida y significado internos, se pueden considerar aún más peligrosos que otras formas de acción no inteligente, porque el hombre los persigue creyendo que son útiles para la realización de Dios, cuando en realidad están lejos de serlo. Debido a este elemento de autoengaño, las formas y ceremonias carentes de vida se convierten en un *desvío* en el Camino. A menudo, a fuerza de puro hábito, el hombre se apega tanto a estas formas externas que no puede desilusionarse de su *valor imaginario*, sino mediante el sufrimiento intenso.

En muchos sentidos, la inacción es preferible a la acción no inteligente, ya que al menos tiene el mérito de no crear *sanskaras* y complicaciones **La vida busca liberarse del enredo auto creado** adicionales. Aún la acción buena y honorable crea *sanskaras* y significa una adición más a las complicaciones creadas por acciones y experiencias pasadas. *Toda vida es un esfuerzo para lograr liberarse del enredo auto creado. Es una lucha desesperada para deshacer lo que se ha hecho por ignorancia, para desechar la carga acumulada del pasado, para ser rescatado del escombro que queda tras una serie de logros y fracasos temporales. La vida intenta desenrollar los sanskaras limitantes del pasado y liberarse de los* *laberintos de su propia hechura, para que sus nuevas creaciones puedan surgir directamente del corazón de la eternidad y portar el sello de la libertad irrestricta y la riqueza intrínseca de una existencia que no conoce limitación alguna.*

La inacción a menudo es una etapa necesaria

La acción que ayuda en la realización de Dios es verdaderamente inteligente y fecunda espiritualmente, ya que conlleva la liberación de la esclavitud. Sólo es superable por la acción que surge de manera espontánea del estado mismo de la realización de Dios. Cualquier otra forma de acción (por buena o mala y por efectiva o inefectiva que sea, desde el punto de vista mundano) contribuye a la esclavitud y es inferior a la inacción. *La inacción es menos útil que la acción inteligente, pero es mejor que la acción no inteligente, ya que equivale a no hacer algo que hubiera creado un apego.* La transición de la acción no inteligente a la acción inteligente (o sea, del *karma* que esclaviza al *karma* que libera), frecuentemente se da mediante la inacción. Esto es característico de *la etapa en la que la acción no inteligente ha cesado por duda crítica, pero la acción inteligente aún no ha comenzado porque que no ha surgido el ímpetu adecuado.* Este tipo de inacción especial, que tiene un papel a desempeñar al ir progresando en el Camino, *de ninguna manera se debe confundir con la falta de acción ordinaria que brota de la inercia o del miedo a la vida.*

Perfección

Para tener una idea amplia de lo que está implícito en la perfección, es necesario clasificarla en dos categorías. Existe la perfección espiritual, que consiste en la *realización interna de un estado trascendente de consciencia que está más allá de la dualidad.* Existe también la perfección, *tal y como se expresa y se observa en el dominio de la dualidad.* Toda la existencia relacionada que es parte del mundo diverso de la manifestación admite grados, y cuando hablamos de la perfección tal y como se observa en este mundo manifiesto, encontramos que, al igual que las otras cosas sujetas a la dualidad, también admite grados. El mal y el bien, la debilidad y la fuerza, el vicio y la virtud, todos son opuestos dentro de la dualidad. De hecho, todos estos aspectos son expresiones de la única Realidad en diferentes grados.

Dos tipos de perfección

Así, el mal no es completamente malo, sino bondad en su expresión más baja; la debilidad no es una mera incapacidad, sino fortaleza en su grado más bajo; y el vicio no es vicio puro, sino virtud en su nivel más bajo. En otras palabras, el mal es el bien en su mínima expresión, la debilidad es la fuerza en su mínima expresión y el vicio es la virtud en su mínima expresión. Todos los aspectos de la dualidad tienen un mínimo, un máximo y todos los *grados* intermedios, y la perfección no es la excepción a esto. Todo el rango de la humanidad queda incluido dentro de los dos extremos de la perfección y la imperfección; y *tanto la perfección como la imperfección, esencialmente son materia de comparación, contraste y existencia relativa.* La perfección en el dominio de la dualidad sólo es perfección *relativa.* Es sólo cuando la comparamos con la imperfección, que aparenta ser perfecta.

En la dualidad, la perfección sólo es relativa

Cuando la perfección se refiere a la dualidad, consiste en la *excelencia* de algún atributo o capacidad. En este contexto, la perfección en un aspecto no necesariamente incluye la perfección en otro aspecto. Por ejemplo, un hombre que es perfecto en las ciencias puede no ser perfecto

La perfección espiritual es diferente a la excelencia

en el canto, o un hombre que es perfecto en el canto, puede no ser perfecto en las ciencias. En cierto sentido, la excelencia se puede exhibir incluso en el crimen. Cuando se comete un asesinato de manera que no se deja una sola pista para poder rastrear al asesino, se le llama el crimen perfecto. Entonces, incluso en delitos o pecados, existe una especie de perfección; pero este tipo de perfección, que consiste en la excelencia de una cualidad o capacidad, se debe distinguir cuidadosamente de la perfección *espiritual* que no se halla en el dominio de la dualidad. Todos los diferentes tipos de excelencia que son característicos de la dualidad están dentro del alcance del intelecto, porque tal excelencia puede ser fácilmente visualizada por la extensión (en la imaginación) de algo bueno que se encuentra en la experiencia limitada de la vida cotidiana. La perfección que alcanzan las almas realizadas espiritualmente, no existe en el dominio de la dualidad, y como tal, está enteramente fuera del alcance del intelecto. No tiene paralelo alguno en el dominio de la dualidad. Cuando una persona logra la perfección espiritual, sabe que no existe nada, excepto Dios, y que lo que aparenta existir en el dominio de la dualidad y se puede captar por el intelecto, sólo es ilusorio. *Para el hombre espiritualmente perfecto, Dios es la única realidad.* La ciencia, el arte, la música, la debilidad, la fuerza, el bien y el mal, para él no son más que sueños. Su perfección consiste en el conocimiento de una existencia indivisible.

Cuando un alma espiritualmente perfecta quiere usar todo su conocimiento y poderes, siempre es para la elevación espiritual de otras almas. Su conocimiento de otros no se basa en las expresiones de ellos. El pensamiento llega primero, y su expresión en palabras sigue después.

Todas las formas de excelencia están latentes en la perfección espiritual

Como conoce la mente de todos directamente, no depende de la expresión del pensamiento. Para él, las palabras son innecesarias. Si quiere saber algo antes de que se manifieste puede hacerlo, pero lo hace sólo cuando es necesario por razones espirituales. De la misma manera, si quiere tener excelencia en cualquier otro aspecto, la puede tener sin dificultad alguna. Todo tipo de excelencia está latente en la perfección espiritual. Krishna era perfecto espiritualmente y también era perfecto en todo. Si lo hubiese querido, se podría haber mostrado como un borracho perfecto, un pecador perfecto, un canalla perfecto, o un asesino perfecto, pero eso hubiera conmocionado al mundo. Aunque poseía la perfección en todos los sentidos, no era necesario que la exhibiera en el cumplimiento de su misión. Las almas espiritualmente perfectas pueden exhibir excelencia suprema en cualquier modo de vida que sea necesario adoptar para la elevación espiritual de las otras almas, pero no lo hacen meramente para mostrarse como perfectos en ese aspecto. Sólo utilizan su excelencia de capacidades cuando hay una necesidad espiritual para ello, y no meramente para satisfacer la curiosidad de los demás. Cuando utilizan tal excelencia de capacidad, lo hacen con desapego total. Tal como una persona que usa guantes puede tocar la suciedad del universo sin ensuciarse, el alma espiritualmente perfecta puede ocuparse de la actividad universal sin estar sujeta a ella.

La perfección es el desarrollo pleno de todos los aspectos de la personalidad. Por ende, la perfección debe estar bien redondeada.

La perfección debe estar bien redondeada

La perfección en un solo sentido no es perfección. Sólo es el crecimiento desequilibrado de una facultad o capacidad, que resulta en una inflexibilidad o *incapacidad para ajustarse a las siempre cambiantes y multitudinarias vicisitudes de la vida.* Tal persona no puede mantener un equilibrio dinámico de mente, y simultáneamente mantener el ritmo con los rápidos cambios de la vida. Si está en un entorno que, por su naturaleza, ofrece un radio de acción para la facultad que ha desarrollado, se siente temporalmente feliz y disfruta de una sensación de armonía con el mundo. Pero si se encuentra en un ambiente hostil donde su facultad no encaja, tiene una sensación de fracaso y se altera su aplomo. Por tanto, la perfección implica la perfección en todos los sentidos.

Si uno intenta captar la naturaleza de la perfección por medio de un estándar fijo (implicando un opuesto), la limita, perdiendo así su significado verdadero. La perfección

La perfección incluye los opuestos y los trasciende

incluye los opuestos y los trasciende; por lo tanto, el hombre perfecto no está atado por ninguna regla o ideal limitado. Está más allá del bien y el mal, pero su ley recompensa a quienes son buenos y a quienes son malos les paga con su propia moneda. Krishna le demostró a Arjuna, su fiel seguidor, que provocar la aparente aniquilación física y mental de los sanguinarios Kauravas, era para la salvación espiritual de estos mismos. La perfección se puede manifestar mediante la muerte o la salvación, dependiendo de las exigencias espirituales de la situación. El corazón de quien es Perfecto es simultáneamente suave como la mantequilla y duro como el acero. La perfección no se limita en su expresión a *uno de los opuestos* y no excluye la posibilidad de encontrar expresión mediante el otro opuesto. *Se puede expresar mediante cualquiera de los opuestos, de acuerdo con la lógica implícita en la situación.* Es por esto que trasciende los opuestos y es capaz de dar una respuesta racional a todas las situaciones posibles de la vida. Asegura una adaptabilidad perfecta sin renunciar a la perspectiva de la Verdad, y asegura una inquebrantable paz y sentido de armonía en medio de las diversas situaciones que deben ser desconcertantes para quienes no han tenido un desarrollo integral.

Las actividades humanas están limitadas por los opuestos, y la perfección se encuentra más allá de estos. Sin embargo, no se debe

La perfección es el desarrollo supremo del ser humano

pensar que la perfección no contiene ningún elemento humano. El ser humano no está contento, y se ríe para ser feliz y para hacer felices a los demás; incluso el Hombre Perfecto, quien es eternamente feliz, no carece del sentido del humor. En otras palabras, la perfección no consiste en ser inhumano, sino en ser súper humano; *es el desarrollo pleno de la racionalidad que está implícita en la humanidad.*

La perfección no le pertenece a Dios como Dios, ni le pertenece al hombre como hombre. Se da la perfección cuando el hombre se

La perfección es del hombre hecho Dios, o de Dios cuando se hace hombre

vuelve Dios o cuando Dios se hace hombre. El ser finito que es consciente de ser finito obviamente está lejos de la perfección; pero cuando es consciente de ser uno con el Infinito, es perfecto. Eso es lo que sucede cuando el hombre renuncia a la ilusión de ser finito y realiza a Dios al realizar su divinidad. Si por el Infinito nos referimos a algo que se opone a lo finito, o que está alejado de lo finito, y que necesariamente es distinto a lo que es finito, ese Infinito ya es limitado por su incapacidad para afirmarse en, y a través de lo finito. En otras palabras, la perfección no puede pertenecer a un Infinito así. El infinito, por lo tanto, debe descubrir su vida ilimitada en, y a través de lo finito, sin ser limitado por el proceso. La perfección de Dios se revela sólo cuando Él se manifiesta como hombre. El descenso consciente de Dios a la forma limitada del hombre se conoce como *Avatar*. Nuevamente, este es un caso de perfección. Así, *hay perfección cuando lo finito trasciende sus límites y realiza su infinitud, o cuando el Infinito renuncia a su supuesto distanciamiento al convertirse en hombre*. En ambos casos, lo finito y lo Infinito no se excluyen. Cuando hay una mezcla afortunada y consciente de lo finito y lo Infinito, se da la perfección. Entonces, tenemos al Infinito revelándose a través de lo finito sin quedar limitado por este; y tenemos al finito trascendiendo su sentido de limitación con el conocimiento pleno de que, en verdad, es la revelación del Infinito.

La Vida
del Espíritu

En el *Karma Yoga* verdadero, o la vida de acción perfecta, hay un ajuste apropiado entre los aspectos materiales y espirituales de la vida. En este

El *Karma yogui* se enfrenta a los problemas de la vida

tipo de vida, la consciencia no está atada a lo mundano y las cosas materiales; pero al mismo tiempo, no se le permite rehuir de la existencia cotidiana. A la mente no se le permite estar inmersa en la vida material de querencias desgastantes, ni se le permite fundirse en la dicha espiritual. Se utiliza para hacer frente y abordar los problemas de la vida desde el punto de vista del entendimiento espiritual.

El ajuste apropiado entre los aspectos materiales y espirituales de la vida no se asegura al darle la misma importancia a ambos. No se

La materia se debe utilizar como instrumento flexible para la expresión del espíritu

garantiza al tomar algo de lo material y algo de lo espiritual, para después lograr un equilibrio entre los dos. *El espíritu tiene y siempre tendrá una primacía inviolable sobre la materia,* pero la primacía no se expresa

evitando o rechazando la materia, sino utilizándola como vehículo adecuado para la expresión del espíritu. Para un ajuste inteligente, la materia debe desempeñar el papel de instrumento flexible para la auto manifestación del espíritu, sin hacerse de ninguna manera prominente por derecho propio. Así como el instrumento musical sólo es valioso si expresa la canción del músico, y se convierte en un obstáculo si no es completamente sumiso, la materia es de valor si le da libre y adecuada libertad de expresión al flujo creativo de la vida, y se convierte en un obstáculo si interfiere con ésta.

Debido a las múltiples querencias de la mente, la materia tiende a asumir importancia por sí misma. Para el borracho, el vino lo es

La espiritualidad requiere la subordinación de la materia, no su rechazo

todo; para el hombre codicioso, el acaparamiento de dinero es lo más importante, y para el Don Juan, la búsqueda de sensaciones es el fin supremo de la vida. Estos son ejemplos de cómo, a través de los diversos deseos de la mente, la materia indebidamente obstaculiza y pervierte las expresiones del espíritu. *La forma de restaurar la dignidad del espíritu no es rechazando la materia, sino utilizándola para las atribuciones del espíritu.* Esto es posible, sólo cuando el espíritu se libera de todos los deseos y se hace plenamente consciente de su verdadero estatus. Cuando esto se logra, el hombre puede tener bienes materiales, sin ser atrapado por ellos. Cuando es necesario, puede utilizarlos como medios para la vida del espíritu, pero no es atraído por ellos ni los ansía. Se da cuenta de que de por sí mismos, no constituyen el significado real de la vida. Él puede vivir en el entorno material y social sin ningún anhelo por éstos y, estando desapegado, puede convertirlos en el campo de acción para la vida espiritual.

Cuando se asegura un ajuste verdadero entre espíritu y materia, no hay fase en la vida que no se pueda utilizar como expresión de la divinidad.

La libertad del alma se expresa mediante el dominio sobre la materia

Ya no existe ninguna necesidad de escapar de la vida cotidiana y sus enredos. La libertad del espíritu, que se busca al evitar contacto con el mundo, yendo a cuevas o montañas, es una libertad negativa. Cuando el retiro es temporal y se practica para digerir experiencias mundanas y desarrollar desapego, tiene sus ventajas propias y da un respiro en la carrera de la vida; pero cuando el retiro se basa en miedo hacia el mundo o falta de confianza en el espíritu, queda lejos de ser útil para lograr la libertad verdadera. *La verdadera libertad es esencialmente positiva y se expresa mediante el libre dominio del espíritu sobre la materia.* Esta es la verdadera vida del espíritu.

La vida del espíritu es la expresión del Infinito, y como tal, no tiene límites artificiales. La verdadera espiritualidad no se debe confundir

La espiritualidad abarca la vida en su totalidad

con un entusiasmo exclusivo por alguna moda. No se trata de un "ismo". Cuando alguien busca la espiritualidad, separándola de la vida como si no tuviera que ver con el mundo material, su búsqueda es inútil. Todo credo y culto tiende a enfatizar algún aspecto fragmentario de la vida, *pero la verdadera espiritualidad es totalitaria en su perspectiva.* La esencia de la espiritualidad no yace en el interés especializado o estrecho por alguna parte imaginada de la vida, sino en cierta actitud iluminada hacia todas las variadas situaciones de la vida. Cubre e incluye la vida en su totalidad. Todas las cosas materiales de este mundo pueden subordinarse al juego divino, y cuando se subordinan de esta forma, son útiles para la auto afirmación del espíritu.

El valor de las cosas materiales depende del papel que desempeñan en la vida del espíritu. En sí mismas no son buenas ni malas. Se vuelven

El cuerpo no necesariamente es un obstáculo para la vida espiritual

buenas o malas, dependiendo de si ayudan o impiden la manifestación de lo Divino a través de la materia. Tomemos, por ejemplo, el lugar que ocupa el cuerpo físico

en la vida del espíritu. No es correcto establecer una antítesis entre "la carne" y "el espíritu" porque esto casi inevitablemente termina en una condena ciega del cuerpo. El cuerpo obstruye la realización espiritual sólo si se le permite hacer demandas por su propio derecho. Su correcto funcionamiento se entiende adecuadamente al ser auxiliar para los propósitos espirituales. El jinete necesita un caballo para librar la batalla, pero el caballo puede llegar a ser un estorbo si no es completamente sumiso a su voluntad. De la misma manera, *el espíritu debe vestirse con la materia para lograr la posesión completa de sus posibilidades*, pero el cuerpo a veces puede convertirse en un obstáculo si se niega a cumplir con las exigencias del espíritu. Si el cuerpo cede a las demandas del espíritu como lo debe hacer, se vuelve instrumental en realmente bajar el cielo a la tierra. Se convierte en un vehículo para que se pueda liberar la vida divina y cuando sirve a este fin, se le puede denominar acertadamente, el templo de Dios en la tierra.

En vista de que el cuerpo físico y otras cosas materiales pueden utilizarse para la vida del espíritu, lejos de tomar alguna actitud hostil

La ciencia, el arte y la política pueden fomentar los fines espirituales

hacia éstos, la verdadera espiritualidad busca expresarse en, y a través de ellos. Por ende, el hombre perfecto no menosprecia las cosas bellas, las obras de arte, los logros de la ciencia

o los méritos de la política. Las cosas bellas pueden ser degradadas al convertirse en objetos de deseo o de celosa y exclusiva posesividad; las obras de arte se pueden utilizar para aumentar y explotar el egoísmo y otras debilidades humanas; los logros de la ciencia pueden utilizarse para la destrucción mutua, como pasa en las guerras modernas; y el entusiasmo político, sin perspicacia espiritual, puede perpetuar el caos social e internacional; sin embargo, todo lo anterior también puede ser manejado correctamente y espiritualizado. Las cosas bellas pueden ser fuente de pureza, felicidad e inspiración; las obras de arte pueden ennoblecer y elevar la consciencia colectiva de la gente; los logros científicos pueden evitar desventajas y sufrimiento innecesario a la humanidad; y la acción política puede ser instrumental para establecer la verdadera hermandad de la humanidad. *La vida del espíritu no consiste en alejarse de las esferas mundanas de la existencia, sino en recuperarlas para el propósito divino, que es poner al amor, la paz, la felicidad, la belleza y la perfección espiritual al alcance de todos.*

Sin embargo, quien vive la vida del espíritu debe permanecer desapegado de las cosas mundanas, sin ser frío o indiferente a ellas. El desapego no se debe malinterpretar como falta de aprecio. No sólo es compatible con **El desapego no significa indiferencia** la valoración real de las cosas, sino que es su naturaleza misma. Las querencias crean el auto engaño e impiden una percepción correcta. Nutren las obsesiones y sostienen el sentimiento de dependencia a los objetos externos. El desapego promueve el entendimiento correcto y facilita la percepción del valor real de las cosas, sin hacer que la consciencia dependa de las cosas externas. Ver las cosas como son, es captar su verdadero significado como partes de la manifestación de la Única Existencia, y ver a través del velo de su aparente multiplicidad, es liberarse de la obsesión insistente por cualquier cosa en su exclusividad y aislamiento imaginados. *La vida del espíritu se debe encontrar en la completitud, que está libre de apegos, y en la apreciación, que está libre de enredos.* Es una vida de libertad positiva en la cual el espíritu se infunde en la materia y brilla a través de esta sin someterse a ninguna restricción referente a sus necesidades.

Los acontecimientos y cosas de esta existencia terrenal se consideran ajenos, sólo cuando no se sumergen en la marea creciente de la espiritualidad integral. Cuando **La verdadera espiritualidad es integral** encuentran su lugar correcto en el esquema de la vida, cada uno de éstos se ve como partícipe en la sinfonía de la creación. Entonces, la expresión de la espiritualidad no requiere un campo separado o exclusivo para expresarse, y no se degrada al ocuparse con las necesidades físicas, intelectuales y emocionales ordinarias de la gente. La vida del espíritu es una de *existencia unificada e integral, que no admite compartimentos exclusivos o no relacionados.*

La vida del espíritu es una manifestación incesante de amor divino y entendimiento espiritual, y ambos aspectos de la divinidad son

El amor divino es creativamente dinámico en relación con el entorno

irrestrictos en su universalidad e indiscutibles en su exclusividad. Por ende, el amor divino no requiere ningún tipo de contexto especial para hacerse sentir, no necesita esperar raros momentos para su expresión, ni busca situaciones sombrías con un aroma peculiar a santidad. Descubre su campo de expresión en cada incidente y situación que una persona no iluminada pudiera dejar pasar por ser demasiado insignificante para merecer su atención. El amor humano común sólo se da en condiciones adecuadas. Es la respuesta a cierto tipo de situaciones y es relativo a estas. Pero *el amor divino que brota de la fuente interior es independiente de los estímulos.* Se da, por tanto, incluso en circunstancias que pudieran considerarse desfavorables por quienes sólo han probado el amor humano. Si hay falta de felicidad, belleza o bondad en aquéllos que rodean al Maestro, esto mismo se convierte para él en una oportunidad para derramar su amor divino en ellos y redimirlos del estado de pobreza material o espiritual. Sus respuestas cotidianas a su entorno mundano se convierten en las expresiones de divinidad dinámica y creativa que se propaga y espiritualiza a todo lo que aplica su mente.

El entendimiento espiritual, que es el aspecto complementario de la vida del espíritu, debe distinguirse de la sabiduría mundana, que es la

El entendimiento espiritual no nace de la imitación ciega

quintaesencia de los convencionalismos del mundo. La sabiduría espiritual no consiste en una aceptación incuestionada de las usanzas del mundo. *Las usanzas del mundo casi siempre son un efecto colectivo de las acciones de las personas inclinadas hacia lo material.* La gente mundana considera algo como correcto y lo hace correcto para las personas de inclinaciones similares. Por lo tanto, el seguimiento ciego de convencionalismos no necesariamente asegura una acción inteligente. La vida del espíritu no puede ser una vida de imitación acrítica; debe basarse en la verdadera comprensión de los valores.

Servicio
Desinteresado

El *karma yogui* evita la actividad caótica de los deseos egoístas, así como la aparente inacción derivada de la falta absoluta de deseos, pero lleva una vida de servicio desinteresado en

El karma yogui evita tanto la actividad caótica como la inacción

la que *no hay ni la más mínima aleación de motivos personales,* y que fomenta la liberación de la divinidad en todas las fases de la vida.

Es muy importante que el servicio, incluso cuando es completamente desinteresado, se guíe por el entendimiento espiritual, porque *el servicio desinteresado, cuando se maneja*

El servicio no inteligente crea caos y complicaciones

sin inteligencia, a menudo crea caos y complicaciones. Muchas personas buenas actúan incesantemente en

pro de las causas públicas mediante las instituciones sociales. ¿Pero a qué conduce esta actividad? Para cada problema que resuelve, a menudo crea diez problemas más, debido a los efectos secundarios imprevistos e incontrolables de tal actividad. El hombre mundano intenta contrarrestar el mal mediante la oposición, pero al hacerlo, a menudo se convierte inconscientemente en el autor de otros males. Supongamos que un grupo de hormigas se sube al cuerpo de una persona y una de ellas la pica. La persona podría querer castigarla instintivamente matándola, pero si la golpeara con las manos podría matar muchas más hormigas que no tenían nada que ver.

Al tratar de ajusticiar a una hormiga, inevitablemente suscitaría una actividad injusta para muchas otras hormigas. El individuo que, sin haber dominado el arte del servicio puro, es atraído al vórtice de la vida pública mediante un impulso generoso, se encuentra en una situación similar. Puede ser desinteresado, pero sus acciones crean caos en vez de armonía porque no ha aprendido cómo prestar servicio real y efectivo sin crear complicaciones. *Para que la acción sea una bendición pura para el universo, debe nacer de un entendimiento consumado de la vida.* Quienes entran en contacto conmigo deben desarrollar un entendimiento verdadero de la vida y cultivar el tipo de servicio que no crea complicaciones.

Cuando el servicio se presta con espíritu desinteresado, siempre beneficia al *karma yogui*, aunque no lo haga por un resultado o recompensa. Incluso cuando

El servicio desinteresado se basa en el entendimiento

presta un servicio desinteresado no inteligente, sin duda deriva cierto beneficio espiritual de ello, pero al hacerlo no puede evitar causarles mucho sufrimiento innecesario a otros. Sin embargo, cuando presta el servicio desinteresado con entendimiento espiritual, no sólo se confiere beneficio espiritual a sí mismo, sino también promueve el bienestar material y espiritual de todos los involucrados. Para que sea bendición pura para *todas* las partes, el servicio desinteresado debe basarse en el entendimiento.

Lo que la gente en general considera como servicio, bajo circunstancias especiales puede ser considerado como perjudicial por el Maestro,

El servicio aparente a veces causa daño

pues él tiene el conocimiento certero de la situación, y un entendimiento más profundo de sus necesidades espirituales. Por ende, aunque normalmente, alimentar a la gente necesitada es un acto de servicio innegable, puede haber ciertas circunstancias que, en cierta situación particular, requieran que no se le dé comida a la persona necesitada, por su propio bien. La tendencia a pedir comida por caridad crea *sanskaras* indeseables, y al alimentar a alguien con esta tendencia, se le puede estar ayudando a incrementar la carga de tales *sanskaras*. Entonces, aunque parezca que se le hace un bien al ofrecerle comida, es posible que, en realidad, sólo se logre atar aún más al individuo. Aunque nuestra intención no haya sido comprometerlo con nuestro servicio, en realidad podemos estar haciendo justo eso al ser caritativos por hábito y no con entendimiento. Lo que aplica en la instancia anterior de ofrecer comida, también aplica en la dispensación de muchas otras cosas, tangibles e intangibles; y *aunque desde el punto de vista más estrecho, algo definitivamente puede aparentar ser un servicio para el receptor, desde un punto de vista más elevado, puede ser un definitivo perjuicio para él.* Tal y como algo nutritivo para una persona sana puede ser veneno para un paciente, lo que es generalmente bueno para la gente puede ser dañino para una persona en particular. Por ende, la caridad inteligente requiere una profunda comprensión de las necesidades espirituales de la situación.

Pero todo esto sólo debe propiciar que la gente sea más cuidadosa y selectiva en cuanto al servicio que ofrece, sin desalentar su espíritu de servicio desinteresado. Es cierto que

Incluso el servicio no inteligente confiere beneficio

sólo un Maestro puede evaluar con certeza las demandas espirituales de cualquier situación, pero sería una lástima que quienes no estuvieran seguros de su juicio, detuvieran su impulso espontáneo hacia el servicio desinteresado por temor a poder causar daño sin querer. Ya se dejó en claro que, *incluso cuando alguien presta servicio desinteresado no inteligente, siempre deriva beneficio espiritual de ello.*

De hecho, desde el punto de vista espiritual, el peligro verdadero al servir reside más en la posibilidad de hacerlo por un motivo falso, que en cometer un error sobre las demandas espirituales de la situación.

Servicio prestado con absoluto desprendimiento

Si se presta servicio con el fin de comprometer a alguien y uno se siente orgulloso al hacerlo, no sólo se causa daño espiritual al destinatario, sino también a uno mismo. Si al servir, uno se deleita en ello, enorgulleciéndose por haber hecho algún bien, se apega al acto, quedando atado. Así como el hombre se puede atar con cadenas de hierro o de oro, también se puede atar espiritualmente por su apego a obras malas o buenas. Entonces, la forma de permanecer libre del *karma* es permanecer completamente desligado en el servicio. La consciencia de, "estoy comprometiendo a alguien", es lo primero que ocurre en el proceso de servir, pero se puede anular con el pensamiento contrario, "quedo comprometido por recibir esta oportunidad de servir." Este último pensamiento facilita la actitud de desapego y asegura que uno quede libre del yugo de las buenas acciones. El servicio basado en la comprensión integral no sólo es desinteresado y se ajusta a las exigencias espirituales del destinatario, sino que se presta con total desapego. Tal servicio lleva al aspirante a la meta lo más rápidamente.

El valor del servicio depende del tipo de bien que se asegura mediante éste. Atender las necesidades corporales de otros es servicio; cultivar el intelecto de otros es servicio; alimentar los

El verdadero servicio comienza después de la Realización

corazones de la gente es servicio; satisfacer los requerimientos estéticos de la sociedad es servicio. Todas estas formas de servicio no tienen el mismo valor, aunque todas se acompañen por un espíritu altruista. El tipo de bienestar que se busca mediante el servicio depende de la visión de la persona, y *quien tiene la percepción más clara de la meta final está en posición para prestar el tipo de servicio más importante y valioso.* Quienes no han encontrado la Verdad suprema son incapaces de prestar este tipo de servicio más elevado. Su servicio no puede tener el mismo valor para la Creación que el servicio de quien ha llegado a la finalidad del entendimiento espiritual. En cierto sentido, el verdadero servicio comienza después de la Realización.

Sin embargo, el espíritu de servicio que invariablemente se presenta en los aspirantes y las personas buenas, se puede aprovechar y utilizar creativamente para propósitos espirituales, si éste se alía con el trabajo de un Maestro. El Maestro sirve a todo el universo desde la finalidad de su consciencia infinita, y quienes sirven y obedecen al Maestro también participan en su trabajo universal. Su servicio tiene la ventaja de la sabiduría y perspicacia del Maestro. La participación voluntaria en el trabajo del Maestro no sólo eleva el valor del servicio, sino que crea las mejores oportunidades para la iluminación espiritual. *El servicio que se origina en las instrucciones del Maestro le sigue* en importancia sólo al servicio prestado por el Maestro mismo.

Servir al Maestro facilita la iluminación

Para la mayoría de las personas, la idea de servir se une inextricablemente con la obtención de ciertos resultados definidos en el mundo objetivo. Para ellos, servir consiste en eliminar el sufrimiento humano, el analfabetismo u otras dificultades y desventajas que frustran el florecimiento del individuo o la vida social. Este es el tipo de servicio que prestan los aspirantes espirituales, los políticos, los reformadores sociales y otras buenas personas. Aunque este tipo de servicio es de inmensa importancia espiritual, por su naturaleza misma es interminable. A pesar de lo que cualquier individuo pueda lograr en estos campos, siempre queda mucho por hacer. Por eso, mientras que la idea de servicio de esta forma quedé atada a la idea de los resultados, estará inevitablemente acompañada de una sensación de inconclusión. *No se puede realizar al Infinito mediante la búsqueda de una serie interminable de consecuencias.* Quienes buscan resultados seguros y definidos mediante la vida de servicio,

El servicio debe ser libre de apego a los resultados

llevan una carga eterna en sus mentes.

Por otra parte, *el servicio posterior a la realización de la Verdad es una expresión espontánea del entendimiento espiritual de la verdadera naturaleza del Ser,* y aunque también trae consigo importantes resultados en el mundo objetivo, para nada se complica en con un anhelo por estos. Así como el sol brilla porque es su naturaleza hacerlo, y no porque quiera lograr algo al brillar, la persona que ha realizado a Dios también vive ofreciéndose a sí mismo, debido a la estructura básica de la vida divina que yace en el seno de la Realidad, y no porque anhele lograr algo. Su vida no es alcanzar algo esperando algún tipo de logro. *No busca enriquecerse mediante logros, sino que ya está establecido en la plenitud de la realización del Infinito.* El desbordamiento de su ser es una bendición para la vida en otras formas y de hecho, las eleva tanto material como espiritualmente. Como su propia felicidad se basa en la realización de la Divinidad en su propio ser, no sufre disminución alguna por la imperfección o padecimiento de la vida en otras formas, y su consciencia no se tiñe por la añoranza de algo no realizado. Hay una brecha inmensa entre el servicio prestado antes de la realización de la Verdad y el servicio prestado después de ésta. La vida del Maestro es una vida de servicio; es una ofrenda perpetua de su propio Ser hacia las otras formas. Pero este servicio, que es característico de la vida de una persona que ha realizado a Dios, es esencialmente diferente del servicio proveniente de quienes no han realizado la Verdad.

El servicio después de la realización es esencialmente diferente del servicio antes de la realización

Las Avenidas al Entendimiento

Las diferentes vías que conducen a la comprensión espiritual pueden entenderse mejor mediante una distinción inicial entre el espíritu y la materia. Para entender la materia, disponemos de medios materiales, y para entender al espíritu, disponemos de medios espirituales. La materia se entiende mediante el funcionamiento de la mente o del intelecto a partir de la información recibida a través los diferentes sentidos, pero *el Espíritu sólo se puede entender mediante el espíritu mismo*. Esta forma elevadísima de conocimiento, en la que el espíritu goza del Conocimiento del Ser sin utilizar instrumento o medio alguno, es muy rara y sumamente difícil de alcanzar. El mejor *acercamiento* para la comprensión del espíritu es mediante el corazón, no mediante la mente.

El espíritu no se puede entender a través de la mente

La mente está acostumbrada a trabajar sobre cosas materiales, y el poder que la motiva para este entendimiento intelectual de los objetos materiales se deriva de la codicia y el deseo. Cuando la mente aborda los problemas espirituales, los afronta siguiendo pautas a las que está acostumbrada, y al hacerlo, utiliza los conceptos que ha inventado para la comprensión intelectual de las cosas materiales. Sin embargo, este enfoque para entender los problemas espirituales está destinado al fracaso, porque *todos los conceptos que el intelecto ha desarrollado para el entendimiento de las cosas materiales es inadecuado para el entendimiento del espíritu.* Es como tratar de ver con los oídos o escuchar con los ojos. Si la mente intenta entender el espíritu independientemente del corazón, se obliga a utilizar analogías del mundo material, y esto inevitablemente conduce a considerar al espíritu como un *objeto* de la mente, cosa que no es.

Los conceptos y actitudes mentales hacia la materia son inadecuados para el espíritu

En contraste con el método de la mente, que se sustenta en las sensaciones y que mediante deducciones y pruebas llega a sus conclusiones, existe el método más directo del corazón, que intuitivamente capta los valores que el hombre va realizando progresivamente durante su vida, cuando atraviesa por las diversas experiencias del mundo y centra su atención en alcanzar el entendimiento espiritual. En la vida de la mayoría de las personas, la mente y el corazón **Conflicto entre la mente y el corazón** están en desacuerdo, y el conflicto entre los dos crea confusión. El corazón, que a su modo siente la unidad de la vida, quiere realizarse mediante una vida de amor, sacrificio y servicio. Le entusiasma dar en vez de recibir. Deriva su potencia motriz del impulso psíquico más interno, que se expresa mediante las intuiciones inmediatas de la vida interior. No le importan las pruebas o corroboraciones intelectuales que busca la mente cuando trata con objetos materiales. En su manejo objetivo del mundo material, la mente se satura con experiencias de multiplicidad y separación, así alimentando las tendencias egocéntricas que dividen al hombre del hombre y lo hacen egoísta y posesivo. Pero el corazón, que siente el resplandor del amor mediante sus experiencias interiores, tiene atisbos de la unidad del espíritu, y por ende busca expresarse mediante las tendencias de auto entrega que unen al hombre con el hombre y lo vuelven desinteresado y generoso. Por esto, necesariamente hay un conflicto entre la "voz interior" y las deliberaciones del intelecto, que se basan en los aspectos aparentes y superficiales de la vida.

Cuando la mente invade el territorio del corazón, lo hace requiriendo garantías o convicciones como condiciones previas que se deben cumplir antes de dispensar amor. Pero el amor, si no es espontáneo, no es nada. No **La mente anhela garantías o convicción** puede ser la conclusión del razonamiento. No es fruto del espíritu de regateo. *Si se requieren certezas sobre el objeto del amor antes de amar, sólo es una forma de egoísmo calculador.* Por ejemplo, muchas personas requieren convencerse de mi divinidad para poder amarme. Es decir, quieren que les dé pruebas objetivas de mi estatus espiritual, haciendo milagros. Generalmente, más que una ayuda, la convicción de este tipo es un obstáculo para la dispensación de la forma más elevada de amor, que es muy indiferente a lo que podría recibir del objeto del amor.

Cuando la mente busca convicción o corroboración (mediante pruebas objetivas y milagros, como ayuda para el entendimiento espiritual), invade la esfera que propiamente le pertenece al corazón. La convicción y la corroboración se vuelven importantes cuando

La convicción intelectual obstaculiza al amor espontáneo

alguien desea garantías para asegurar ciertos resultados tangibles y definidos en el mundo objetivo. Incluso, suponiendo que una persona esté intelectualmente convencida de la existencia de Dios

por medio de milagros u otros datos objetivos similares, esto no necesariamente libera su corazón. La lealtad que quizá le pudiera brindar a Dios como resultado de tan fría revelación, sería por miedo o un sentido del deber. *El amor irrestricto no puede nacer de una convicción basada en las cosas que son accesibles a la mente.* Y donde no hay amor, no hay dicha o belleza de ser. De hecho, la naturaleza de Dios como océano del amor, no se puede captar por la mente. Dios se debe conocer mediante el amor, no mediante la búsqueda intelectual de los milagros. Por esta razón no realizo milagros para mis seres más cercanos y queridos. Preferiría no tener seguidores que utilizar los milagros para convencer a la gente sobre mi divinidad. Es cierto que, al amarme, la gente a menudo tiene experiencias espirituales que desconocían hasta el momento, y esas experiencias los ayudan a abrir más sus corazones. Sin embargo, estas no son para alimentar el ansia mental por la convicción intelectual, y no se deben considerar como el objetivo.

Cuando una persona se fija en los resultados de las acciones, en vez de ocuparse sólo con su valor intrínseco, trata de abordar problemas

Vislumbres del espíritu sólo mediante el corazón

espirituales sólo con la mente, y al hacerlo, interfiere con el funcionamiento adecuado del corazón. La mente desea tener todo tipo de cosas y por ende busca pruebas objetivas, convicciones y garantías. Esta

demanda de la mente es una traba para el flujo espontáneo del amor, que a la vez depende de, y fomenta la verdadera espiritualidad. No se puede amar mediante el intelecto. Lo que se puede obtener mediante la mente es una *teoría* del amor, pero no al amor mismo. El conocimiento que ciertos tipos de *yoguis* logran con sus mentes es árido y meramente intelectual. No les puede dar la dicha espiritual que es característica de una vida de amor. *El amor y la felicidad son lo único que importa en la vida, y ambos están ausentes en el conocimiento seco de los hechos, que es accesible al intelecto.* La espiritualidad no consiste en el conocimiento intelectual de los valores verdaderos, sino en su realización. Es este conocimiento de la realización interior lo que amerita llamarse entendimiento espiritual, y éste depende mucho más del corazón que de la mente. El conocimiento del mero intelecto está en el mismo nivel que la mera información, y al ser superficial, se desplaza por la superficie de la vida. Proporciona la sombra, no la sustancia de la realidad. Las profundidades ocultas del océano de la vida sólo se pueden sondear escuchando al corazón.

El intelecto de la mayoría de las personas está controlado por los innumerables deseos. Desde el punto de vista espiritual, tal vida es el tipo más bajo de existencia humana. El tipo más elevado de existencia humana es libre de todo deseo y se caracteriza por la suficiencia o contentamiento.

Es posible liberarse de los deseos en la consciencia supramental

Todos buscan la felicidad, pero pocos la obtienen, porque la felicidad duradera sólo nace cuando existe una libertad absoluta de las querencias. Este estado elevadísimo de no querer nada, puede aparentar externamente que carece de acción y que es fácil de lograr. Sin embargo, si uno intenta sentarse tranquilamente, sin desear nada internamente, con plena consciencia (es decir, sin caer dormido), se dará cuenta de que ese estado de no querer nada es sumamente difícil de lograr y que sólo es sostenible mediante una tremenda actividad espiritual. De hecho, el estado total de no querer nada es inalcanzable mientras la vida se basa en la mente. Sólo es posible en la existencia supra mental. Se debe ir más allá de la mente para experimentar la dicha espiritual que nace cuando cesan los deseos.

Entre los dos extremos de una vida asediada por deseos, y una vida plenamente libre de deseos, es posible llegar a una forma de vida práctica, en la cual existe armonía entre la mente y el corazón. Cuando hay tal armonía, la mente no dicta los fines de la vida, sino sólo ayuda a realizar los fines dictados por el corazón. No establece

Condiciones para asegurar la armonía entre mente y corazón

condiciones que se tienen que cumplir para que la voz del corazón se pueda adoptar y traducir a la vida práctica. En otras palabras, *renuncia a su papel de juez,* al que se ha acostumbrado durante sus indagaciones intelectuales sobre la naturaleza del universo, e incuestionablemente acepta los dictados del corazón.

La mente es el yacimiento del aprendizaje, pero el corazón es el yacimiento de la sabiduría espiritual. El llamado conflicto entre la religión y la ciencia sólo surge cuando no hay apreciación por la importancia relativa de estos dos tipos de conocimiento. Es inútil tratar de acceder al conocimiento de los verdaderos valores solo con el ejercicio de la mente. La mente no puede decirnos qué cosas realmente valen la pena tener; sólo nos puede decir cómo lograr los fines aceptados por las fuentes no intelectuales. En la mayoría de la gente, la mente acepta los fines provenientes de los impulsos de los deseos, pero esto significa la negación de la vida del espíritu. Sólo cuando la mente acepta sus fines y valores desde los más profundos impulsos del corazón, contribuye a la vida del espíritu. *Por ende, la mente debe trabajar en cooperación con el corazón; el conocimiento de los hechos debe subordinarse a las percepciones intuitivas, y debe concederse al corazón la libertad plena para determinar los fines de la vida, sin ninguna interferencia por parte de la mente.* La mente tiene un lugar en la vida práctica, pero su papel comienza después de que el corazón se ha expresado.

El corazón debe tener la libertad para determinar los fines de la vida

El entendimiento espiritual nace de la armonía entre mente y corazón. Esta armonía de mente y corazón no requiere que se entremezclen sus funciones. *No implica el cruce de funciones, sino un funcionamiento cooperativo.* Sus funciones no son idénticas, ni coordinadas. La mente y el corazón claramente deben estar equilibrados, pero no se llega a ese equilibrio confrontando a la mente con el corazón, o confrontando al corazón con la mente. *No se alcanza con la tensión mecánica, sino con un ajuste inteligente.* Se puede decir que la mente y el corazón se equilibran cuando sirven a su propósito correcto y cuando llevan a cabo sus respectivas funciones sin desviarse de tal propósito. Sólo cuando se equilibran así, es que puede haber una verdadera armonía. Esta armonía entre mente y corazón es la condición más importante para la vida integral e indivisa del entendimiento espiritual.

La armonía entre mente y corazón se asegura con un funcionamiento cooperativo

El Problema
del Sexo

El sexo sin duda es uno de los problemas más importantes que enfrenta la mente humana en el ámbito de la dualidad. Es uno de los "hechos dados" en la constitución de la

Surgimiento del problema del sexo

naturaleza humana con los que se tiene que lidiar. Como todo lo demás en la vida humana, el sexo se considera a través de los opuestos, que son las creaciones necesarias de la mente limitada. Así como la mente intenta que la vida encaje en un esquema de alternativas como alegría o dolor, bien o mal, soledad o compañía, atracción o repulsión; de igual manera con el sexo, tiende a considerar la indulgencia y la represión como alternativas de las cuales no hay escapatoria. Parecería que el hombre tuviera que aceptar una u otra alternativa. Sin embargo, no puede aceptar a ultranza ninguna, porque al intentar la represión, queda insatisfecho con su situación y anhela la indulgencia; y cuando intenta la indulgencia, se percata de su esclavitud a los sentidos y procura liberarse, volviendo a la represión mecánica. La mente permanece insatisfecha con *ambas* alternativas y así surge uno de los problemas más vitales y complicados de la vida humana.

Para resolver el problema del sexo, la mente primero debe entender que ambas alternativas son igualmente creación de la imaginación, que

Los opuestos de la indulgencia y la represión mecánica son igualmente decepcionantes

trabaja bajo la influencia engañosa del deseo. El deseo está implícitamente presente tanto en la represión del sexo, como en su gratificación. Ambas acaban en la corrupción de la consciencia, mediante la lujuria o deseo por las sensaciones. Por eso la mente inevitablemente se inquieta con cualquier alternativa. Tal como hay penumbra y falta de sol cuando hay nubes en el cielo, ya sea que llueva o no, cuando la mente humana se encuentra envuelta por el deseo, hay una disminución del ser y falta de felicidad verdadera, ya sea que se satisfaga el deseo o no. Cuando la mente se inquieta por el deseo, crea una idea ilusoria de felicidad en la gratificación de éste; y después, al saber que el alma sigue insatisfecha incluso después de gratificar el deseo, busca liberarse mediante la represión. Así, *buscando la felicidad y libertad, la mente queda atrapada en los opuestos de indulgencia y represión, que encuentra igualmente decepcionantes.* Como no intenta ir *más allá* de estos opuestos, oscila de un opuesto a otro y, por consiguiente, de una decepción a otra.

De esta forma, el deseo falsifica la operación de la imaginación y presenta a la mente opciones entre las alternativas de indulgencia y represión, que demuestran ser igualmente **Falsas promesas** engañosas en su promesa de felicidad. Sin **de los opuestos** embargo, a pesar de alternadas y repetidas decepciones tanto en la indulgencia como en la represión, la mente generalmente no renuncia al deseo, que es la causa raíz de su infelicidad, ya que al decepcionarse con la represión es fácilmente susceptible a la falsa promesa de la gratificación, y al decepcionarse con la gratificación es fácilmente susceptible a la falsa promesa de una represión meramente mecánica.

Esto es como moverse dentro de una jaula. La entrada al Camino espiritual de la renuncia interna y espontánea al deseo permanece cerrada para quienes no tienen la buena **La renuncia al deseo** fortuna de ser despertados por un Maestro. **se hace posible con** Pero el despertar verdadero es la entrada **el despertar** al camino de la sabiduría que, con el paso del tiempo, seguramente conduce a la libertad y la felicidad duradera de la vida eterna. La renuncia interna y espontánea del deseo es tan diferente de la represión mecánica, como lo es de la indulgencia. *La mente recurre a la represión mecánica del deseo por decepción, pero recurre a la renuncia interior y espontánea del deseo, por desilusión o el despertar.*

La necesidad por la indulgencia o represión mecánica surge sólo cuando la naturaleza del deseo no se capta claramente. Cuando el aspirante se vuelve plenamente **La indulgencia y la represión** consciente de la esclavitud y **son relativas al deseo** sufrimiento inevitables que conlleva el deseo, comienza voluntariamente a descargarse del deseo mediante el entendimiento inteligente. *La cuestión de indulgencia o represión surge sólo cuando hay deseo.*

La necesidad de ambas desaparece con la desaparición completa de los deseos. Cuando la mente queda libre de los deseos, no se desestabiliza con las falsas promesas de la indulgencia o la represión mecánica.

Sin embargo, se debe tener en cuenta que *la vida de la libertad está más cerca de la vida de la restricción que de la vida de la gratificación* (aunque en calidad, es esencialmente diferente de

La restricción está más cerca de la libertad que la gratificación

ambas). Por esto, para el aspirante, una vida de celibato estricto es preferible a la vida conyugal, si la restricción se le da fácilmente sin una sensación excesiva de auto represión. Tal restricción es difícil para la mayoría de las personas y en ocasiones imposible, y para estos, la vida conyugal es decididamente más útil que la vida de celibato. Para la gente común, la vida conyugal sin duda es recomendable, a menos de que tengan una aptitud especial para el celibato.

Así como la vida de celibato requiere y llama al desarrollo de muchas virtudes, la vida conyugal a su vez nutre el crecimiento de muchas cualidades espirituales de importancia

Posibilidades de celibato y matrimonio

mayor. *El valor del celibato radica en el hábito de restricción y en el sentido de desapego e independencia que da.* Pero mientras la mente no se libere por completo del deseo, no hay libertad verdadera. Igualmente, *el valor del matrimonio yace en las lecciones de ajuste mutuo y en el sentido de unidad con el otro.* Sin embargo, la verdadera unión o disolución de la dualidad es posible sólo mediante el amor divino, que no nace mientras exista la más mínima sombra de lujuria o deseo en la mente. Sólo recorriendo el Camino de la renuncia interior y espontánea de los deseos, es posible alcanzar la libertad y unidad verdaderas.

Para el célibe, así como para la persona casada, el Camino de la vida interior es el mismo. Cuando el aspirante es atraído por la Verdad no anhela nada más, y como la Verdad

El Camino de la perfección es accesible en celibato y matrimonio

cada vez forma más parte de su entender, gradualmente se *descarga* del deseo. Ya sea en celibato o matrimonio, ya no se deja llevar por las promesas falsas de la gratificación o de la represión mecánica, y practica la renuncia interna y espontánea del deseo hasta que se libera de los opuestos engañosos. El Camino de la perfección se abre al aspirante, ya sea en celibato o matrimonio, y *su comienzo a partir del celibato o del matrimonio, dependerá de sus sanskaras y lazos kármicos.* Acepta alegremente las condiciones que su vida previa ha determinado para él y las utiliza para su avance espiritual, a luz del ideal que ha llegado a percibir.

El aspirante debe elegir uno de los dos rumbos que están abiertos para él. Debe adoptar la vida de celibato o vida conyugal, y evitar a toda costa un compromiso barato entre las

Necesidad de una elección clara

dos. *La promiscuidad en la gratificación sexual tiende a sumir al aspirante en un caos lamentable y peligroso de lujuria ingobernable.* Como esta lujuria difusa y sin dirección vela los valores más elevados, perpetúa el enredo y crea dificultades insuperables en el Camino espiritual, para la renuncia interna y espontánea del deseo. El sexo en el matrimonio es completamente diferente al sexo fuera del matrimonio. En el matrimonio, los *sanskaras* de la lujuria son mucho más tenues, y más fáciles de eliminar. Cuando el compañerismo sexual se acompaña por un sentido de responsabilidad, amor e idealismo espiritual, las condiciones para la sublimación del sexo son mucho más favorables que cuando este es barato y promiscuo.

En la promiscuidad, la tentación de explorar las posibilidades del contacto meramente sexual es formidable. Es solamente con la

Peligros de la promiscuidad

máxima restricción del alcance del mero sexo que el aspirante puede llegar a alguna comprensión real de los valores que son alcanzables mediante la transformación gradual del sexo al amor. Si la mente intenta entender el sexo aumentando el alcance del sexo, no hay fin para los engaños de los que se vuelve presa, porque no hay fin en la ampliación de su alcance. En la promiscuidad, las sugerencias de la lujuria son necesariamente las primeras en presentarse a la mente, y el individuo *es condenado a reaccionar con la gente dentro de la limitación de esta perversión inicial*, cerrando así la puerta a las experiencias más profundas.

La Verdad no se puede captar saltando superficialmente por la vida y multiplicando contactos superficiales. Se requiere una preparación de la

La Infinidad es alcanzable mediante el manejo inteligente del matrimonio

mente que pueda centrar sus capacidades en experiencias selectas y liberarse de sus limitaciones características. Este proceso de discriminación entre lo más elevado y lo más bajo, y trascender lo más bajo a favor de lo más elevado, se hace posible mediante *una concentración cabal y un interés real y sincero en la vida.* Tal concentración cabal e interés real quedan automáticamente imposibilitados cuando la mente se vuelve esclava del hábito de irse por la tangente, vagando entre múltiples objetos posibles que dan experiencias similares. En la vida conyugal, la gama de las experiencias que hay en compañía de la pareja es tan amplia que las sugerencias de la lujuria no son necesariamente las primeras en presentarse a la mente. Por lo tanto, existe una oportunidad real para que el aspirante *reconozca y anule los factores limitantes en su experiencia.* Mediante la eliminación gradual de la lujuria, y la progresión a través de una serie de experiencias cada vez más ricas de amor y sacrificio, finalmente puede llegar al Infinito.

La Santificación de la Vida Conyugal

La mayoría de las personas entran en la vida conyugal por rutina, pero el matrimonio se convierte en una ayuda o un obstáculo según

La vida conyugal es un proyecto espiritual

la manera en que se maneja. No hay duda de que algunas de las inmensas posibilidades espirituales son accesibles mediante la vida conyugal, pero todo esto depende de tener la actitud correcta. Desde el punto de vista espiritual, la vida conyugal será exitosa, sólo si se determina completamente por la visión de la Verdad. No puede ofrecer mucho si se basa únicamente en los limitados motivos del mero sexo, o si está inspirada por las consideraciones que generalmente prevalecen en las sociedades de negocios. Debe llevarse a cabo como *un verdadero proyecto espiritual que existe para descubrir lo que la vida puede ser en su máxima instancia.* Cuando los dos socios se lanzan juntos a la aventura espiritual de explorar las más altas posibilidades del espíritu, no pueden de inicio, limitar su experimento con agradables estimaciones respecto a la naturaleza y cantidad de *ganancia individual.*

La vida conyugal casi siempre exige varias demandas de ambos socios para un mutuo ajuste y comprensión, y crea muchos problemas que no

La vida matrimonial difiere en esencia de una asociación sexual promiscua

se esperaban originalmente. Aunque esto en un sentido podría ser cierto de la vida en general, es particularmente cierto de la vida conyugal. En la vida conyugal dos almas se conectan en múltiples formas, lo cual requiere que ellos *aborden la totalidad del complejo problema de la personalidad, en vez de un simple problema creado por algún deseo aislado.* Esta es precisamente la razón por la cual la vida conyugal difiere completamente de las relaciones sexuales promiscuas. El sexo promiscuo intenta separar el problema del sexo, de las *otras* necesidades de la personalidad en desarrollo y busca resolverlo aislado de éstas. Aunque este tipo de solución puede parecer fácil, resulta ser muy superficial y tiene la desventaja adicional de *distraer* al aspirante de procurar la solución real.

Los valores relativos de los diversos lados de la personalidad limitada se aprecian mejor cuando se entremezclan y aparecen en diversos escenarios y perspectivas. Es difícil discriminar entre éstos si aparecen irregularmente y en series inconexas. En la vida conyugal hay amplio margen para las experiencias variadas, resultando así que las diferentes tendencias latentes en

La tensión entre los varios propósitos de la vida conyugal invita a la sublimación

la mente comienzan a organizarse en torno al esquema cristalizado de la vida conyugal. Esta organización de variados propósitos *no sólo proporciona un campo ilimitado para la discriminación entre los valores más elevados y más bajos, sino que también crea entre éstos una tensión necesaria que requiere y llama a una sublimación efectiva e inteligente.*

En cierto sentido, la vida conyugal se puede considerar como la intensificación de la mayoría de los problemas humanos. Como tal, se convierte en *el campo de batalla para las fuerzas de la esclavitud, así como para las fuerzas de la libertad,* para los factores de la ignorancia, así como para los factores de la luz. Ya que la vida

Las condiciones del matrimonio precipitan cambios en la vida interior

conyugal de las personas comunes se determina por consideraciones y motivos mixtos, invita inevitablemente a una oposición acérrima entre el ser superior y el ser inferior. Tal oposición es necesaria para el desgaste del ser inferior y para el amanecer del verdadero Ser Divino. La vida conyugal desarrolla tantos puntos de contacto entre dos almas, que la cesación de toda conexión significaría la descomposición y desequilibrio de prácticamente todo el tenor de la vida. Dado que la dificultad de romper el uno del otro invita y precipita al reajuste interior, el matrimonio es realmente una oportunidad disfrazada para que las almas establezcan una comprensión real y duradera que pueda sobrellevar las situaciones más complejas y delicadas.

El valor espiritual de la vida conyugal se relaciona directamente con la naturaleza de los factores preponderantes que determinan su curso diario. Si se basa en consideraciones superficiales, se puede deteriorar hasta convertirse una asociación

La vida conyugal debe sintonizarse con el plan divino

egocéntrica que se dirige contra el resto del mundo. Si está inspirada por un noble idealismo, puede elevarse hasta ser un compañerismo que no sólo requiere y propicia cada vez mayores sacrificios recíprocos, sino que realmente *se convierte en un medio por el cual las dos almas pueden ofrecer su amor y servicio unido a la familia entera de la humanidad.* Cuando la vida conyugal, de esta forma se alinea directamente con el plan divino para la evolución del individuo, se convierte en una bendición pura para los hijos que son fruto de tal unión, porque tienen la ventaja de absorber una atmósfera espiritual desde el inicio mismo de su carrera terrenal.

Aunque los hijos son así los beneficiarios de la vida conyugal de los padres, *la vida conyugal de los padres a su vez se enriquece por la presencia de los hijos.* Los hijos les dan a los padres la oportunidad

La vida conyugal santificada y enriquecida por los hijos

de expresar y desarrollar el amor verdadero y espontáneo, en el cual el sacrificio se vuelve fácil y placentero, y el papel desempeñado por los niños en la vida de los padres es de enorme importancia para el avance espiritual de los propios padres. Entonces, lógicamente, al aparecer los hijos en la vida conyugal, deben ser bienvenidos de todo corazón por los padres.

En vista de los derechos que los hijos tienen en la vida conyugal, el actual movimiento para controlar la natalidad merece atención especial y examen crítico. La cuestión no

Medios erróneos del movimiento para controlar la natalidad

debe considerarse desde el punto de vista de un solo interés particular o limitado, sino desde el punto de vista del máximo bienestar del individuo y de la sociedad.

La opinión acertada en este aspecto, como en todos los aspectos, debe basarse por encima de todo en consideraciones espirituales. La actitud que la mayoría de las personas tiene hacia el control de la natalidad es oscilante y confusa porque contiene una mezcla extraña de elementos, tanto buenos como malos. *Mientras que el control de la natalidad es correcto en su objetivo de regular la población, es desastrosamente desafortunado en la elección de sus métodos.* No cabe duda de que la regulación de la procreación es a menudo deseable por razones personales y sociales. La reproducción no controlada intensifica la lucha por la existencia y puede producir un orden social donde la competencia despiadada se vuelve inevitable. Además de crear una responsabilidad que los padres podrían ser incapaces de cumplir adecuadamente, se convierte en una causa indirecta que contribuye al crimen, la guerra y la pobreza. Aunque las consideraciones humanas y racionales demandan y justifican todo intento serio para regular la natalidad, el uso de medios físicos para lograr este propósito sigue siendo fundamentalmente indefendible e injustificable.

Los medios puramente físicos que generalmente defienden los partidarios del control de natalidad son extremadamente objetables desde el punto de vista espiritual.
Los medios físicos eliminan los incentivos para el control mental Aunque se aboga por los medios físicos del control de la natalidad por razones humanitarias, la mayoría casi siempre los usa para servir sus propios fines egoístas y evitar la responsabilidad de sustentar y educar a los hijos. Ya que las consecuencias físicas de ceder a la lujuria se pueden evitar exitosamente usando estos medios, quienes no han comenzado a despertar a los valores más elevados no tienen incentivo alguno para moderarse en la satisfacción de la pasión. Así se vuelven víctimas de la indulgencia excesiva y provocan su propia ruina física, moral y espiritual, descuidando el control mental y convirtiéndose en esclavos de la pasión animal.

El uso fácil de los medios físicos oscurece el lado espiritual del tema y queda lejos de contribuir al despertar del hombre hacia su verdadera dignidad y libertad como
El control mental es indispensable para ascender de la pasión a la paz ser espiritual. La indulgencia irreflexiva e incontrolada inevitablemente conduce a una reacción y esclavitud espiritual. Para los aspirantes espirituales en particular, y para todos en general (porque todos son aspirantes espirituales en potencia), es sumamente desaconsejable depender de los medios físicos para regular la natalidad. *Para tal regulación, la persona sólo debe utilizar el control mental.* El control mental asegura los fines humanitarios que inspiran al control natal y se mantiene al margen de los desastres espirituales que conlleva el uso de los medios físicos. El control mental no sólo es útil para regular el número de hijos, sino que también es indispensable para devolver al hombre su dignidad divina y bienestar espiritual. *Sólo mediante el ejercicio inteligente del control mental es posible que el hombre se eleve de la pasión a la paz, de la esclavitud a la libertad y de la animalidad a la pureza.* En la mente de las personas introspectivas,

el tan ignorado lado espiritual de esta tema debe asumir la importancia que merece.

Ya que la mujer debe asumir las dificultades y responsabilidad de concebir y criar a los hijos, puede parecer que se ve más seriamente

Responsabilidad conjunta de la paternidad

afectada por cualquier posible falla de control mental, que el hombre. De hecho, esto no significa ninguna injusticia verdadera para la mujer. Si bien es cierto que la mujer debe asumir las dificultades y responsabilidad de concebir y criar a los hijos, también tiene la compensación de la alegría de alimentarlos y acariciarlos. Por consiguiente, la alegría de la maternidad es mucho mayor que la alegría de la paternidad. Además, el hombre debe también enfrentar y asumir la responsabilidad económica y formativa de los hijos. En un matrimonio bien ajustado, no tiene por qué haber injusticia alguna en la distribución de las responsabilidades paternales que deba compartir la pareja. Si ambos son realmente conscientes de su responsabilidad mutua, *la desconsideración dará paso a un esfuerzo activo y cooperativo para lograr un pleno control mental.* En el caso de que haya cualquier fallo en el control mental, ambos asumirán alegre y voluntariamente la responsabilidad conjunta de la paternidad.

Si una persona no está preparada para asumir la responsabilidad de tener hijos, sólo le queda un curso de acción. Debe permanecer célibe

Los hijos deben ser bienvenidos

y practicar un control mental estricto, puesto que, aunque tal control mental es extremadamente difícil de lograr, no es imposible. Desde el punto de vista puramente espiritual, el celibato estricto es lo mejor, pero por ser tan difícil, pocos lo pueden practicar. Para quienes no lo puedan practicar, la siguiente mejor opción es casarse para no ser víctimas de la promiscuidad. En la vida conyugal se puede aprender a controlar la pasión animal. Debe ser un proceso gradual, y *en casos de fracaso al practicar el control, la pareja debe permitir que la naturaleza tome su propio curso en vez de interferir con esta mediante medios artificiales.* Deben acoger las consecuencias con alegría y estar preparados para asumir la responsabilidad de criar a los hijos.

Desde el punto de vista espiritual, el control de la natalidad se debe efectuar esencialmente mediante el control mental y nada más. Los medios físicos no son aconsejables en ninguna circunstancia, *aun cuando la persona intente utilizarlos meramente como una ayuda secundaria y provisional, sin pretender ignorar el ideal de desarrollar el control mental.* Mientras se utilizan los medios físicos, jamás se puede llegar al control mental real, aunque la persona intente hacerlo sinceramente. Al contrario, se vuelve adicta al uso de los medios físicos e incluso comienza a justificarlos.

El poder mental se debilita al depender de medios físicos

Para explicar esto aún más claramente, lo que ocurre con el uso de medios físicos es que, mientras el individuo piensa que los utiliza meramente como un paso preliminar previo al control mental plenamente desarrollado, en realidad se vuelve adicto a su uso y se convierte en esclavo del hábito. Aunque durante algún tiempo puede permanecer bajo el engaño de estar tratando de desarrollar el control mental (junto con el uso de los medios físicos), realmente lo está perdiendo gradualmente. En pocas palabras, *el poder mental necesariamente se debilita al depender de los medios físicos.* Por esto, el uso de medios físicos es perjudicial para el desarrollo del autocontrol, y positivamente desastroso para el avance espiritual. Por lo tanto, es completamente desaconsejable, incluso por el mejor de los motivos.

Al comienzo de la vida conyugal, los socios se sienten atraídos tanto por lujuria como por amor, pero con una cooperación deliberada y consciente, pueden disminuir gradualmente el elemento de la lujuria y aumentar el elemento del amor. Mediante este proceso de sublimación, la lujuria finalmente da lugar a un amor profundo.

Avance espiritual mediante la vida conyugal

Por el mutuo compartir de alegrías y penas, los socios marchan de un triunfo espiritual a otro, del amor profundo a un amor cada vez más profundo, hasta que *el amor posesivo y celoso del período inicial se sustituye totalmente por un amor expansivo y de entrega.* De hecho, mediante el manejo inteligente del matrimonio, la persona puede avanzar tanto en el Camino espiritual, que sólo se necesita un toque del Maestro para elevarla al santuario de la vida eterna.

Amor

La vida y el amor son inseparables uno del otro. Donde hay vida, hay amor. Incluso la consciencia más rudimentaria siempre intenta escapar de sus limitaciones y experimentar algún tipo de unidad con las otras formas. Aunque cada forma está separada de las otras, en *realidad*, todas son formas de la misma unidad de la vida. El sentido latente de esta realidad interior oculta se hace sentir indirectamente, incluso en el mundo de la ilusión, mediante la atracción que una forma tiene por otra.

El amor permea el universo

La ley de *la gravedad*, a la que todos los planetas y estrellas están sujetos es, a su propia manera, un tenue reflejo del amor que impregna cada parte del universo. Incluso las fuerzas de repulsión, en verdad son expresiones de amor, ya que las cosas se repelen una de otra, porque se sienten atraídas más fuertemente por algunas otras cosas. La repulsión es una consecuencia negativa de la atracción positiva. Las fuerzas de *cohesión* y *afinidad* que prevalecen en la constitución misma de la materia son expresiones positivas de amor. Un ejemplo notable de amor a este nivel se ve en la atracción que ejerce el imán sobre el hierro.

El amor reina en la naturaleza inanimada

Todas estas formas de amor son del tipo más bajo, ya que forzosamente se encuentran condicionadas por la consciencia rudimentaria en la que aparecen.

En el mundo animal, el amor se hace más explícito en forma de los *impulsos conscientes* que se dirigen hacia diferentes objetos en el entorno. *Este amor es instintivo* y adquiere la forma de gratificar diferentes deseos mediante la apropiación de los objetos adecuados. Cuando el tigre busca devorar al ciervo, en un sentido muy real, está enamorado del ciervo. La atracción sexual es otra forma de amor en este nivel. Todas las expresiones de amor en esta etapa tienen algo en común, concretamente, *todas buscan satisfacer algún impulso o deseo corporal* a través del objeto de amor.

Amor en el reino animal

El amor humano es mucho más elevado que todas estas formas inferiores de amor porque el ser humano tiene la forma de consciencia plenamente desarrollada. Aunque el amor humano

Amor humano debe ajustarse a la razón

es continuo con las formas de amor subhumanas inferiores, en cierto sentido difiere de éstas, porque de ahí en adelante opera de la mano con un nuevo factor, que es la *razón*. A veces el amor humano se manifiesta como una fuerza *divorciada* de la razón y corre paralelamente a ésta. A veces se manifiesta como una fuerza que se *entremezcla* con la razón y entra en *conflicto* con esta. Por último, se expresa como parte de un todo armonizado donde *el amor y la razón se han equilibrado y fusionado en unidad integral*.

De este modo el amor humano puede entrar en tres tipos de combinaciones con la razón. En el primer tipo, la esfera del pensamiento y la esfera del amor se mantienen lo más

Tres combinaciones de amor y razón

separadas posible; es decir, la esfera del amor es prácticamente inaccesible para el funcionamiento de la razón, y al amor se le permite poco o nulo acceso a los objetos del pensamiento. La separación completa entre estos dos aspectos del espíritu es, por supuesto, imposible; pero cuando hay un funcionamiento alternado de amor y razón (oscilando en su predominio) hay *un amor no iluminado por la razón, o una razón no animada por el amor*. En el segundo tipo, el amor y la razón operan simultáneamente, pero *no trabajan en armonía*. Aunque este conflicto crea confusión, es una fase necesaria en la evolución del estado elevado donde hay una síntesis verdadera de amor y razón. En el tercer tipo de amor, esta síntesis entre amor y razón es un hecho consumado, con el resultado de que *tanto el amor como la razón se transforman tan completamente, que precipitan la aparición de un nuevo nivel de consciencia,* que comparado con la consciencia humana normal, se describe mejor como *super consciencia*.

El amor humano aparece en la matriz de la consciencia del ego, que tiene innumerables deseos. El amor, de muchas formas se colorea por estos factores. Así como se obtiene una

Variedad cualitativa en el amor

variedad de diseños siempre cambiantes con un caleidoscopio, por diversas combinaciones de elementos simples, se encuentra una variedad cualitativa casi ilimitada en la gama del amor, debido a innovadoras combinaciones de factores psíquicos; e igualemente que hay matices de color infinitos en las diferentes flores, también hay diversas diferencias sutiles en el amor humano.

El amor humano se acota por una serie de factores obstructivos como la infatuación, lujuria, codicia, ira y celos. En cierto sentido, incluso estos factores obstructivos son *formas* de amor inferior o los inevitables *resultados secundarios* de estas formas inferiores de amor. La infatuación, la lujuria y la codicia pueden considerarse formas pervertidas e inferiores de amor. En la infatuación, la persona se *enamora* de un objeto sensual; en la lujuria, desarrolla un *ansia* de sensaciones en relación con éste, y en la codicia, desea *poseerlo*. De estas tres formas de amor inferior, la codicia tiene la tendencia de extenderse del objeto original hacia los *medios* para obtenerlo. Así, la gente se vuelve codiciosa por el dinero, el poder o la fama, que pueden ser instrumentos para poseer los diferentes objetos que se desean. La ira y los celos surgen cuando estas formas inferiores de amor se frustran, o amenazan ser frustradas.

Formas inferiores de amor

Estas formas inferiores de amor obstruyen la dispensación de amor puro. La corriente de amor no puede ser cristalina y constante hasta que se desliga de estas formas limitantes y pervertidas de amor inferior. *Lo inferior es enemigo lo superior.* Si la consciencia queda atrapada en el ritmo de lo inferior, no puede emanciparse de su estancamiento auto creado, siéndole difícil salir de este para poder avanzar más. Así, la forma inferior de amor continúa interfiriendo con el desarrollo de la forma más elevada, y se tiene que abandonar para permitir la aparición irrestricta de la forma más elevada de amor.

Lo inferior es enemigo de lo superior

La aparición del amor elevado desde el caparazón del amor inferior se facilita con el ejercicio constante de la *discriminación*. Por ende, el amor se debe distinguir cuidadosamente de los factores obstructivos de la infatuación, la lujuria, la codicia y la ira. En la infatuación, la persona es *víctima pasiva* del hechizo de la atracción que concibió por el objeto. En el amor, hay *apreciación activa* por el valor intrínseco del objeto de amor.

Amor e infatuación

El amor también es diferente de la lujuria. En la lujuria se depende del *objeto de los sentidos* y por consiguiente hay una *subordinación* espiritual del alma a éste, pero el amor coloca el alma en relación directa y *coordinada* con la *realidad* que existe detrás de la forma.

Por ende, la lujuria se experimenta como *pesada* y el amor se experimenta como *ligero*. En la lujuria hay un *estrechamiento* de la vida y en el amor hay una *expansión* de existencia. *Amar a un*

Amor y lujuria *alma es como agregar su vida a la propia.* La vida de uno, por así decir, se multiplica para vivir virtualmente en dos centros. Si se ama al mundo entero, se vive vicariamente en el mundo entero; pero en la lujuria hay una disminución de vida y una sensación general de dependencia desesperanzada de una forma que se considera como *otra*. De esta manera, en la lujuria *se acentúa la separación y el sufrimiento*, mientras que en el amor hay una *sensación de unidad y alegría*. La lujuria es disipación, el amor es recreación. La lujuria es el ansia de los sentidos, el amor es la expresión del espíritu. La lujuria *busca* la plenitud, pero el amor *experimenta* la plenitud. En la lujuria hay *excitación*, pero en el amor hay *tranquilidad*.

El amor difiere igualmente de la codicia. La codicia es la posesividad en todas sus formas densas y sutiles. Busca apropiarse de cosas densas y de las personas, así como de las cosas abstractas

Amor y codicia e intangibles como la fama y el poder. En el amor, no se busca la anexión de la otra persona a la vida individual propia, y hay un flujo libre y creativo que aviva y renueva al ser psíquico de la persona amada, independientemente de cualquier expectativa del ser propio. Paradójicamente, *la codicia, que busca apropiarse de otro objeto, provoca el resultado opuesto de colocarse bajo la tutela del objeto;* y *el amor, que intenta entregarse al objeto, de hecho, logra la incorporación espiritual del amado al ser mismo del amante. En la codicia, el ser intenta poseer al objeto, pero acaba siendo poseído por el objeto. En el amor, el ser se ofrece al amado sin reserva alguna, pero en ese mismo acto, encuentra que ha incluido al amado en su propio ser.*

La infatuación, la lujuria y la codicia constituyen un padecimiento espiritual que a menudo se hace más virulento por los síntomas agravantes de la ira y los celos. En agudo

El amor puro despierta mediante la gracia contraste, el amor puro es la floración de la perfección espiritual. El amor humano está tan restringido por estas condiciones limitantes, que la aparición espontánea del amor puro desde el interior se vuelve imposible. Por ende, cuando tal amor puro aparece en el aspirante, siempre es un *don*. *El amor puro aparece en el corazón del aspirante en respuesta al descenso de la gracia del Maestro.* Cuando el amor puro se recibe por primera vez como don del Maestro, se aloja en la consciencia del aspirante como una semilla en tierra fértil, y con el curso del tiempo la semilla se convierte en una planta y finalmente en un árbol plenamente maduro.

Sin embargo, el descenso de la gracia del Maestro está condicionado por la preparación espiritual preliminar del aspirante. Esta preparación

Preparación espiritual para recibir la gracia

espiritual preliminar para recibir la gracia nunca se completa hasta que el aspirante incorpora algunos atributos divinos a su constitución psíquica. Cuando una persona evita la calumnia y piensa más en los atributos positivos de los demás que en sus atributos negativos, y cuando puede practicar la tolerancia suprema, deseando el bien de otros, aún a costa de su propio ser, está lista para recibir la gracia del Maestro. Uno de los mayores obstáculos que impide la preparación espiritual del aspirante es la *preocupación*. Cuando, con un esfuerzo supremo, el obstáculo de la preocupación se ha superado, el camino se abre para cultivar los atributos divinos que constituyen la preparación espiritual del discípulo. *Tan pronto como el discípulo está listo, la gracia del Maestro desciende, porque el Maestro, siendo el océano del amor divino, siempre está en búsqueda del alma en la que pueda fructificar su gracia.*

El tipo de amor que se despierta por la gracia del Maestro es un raro privilegio. La madre que está dispuesta a sacrificar todo y morir por su

El amor puro es muy raro

hijo, y el mártir que renuncia a la vida propia por su país, son en verdad supremamente nobles, pero no necesariamente han probado el amor puro que nace mediante la gracia del Maestro. Incluso los grandes *yoguis* con largas barbas que, sentados en cuevas y montañas, están completamente absortos en un *samadhi* profundo, no necesariamente han probado este preciado amor.

El amor puro que despierta por la gracia del Maestro es más valioso que cualquier otro estímulo que pueda ser utilizado por el aspirante.

El amor puro es la mejor disciplina

Tal amor no sólo combina en sí los méritos de todas las disciplinas, sino que las supera en su eficacia para conducir al aspirante a su meta. Cuando nace este amor, el aspirante sólo tiene un deseo, que es el de unirse con el Amado Divino. Retirar la consciencia de esta manera, de todos los demás deseos, conduce a una pureza infinita; por consiguiente, nada purifica al aspirante más completamente que este amor. El aspirante siempre está dispuesto a ofrecer todo por el Amado Divino, y ningún sacrificio es demasiado difícil para él. Todo pensamiento se aparta del ser propio para centrarse exclusivamente en el Amado Divino. *Por la intensidad de este amor siempre creciente, finalmente se libera de las cadenas del ser propio, y se une con el Amado.* Ésta es la consumación del amor. Cuando el amor, de esta manera encuentra su fructificación, se vuelve *divino*.

El amor divino es cualitativamente diferente del amor humano. El amor humano es para los *muchos en el Uno* y el amor divino es para el *Uno en los muchos*. El amor humano

El amor divino es más elevado que el amor humano

conduce a innumerables complicaciones y enredos, mientras que el amor divino conduce a la integración y la libertad. *En el amor divino, los aspectos personales e impersonales están equitativamente equilibrados, mientras que, en el amor humano, ambos aspectos se alternan en dominancia.* Cuando el aspecto personal predomina en el amor humano, lleva a una ceguera absoluta del valor intrínseco de las otras formas. Cuando, como en el sentido del deber, el amor es predominantemente impersonal, la persona a menudo se vuelve fría, rígida y mecánica. El sentido del deber se vive por el individuo como una *restricción* externa sobre el comportamiento; mientras que, en el amor divino, hay *libertad irrestricta y espontaneidad ilimitada.* El amor humano es limitado en sus aspectos personales e impersonales, mientras que el amor divino, al fusionar lo personal con lo impersonal, es *infinito* en su ser y expresión.

Incluso el tipo más elevado de amor humano está sujeto a la limitación de la naturaleza individual que persiste hasta el séptimo plano. *El amor divino aparece después de la desaparición de*

En el amor divino el amante se une con el Amado

la mente individual y este es libre de las restricciones de naturaleza individual. En el amor humano la dualidad del amante y el amado persiste, pero en el amor divino, *el amante y el Amado se vuelven uno.* En esta etapa, el aspirante ha salido del dominio de la dualidad y se ha vuelto uno con Dios, pues el amor divino *es* Dios. *Cuando el amante y el Amado son uno, ése es el final y el comienzo.*

El universo entero surgió por amor, y por amor continúa existiendo. Dios desciende al ámbito de la ilusión porque la aparente dualidad entre el Amado y el amante, a la larga **El universo surgió** contribuye a Su goce consciente de Su propia **por amor** divinidad. *El desarrollo del amor se condiciona y sustenta por la tensión de la dualidad.* Dios debe sufrir una diferenciación aparente en la multiplicidad de las almas, para poder continuar el juego del amor. Todas son Sus propias formas y en relación con estas, Él a la vez asume el papel de Amante Divino y Amado Divino. Como Amado, Él es el último y verdadero objeto de su apreciación. Como Amante Divino, Él es su verdadero y último salvador, atrayéndolas de regreso a Sí Mismo. Así, aunque el mundo entero de la dualidad es sólo una ilusión, dicha ilusión ha surgido por un *propósito significativo.*

El amor es el reflejo de la unidad de Dios en el mundo de la dualidad. Es el significado entero de la creación. Si el amor se excluyera de la vida, todas las almas del mundo asumirían una externalidad **La dinámica** completa entre ellas, y las únicas relaciones y **del amor** contactos posibles en un mundo tan carente de amor, serían superficiales y mecánicas. Es por amor que las relaciones y los contactos entre las almas individuales llegan a ser significativos. El amor es lo que les da sentido y valor a todos los acontecimientos en el mundo de la dualidad. Pero, *aunque que el amor le da significado al mundo de la dualidad, a la vez representa un desafío permanente a la dualidad.* Al fortalecerse, el amor genera una *inquietud creativa,* convirtiéndose en la fuerza motriz principal de esa *dinámica espiritual,* que al final logra *restaurar la unidad del ser original a la consciencia.*

La Infinitud
de la Verdad

La mayoría de gente tiene la impresión de que todo lo que pueda suponer tener importancia espiritual, debe necesariamente ser muy grande desde el punto de vista mundano.

Causa del error en la valoración espiritual Por lo tanto, para ser considerado espiritual, un acto debe tener efectos de largo alcance o afectar sustancialmente un área extensa de la vida. Constantemente se juzga el valor de una acción por la magnitud de sus consecuencias. El hombre generalmente está tan inmerso en los objetos del mundo denso que *las dimensiones, magnitudes y cantidades del mundo denso, inconscientemente se filtran dentro de su estimación de los valores espirituales, pervirtiendo dicha evaluación.*

Toda esta confusión se debe al hecho de que la mente humana está dominada con frecuencia por ideas matemáticas, aunque se trate de estimaciones de naturaleza espiritual.

El infinito matemático Sin embargo, lo que es grande espiritualmente difiere en tipo de lo que es grande matemáticamente. La idea matemática del infinito se construye imaginando la colección de un número infinito de unidades, cada una con fijo e idéntico valor o importancia. De hecho, una infinidad matemática así es inalcanzable, aún en la imaginación, porque por cada número imaginable, se puede concebir un número que sería aún mayor. *Cada unidad es falsa si se considera que tiene existencia o importancia separada y exclusiva.* Así, la idea matemática del infinito resulta ser el producto de una imaginación activada por conjeturas falsas.

El infinito espiritual no es el resultado de adiciones imaginativas de lo falso. Es la Realidad misma, que se percibe cuando reposa la imaginación falsa.

El infinito espiritual La infinitud de la Verdad no puede sufrir ningún incremento con adiciones, ni puede sufrir ninguna disminución con sustracciones. De hecho, nada se le *puede* añadir y nada se le *puede* restar, ya que incluye todo y no deja espacio para nada más, grande o pequeño. Es *inconmensurable, indivisible e integral.*

La infinitud de la Verdad no se ve afectada por ningún cambio en el universo. Todo lo que ocurre en el universo es fenoménico, y como tal, cuenta como cero desde el punto de vista de la Verdad. Un terremoto,

La Verdad no es un objetivo futuro por ejemplo, se considera una calamidad terrible y desastrosa por la mentalidad mundana, por la inmensa destrucción de vida y propiedades que acarrea. Sin embargo, incluso una calamidad como ésta, bajo ningún concepto puede tocar la Verdad infinita que se encuentra en el corazón de la Realidad. De hecho, *el infinito espiritual de la Verdad no sufre ninguna limitación, incluso si se disuelve el universo entero.* Por ende, es fútil medirlo en términos de lo que es grande según los estándares del mundo.

La ilusión que la mayoría de los aspirantes encuentra difícil de sacudirse, es la creencia de que la Verdad infinita es un objeto que solo es alcanzable en un futuro lejano, y toda vida sólo es el medio para lograrlo. Si la Verdad se confinara sólo al futuro y no al pasado o al presente, no sería infinita. De inmediato se volvería limitada, como un evento que tiene su origen en el tiempo. *Todo lo que la vida es, y tiene, de inmediato se priva de su significado intrínseco, si se llega a considerar como meramente instrumental para un evento lejano.* Éste es definitivamente un punto de vista falso.

La vida no está destinada a ser rica en significado espiritual en un futuro lejano, sino en todo momento, cuando la mente se descarga de las ilusiones. *Sólo con una mente clara y tranquila*

El eterno Ahora *se puede captar la verdadera naturaleza del infinito espiritual, no como algo que todavía no ha de ser, sino como la Realización de Sí, eterna, que ya ha sido, es, y siempre será. Cuando cada momento es rico en significado eterno, no existe un apego prolongado al pasado muerto, ni un expectante anhelo por el futuro, sino una vida íntegra en el eterno Ahora.* Sólo viviendo así se puede realizar el infinito espiritual de la Verdad en la vida.

No es correcto privar al presente de toda importancia, subordinándolo a un fin en el futuro, pues esto significa la acumulación imaginaria de todo lo que tiene importancia en un

Plenitud de ser futuro imaginado, en vez de percibir y realizar la importancia verdadera de todo lo que existe ahora. *No puede haber altibajos en la eternidad, ni intervalos sin propósito entre cosechas intermitentes, sino una plenitud de ser que no puede menguar ni un solo instante.* Cuando la vida aparenta ser improductiva o vacía, no se debe a alguna restricción de la infinitud de la Verdad, sino a la falta propia de capacidad para entrar a su plena posesión.

Así como no es correcto reservar toda la importancia espiritual para un futuro anticipado, tampoco es correcto atribuirla exclusivamente a *cosas que causan revuelo.* Las cosas grandes y

Cosas grandes y grandiosas

grandiosas de la vida no son las únicas que tienen significado espiritual. Las cosas no tienen por qué ser inusuales o particularmente notables para tener un significado espiritual. Lo inusual y notable existe en relación con lo usual y habitual, y en sí mismo no necesariamente representa la belleza espiritual absoluta. Por ende, no es necesario donar grandes cantidades de dinero a una causa para ser espiritualmente grande. Una persona pobre puede ser incapaz de hacer esto y no obstante ser espiritual, si da lo que puede. *La cantidad no es lo que confiere significado espiritual al obsequio, sino el espíritu con el que se da.* De hecho, las grandes donaciones a menudo conllevan orgullo o motivos egoístas, perdiendo así su valor espiritual. Inclusive un obsequio pequeño, ofrecido con humildad y amor absoluto desinteresado, tiene mucho más valor espiritual.

La vida espiritual no es cuestión de cantidad, sino de la calidad inherente de vivir. El infinito espiritual incluye todas las fases de la vida y comprende, tanto los actos grandes,

El infinito espiritual comprende lo más grande y lo más pequeño

como los actos pequeños. *Siendo mayor que lo más grande, la infinitud espiritual también es menor que lo más pequeño, y se puede expresar igualmente mediante cualquier suceso, independientemente de si es externamente pequeño o grande.* Por ende, una sonrisa o una mirada está al mismo nivel que ofrecer la vida propia por una causa, cuando la sonrisa o mirada emana del conocimiento de la Verdad. *No hay gradaciones de importancia espiritual, cuando la vida entera se vive a la sombra de la eternidad.* Si la vida sólo consistiera en cosas grandes y las cosas pequeñas estuvieran fuera de su alcance, no sólo sería finita, sino extremadamente pobre. *La Verdad infinita que se encuentra latente en todo, sólo se revela cuando la vida se ve y se acepta en su totalidad.*

Las limitaciones se dan debido a los deseos egocéntricos y a la voluntad propia. *La posesividad en todas sus formas conduce a una vida de limitaciones.* Por ejemplo, si uno anhela el amor de

Dicha y libertad en la no dualidad

alguien, pero lo gana otra persona, sobreviene un estrechamiento y estrangulamiento de la vida libre del espíritu y se experimenta una aguda consciencia de limitación. Este es el origen del dolor que provocan los sofocantes *celos*. Pero si se examina la situación con un corazón libre de anhelos, el amor que recibe el otro se aprecia en su belleza natural; y *con la claridad de percepción que llega al eliminar la posesividad, no sólo se vive la libertad de la no dualidad, sino su dicha también.* Cuando alguien más recibe ese amor es como si lo recibiera uno mismo, porque al haberse identificado con la vida en todas sus formas, ya no insiste en las demandas de una forma exclusiva.

En la no dualidad, se da la libertad de cualquier limitación, y el conocimiento y aprecio por las cosas tal y como son. *Sólo en la no dualidad se realiza la verdadera infinitud espiritual, que asegura la dicha permanente e imperecedera.*

Realizar la infinidad espiritual mediante la no dualidad

Las limitaciones de los celos son de nuestra propia creación, al igual que todas las demás limitaciones como la ira, el odio y los deseos. *Toda escasez y limitación es subjetiva y auto creada. Al entregar la voluntad propia y la imaginación egocéntrica, surge una percepción verdadera del valor infinito de lo que ES.*

Cuando la infinidad de la Verdad se capta adecuadamente desde el punto de vista de la no dualidad, también se vuelve fructífera para la solución adecuada de los problemas sociales basados en la dualidad, como un hecho irreducible. La mera manipulación de los *números*, por ingeniosa que sea, no da un ajuste correcto entre el individuo y la sociedad, ni produce armonía verdadera entre los diversos grupos que existen en la sociedad.

Implicaciones del infinito espiritual para los problemas sociales

Si las exigencias sociales de carácter general se determinan por las consideraciones de una pequeña minoría, los intereses de la gran mayoría quedan irresueltos, y la mayoría inevitablemente queda en rivalidad y oposición con la minoría. Por otro lado, en países democráticos, las necesidades de naturaleza general se determinan tomando en cuenta el punto de vista de la mayoría, más que el de la minoría. Este punto de vista, sin embargo, sigue estando en el dominio de la dualidad, donde existe la multiplicidad y, por lo tanto, el problema de la minoría queda irresuelto. Ya que sus intereses quedan irresueltos, la minoría inevitablemente queda en rivalidad y oposición con la mayoría.

Minoría y mayoría

Mientras un problema social esté dominado por la idea de los números y la multiplicidad, no hay solución duradera. La solución duradera sólo se da cuando está iluminada por la

La totalidad indivisible   verdad de la *totalidad indivisible y la unidad intrínseca del todo. No se puede hacer contacto con el Uno en todos, mediante la multiplicación de los muchos, sino solo descartando la falsa idea de los muchos. Cualquier número, por grande que sea, forzosamente es finito. El infinito espiritual no es un número, por grande que sea; es la realidad única, sin rival.*

Donde hay muchos, necesariamente existe la comparación entre estos. Habrá uno menor, uno mayor, una jerarquía de exigencias, privilegios y derechos, y todas las valoraciones se

El mundo de los muchos   distorsionan al reconocer gradaciones de diferentes tipos. Desde el punto de vista espiritual, todas éstas son formas de consciencia falsa, porque la misma Verdad vibra en todos. La similitud que se experimenta en la realización, sin embargo, forzosamente es diferente del principio de la *igualdad*; es decir, que una persona es igual a cualquier otra persona individual en cuanto a necesidades, derechos y valor, pero esta nunca podrá ser igual dentro de la dualidad, a dos o más personas.

Por otro lado, el infinito espiritual de la Verdad da cabida a la paradoja de que se puede considerar a una persona como la totalidad misma.

El Uno en todos   Por ende, una persona no sólo es capaz de ser considerada como igual en importancia que dos
y cada uno   o más personas, sino incluso como igual a todas. *En el infinito espiritual cualquier comparación está fuera de lugar. No hay más pequeño ni mayor, ni jerarquía de exigencias, privilegios y derechos,* y la valoración permanece cristalina, por la percepción indemne del *Uno en todos y cada uno. Considerando que todos en la creación, no sólo están dentro del infinito espiritual, sino son el infinito espiritual indivisible mismo, entonces todos son primeros en importancia y nadie ocupa un lugar secundario.*

En la vida social, el reconocimiento de la infinidad espiritual de la Verdad significará un reto al individualismo y también al colectivismo.

La nueva civilización   Esto inicia una nueva forma de pensar en términos de una totalidad indivisible, y descarta cualquier valor relativo de comparación *a favor del reconocimiento del valor intrínseco de todo.* Por consiguiente, en una civilización basada en la idea verdadera del infinito espiritual de la Verdad, no habrá problemas de mayoría y minoría, de rivalidad y competencia, ni de esas comparaciones y evaluaciones laboriosas que tan a menudo se convierten en el refugio para el orgullo y el ego separativo. Entonces, la vida será infinitamente simple e íntegra, porque todas las ilusiones que crean distanciamientos y complejidades habrán desaparecido.

VOLUMEN II

La búsqueda
de Dios

La mayoría de las personas ni siquiera sospechan la existencia de Dios y naturalmente, no se interesan mucho en Dios. Hay otros quienes, por la influencia de sus tradiciones,

Grados de creencia en Dios pertenecen a alguna fe u otra y asimilan la creencia en la existencia de Dios de su entorno. Su fe es sólo lo suficientemente fuerte para mantenerlos sujetos a ciertos rituales, ceremonias o creencias, y rara vez tienen la vitalidad necesaria para llevar a cabo un cambio radical en su actitud total hacia la vida. Todavía hay otros con tendencias filosóficas, que se inclinan a creer en la existencia de Dios, ya sea por especulación propia, o debido a las afirmaciones de otros. Para ellos, Dios es, en el mejor de los casos, una hipótesis o una idea intelectual. Por sí misma, tan tibia creencia jamás podrá ofrecer el incentivo suficiente como para lanzarse a una búsqueda seria de Dios. Tales personas no saben de Dios por conocimiento personal, y para estos Dios no es un objeto de deseo o esfuerzo intenso.

El aspirante verdadero no se conforma con conocer las realidades espirituales de oídas, ni se satisface con mero conocimiento inferido.

El aspirante verdadero busca el conocimiento directo de las realidades espirituales Para él, las realidades espirituales no son objeto de pensamiento ocioso, y la aceptación o rechazo de estas realidades están cargados de implicaciones cruciales para su vida interior. De aquí que naturalmente insista en el conocimiento directo sobre estas. Esto se puede ilustrar con la vida de un gran sabio. Un día, discutía temas espirituales con un amigo bastante avanzado en el Camino. Mientras entablaban esta discusión, su atención se desvió hacia un cadáver que se transportaba frente a ellos. "Este es el fin del cuerpo, pero no del alma", comentó el amigo. "¿Has visto el alma?" preguntó el sabio. "No", respondió el amigo. El sabio seguía escéptico sobre el alma, porque insistía en el conocimiento *personal*.

Aunque el aspirante no puede quedar satisfecho con el conocimiento de segunda mano o meras conjeturas, no cierra su mente a la posibilidad de que pueda haber realidades espirituales ajenas a su experiencia. En

El aspirante tiene una mente abierta

otras palabras, *es consciente de las limitaciones de su propia experiencia individual, y se abstiene de usarla como medida para todas las posibilidades.* Tiene la mente abierta a todo lo que pueda estar más allá del alcance de su experiencia. Aunque no acepta las cosas de oídas, tampoco se apresura a negarlas. Las limitaciones de la experiencia propia a menudo tienden a restringir el alcance de la imaginación, y por ello la persona cree que no hay otras realidades más que las conocidas por su pasada experiencia; sin embargo, usualmente algunos incidentes o sucesos ocasionan que salga de su cerco dogmático y realmente se vuelva de mente abierta.

Esta etapa de transición también se puede ilustrar con una historia del mismo sabio, que a la vez era príncipe. Algunos días después del

Una historia ilustrativa

incidente antes mencionado, al montar a caballo, se encontró con un peatón que avanzaba hacia él. Ya que la presencia del peatón bloqueaba al caballo, el sabio arrogantemente ordenó al hombre que se quitara del camino. El peatón se negó. El sabio desmontó y se llevó a cabo la siguiente conversación: "¿Quién es usted?", preguntó el peatón. "Soy el Príncipe", respondió el sabio. "Pero no *me consta* que usted sea el Príncipe," dijo el peatón y continuó: "Solo lo aceptaré como Príncipe cuando sepa que realmente es un Príncipe, y no antes." Este encuentro causó que el sabio despertara al hecho de que Dios *podría* existir, aunque él no Lo conociera por experiencia propia, justo como él realmente era un Príncipe, aunque el peatón no lo sabía por experiencia propia. Ya con la mente abierta a la posible existencia de Dios, emprendió la tarea de decidir la cuestión a fondo.

Dios, o existe o no existe. *Si existe, Su búsqueda es ampliamente justificada; y si no existe, no se pierde nada buscándolo.* Pero el hombre, por lo general, no

Una historia ilustrativa

recurre a una verdadera búsqueda de Dios voluntaria y alegremente. Tiene que ser conducido a la búsqueda por desilusión con las cosas mundanas que lo seducen y de las cuales no puede desviar su mente. El hombre común se absorbe completamente en sus actividades del mundo denso. Vive a través de sus múltiples experiencias de alegrías y penas, sin siquiera sospechar que pueda existir una Realidad más profunda.

Hace su mejor esfuerzo para obtener los placeres de los sentidos y para evitar distintos tipos de sufrimiento.

"Comer, beber y ser feliz" es su filosofía, pero a pesar de su incesante búsqueda del placer, no puede evitar el sufrimiento del todo, e incluso cuando logra los placeres de los sentidos, a **Ocasiones que** menudo queda saciado. Conforme pasa de **provocan la reflexión** esta forma, por la serie diaria de variadas experiencias, a menudo se da la ocasión en la que comienza a preguntarse, *"¿Cuál es el fin de todo esto?"* Este pensamiento se puede dar por un acontecimiento desfavorable para el cual la persona no está preparada mentalmente. Puede ser una frustración provocada por anticipar algo con exceso de confianza, o puede ser un cambio importante en su situación que exige un reajuste radical y abandonar las formas establecidas de los pensamientos y la conducta. Generalmente tal ocasión se presenta por la frustración de algún anhelo profundo. Si un anhelo profundo se encuentra con un *bloqueo* de forma que no hay la más mínima posibilidad de que se pueda cumplir, la psique recibe tal impacto, que le es imposible seguir aceptando el tipo de vida que pudiera haber aceptado hasta ese momento, sin cuestionamiento alguno.

En tales circunstancias, la persona puede llegar a una desesperación absoluta, y si el poder tremendo que se genera por esa perturbación psíquica queda sin control ni dirección, **La desesperación sin** puede incluso culminar en graves **control es destructiva;** trastornos mentales o intentos de **la desesperación divina** suicidio. Tal catástrofe supera a aquéllos **es creativa** en quienes la desesperación se alía con la inconsciencia, ya que permiten que el impulso tenga libre y plena influencia. El poder incontrolado de la desesperación sólo produce destrucción. La desesperación de una persona reflexiva bajo circunstancias similares da resultados totalmente diferentes, porque la energía que libera se emplea y dirige inteligentemente hacia un propósito. En el momento de tal *desesperación divina*, el hombre toma la importante decisión de descubrir y realizar el objetivo de la vida. Así nace la búsqueda verdadera de los valores duraderos. De ahí en adelante, la pregunta apremiante que se niega a ser silenciada es, *"¿Adónde lleva todo esto?"*

Cuando la energía psíquica del hombre se centra así en descubrir el objetivo de la vida, se utiliza el poder de la desesperación, creativamente. El individuo ya no se conforma con las cosas fugaces de la vida y es totalmente escéptico acerca de los valores ordinarios que hasta el momento había aceptado sin dudar. Su único deseo es encontrar la Verdad a cualquier costo y no descansa satisfecho con nada salvo la Verdad. *La desesperación divina es el principio del despertar espiritual, porque da pie a la aspiración de realizar a Dios.* En el momento de desesperación divina, cuando todo parece desplomarse, el individuo decide tomar cualquier riesgo para determinar qué hay de importancia para su vida, *detrás* del velo.

La desesperación divina es el principio del despertar espiritual

Todas las comodidades habituales le han fallado, pero a la vez, su voz interior rehúsa reconciliarse completamente con la postura de que la vida no tiene sentido. *Si no se plantea alguna realidad oculta, desconocida para él hasta el momento, no queda nada por lo que valga la pena vivir.* Sólo le quedan dos alternativas: o hay una realidad espiritual oculta que los profetas han descrito como Dios, o nada tiene sentido. La segunda alternativa es completamente inaceptable para la personalidad integral del hombre, por lo que debe explorar la primera alternativa. Así entonces, el hombre voltea hacia Dios cuando queda a la deriva en sus asuntos mundanos.

Dios o nada

Como no hay acceso *directo* a esta realidad oculta que él se plantea, inspecciona sus experiencias habituales para encontrar posibles vías que conduzcan a un *más allá significativo*. Acude así, a sus experiencias habituales para iluminar un poco el Camino. Esto implica ver todo desde un nuevo ángulo de visión y supone una reinterpretación de cada experiencia. Ahora él no sólo *tiene la* experiencia, sino que trata de *sondear su significado espiritual.* No se ocupa meramente con lo que *es*, sino con lo que *significa,* en la marcha hacia este objetivo oculto de la existencia. Toda esta cuidadosa reevaluación de sus experiencias da como resultado, la obtención de un entendimiento que no podía llegar antes de comenzar su nueva búsqueda.

Revalorización de la experiencia, a luz de la Divinidad planteada

Revalorizar una experiencia equivale a un poco de sabiduría adicional, y cada aumento de sabiduría espiritual necesariamente produce una modificación de la actitud general hacia la vida. Así que la búsqueda netamente intelectual de

Nueva percepción significa experimentar con valores percibidos

Dios o la realidad espiritual oculta, tiene sus reverberaciones en la vida práctica del hombre. Su vida ahora se convierte en un verdadero experimento con los valores espirituales percibidos.

Cuanto más experimenta con inteligencia y propósito con su propia vida, más profunda se hace su comprensión del verdadero significado de ésta, hasta que finalmente descubre que, al pasar por una transformación completa de su ser psíquico,

Encontrar a Dios es llegar al propio Ser

simultáneamente llega a la percepción verdadera de la importancia real de la vida *tal y como es*. Con una visión clara y serena de la verdadera naturaleza y valor de la vida, se percata de que *Dios, a quien ha buscado tan desesperadamente, no es un extraño ni una entidad oculta y ajena. Es la Realidad misma, no una hipótesis*. Es la Realidad observada con una visión cristalina; la misma Realidad de la cual es parte, en la cual ha existido su ser entero, y con la cual, de hecho, es idéntico. Entonces, *aunque inicia buscando algo totalmente nuevo, en realidad llega a un nuevo entendimiento de una cosa antigua*. El viaje espiritual no consiste en llegar a un nuevo destino donde la persona adquiere algo que no tenía, o se convierte en algo que no era. Consiste en la disipación de ignorancia acerca de sí mismo y de la vida, y en el crecimiento gradual del entendimiento que comienza con el despertar espiritual. *Encontrar a Dios es llegar al propio Ser*.

Las Etapas
del Camino

Todo individuo debe pasar por un estado de aprisionamiento, pero ese período de cautiverio no se debe ver como un episodio sin significado en la evolución de la vida. Se tiene que

**El cautiverio le
da más valor a
la libertad**

experimentar el cautiverio para poder apreciar la libertad. Si en toda su vida, un pez no sale del agua ni una sola vez, no tiene posibilidad alguna de apreciar el valor del agua. Desde su nacimiento hasta su muerte, sólo ha vivido en el agua, y no tiene las condiciones para comprender lo que realmente significa el agua para su ser. Pero si se sustrae del agua por un solo momento, anhela el agua y esa experiencia lo califica para apreciar la importancia del agua. De la misma forma, si la vida fuera incesantemente libre y careciera de cualquier limitación, el hombre perdería el verdadero significado de la libertad. *Experimentar la esclavitud espiritual y el intenso deseo de liberarse de ésta, ambos son preparativos para el disfrute pleno de la libertad venidera.*

Así como el pez que se sustrae del agua anhela volver al agua, el aspirante que ha percibido la meta anhela unirse con Dios. De hecho,

**El Camino comienza
con el anhelo de
una realidad más
profunda**

el deseo de volver a la fuente existe en *todo ser* desde el momento mismo en que es separado de la fuente por el velo de la ignorancia; pero el ser no es consciente de este anhelo, hasta que el aspirante entra al Camino. En cierto sentido, uno se puede acostumbrar a la ignorancia, como cuando alguien en un tren se acostumbra a la oscuridad del túnel, después de haberlo transitado por un tiempo. Incluso entonces, hay una clara incomodidad y un vago e indefinido sentimiento de inquietud, debido a la sensación de que falta *algo*. Ese algo, desde el inicio se percibe como teniendo un tremendo significado. En las etapas de ignorancia densa, ese algo a menudo se identifica inadvertidamente con las abigarradas cosas del mundo material. Sin embargo, cuando la experiencia de este mundo madura suficientemente, las repetidas desilusiones de la vida colocan al hombre en el camino correcto para descubrir lo que falta. A partir de ese momento, busca *una realidad más profunda que la de las formas cambiantes.* Ese momento se puede describir acertadamente como la primera iniciación del aspirante. A partir del momento de su iniciación en el Camino, el anhelo de unirse con la fuente de la que ha estado separado se vuelve *claro* e *intenso.* Así como la persona en el túnel añora la luz aún más intensamente después de ver un rayo de luz proveniente del otro lado, la persona que vislumbra la meta desea acelerar hacia ella a toda la velocidad posible.

En el Camino espiritual hay seis estaciones, la séptima estación siendo la última o la meta. Cada estación intermedia es, a su manera, una especie de *anticipación imaginativa de la meta.* El velo que separa al hombre de Dios se compone de la imaginación falsa, y ese velo tiene múltiples pliegues. Antes de ingresar al Camino, el hombre se ve envuelto en este velo de múltiples imaginaciones, resultando en no poder siquiera contemplar la idea de ser algo más que un individuo separado, confinado y finito. La consciencia del ego se ha cristalizado por el funcionamiento de las múltiples imaginaciones falsas, y el anhelo consciente de la unión con Dios es la primera sacudida de la total estructura del ego, que fue construída durante el período del falso funcionamiento de la imaginación. *Recorrer el Camino espiritual consiste en deshacer los resultados del falso funcionamiento de la imaginación, o en dejar caer varios pliegues del velo que ha creado la sensación de separación inexpugnable y aislamiento irremediable.* Hasta entonces, el individuo se había aferrado firmemente a la idea de su existencia separada y la protegía con formidables muros de espesa ignorancia, pero a partir de ese momento, entra en una especie de comunicación *con la Realidad más amplia.* Cuanto más comulga con la Realidad, más delgado se hace el velo de la ignorancia. Con la debilitación gradual de la separación y el egoísmo, se obtiene una creciente sensación de unión con la Realidad más amplia.

Desgastando el velo múltiple de la ignorancia

La sensación de distanciamiento se desarrolla como resultado de los vuelos de la imaginación. Por ello, vencer la sensación autocreada de distanciamiento para unirse con la Realidad, se asegura revertiendo el funcionamiento falso de la imaginación. El acto de deshacerse de la imaginación por completo

Reversión gradual del funcionamiento falso de la imaginación

se puede comparar con el acto de despertar de un *sueño* profundo. Las diferentes etapas del proceso de deshacerse de la falsa imaginación se pueden comparar con los *sueños,* que a menudo sirven como puente entre el sueño profundo y el despertar pleno. El proceso de deshacerse del funcionamiento múltiple de la falsa imaginación es gradual y tiene siete etapas. Quitarse un pliegue del velo de la imaginación, decididamente es un avance hacia la Luz y la Verdad, pero no equivale a volverse uno con la Realidad. Meramente significa renunciar a una imaginación más falsa en favor de una imaginación menos falsa. Hay diferentes grados de falsedad de la imaginación, que corresponden a los grados de la sensación del distanciamiento producido por la consciencia del ego. *Cada etapa del proceso de deshacerse de la falsa imaginación, definitivamente desgasta al ego.* Pero todas las etapas intermedias del Camino, hasta la última realización de la meta, consisten en *dejar un vuelo de imaginación por otro.* No equivalen al *cese* de la imaginación.

Estos vuelos de la imaginación no producen ningún cambio real en el estado verdadero del Ser. *Lo que cambia no es el Ser, sino su idea de lo que es.* Supongamos que en un sueño o fantasía el individuo se imagina en China, mientras que su cuerpo en realidad está en la India. Cuando la fantasía acaba, nota que su cuerpo no está en China, sino en la India. Desde el punto de vista subjetivo, es como regresar de China a la India. Igualmente, la no identificación gradual con el cuerpo e identificación progresiva con la Sobrealma, es comparable con recorrer del *Camino,* aunque de hecho las diferentes etapas intermedias del Camino son todas por igual, creaciones del juego de la imaginación.

Las etapas intermedias en el Camino, todas son formas de imaginación

De esta forma, todas las seis etapas de ascenso se encuentran dentro del esfera de la imaginación, pero en cada etapa, *vencer la sensación de distanciamiento y descubrir una unión* más amplia con la Realidad, son vivencias tan fuertes y claras que la persona a menudo experimenta un *pseudo sentido de realización.* De igual manera en que, al intentar escalar una montaña, una persona llega a un valle profundo y se fascina tanto por la vista que olvida su verdadero objetivo, creyendo momentáneamente que ha llegado a la meta, el aspirante también confunde las etapas intermedias con la meta misma. Pero la persona

Pseudo sentido de realización

que verdaderamente quiere escalar la montaña, al poco tiempo nota que debe atravesar el valle, y el aspirante tarde o temprano también nota que la etapa intermedia se debe trascender. *El pseudo sentido de realización que acompaña las etapas intermedias es como la persona que sueña haber despertado cuando sigue dormido.* Al despertar, se percata de que su primera sensación de despertar realmente fue un sueño.

Cada etapa de avance definitivo representa un estado de consciencia, y avanzar de un estado de consciencia a otro va de la mano con cruzar los planos interiores. Por ende, se deben experimentar seis planos intermedios y estados de consciencia antes de llegar al séptimo plano, que es el final del camino y donde se logra la realización final del estado de Dios. El plano es comparable con una *estación* de ferrocarril donde el tren para momentáneamente, y el estado de consciencia es comparable con los *movimientos* del pasajero tras bajar en la estación.

Planos y estados

Tras entrar en un nuevo plano de consciencia, la persona por lo general requiere cierto tiempo para poder funcionar con soltura en ese plano. Como hay un cambio radical en las condiciones totales de la vida mental, la persona experimenta una especie de parálisis de actividad mental conocida como *samadhi (istighraq).* Cuando el peregrino entra en un nuevo plano, se funde con ese plano antes de poder experimentar el estado que es característico del plano mismo. Al igual que un peregrine cansado por el esfuerzo del viaje a veces se duerme, la consciencia que se ha esforzado para ascender a un nuevo plano pasa por un período de *actividad mental reducida, que se puede comparar con el sueño.* Sin embargo, el *samadhi* difiere fundamentalmente del sueño, *ya que la persona es totalmente inconsciente durante el sueño, mientras que en el samadhi es consciente de la dicha, la luz o el poder, aunque no sea consciente de su cuerpo y entorno.* Después de un período de relativa quietud, la mente comienza a *funcionar* en el nuevo plano y experimenta un estado de consciencia que difiere completamente del estado que ha dejado atrás.

La naturaleza del *samadhi*

Al entrar a un plano nuevo, el aspirante se funde con éste, y junto con la reducción de la actividad mental, experimenta una disminución sustancial en la vida del ego. Esta reducción de la vida del ego es diferente de la aniquilación final del ego que ocurre en el séptimo plano. Pero al igual que la aniquilación final del

Cada etapa del Camino es una disminución en la vida del ego

séptimo plano, las diferentes etapas de reducción del ego en los seis planos intermedios merecen una mención especial, por su importancia relativa. En la tradición espiritual Sufi, la aniquilación final del ego se denomina *"Fana-Fillah"*, y los *samadhi* anteriores de los seis planos de la dualidad, también se han reconocido como formas de *fana*, ya que también implican la aniquilación *parcial* del ego.

A través de todas estas fanas de orden ascendente, existe una continuidad de progresión hacia la Fana-Fillah final, y cada una tiene alguna característica

Las primeras tres *fanas*

especial. Cuando el peregrino llega al primer plano, experimenta su primera *fana o aniquilación menor del ego.* El peregrino pierde temporalmente su individualidad limitada y experimenta la dicha. Muchos peregrinos así fusionados, piensan que han realizado a Dios y quedan varados en el primer plano. Si el peregrino puede superar el autoengaño o se percata de que su logro es realmente una fase transitoria en su viaje, avanza más en el Camino espiritual y llega al segundo plano. La fusión con el segundo plano se denomina *"Fana-e-Batili"*, o *la aniquilación de lo falso.* El peregrino ahora se absorbe en la dicha y la luz infinita. Algunos piensan que han llegado a la meta y quedan varados en el segundo plano, mientras que otros, librando el autoengaño, avanzan e ingresan al tercer plano. La fusión con el tercer plano se llama *"Fana-e-Zahiri"*, o *la aniquilación de lo aparente.* Aquí el peregrino pierde toda consciencia del cuerpo o del mundo durante días y experimenta el poder infinito. Ya que no tiene consciencia del mundo, *no tiene la oportunidad para expresar ese poder.* Éste es el *videh samadhi* o el estado de *coma divino.* Ahora la consciencia se retira totalmente de todo el mundo.

Si el peregrino avanza aún más llega al cuarto plano. La fusión con el cuarto plano se llama *"Fana-e-Malakuti"* o *la aniquilación que conduce*

Peligros del cuarto plano

a la libertad. El peregrino experimenta un estado de consciencia peculiar en el cuarto plano, ya que ahora no sólo *siente* el poder infinito, sino también tiene amplias oportunidades para expresar ese poder. Además, no sólo tiene las oportunidades para usar sus poderes, sino que tiene una clara inclinación para expresarlos. Si cae víctima de esta tentación, expresa estos poderes y queda atrapado en las seductoras posibilidades del cuarto plano. Por esto, el cuarto plano es uno de los más difíciles y peligrosos de cruzar. El peregrino nunca está a salvo espiritualmente y su reversión sigue siendo posible hasta que cruza el cuarto plano con éxito y llega al quinto.

La fusión con el quinto plano se llama *"Fana-e-Jabruti"*, o *la aniquilación de todos los deseos*. Aquí la actividad incesante del intelecto inferior se detiene. El peregrino no "piensa" en la forma usual, y, aun así, indirectamente es fuente de múltiples pensamientos inspiradores. Él ve, pero no con ojos físicos. La mente habla con la mente y no existen, ni la preocupación ni la duda. Ahora está a salvo espiritualmente y no hay posibilidad de una caída. Sin embargo, a más de un peregrino en este plano exaltado se le dificulta resistir la ilusión de haber alcanzado la Divinidad. En su autoengaño piensa y dice, "Soy Dios ", y cree haber llegado al final del Camino espiritual. Pero si sigue adelante percibe su error y avanza al sexto plano. La fusión con el sexto plano se llama *"Fana-e-Mahabubi"* o *la aniquilación del ser en el Amado*. Ahora el peregrino ve a Dios directa y claramente, como una persona ordinaria ve las diferentes cosas de este mundo. Esta percepción continua y el gozo de Dios no sufren interrupción ni por un instante. Sin embargo, el viajero aún no se ha hecho uno con Dios Infinito.

Fanas del quinto y sexto planos

Si el peregrino asciende al séptimo plano, experimenta la última fusión denominada *"Fana-fillah"* o *la aniquilación final del ser en Dios*. Mediante esta fusión el peregrino pierde su existencia separada y se une permanentemente con Dios. Ahora es *uno con Dios* y experimenta a Dios mismo. Este séptimo plano o *Fana-fillah* es el final del Camino espiritual y la meta de todas las búsquedas y esfuerzos. Es el *Sahaj Samadhi* o el *Nirvikalpa Samadhi* que es característico de la *Divinidad consciente*. Es el único despertar verdadero. El peregrino ha llegado a la orilla opuesta del vasto océano de la imaginación, y se percata de que *esta última Verdad es la única Verdad*, y que todas las demás etapas en el Camino son completamente ilusorias. Ha llegado a su destino final.

Fana-fillah o *Nirvakalpa* Samadhi, el estado de la Divinidad consciente

Logrando
el Conocimiento del Sí

Llegado el momento, el avance de una persona hacia el Conocimiento de Sí ocurre tan naturalmente como el crecimiento del cuerpo físico

El progreso hacia el Conocimiento del Sí es gradual e imperceptible

de un niño, hasta llegar a su forma plenamente desarrollada. El crecimiento del cuerpo físico se da por la operación de las leyes naturales, y el progreso del aspirante hacia el Conocimiento de Sí, se da por la operación de las leyes espirituales pertenecientes a la transformación y emancipación de la consciencia. El cuerpo físico del niño crece muy gradual y casi imperceptiblemente, y lo mismo sucede con el progreso espiritual de la persona, una vez que ha ingresado al Camino. El niño no sabe cómo crece su cuerpo físico. De igual forma, el aspirante a menudo también es inconsciente de la ley por la cual avanza hacia el destino de su progreso espiritual. El aspirante generalmente se percata de la forma en la que ha respondido a las diversas situaciones de la vida, y rara vez se da cuenta de la forma en la que progresa hacia el Conocimiento de Sí. *Sin darse cuenta de ello, el aspirante llega gradualmente al Conocimiento de Sí, recorriendo el Camino Interior con sus alegrías y penas, felicidad y sufrimiento, éxitos y fracasos, esfuerzos y descansos, tanto a través de sus momentos de percepción clara y voluntad armonizada, como en sus momentos de confusión y conflicto.* Estas son las manifestaciones de los diversos *sanskaras* que ha arrastrado del pasado, y el aspirante forja su camino hacia el Conocimiento de Sí, atravesando el embrollo de estos *sanskaras*, como un viajero que se abre paso por un bosque denso y salvaje.

La consciencia humana se puede comparar con una *linterna* que revela la existencia y la naturaleza de las cosas. El área iluminada por

El alcance de la consciencia y su funcionamiento

esta linterna se define por el *medio* mediante en el cual trabaja, como la persona que, confinada en un barco puede deambular libremente sobre la superficie del agua, pero no tiene acceso a los lugares remotos de la tierra o el aire. El *funcionamiento* de la linterna se determina por los *sanskaras* acumulados, tal como el curso de los arroyos que fluyen de una montaña se determina por los canales creados por los contornos naturales de la montaña.

En el caso del hombre promedio, el campo de la vida y el ámbito de acción se limitan al mundo denso, porque la linterna de su consciencia solo alumbra su cuerpo físico y trabaja mediante éste. Estando restringido al medio del cuerpo denso, puede ser consciente de cualquier cosa en el mundo denso, pero no puede establecer contacto consciente con las realidades sutiles o mentales. La esfera densa de esta forma constituye el entorno del hombre promedio, y todas sus actividades y pensamientos tienden a dirigirse hacia los objetos densos que le son accesibles, pero siempre es inconsciente de las esferas sutiles y mentales de la existencia, ya que la linterna de su consciencia no se puede enfocar a través del medio del cuerpo sutil o mental.

El hombre promedio sólo es consciente del mundo denso

En esta etapa *el alma es consciente del mundo denso, pero es totalmente ignorante de su naturaleza verdadera. Se identifica con el cuerpo denso, alumbrado por la linterna de la consciencia, y éste naturalmente se convierte en la base de referencia para todas las actividades que están a su alcance. El alma no se conoce directamente a través de sí misma, sino por medio del cuerpo físico, y puesto que todo el conocimiento que puede adquirir con el cuerpo físico, apunta al cuerpo físico mismo como centro de sus actividades, se sabe a sí misma como cuerpo físico, el cual en realidad sólo es su instrumento.* El alma entonces se imagina como hombre o mujer, joven o anciano, y asume los cambios y limitaciones del cuerpo.

Identificación con el cuerpo físico

 Después de varias rondas de vidas en el entorno que ofrece el mundo denso, las impresiones conectadas con el mundo denso se debilitan por *la larga duración de la experiencia de los opuestos*, tales como las grandes felicidades e intensos sufrimientos. El debilitamiento de las impresiones es el comienzo del despertar espiritual, que consiste en la *retirada* gradual de la linterna de la consciencia de las seducciones del mundo denso. Cuando esto sucede, las impresiones densas se vuelven sutiles, facilitando y propiciando que *el alma transfiera la base de su funcionamiento consciente, del cuerpo denso al*

Identificación con el cuerpo sutil

cuerpo sutil. Ahora la linterna de la consciencia alumbra el cuerpo sutil y funciona a través de éste como medio, dejando de funcionar a través del cuerpo denso. Por tanto, el mundo denso entero desaparece de la consciencia del alma y ésta se vuelve consciente sólo del mundo sutil. La esfera sutil de existencia entonces constituye el contexto de su vida, y *ahora el alma se considera como el cuerpo sutil,* que se convierte en el centro de todas sus actividades. Incluso cuando el alma de esta forma se hace consciente de lo sutil, sigue ignorando su propia naturaleza verdadera, ya que no se puede conocer directamente mediante sí misma, sino sólo mediante el cuerpo sutil. Sin embargo, el cambio de escenario de acción de la esfera densa a la sutil es de importancia considerable, toda vez que en la esfera sutil, *los estándares convencionales del mundo denso se reemplazan por otros nuevos que se encuentran más cerca de la Verdad, y un nuevo modo de vida es posible gracias a la aparición de nuevos poderes y la liberación de la energía espiritual.* La vida en el mundo sutil sólo es una fase pasajera en el camino espiritual y queda lejos de ser la meta, pero entre millones de almas conscientes de lo denso, sólo una excepcional se puede hacer consciente de lo sutil.

En su momento, las impresiones relacionadas con el mundo sutil se desgastan mediante ciertas formas de *penitencia* o *yoga.* Esto facilita y propicia un mayor retiro de consciencia **Identificación con** hacia el interior, en donde la linterna de la **el cuerpo mental** consciencia alumbra al *cuerpo mental* y comienza a trabajar mediante éste. La ruptura de la conexión consciente con los cuerpos sutiles y densos significa que las esferas de existencia densas y sutiles quedan completamente excluidas del ámbito de la consciencia. El alma ahora es consciente del mundo mental, que ofrece *posibilidades más profundas para el entendimiento espiritual y una percepción más clara de la Verdad última.* En este nuevo escenario de la esfera mental, el alma goza de inspiración continua, entendimiento profundo e intuición infalible, y hace *contacto directo con la Realidad espiritual.* A pesar de estar en contacto directo con Dios, no se ve como Dios, ya que no puede conocerse directamente mediante sí misma, sino sólo a través del medio de la mente individual. Se conoce a sí misma por medio de la mente individual y se *considera como la mente individual,* ya que ve a la mente individual como base y centro de todas sus actividades. Aunque el alma ahora se encuentra mucho más cerca de Dios que en la esfera densa o sutil, sigue confinada al mundo de las sombras y continúa sintiéndose separada de Dios, debido al velo creado por las impresiones conectadas con la esfera mental. La linterna de la consciencia funciona mediante las limitaciones de la mente individual, y por ende no proporciona el conocimiento del alma *tal como es en sí misma.* Aunque el alma aún no se ha realizado como Dios, su vida en la esfera mental de existencia constituye un tremendo avance más allá de la etapa de la esfera sutil. De las millones de almas conscientes de lo sutil, sólo una excepcional es capaz de establecer contacto consciente con la esfera mental de la existencia.

Es posible que un aspirante se eleve hasta la esfera mental de existencia sin ayuda, mediante esfuerzos propios, pero *abandonar al cuerpo mental equivale a la rendición de su existencia individual: este último paso sumamente importante no se puede dar sino con la ayuda de un Maestro Perfecto, quien ha realizado a Dios él mismo.* De millones de almas que son conscientes de la esfera mental, sólo una excepcional puede replegar la linterna de la consciencia de la mente individual. Este repliegue equivale a la desaparición completa de los últimos vestigios de las impresiones conectadas con la vida mental del alma. Cuando la linterna de la consciencia deja de centrarse en cualquiera de los tres cuerpos, sirve el propósito de reflejar la *verdadera* naturaleza del alma.

La necesidad de un Maestro

El alma ahora tiene conocimiento directo de sí misma sin depender de ningún medio; ya no se ve como un cuerpo finito, sino como Dios infinito, sabiendo que es la única Realidad. Esta gran crisis en la vida del alma es condicionada por la completa *ruptura de toda conexión con los tres cuerpos.* Debido a que la consciencia de las diferentes esferas de la existencia depende directamente de sus cuerpos correspondientes, el alma ahora es plenamente *inconsciente de todo el universo.* La linterna de la consciencia ya no se enfoca en lo ajeno o externo, sino en el alma misma. El alma ahora es verdaderamente consciente del Sí, y ha logrado el Conocimiento de Sí.

Logrando el Conocimiento de Sí, directamente

El proceso de llegar al Conocimiento de Sí, a lo largo de las tres esferas de la existencia, se acompaña por *la adquisición de un* conocimiento de sí *falso, que consiste en la identificación con el cuerpo denso, sutil o mental,* según la etapa de su proceso. Esto se debe al propósito inicial de la creación, que es hacer al alma realmente Consciente de Sí. El alma no puede obtener el verdadero Conocimiento de Sí, sino hasta el final del progreso espiritual, y todas las formas intermedias de conocimiento de sí falso son, por así decir, *sustitutos temporales del* Conocimiento de Sí *verdadero*. Son *errores necesarios* en el intento de llegar al Conocimiento de Sí verdadero. A lo largo del camino, toda vez que la linterna de la consciencia apunta hacia los objetos del entorno y no hacia el

El falso conocimiento de sí es un sustituto temporal para el verdadero Conocimiento de Sí

alma misma, el alma tiende a absorberse tanto en estos objetos, que es casi completamente inconsciente de su propia existencia y naturaleza. *Este peligro de un absoluto e incesante olvido de sí misma, se contrarresta por la autoafirmación del alma por medio del cuerpo, que resulta ser utilizado como el punto focal de la linterna de la consciencia.* Por esta razón, el alma se conoce como el cuerpo propio y conoce a otras almas como sus cuerpos correspondientes, *sosteniendo así un mundo dual donde hay sexo, competencia, agresión, celos, miedo mutuo, y ambición egocéntrica y exclusiva.* El Conocimiento de Sí del alma, por medio de una *señal,* es fuente de incalculables confusiones, complicaciones y enredos.

Esta forma de ignorancia se puede ilustrar por medio del famoso cuento de la *calabaza,* mencionado por el poeta Jami en una de sus coplas.

El cuento de la calabaza

Érase una vez un hombre distraído que no tenía par en olvidar las cosas. Tenía un amigo inteligente y de confianza que quería ayudarlo a recordarse a sí mismo. El amigo colgó una calabaza de su cuello y le dijo: "Escucha viejo, un día podrías perderte por completo y no saber quién eres. Por eso te ato esta calabaza al cuello, para que cada mañana al despertar, la veas como una *señal* y sepas que ahí estás. Cada día al despertar por la mañana el hombre distraído veía la calabaza y se decía: *"No estoy perdido."* Después de un tiempo, cuando el hombre distraído se había acostumbrado a la auto identificación mediante la calabaza, el amigo le pidió a un extraño que se quedara con el hombre distraído, le quitara la calabaza mientras dormía y la atara alrededor de su propio cuello. El desconocido lo hizo, y cuando el distraído despertó en la mañana, no vio a la calabaza alrededor de su cuello y dijo, *"Estoy perdido."* Vio la calabaza en el cuello del otro hombre y le dijo: "Tú eres yo. Pero entonces ¿quién soy yo?"

El cuento de la *calabaza* ofrece una analogía con las diferentes formas del conocimiento del sí *falso,* basadas en la identificación con el cuerpo.

Conocerse a uno mismo como el cuerpo es como conocerse por medio de la calabaza. El trastorno causado por la no identificación con

Analogía explicada   el cuerpo denso, sutil o mental es comparable con la confusión del hombre distraído cuando ya no ve la calabaza alrededor de su cuello. Los inicios de la disolución del sentido de dualidad equivalen al momento en que el hombre distraído se identifica como el extraño que portaba la calabaza. Además, si el hombre distraído llegara a conocerse a través de sí mismo, independientemente de cualquier señal externa, su conocimiento de sí sería comparable al verdadero Conocimiento de Sí, del alma que, después de dejar de identificarse con los tres cuerpos, sabe que no es otro sino Dios infinito. *Llegar a tal Conocimiento de Sí, es el objetivo mismo de la creación.*

La Realización de Dios

Llegar al verdadero Conocimiento de Sí es llegar a la realización de Dios. La realización de Dios es un estado único de consciencia. Es

Realizar a Dios es realizar al Ser propio

diferente de todos los otros estados de consciencia porque éstos se experimentan por medio de la mente individual, mientras que el estado de la consciencia de Dios, de ninguna manera depende de la mente individual o de cualquier otro medio.

Se necesita un medio para conocer algo que es diferente al Ser propio. Para conocer al Ser propio no es necesario ningún medio. De hecho, la asociación de la consciencia con la mente definitivamente es un obstáculo, más que una ayuda para lograr la realización. La mente individual es el asiento del ego, o de la consciencia de estar aislado. Crea la individualidad limitada, que a la vez se alimenta de, y es alimentada por la ilusión de la dualidad, el tiempo y los cambios. Por ende, para conocer al Ser tal como es, la consciencia debe liberarse completamente de la limitación de la mente individual. En otras palabras, la mente individual debe desaparecer, pero la consciencia se debe retener.

A lo largo de la historia de las vidas pasadas del alma, su consciencia ha ido creciendo junto con la mente individual, y todo el funcionamiento

La consciencia entrelazada con la mente

de la consciencia ha procedido en el contexto de la mente individual. *Por ende, la consciencia se ha incrustado firmemente en la mente individual* y no se puede extraer del entorno en el que fue tejida.

El resultado es que, si la mente se suspende, la consciencia también desaparece. El entretejido de la mente individual y la consciencia se ilustra ampliamente por la tendencia a perder el conocimiento cuando hay algún esfuerzo por detener la actividad mental mediante la meditación.

El fenómeno cotidiano de dormir no es esencialmente diferente de la calma experimentada al meditar, pero es ligeramente diferente

Explicación del sueño

en su *origen*. Como la mente individual continuamente es confrontada por mundo de la dualidad, se ve involucrada en un conflicto incesante; y *cuando se cansa de su constante lucha, busca perder su identidad como entidad separada y regresar al Infinito.* Entonces se retira del mundo de su propia creación y experimenta un descanso, y este descanso también se acompaña invariablemente por el cese de consciencia.

La quietud de la actividad mental en el sueño implica el sumergimiento total de consciencia, pero este cese de vida mental y su funcionamiento consciente es sólo temporal, porque *las impresiones*
Reanudando *almacenadas en la mente la inducen a reanudar la actividad.*
la vigilia Al poco tiempo los estímulos psíquicos de las impresiones acaban agitando la mente y reviviendo el funcionamiento consciente realizado por su conducto. Así, el período de sueño es seguido por un período de vigilia y el período de vigilia es seguido por un período de sueño, de acuerdo con la ley de actividad y reposo alternantes. Sin embargo, mientras que las impresiones latentes en la mente no se deshagan completamente, no hay aniquilación final de mente individual ni emancipación de consciencia. En el sueño, la mente olvida su identidad temporalmente, pero no pierde su existencia individual definitivamente. Cuando la persona despierta, se ve sujeta a sus antiguas limitaciones. Hay una resurrección de consciencia, pero ésta sigue dominada por la mente.

La mente limitada es el campo en el que el ego se enraíza firmemente, y este ego perpetúa la ignorancia a través de las muchas Ilusiones en las que se encuentra atrapado. El ego impide la
El obstáculo manifestación del conocimiento infinito que ya está
del ego latente en el alma, siendo el obstáculo más formidable para la realización de Dios. Un poema persa dice verdaderamente: "Es extremadamente difícil perforar el velo de la ignorancia, ya que hay una piedra sobre el fuego." Así como la llama no se eleva muy alto si se coloca una piedra sobre ella, el deseo de conocer la verdadera naturaleza propia, no puede conducir a la Verdad mientras la carga del ego esté colocada sobre la consciencia. *El éxito para encontrarse a uno mismo se imposibilita por la continuación del ego, que persiste a lo largo del viaje del alma.* En la vejez, un dolor de muela puede dar muchos problemas porque es difícil extirparla aunque esté floja. Igualmente, aunque el ego se haya debilitado por amor o penitencias, sigue siendo difícil de erradicar. Persiste hasta el mismo final. Aunque se va aflojando a medida que el alma avanza en el Camino, resiste hasta

la última etapa, que es el séptimo plano.

El ego es el centro de toda actividad humana. Los intentos del ego, de asegurar su propia extinción son comparables con el intento de pararse sobre los hombros de uno mismo. Así **La dificultad de superar el ego** como el ojo no puede verse a sí mismo, el ego no puede acabar con su propia existencia. Todo lo que hace para lograr su propia aniquilación sólo suma a su existencia. *Florece con el esfuerzo mismo que dirige contra sí misma.* Por lo tanto, no puede desaparecer por completo mediante su propia actividad desesperada, pero sí logra transformar su naturaleza. La desaparición del ego es condicionada por la disolución de la mente limitada, que es su asiento.

El problema de la realización de Dios es el problema de emancipar la consciencia de las limitaciones de la mente. Cuando la mente individual se disuelve, todo **Paralelo entre el sueño y la Realización de Dios** el universo que es relativo a la mente se desvanece en la nada, y la consciencia ya no se ve ligada a nada. La consciencia ahora es ilimitada, cristalina y sirve el propósito de iluminar al estado de la Realidad Infinita. Mientras se encuentra inmersa en la dicha de la realización, el alma es totalmente inconsciente de las vistas, sonidos u objetos en el universo. En este sentido, es *como el sueño profundo,* pero hay varios puntos importantes que distinguen la Realización de Dios del sueño profundo. Durante el sueño, la ilusión del universo desaparece, ya que toda consciencia se suspende, pero no hay experiencia consciente de Dios, porque esto requiere la completa disolución del ego y el vuelco de la consciencia plena hacia la Realidad Última. Ocasionalmente, cuando la continuidad del sueño profundo se interrumpe por breves intervalos, el alma puede tener la experiencia de retener la consciencia sin ser consciente de nada en particular. Hay consciencia, pero esta consciencia no es del universo. Es consciencia de *la nada.* Tales experiencias anticipan la Realización de Dios, en donde la consciencia se libera completamente de la ilusión del universo y manifiesta el Conocimiento Infinito que hasta entonces seguía oculto por el ego.

En el sueño la mente individual sigue existiendo, aunque ha olvidado todo, incluso a sí misma, y las impresiones latentes en la mente crean un velo entre la consciencia sumergida y la Realidad Infinita. Así, *durante el sueño, la consciencia se sumerge en el caparazón de la mente individual, pero todavía no ha podido escapar de este caparazón.* Entonces, aunque el alma ha olvidado su separación de Dios y en efecto ha alcanzado la unidad con Él, es inconsciente de esta unidad. Sin embargo, en la Realización de Dios, la mente no solamente se olvida de sí misma, sino que (con todo y sus impresiones) realmente pierde su identidad. La consciencia que hasta el momento se asociaba con la mente individual, ahora queda liberada, sin limitaciones, y se halla en contacto directo y unidad con la Realidad Suprema. Toda vez que ya no hay velo entre la consciencia y la Realidad Suprema, la consciencia se funde con el Absoluto y eternamente mora en Éste como aspecto inseparable, promoviendo un estado interminable de conocimiento infinito y dicha ilimitada.

Diferencia entre el sueño y la Realización de Dios

La manifestación del conocimiento infinito y dicha ilimitada en la consciencia, sin embargo, se confina estrictamente al alma que ha logrado la realización de Dios. La Realidad infinita en el alma que ha realizado a Dios tiene conocimiento explícito de su infinitud, pero este conocimiento explícito no lo experimenta el alma no realizada que todavía sigue sujeta a la ilusión del universo. Por consiguiente, si la realización de Dios no fuera un logro personal del alma, el universo entero llegaría a su fin tan pronto como cualquier alma alcanzara la realización de Dios. Esto no sucede porque *la realización de Dios es un estado personal de consciencia, perteneciente al alma que ha trascendido el dominio de la mente.* Otras almas continúan atrapadas y aunque también han de recibir la realización de Dios algún día, sólo pueden lograrlo liberando su consciencia de la carga del ego y las limitaciones de la mente individual. Por tanto, el logro de la realización de Dios tiene significado directo sólo para el alma que haya superado el proceso del tiempo.

La realización de Dios es personal

Después de haber alcanzado la realización de Dios, *el alma descubre que siempre ha sido la Realidad Infinita que ahora sabe que es,* y que haberse considerado como finita durante el período de evolución y progreso espiritual, de hecho fue una ilusión. El alma también descubre que la dicha y el conocimiento infinitos que ahora disfruta, también yacían

Lo que yacía latente en el infinito se hace manifiesto

latentes en la Realidad Infinita desde el principio de los tiempos, y que simplemente se manifestaron al momento de la realización. Así, la persona que ha realizado a Dios en realidad no se convierte en algo diferente de lo que era antes de la realización. Sigue siendo la que era; la única diferencia que la realización hace en esta, es que *previamente desconocía su verdadera naturaleza conscientemente, y ahora la conoce.* Sabe que nunca ha sido algo diferente de lo que ahora sabe que es, y que lo que vivió fue sólo el *proceso de encontrarse a sí misma.*

El proceso entero de lograr la realización de Dios sólo es un *juego en el que el principio y el final son idénticos.* No obstante, la consecución de la realización es una clara ganancia

Dos tipos de ventajas para el alma. Hay dos tipos de ventajas: una consiste en *obtener lo que uno no poseía previamente,* la otra en *realizar plenamente lo que uno es en realidad.* La realización de Dios es del segundo tipo. Sin embargo, esto crea una diferencia infinita entre el alma que logra la realización de Dios y el alma que no logra la realización de Dios. Aunque el alma que ha realizado a Dios no posee nada nuevo, el conocimiento explícito de todo lo que realmente es, ha sido y siempre será, hace que la realización de Dios sea de suma importancia. El alma que no ha realizado a Dios se experimenta como finita y es constantemente agobiada por los opuestos de las alegrías y penas fugaces; pero el alma que logra la realización se eleva por encima de éstos y experimenta el *conocimiento infinito y dicha ilimitada de la consciencia de Dios.*

En la realización de Dios, el alma abandona su consciencia separada y trasciende la dualidad en el conocimiento permanente de su identidad con la Realidad Infinita. *Los grilletes de la*

Valor de la realización *individualidad limitada se rompen, el mundo de*
de Dios *las sombras llega a su fin y el telón de la ilusión cae para siempre. La fiebre y angustia agonizante de las búsquedas de la consciencia limitada se reemplazan por la tranquilidad y dicha de la consciencia de la Verdad. La inquietud y furia de la existencia temporal se consumen en la paz y quietud de la Eternidad.*

El Verdadero Discipulado

Cuando un aspirante se afilia voluntariamente con un Maestro, se dice que se ha convertido en discípulo; pero si esta afiliación es meramente formal, no constituye un verdadero discipulado.

El discipulado es una relación vital La relación entre discípulo y Maestro es *muy diferente de las relaciones jurídicas que crean derechos y obligaciones mediante transacciones verbales o acuerdos formales.* El discipulado es una de las cualidades fundamentales que caracterizan la vida del aspirante avanzado, y no se da mediante ningún procedimiento artificial. *Surge de las leyes básicas de la vida espiritual.* Por lo tanto, es mucho más significativo, que las relaciones mundanas que se dan en el contexto de la vida social como resultado de asociaciones incidentales o contratos temporales. Muchas de estas relaciones mundanas no entran al tejido espiritual de la vida del aspirante, sino que permanecen adheridas superficialmente a su ser. Por esto no es de gran consecuencia comprar alguna cosa de un comerciante u otro, mientras se pague el precio; y no importa viajar en un barco u otro, mientras se llegue al destino. Incluso tales transacciones, sin duda se determinan internamente por las conexiones *sanskáricas* y leyes *kármicas*, y por tanto no quedan enteramente desprovistas de significado espiritual. Pero estas relaciones son por su misma naturaleza provisionales y superficiales, y no se pueden comparar con el vínculo vital del discipulado, que *da substancia y dirección a la vida del aspirante.*

La relación entre Maestro y discípulo es el resultado inevitable de las condiciones intrínsecas en la vida del aspirante. Es fundamentalmente una relación entre el amante y su Amado Divino. Desde el punto

El amor implícito en el discipulado es único de vista espiritual, es la relación más importante en la que una persona puede entrar. El amor que constituye el núcleo del discipulado no tiene igual entre los diferentes tipos de amor que prevalecen en las relaciones sociales comunes. El amor mundano es la interacción entre dos centros de Dios, inconscientes; pero *el amor implícito en el discipulado es el amor de Dios inconsciente, por Dios consciente.*

No hay nadie que no sea Dios, pero algunos son inconscientes de su divinidad, algunos son parcialmente conscientes de su divinidad y pocos son plenamente Conscientes de Dios. Quienes son inconscientes de su divinidad no pueden tener idea del estado de Dios; sólo son conscientes del estado corporal. Para que hereden el estado de Dios, deben amar, venerar y dejarse guiar por el Maestro que continuamente mora en el estado de Dios.

El amor que el aspirante tiene por el Maestro es en realidad la respuesta que evoca el gran amor que el Maestro tiene por el aspirante.

Supremacía del derecho del Maestro
Éste se debe colocar *sobre cualquier otro amor*. El amor por el Maestro se convierte naturalmente en la potencia central de la vida del aspirante, porque él sabe que el Maestro es una personificación y representación de Dios Infinito. Todos sus pensamientos y aspiraciones, por lo tanto, se tejen alrededor de la personalidad del Maestro. El Maestro, de esta forma tiene supremacía indiscutible entre las prioridades reconocidas por el aspirante, y *es mediante esta supremacía que el Maestro se convierte en el foco de atención para la radiación de las fuerzas espirituales* que disipan toda oscuridad, extirpan los pecados del corazón e inician al aspirante a una vida de libertad y consciencia de la Verdad.

El requisito fundamental para que el candidato sea un discípulo verdadero, es un amor incuestionable por el Maestro. *Todas las demás corrientes de amor eventualmente se unen a este gran río de amor por el Maestro y desaparecen en él.*

Todo amor conduce al Maestro
Majnun amaba a Laila. La amaba tan intensamente que cada momento de su vida se colmaba con pensamientos sobre ella. No podía comer, beber o dormir sin pensar en ella, y lo único que deseaba era la felicidad de Laila. Con gusto la habría visto casada con otro, si sintiera que eso la beneficiaría, e incluso habría muerto por el esposo si pensara que eso la haría feliz. La absoluta abnegación y sinceridad de su amor finalmente lo llevaron al Maestro. No pensaba en sí mismo en ningún momento de su vida, sino en la amada, y esto elevó su amor del nivel físico o intelectual, haciéndolo espiritual. La espiritualización de su amor lo condujo al Amado Divino.

El Maestro es el Amado Divino, y cuando el discípulo conoce a su Maestro, sólo tiene que amarlo. Si el discípulo ama al Maestro desde la plenitud de su corazón, su unión final con él es segura. No necesita preocuparse por la calidad de su amor; debe amar a pesar de sus debilidades, sin esperar hasta que pueda purificar su propio corazón. El Maestro es la fuente misma de la pureza, y *fijar el corazón en el Maestro es el comienzo de la auto purificación.* Cuando el discípulo tiene devoción incondicional por el Maestro, se abre a la recepción del amor divino que el Maestro derrama sobre él. Todas sus debilidades se consumen en este fuego de amor divino, del que se convierte en recipiente. Para que el discípulo se libere de toda debilidad y logre una pureza incorruptible e infinita, *debe dedicar su vida al Maestro sin reserva ni condición alguna.* Debe ofrecer sus debilidades tanto como sus vicios, sus pecados y también sus méritos. No debe haber condiciones ni peros en su ofrenda. Su auto entrega debe ser tan completa que en su mente no exista ni el más mínimo espacio para la sombra de algún deseo personal secreto.

Purificación a través de amor y autoentrega

La auto entrega total y el amor incondicional se vuelven posibles cuando el discípulo logra tener una fe inamovible en el Maestro. *La fe en el Maestro es parte indispensable del verdadero discipulado.* Una vez que Dios se realiza, ya no hay cuestión de fe, de la misma forma en que no hay cuestión de fe cuando el hombre sabe que es hombre; pero hasta que se logra ese estado de realización, la fe que el discípulo deposita en el Maestro es su luz de guía más confiable, y se puede comparar con el timón de un barco. *Es incorrecto describir la fe como ciega, porque se acerca más a la visión que a la ignorancia incesante,* pero queda corta de la experiencia directa hasta que el aspirante realiza a Dios por sí mismo. No es por nada que todas las religiones se denominan "fes". Uno de los elementos esenciales de la vida del aspirante es tener fe. La fe se puede expresar de diversas formas, pero desde el punto de vista psicológico, todas son lo mismo y no se pueden etiquetar como cosas diferentes. Las únicas diferencias en la fe son diferencias en intensidad. La fe puede ser fuerte y vital, o débil y tibia. Una fe débil y tibia no lleva al hombre más lejos que a adherirse a rituales y ceremonias, pero *una fe fuerte y vital inevitablemente eleva al aspirante por encima de las formas externas de la religión,* y lo ayuda a desechar la cáscara para entrar al núcleo de la verdadera vida espiritual. *La fe alcanza su meta y culminación natural cuando se deposita en el Maestro de uno mismo.*

El valor de la fe

La fe del discípulo se debe basar firmemente en su experiencia de la divinidad del Maestro. No debe ser como una espiga que se mueve con

La historia de Kalyan

la menor brisa. Debe ser como una roca que permanece inamovible en la más severa de las tormentas. La historia de Kalyan revela el significado de una fe realmente profunda en el Maestro. Kalyan era un discípulo del Swami Ramdas, un Maestro Perfecto en la época de Shivaji.

El Maestro ama a todos los discípulos por igual, pero algunos le pueden ser particularmente queridos, de la misma forma en que el hombre puede amar todas las partes de su cuerpo, pero los ojos le pueden ser más queridos que los dedos.

El Swami Ramdas tenía varios discípulos, pero su favorito era Kalyan. Los otros discípulos no lograban entender por qué Kalyan era el más querido de todos. En una ocasión, el Swami Ramdas puso a prueba la devoción de sus discípulos. Pidió que todos los discípulos se acercaran y fingió estar tan enfermo, como para estar al borde de la muerte. Había colocado un mango en su rodilla, sujetado con un vendaje para que pareciera una enorme hinchazón. Swami Ramdas señaló la hinchazón y le dijo a sus discípulos que era un tumor maligno y que no tenía posibilidad de vivir, a menos que alguien succionara el veneno de la articulación de su rodilla. Al mismo tiempo, dejó en claro que quien absorbiera el veneno moriría instantáneamente. Después preguntó si algún discípulo estaba dispuesto a chupar el veneno de la hinchazón a costa de su vida. Todos los discípulos titubearon menos Kalyan, quien se levantó inmediatamente para succionar la hinchazón. Para su sorpresa, en vez de veneno, Kalyan probó un dulce jugo de mango, y el Swami Ramdas elogió su fe inquebrantable y amor abnegado. Estar dispuesto a morir por la felicidad del Amado es amor verdadero. Una fe implícita como la de Kalyan, amor inquebrantable y lealtad sin reservas, sólo le puede llegar al discípulo mediante la gracia del Maestro.

La lealtad incondicional hacia el Maestro no introduce estrechez alguna en la esfera de vida del discípulo. Servir al Maestro es servir

Realizar al Maestro mediante el servicio

al Ser propio en todos los demás seres. El Maestro reside en la consciencia universal y quiere el bienestar espiritual universal. Servir al Maestro, por ende, es participar en su causa, que es servir a todo ser vivo. Al participar en el trabajo del Maestro, se le puede requerir al discípulo seguir en contacto con el mundo, pero, aunque se mueva en el mundo según al trabajo que le espera, permanece en contacto interno con el Maestro como Ser Infinito. Por ende, *al participar en el trabajo del Maestro, el discípulo se acerca más a él y se convierte en parte integral de su consciencia.* Servir al Maestro es la forma más rápida de realizarlo.

El servicio que el discípulo puede ofrecer al Maestro no sólo está ligado con la causa universal de la humanidad, sino que es uno de los medios más potentes para acercar al discípulo a su meta espiritual. Cuando el servicio del discípulo es espontáneo, íntegro, desinteresado e incondicional, le brinda más beneficio espiritual que por cualquier otro medio. Servir al Maestro es una alegría para el discípulo incluso cuando signifique tribulaciones que ponen a prueba su cuerpo y mente. El servicio ofrecido en condiciones de incomodidad o inconveniencia es una prueba de la devoción del discípulo. Entre más difícil se vuelve el servicio, más bienvenido es para el discípulo, y conforme voluntariamente acepta el sufrimiento físico y mental en su devoto servicio al Maestro, experimenta la dicha de la plenitud espiritual.

Compartiendo el trabajo del Maestro

El sentido de lealtad indivisa y absoluta al Maestro se hace posible por la comprensión correcta de lo que el Maestro es, y lo que realmente representa. Si el discípulo tiene una comprensión imperfecta del verdadero estatus y función del Maestro, es probable que establezca una *antítesis falsa* entre su Ser superior y el Maestro. Como consecuencia de esta antítesis, en su mente puede crear un conflicto artificial e imaginario, entre las prioridades del Maestro y otras prioridades que aparentan ser legítimas. El discípulo debe saber desde el inicio que el Maestro sólo requiere que el discípulo realice su Ser superior. De hecho, *el Maestro simboliza el Ser superior del discípulo y no es otro más que ese Ser superior, quien es la misma realidad única que se encuentra en todo.* Entonces, la lealtad al Maestro sólo es otra forma de lealtad hacia el Ser superior de uno mismo. Pero esto no significa que la lealtad meramente formal al Ser superior sea un sustituto adecuado para la lealtad al Maestro. *El discípulo no puede tener una percepción clara de su Ser superior hasta que haya realizado a Dios, y a menudo lo que considera como*

Casos de conflicto

su deber, es en realidad el impulso de algunos sanskaras interpolándose entre el Ser superior y su campo de consciencia. El Maestro, por el contrario, es uno con el Ser superior y no puede errar en sus valoraciones.

Por lo tanto, el discípulo siempre debe examinar sus impulsos en el contexto de los estándares u órdenes establecidos por el Maestro, y en caso de cualquier conflicto entre éstos, **Casos de conflicto** debe reexaminar sus propias ideas a fondo para descubrir en qué pueden haber quedado cortas de la perfección. Casi siempre, un poco de reflexión es suficiente para completar su pensamiento y percibir la *armonía elemental entre los verdaderos dictados de su Ser superior y los requerimientos del Maestro.* Sin embargo, si en alguna rara ocasión el discípulo es incapaz de reconciliar los dos, puede estar seguro de que no ha entendido correctamente los dictados de su Ser superior, o no ha comprendido adecuadamente las indicaciones de su Maestro. En tales ocasiones, el Maestro mismo requiere que el discípulo siga su propia consciencia a cualquier costo. El Maestro a veces puede dar instrucciones con la intención de preparar al discípulo para un modo de vida superior, y es bajo tales circunstancias que el discípulo afronta una aparente y temporal diferencia entre las inclinaciones propias y las instrucciones del Maestro. Pero por lo general, el Maestro no da indicaciones para las cuales el discípulo no haya sido preparado internamente.

El Maestro es supremamente impersonal y su único interés siempre es remover los velos entre la consciencia del discípulo y su Ser superior. Por tanto, jamás puede haber conflicto real entre la lealtad del discípulo a su Maestro, y la lealtad a su Ser superior **El significado real** propio. De hecho, al final de su búsqueda, *el* **del discipulado** *discípulo descubre que el Maestro no es otro, mas que su propio Ser Superior, en otra forma.* El Maestro en su total impersonalidad y divinidad irrestricta, es tan pleno que no guarda ningún deseo. En relación al discípulo, lo único que requiere es que el discípulo se reconstituya a la luz de la Verdad más elevada. Hacerse discípulo es comenzar a recorrer el Camino que conduce a la meta espiritual. Este es el significado del verdadero discipulado.

Los Métodos
de los Maestros

Los Maestros son absolutamente impersonales y universales en su consciencia, pero para fines espirituales pueden limitar el alcance

Los Maestros siempre listos para ayudar

de su trabajo y también permitir que su personalidad manifiesta se convierta en el centro de las aspiraciones de sus discípulos. *Utilizan las relaciones personales como canales bien definidos para transmitir su ayuda a los aspirantes que se conectan con ellos.* Los Maestros constantemente buscan a quienes necesitan y merecen su ayuda, y no pasan por alto ni los más débiles destellos de anhelo espiritual. Fomentan y promueven el progreso de todo aspirante de múltiples maneras infaliblemente efectivas, aunque no necesariamente sean completamente comprensibles para otros.

La ayuda del Maestro consiste en hacer que el viaje espiritual del aspirante sea firme y seguro, así como en acortar el tiempo que de

La naturaleza de su ayuda

otro modo le podría tomar llegar a la meta. El aspirante puede recorrer una gran parte del camino mediante búsquedas independientes, pero no puede cruzar el sexto plano sin la ayuda de un Maestro. Incluso en los planos intermedios, la ayuda del Maestro es sumamente valiosa porque *impide que el aspirante se atore en el camino, y lo protege de los obstáculos y peligros que asedian el Camino espiritual.* Kabir ha comparado las tres etapas del Camino con las tres fases del fuego. Así como al inicio, sólo hay humo sin fuego, después hay fuego envuelto en humo, y por último sólo hay fuego sin humo, de similar forma, los comienzos del Camino se encuentran envueltos en una ignorancia espesa, a medio camino hay una percepción confusa de la meta y al final se realiza la Verdad, sin la más mínima aleación de ilusión. Puesto que el Camino yace repleto de ilusiones de muchos tipos, el aspirante nunca está seguro sin la guía del Maestro, quien conoce todas las etapas del Camino y lo puede conducir a través de éstas.

Antes de abrirse el ojo interior, la mente concibe la meta como el Infinito, y este concepto se basa en alguna imagen simbólica del

Infinito, como el cielo o el océano, que sugieren la idea de inmensidad. Aunque tal concepto del Infinito es sencillo y bien definido, debe ser

Morada del Engaño

reemplazado por la percepción directa del Infinito. El aspirante ve al Ser *directamente* cuando se abre su ojo interior del espíritu. Cuando esto sucede, la mente se deslumbra por lo que ve y ya no es tan nítida como lo era antes de la apertura del ojo interior. Quedando deslumbrada por la percepción del Ser, la mente pierde su capacidad de pensar con claridad y confunde la visión del Ser con la realización final del Ser. Esto produce la ilusión de estar al final del Camino cuando este todavía se está recorriendo. En terminología Sufi, esta etapa particular del Camino se conoce como *Muqam-e-Afasan* o la *Morada del Engaño*. Es en tales fases difíciles del Camino que el Maestro puede, mediante su hábil intervención, darle un empujón al aspirante para poder seguir adelante y no estancarse en el camino.

De hecho, existe el peligro de que el aspirante se detenga en cualquiera de los planos interiores, porque cada uno es muy seductor a su manera y sirve como una trampa para el aspirante.

Contribución del Maestro

El Maestro puede llevar al aspirante más allá de estos planos, o a través de ellos sin ningún retraso innecesario. *El aspirante debe caminar a su paso, pero la contribución del Maestro consiste en confirmar y consolidar las intuiciones y percepciones previamente adquiridas por el aspirante, y en precipitar su consciencia hacia la siguiente etapa* que, aunque es inevitable, por su naturaleza es imposible de anticipar para este.

El Maestro utiliza a *Maya* misma para sacar al discípulo de *Maya*, y como está más allá del bien y del mal, a menudo puede requerir cosas

Fe incondicional de los discípulos

que son inaceptables e incluso impactantes para el buen sentido común tradicional de sus discípulos. Lo mejor que el discípulo puede hacer es seguir las instrucciones del Maestro con fe implícita, sin sopesarlas a la luz de su capacidad de juicio limitada. Los siguientes ejemplos famosos ilustran este punto.

Hay una historia del Corán en donde se le pide a Abraham que sacrifique a su amado hijo Ismael ante el Señor. Cuando Abraham, firme en su resolución y fe está a punto de matar a su hijo, ya con el cuchillo en su garganta, Ismael se salva milagrosamente al ser reemplazado por una cabra.

Shams-e-Tabriz le ordenó a su discípulo Maulana Rumi, que le trajera vino de una taberna, lo cual cumplió resueltamente para agradar y ganarse la gracia de su Maestro. En esos tiempos, Maulana comandaba un gran número de seguidores musulmanes debido a su reputación como gran teólogo del mundo islámico, pero el vino está religiosamente prohibido (haram) para los musulmanes. Por lo tanto, transitar por las calles con una vasija llena de vino sobre los hombros fue una prueba crucial para Maulana, pero lo hizo.

Uno de los Maestros de Ghous Ali Shah, quien vivía en una cabaña al lado del río Ganges, le pidió que llenara una vasija de agua para beber, pero sólo a medio río. Era cerca de la medianoche y el río Ganges estaba muy acaudalado debido al monzón. El discípulo titubió al principio, pero al final se armó de valor para intentar lo imposible, creyendo en la omnisciencia del Maestro. Al entrar a las turbulentas aguas del Ganges, fue testigo de una maravillosa transformación de escena. En vez de las olas crecidas y torrentes de agua, el río se había convertido en un riachuelo, y la vasija a llenar casi tocaba el lecho del río. El discípulo casi cruzó hasta la orilla opuesta del río buscando la corriente central. Mientras se ocupaba en esto, el Maestro apareció en escena y le preguntó la razón de su retraso.

Cuando Ghous Ali explicó que no podía localizar la corriente central, el Maestro le permitió llenar la vasija con las manos y él mismo ayudó en el proceso. El Maestro entonces dejó al discípulo bajo algún pretexto, pidiendo que lo siguiera inmediatamente después de llenar el recipiente. Al regresar a la cabaña con la vasija llena, Ghous Ali Shah se sorprendió cuando supo por los otros discípulos, que el Maestro nunca había salido de la cabaña durante su ausencia, y había estado hablando con ellos sobre él, todo ese tiempo.

Estas historias muestran cómo el Maestro puede usar sus poderes ocultos en ocasiones excepcionales para debilitar el ego de sus discípulos o ayudarlos a avanzar en el Camino.

Los Maestros suelen preferir los métodos comunes sobre los ocultos

Por regla general, los Maestros son muy escuetos en el uso de sus poderes divinos y jamás los usan, *a menos de que sea absolutamente necesario para propósitos espirituales.* Generalmente logran el propósito utilizando *métodos mundanos y normales.* Al hacerlo, no sólo muestran gran entendimiento, un agudo sentido del humor, paciencia infinita y tacto consumado, sino que también se toman grandes molestias para ayudar a sus discípulos, ajustándose en innumerables formas a lo que sea requerido por las necesidades de la situación.

Algunos de estos puntos se muestran efectivamente con la historia del gran místico Bahlul. Bahlul por razones propias, quería contactar a ciertos persas destacados. La única forma de **Historia de Bahlul** hacerlo era asistiendo a una fiesta del príncipe, donde se encontraban estas personalidades. Desafortunadamente, Bahlul era calvo y en aquellos tiempos nadie sin cabellera podía asistir a las fiestas del príncipe. El príncipe había perdido todo el cabello, y ver a otras personas sin cabello se lo recordaba, impidiéndole disfrutar la fiesta. Dado que el príncipe era muy sensible a esto, se le prohibió la entrada a cualquier persona con síntomas de calvicie. Así que cuando Bahlul llegó, tan calvo como lo era y con una vestimenta lamentable, fue expulsado. Sin embargo, la fiesta duraba tres días, y para el segundo día, Bahlul había pedido prestada ropa fina y una peluca, y disfrazado, regresó a la fiesta.

Durante la fiesta nadie reconoció a Bahlul y con su fina ropa, impresionó completamente a la distinguida concurrencia. Fue tal su aceptación que incluso el príncipe le dio una cálida bienvenida y lo invitó a sentarse junto a él. Tan pronto como Bahlul se sentó, le guiñó un ojo al Príncipe. El príncipe no entendía el significado del gesto, pero sintió que el guiño, viniendo de una persona tan notable, debía significar algo importante. Pensando que se requería una respuesta inmediata y adecuada, también le guiñó el ojo. Quienes estaban cerca, vieron este intercambio y sintieron que debían imitarlos. También se guiñaron unos a otros y pronto los guiños recorrieron la multitud y por cinco minutos no hubo sino guiños en la fiesta. Fue entonces que Bahlul gritó: "¡Alto! ¡Oh, sabios! ¿Por qué guiñan?" Y respondieron: "Porque ustedes, grandes hombres, lo están haciendo. Sólo los imitamos." Entonces, de inmediato Bahlul se quitó la peluca y dijo: "Los dos somos calvos. Imítennos."

La concurrencia se retiró y al tercer día regresó con las cabezas rapadas. Bahlul entonces volteó hacia el Príncipe y le dijo, "Nuestra calvicie es permanente. Estos hombres tendrán que afeitarse la cabeza diariamente para mantener la suya". De tal manera, con tacto y sentido del humor, se aseguró de tener acceso a quienes quería ayudar.

El Maestro se toma molestias infinitas para contactar y ganarse al discípulo para la vida espiritual. Ya que el progreso del discípulo sólo se asegura cuando no se permite que el amor por el Maestro se debilite,

Lidiando con las fallas de los discípulos
este, toma todas las precauciones necesarias para eliminar cualquier obstáculo que pueda interferir con la devoción incondicional del discípulo. *Si en ocasiones aparenta consentir la naturaleza individual del discípulo, sólo es para evitar que los obstáculos creen algún impedimento serio en su camino.* En ocasiones incluso puede aparentar alimentar el ego del discípulo, pero es sólo para darle rienda suelta a su ignorancia. Es sólo un preparativo para la extinción final de su ego, de la misma forma en que se nutre cuidadosamente a los animales antes de su sacrificio. El Maestro, estando más allá del bien y del mal, no se inquieta por las fallas del discípulo. Las tolera con paciencia infalible y capacidad infinita para esperar, sabiendo bien que una vez que el discípulo se establece en el Camino, las fallas desaparecen rápidamente.

Una vez que el Maestro se cerciora de que el discípulo se ha establecido firmemente en el Camino, se esmera en limpiar la mente del discípulo de cualquier impureza. A menudo logra esta tarea aún a costa de parecer despiadado, justo como el cirujano utiliza el bisturí sin prestarle atención a las protestas del paciente. Ultimadamente, el discípulo no puede sino ver que tales medidas realmente son por su bien. Por esto, lejos de desvincularse del Maestro, se acerca aún más a él durante el mismo proceso de limpieza que puede haber aparentado ser molesto o doloroso.

El método habitual del Maestro, sin embargo, es tan dulce y agradable para el discípulo como eficaz. El Maestro se complace mucho cuando el discípulo

Ayuda mediante elogios
muestra cualquier progreso real en su curso espiritual. *Al conferir elogios bien merecidos al discípulo, confirma en él las cualidades espirituales que está en proceso de realizar, y despierta en él la confianza que le permitirá hacer frente a cualquier situación.* El resplandor de una emoción noble, un gesto de abnegación, un sacrificio heroico o un incidente que revele amor, fe o una paciencia extraordinaria, cualquiera de éstos es suficiente para hacer feliz al Maestro y evocar su aprobación. El método habitual que el Maestro utiliza para alentar las buenas cualidades del discípulo es apreciando simple y abiertamente sus logros. El discípulo pronto comienza a valorar la aprobación del Maestro, y se deleita en esta más que en cualquier otra cosa. Está dispuesto a resistir la mayor

de las tentaciones y someterse a las pruebas más difíciles, cosas que de otra manera se le habrían hecho imposibles, con solo saber que esto haría feliz al Maestro.

Como el Maestro es, para el aspirante, un símbolo del Ser supremo en todo, el problema del verdadero ajuste al Maestro le parece ser el mismo que el de realizar su propia divinidad interior, y llegar a un verdadero ajuste con todas las demás formas del Ser Supremo. Mediante su lealtad al Maestro, el aspirante da curso a su apreciación consciente de la unidad fundamental de todos estos problemas. *Desde el punto de vista psicológico, está en posición para abordarlos, no como problemas separados, sino como aspectos de un problema. De esta forma puede llegar a la verdadera integración, que es diferente de una concesión temporal entre prioridades que se encuentran en conflicto.* Para ayudar al discípulo a lograr esta difícil tarea, el Maestro debe convertirse e*n el núcleo de todo el idealismo espiritual del aspirante,* porque se necesita una concentración intensa de energía psíquica para que el aspirante pueda traspasar las múltiples barreras que hay entre él y su objetivo.

Solución de todos los problemas

La supremacía del derecho del Maestro no se puede desafiar o limitar, ni siquiera por la reverencia espontánea que el discípulo pueda sentir por otros Maestros diferentes de quien lo haya aceptado. Todos los Maestros Perfectos son *uno* en consciencia y es absurdo imaginar grados entre ellos. Aunque un Maestro no es más grande que otro, para lograr sus propósitos, el discípulo debe priorizar el derecho de su Maestro por encima de cualquier otro, hasta trascender el dominio de la dualidad, y realizar la unidad de toda vida. *La energía psíquica se disiparía si no existiera un derecho supremamente imperativo sobre las muchas exigencias conflictuadas de la vida.* Por esto, la concentración exclusiva en un Maestro generalmente es indispensable para reunir la energía psíquica dispersada del discípulo. En muy raras ocasiones, debido a circunstancias especiales, los Maestros mismos pueden decidir compartir el trabajo espiritual en relación con algún discípulo en particular. Existen entonces, casos excepcionales de discípulos que se han tenido que afiliar con dos o más Maestros. Esta es la *excepción* más que la regla, *y cuando hay más de un Maestro, los Maestros organizan la distribución de su trabajo con tal cuidado, que no causan ningún conflicto de derecho.*

El derecho imperativo del Maestro

La Naturaleza
del Ego y su Terminación

PARTE I
EL EGO COMO CENTRO DE CONFLICTO

En la etapa prehumana, la consciencia *tiene* experiencias, pero estas experiencias no se relacionan explícitamente con un "yo" central. El perro se enoja, pero no continúa sintiendo "estoy **Origen del ego** enojado". Incluso en este caso, vemos que aprende mediante ciertas experiencias y así basa la acción de una experiencia en otra, pero esta acción es el resultado de una tensión semi mecánica de impresiones conectadas, o *sanskaras*. Es diferente de la síntesis inteligente de las experiencias que el desarrollo de la consciencia del "yo" hace posible. *El primer paso para que el funcionamiento de las impresiones aisladas se regule inteligentemente, es relacionarlas con el centro de la consciencia que aparece como el ego explícito limitado.* La consolidación de la consciencia del ego se hace más clara y definida cuando inicia la consciencia humana.

La consciencia humana no sería más que un depósito para las huellas acumuladas de las diferentes experiencias, si esta no incluyera también el principio de la integración centralizada del **Proceso de la** ego, que se expresa en el intento de organizar **formación del ego** y entender las experiencias. El proceso de entender las experiencias implica la capacidad de integrar diferentes fragmentos de experiencia como partes de una unidad, y la capacidad para evaluarlos al relacionarlos mutuamente. *La integración de los opuestos en las experiencias es una condición para emancipar la consciencia de la esclavitud de las diversas compulsiones y repulsiones que tienden a dominarla, independientemente de cualquier valoración. Los primeros intentos de lograr tal integración ocurren con la formación del ego como base y centro.*

El ego emerge como un acompañamiento explícito e infalible a todo acontecimiento de la vida mental, para satisfacer cierta necesidad. El rol que desempeña el ego en la vida humana se puede comparar con la función del *lastre en un barco*. El lastre de una nave evita que oscile demasiado. Sin éste, el barco puede quedar muy ligero e inestable, y verse en peligro de volcar por los fuertes vientos. La energía psíquica quedaría atrapada indefinidamente en los laberintos multitudinarios de la experiencia dual, desperdiciándose y disipándose, si no hubiese un *núcleo provisional* para evaluar todas las experiencias adquiridas y enlazar las tendencias activas, nacidas de los instintos relativamente independientes e indefinidos, que han sido heredados de la consciencia animal. *La formación del ego sirve para dar cierta estabilidad a los procesos conscientes, y también asegura el equilibrio funcional que permite una vida planificada y organizada.*

El ego emerge para satisfacer una necesidad

Por ende, sería un error imaginar que la aparición del ego no tiene ningún propósito. Aunque aparece sólo para desaparecer al final, temporalmente satisface una necesidad que no podría haberse ignorado durante el largo trayecto del alma. El ego no está predestinado a ser una desventaja permanente, ya que se puede trascender y superar mediante el esfuerzo espiritual; pero la fase de la formación del ego se debe ver como un *mal necesario* que debe existir por un tiempo.

Mal necesario

Así, el ego marca y cumple cierta necesidad en el mayor progreso de la consciencia. Pero como *el ego se refugia en la falsa idea de ser el cuerpo*, es la fuente de una gran cantidad de ilusiones que contaminan su experiencia. *Es esencial para el ego sentirse separado del resto de la existencia, al contrastarse con otras formas de vida.* Por ende, aunque internamente intenta completar e integrar su experiencia individual, el ego también crea una *división artificial entre la vida interna y la externa,* en el intento mismo de sentir y asegurar su propia existencia. Esta división en la totalidad de la vida no puede sino producir reverberaciones en la vida interior individual, sobre la cual el ego preside como guía maestra.

La integración centralizada en el ego se basa en la ilusión

Mientras se esfuerza constantemente por establecer unidad e integración en su experiencia, el ego nunca puede realizar su objetivo. Si bien establece cierto tipo de equilibrio, sólo es provisional y temporal. *Lo incompleto de sus logros se evidencia en el conflicto interno, siempre presente mientras las experiencias se afrontan desde el punto de vista del ego.* La mente del hombre

El ego se convierte en sede de conflictos

constantemente pasa por una serie de conflictos. Tanto las mentes de las personas ilustres y distinguidas, como las mentes de la gente común, se ven hostigadas por las tendencias y deseos conflictuados. A veces el conflicto que afronta la mente es tan agudo, que la persona cede ante la presión psíquica, dando paso a un desequilibrio mental, ya sea parcial o total. Realmente no hay diferencia fundamental entre el hombre normal y el así llamado hombre anormal. *Ambos tienen que afrontar los mismos problemas, pero mientras uno puede resolverlos más o menos exitosamente, el otro no lo puede hacer.*

El ego intenta resolver sus conflictos internos mediante elecciones equivocadas y valoraciones falsas. *Es característico del ego dar importancia a todo lo que no es importante, y dar poca importancia a todo lo que es importante.* De

El ego intenta resolver conflictos mediante valoraciones falsas

esta forma, el poder, la fama, la riqueza, la capacidad, los éxitos y demás logros mundanos son realmente insignificantes, pero deleitan al ego, que se aferra a estas posesiones como "mías". Por otra parte, la verdadera espiritualidad es de suma importancia para el alma, pero el ego la considera insignificante. Por ejemplo, si alguien experimenta alguna molestia corporal o mental mientras realiza una obra de importancia espiritual, el ego interfiere para asegurar la comodidad corporal o mental que no tienen importancia, aún a costa de renunciar a la realmente importante obra espiritual. El confort corporal y mental, así como otras habilidades y logros mundanos, a menudo son necesarios, pero no por esto son importantes. *Hay un mundo de diferencia entre lo necesario y lo importante.* Muchas cosas le parecen necesarias al ego, pero no son importantes en sí. La espiritualidad que el ego considera innecesaria es realmente importante para el alma. De esta forma, el ego representa un principio profundo y fundamental de la ignorancia, que se exhibe al *siempre preferir lo no importante sobre lo importante.*

La mente rara vez funciona de manera armoniosa porque es mayormente guiada y gobernada por las fuerzas del subconsciente, y

El conflicto se puede resolver mediante valoraciones correctas

pocas personas se ocupan por lograr el dominio sobre estas fuerzas ocultas que dirigen el curso de la vida mental. *La eliminación del conflicto sólo es posible mediante el control consciente de las fuerzas psíquicas del subconsciente,* y tal control sólo se logra permanentemente, mediante el ejercicio repetido de una valoración correcta en cada caso de un conflicto que se le presenta a la mente.

Para que la mente se libere del conflicto, siempre debe tomar las decisiones correctas y preferir lo verdaderamente importante sobre lo no importante. *La elección debe ser tanto* **La necesidad de** *inteligente como firme en todo caso de conflicto,* **elecciones inteligentes** *tenga importancia o no.* Debe ser inteligente, porque sólo en la búsqueda de los valores verdaderos y permanentes se puede lograr un aplomo que no perjudica al flujo dinámico y creativo de la vida mental. Una elección no inteligente, si es firme, puede resolver el conflicto temporalmente, pero a la larga acaba restringiendo el alcance de la vida u obstaculizando la totalidad de la personalidad. Aunado a esto, si no se resuelve, el conflicto seguramente reaparece de alguna otra forma. Por otra parte, una solución inteligente exige el conocimiento los valores verdaderos que se deben desenredar de los valores falsos. El problema del conflicto de deseos, entonces resulta ser un problema de valores en conflicto, y *la solución del conflicto mental requiere, por ende, una profunda búsqueda del verdadero significado de la vida.* Es sólo mediante la sabiduría que la mente puede liberarse del conflicto.

Una vez que se sabe cual es la elección correcta, el paso siguiente es adherirse a ésta firmemente. Aunque las tendencias que compiten en la mente se pueden aquietar eligiendo un rumbo **Lealtad a la** particular sobre otras alternativas, siguen siendo **elección correcta** obstáculos para que la elección sea plenamente efectiva y operativa. A veces hay peligro de que una decisión se descarrile mediante la intensificación de las fuerzas psíquicas que están compitiendo. Para evitar la derrota, la mente se debe adherir tenazmente al valor correcto que ha contemplado. Por ende, *la solución del conflicto mental requiere, no sólo la percepción de los valores correctos, sino también una lealtad inquebrantable a estos.*

Las elecciones firmes e inteligentes, sin embargo, se deben ejercer repetidamente en *cualquier* asunto, grande o pequeño, porque *las* *"preocupaciones" ordinarias de la vida, en* **Valoración verdadera** *manera alguna son menos importantes que* **debe gobernar** *los "problemas" graves que enfrenta la mente* **cualquier asunto** *en tiempos de crisis.* La raíz del conflicto mental no puede desaparecer completamente mientras solo exista el ejercicio intermitente de las elecciones firmes e inteligentes. La vida de los valores verdaderos sólo puede ser espontánea cuando la mente desarrolla el hábito constante de elegir el valor correcto. Tres cuartas partes de nuestras vidas se componen de cosas comunes, y aunque el conflicto sobre las cosas comunes no necesariamente es causa de agonía mental, sigue dejado la mente con una sensación de intranquilidad de que algo anda mal. Los conflictos que giran alrededor de las cosas comunes rara vez llegan a la superficie de la consciencia, pero proyectan una sombra sobre lo que uno generalmente siente en torno a la vida, como si vinieran de atrás de una pantalla. *Tales conflictos deben llevarse a la superficie de la consciencia y afrontarse francamente para que se puedan resolver adecuadamente.*

El proceso de llevar los conflictos a la superficie de la consciencia, sin embargo, no se debe degenerar en un proceso de imaginar conflictos donde no los hay. *La señal segura de un conflicto* **Conflictos ocultos** *oculto verdadero es sentir que el corazón no está de lleno, en el pensamiento o acción dominante del momento.*

Hay una sensación vaga de estrechez o restricción radical de vida. En tales ocasiones, se debe intentar analizar el estado mental con introspección profunda, porque tal análisis pone de manifiesto los conflictos ocultos de la situación.

Cuando se arroja luz sobre los conflictos de esta forma, es posible resolverlos a través de elecciones firmes e inteligentes. El requisito más importante para la resolución satisfactoria de **El ideal como** los conflictos es la fuerza motriz, o inspiración, que **fuerza motriz** sólo puede provenir del ardiente anhelo por algún ideal integral. El análisis en sí puede coadyuvar en la elección, pero *la elección sigue siendo una preferencia intelectual, ineficaz y estéril, a menos de que se vitalice por el anhelo de algún ideal que atraiga los estratos más profundos y significativos de la personalidad humana.* La psicología moderna ha hecho mucho por revelar las fuentes de conflicto, pero aún no ha descubierto los métodos que pueden despertar la inspiración, o darle a la mente algo que la haga considerar a la vida como algo digno de vivir. Esta, de hecho, es la tarea creativa que enfrentan los salvadores de la humanidad.

El establecimiento del ideal verdadero es el principio de una valoración correcta. La valoración correcta, es a su vez, la ruina de las construcciones del ego, mismas que prosperan debido a las valoraciones falsas. *Cualquier acción que expresa los verdaderos valores de la vida, contribuye a la desintegración del ego, que es el producto de eras de acciones basadas en la ignorancia.* La vida no puede seguir atrapada en la jaula del ego permanentemente. En algún momento debe luchar por la Verdad.

Desintegración del ego central mediante valoraciones correcta

Con la madurez evolutiva llega el descubrimiento trascendental de que *la vida no se puede vivir ni entender plenamente mientras se le obliga a moverse en torno al eje del ego.* Después de esto, el hombre se motiva por la lógica de la experiencia propia, *para encontrar el verdadero centro de la experiencia y reorganizar su vida en la Verdad.* Esto implica desgastar el ego y reemplazarlo con la consciencia de la Verdad. La desintegración del ego culmina en la realización de la Verdad. *El núcleo falso de los sanskaras consolidados debe desaparecer para que puedan existir la plenitud de vida y una integración verdadera.*

La Naturaleza del Ego y su Terminación

PARTE II
EL EGO COMO AFIRMACIÓN DE LA SEPARACIÓN

El ego es una afirmación de la separación y toma muchas formas. Puede tomar la forma de continuas memorias de sí, expresándose en recuerdos como, "hice esto, hice lo otro, sentí esto,

El ego es una afirmación de la separación

sentí lo otro, pensé esto o pensé lo otro". También puede tomar la forma de esperanzas para el futuro, que se centran en el ego y se expresan con planes como: "Haré esto, haré lo otro, sentiré esto, sentiré

lo otro, pensaré esto o pensaré lo otro". Y también en el presente, el ego se manifiesta con un fuerte sentido de ser *alguien en particular,* y afirma su distinción y separación de todos los demás centros de consciencia. Aunque provisionalmente sirve un propósito útil como centro de consciencia, el ego, como afirmación de la separación, constituye el principal obstáculo para la emancipación espiritual e iluminación de la consciencia.

El ego afirma su separación mediante el ansia, odio, ira, temor o celos. Cuando alguien ansía la compañía de otros se percata agudamente de

El ego se alimenta de sentimientos exclusivos

estar separado de estos, y así, experimenta intensamente su propia existencia separada. La sensación de separación de los demás se agudiza cuando es acompañada por fuertes y continuas ansias. En el odio y la ira también, la

otra persona es, por así decirlo, expulsada del ser propio y considerada no sólo como extranjera, sino como algo definitivamente hostil para la prosperidad del ego. El temor también es una forma sutil para afirmar la separación, y prospera donde la consciencia de la dualidad es plena. El temor actúa como una gruesa cortina entre el "yo" y el "tú" y no sólo nutre una profunda desconfianza hacia el otro, sino que inevitablemente provoca la *contracción y retiro de la consciencia para excluir el ser del otro, del contexto de la vida propia.* Por ende, no sólo las demás almas, sino Dios, deben ser amados y no temidos. Temer a Dios o sus manifestaciones es fortalecer la dualidad, mientras que amarlos es debilitarla.

La sensación de separación encuentra su expresión más marcada, en los celos. Hay una necesidad imperativa y profunda en el alma humana, de amar e identificarse con otras almas, y esto no se puede cumplir en ningún caso donde haya deseo, odio, ira o temor. En los celos, además del incumplimiento de esta necesidad profunda e imperativa de identificarse con otras personas, existe la creencia de que otra alma se ha identificado exitosamente con la persona que uno procuraba. Esto crea una protesta vigente e irreconciliable contra *ambos* individuos, por desarrollar una relación que uno realmente desearía reservar para sí mismo. *Todos los sentimientos exclusivos, como el ansia, el odio, el temor o los celos provocan estrechez de vida y contribuyen a la limitación y restricción de la consciencia; se vuelven directamente instrumentales en la afirmación de la separación y el ego.*

Las complicaciones de los celos fortalecen al ego

Todo pensamiento, sentimiento o acción que nace de la idea de una existencia exclusiva o separada, es limitante. Todas las experiencias, pequeñas o grandes, y todas las aspiraciones, buenas o malas, crean una carga de impresiones y alimentan el sentido del "yo". *La única experiencia que contribuye a la disolución del ego es la experiencia de amar y la única aspiración* útil *para el alivio de la separación, es el anhelo de llegar a ser uno con el Amado.* El ansia, odio, ira, temor y celos, todas son actitudes exclusivistas que crean el abismo entre uno mismo y el resto de la vida. *El amor es la única actitud inclusiva que ayuda a salvar la distancia de este abismo artificial y auto creado, y que tiende a romper la barrera separativa de la imaginación falsa.* El amante también anhela, pero anhela la unión con el Amado. Al buscar o experimentar la unión con el Amado, el sentido del "yo" se debilita. En el amor, el "yo" no piensa en su conservación, de la misma forma en que la polilla no siente temor alguno de quemarse con el fuego. *El ego es la afirmación de ser separado del otro, mientras que el amor es la afirmación de ser uno con el otro. Por esto, el ego sólo se puede disolver mediante el amor verdadero.*

Diluyendo el ego mediante el amor

El ego se implementa con deseos de varios tipos. El fracaso en cumplir los deseos es el fracaso del ego. El éxito en lograr los objetos deseados es el éxito del ego. *El ego se acentúa, tanto con los deseos realizados, como con los deseos no realizados.* El ego, incluso se puede alimentar de una pausa comparativa en el aumento de deseos,

El ego se compone de deseos

afirmando su tendencia separativa mediante el sentimiento de no tener deseos. *Sin embargo, cuando hay un cese real de todos los deseos, no queda ningún deseo para afirmar la separación en ninguna forma. Por ende, la libertad verdadera de todos los deseos conduce al fin del ego.* El bulto del ego se compone de un conglomerado de deseos multicolores, y la ruptura de este conglomerado equivale a la destrucción del ego.

El problema de borrar el ego de la consciencia es muy complicado, porque la raíz del ego se encuentra en la mente subconsciente en forma de tendencias latentes, y estas tendencias

Raíz del ego se encuentra en la mente subconsciente

latentes no siempre son accesibles a la consciencia manifiesta. El ego limitado de la consciencia manifiesta, sólo es un pequeño fragmento del ego total. El ego es como un iceberg que flota en el mar. Aproximadamente la séptima parte del iceberg se puede ver en la superficie, mientras que la mayor parte permanece sumergida y oculta para el observador. De la misma forma, *sólo una pequeña porción del ego real se manifiesta en la consciencia en forma del "yo" explícito, mientras que la parte principal del ego real queda sumergida en los santuarios oscuros e inarticulados de la mente subconsciente.*

El ego explícito que se manifiesta en la consciencia no es un todo armónico. No solo puede, sino de hecho se convierte en la arena para los conflictos multitudinarios entre tendencias

El ego es heterogéneo en constitución

opositoras. Sin embargo, tiene la capacidad limitada de permitir la aparición simultánea de las tendencias opuestas. Dos personas, por lo menos tienen que estar dispuestos a dirigirse la palabra si pretenden entrar en una disputa articulada. Si no se dirigen la palabra no tienen base común para poder discutir. Así mismo, dos tendencias que podrían entrar en conflicto consciente deben tener una base común. Si son demasiado dispares, no encuentran admisión en la arena de la consciencia, *ni siquiera como tendencias en conflicto*, y deben permanecer sumergidas en la mente subconsciente hasta que ambas se modifican con la tensión ejercida por las diversas actividades relacionadas con la mente consciente.

Aunque el ego en su totalidad es esencialmente heterogéneo en constitución, *el ego explícito de la consciencia es menos heterogéneo que el ego implícito de la mente subconsciente. Este opera como un todo formidable cuando se compara con las tendencias subconscientes aisladas que buscan emerger en la consciencia.* Así, el ego organizado de la conciencia explícita se convierte en una barrera represiva que impide indefinidamente que varios componentes del ego implícito puedan tener acceso a la consciencia. Todos los problemas del ego sólo son abordables mediante acciones inteligentes y conscientes. Por esto, *la total aniquilación del ego sólo es posible cuando todos los componentes del ego pasan por el fuego de la consciencia inteligente.*

Ego explícito y ego implícito

La acción de la conciencia inteligente sobre los componentes del ego explícito es importante, pero en sí misma no es suficiente para lograr los resultados deseados. Los componentes del ego implícito de la mente subconsciente, de alguna forma deben llevarse a la superficie de la consciencia y convertirse en partes del ego explícito, para después someterse a la acción de la consciencia inteligente. Para lograr esto, se debe debilitar al ego explícito de tal manera que permita la aparición en la consciencia de aquellos deseos y tendencias que no podían entrar en la arena de la consciencia anteriormente. La liberación de las tendencias hasta entonces naturalmente inhibidas provoca confusiones y conflictos adicionales en el ego explícito. Por esto, la desaparición del ego suele ser acompañada por conflictos intensificados en la arena de la mente consciente, más que por el relajamiento de estos. Sin embargo, *al final de esta aguda e inclemente lucha, yace el estado de verdadero aplomo y armonía inexpugnable que se establece después del cabal derretimiento del iceberg del ego.*

Conflicto intensificado es condición para alcanzar armonía inexpugnable

Excavar las raíces enterradas del ego en las capas más profundas del subconsciente y llevarlas a luz de la consciencia es parte importante del proceso de eliminar el ego. La otra parte importante es el manejo inteligente de los deseos *después* de que estos hayan tenido acceso a la arena de la consciencia. El proceso de tratar con los componentes de la consciencia explícita no es claro ni sencillo, porque el ego explícito

El ego vive mediante los opuestos de la experiencia

tiende a vivir a través de *cualquiera* de los opuestos de la experiencia. Si es expulsado de un opuesto por la intensa operación de la consciencia inteligente, tiende a migrar al otro extremo para vivir a través de este. *El ego elude el ataque de la consciencia inteligente y busca perpetuarse mediante la alternancia repetitiva entre los opuestos de la experiencia.*

Como la Hidra, el ego tiene varias cabezas y se expresa de innumerables formas, viviendo a través de *cualquier* tipo de ignorancia. El orgullo es la sensación específica en la cual se manifiesta el egoísmo. Uno se puede enorgullecer de cosas insignificantes y absurdas. Hay quienes mantienen sus uñas con una longitud anormal a pesar de muchos inconvenientes, sólo para afirmar su separación de los demás. El ego debe magnificar sus logros de manera grotesca para poder vivir en estos. La afirmación directa del ego mediante la auto exhibición es común en la sociedad, pero si tal afirmación directa es prohibida por las normas de la decencia, el ego tiende a buscar el mismo resultado mediante la *calumnia*. Caracterizar a otros como malvados es glorificarse a uno mismo, al *sugerir* la comparación que le gustaría desarrollar al ego, pero se abstiene por otras razones.

El ego tiene cabeza de Hidra

El ego se activa por el principio de la *auto perpetuación* y tiende a vivir y crecer mediante cualquier medio que le sea accesible. *Si el ego se siente restringido al ir en cierta dirección, busca su expansión compensatoria en otra. Si se siente agobiado por la inundación de nociones y acciones espirituales, incluso tiende a sujetarse a esa misma fuerza que originalmente se ocupaba para expulsar al ego.* Si la persona intenta cultivar humildad para aliviarse del monstruoso peso del ego y logra hacerlo, el ego puede, con sorprendente rapidez, *transferirse a este mismo atributo de humildad.* Se alimenta mediante repetidas afirmaciones como, "Soy espiritual", justamente como en las etapas iniciales lograba la misma tarea con afirmaciones como "No me interesa la espiritualidad". De esta forma se da lo que se podría denominar el *ego espiritual,* o el ego que siente su separación mediante la consecución de cosas consideradas buenas y altamente espirituales. Desde el punto de vista verdaderamente espiritual, este tipo de ego espiritual es tan restrictivo como el básico y burdo ego que carece de tales pretensiones.

Trucos del ego

De hecho, en las etapas más avanzadas del Camino, el ego no trata de afianzarse con métodos *manifiestos,* sino se refugia en las mismas cosas que se utilizan para disminuir el ego. Estas tácticas del ego son parecidas a la guerra de guerrillas, y son las más difíciles de contrarrestar.

Guerra de guerrillas   La expulsión del ego de la consciencia, por fuerza es un proceso complicado y no se logra ejerciendo un avance uniforme y constante. Dado que la naturaleza del ego es altamente complicada, se requiere de un tratamiento igualmente complicado para deshacerse de este, y como el ego tiene posibilidades casi infinitas de garantizar su existencia y propiciar el autoengaño, el aspirante se percata de que es imposible superar la constante aparición de nuevas formas del ego. *Solo puede aspirar a lidiar exitosamente con las falaces artimañas del ego, con la ayuda y gracia de un Maestro Perfecto.*

En la mayoría de casos, el aspirante sólo se acerca al Maestro cuando se da cuenta de la futilidad de sus esfuerzos. Por sí mismo no puede

El Maestro es el último recurso   avanzar hacia el objetivo que busca, y solo vislumbra tenuemente. La obstinada persistencia del ego lo exaspera *y en esa clara percepción de impotencia, se rinde ante el Maestro como último y único recurso.* La auto entrega equivale a una admisión plena por parte del aspirante, de que renuncia a toda esperanza de afrontar los problemas del ego por sí solo, y depende solo del Maestro. Es como decir, "Me declaro incapaz de extinguir la miserable existencia de este ego. Te pido que intervengas para aniquilarlo." Este paso resulta ser más fructífero que todas las medidas que se pudieran haber tomado para la dilución y subsecuente aniquilación del ego. Cuando por la gracia del Maestro, se disipa la ignorancia que consituye el ego, nace la Verdad, que es el objetivo de toda creación.

La Naturaleza del Ego y su Terminación

PARTE III
LAS FORMAS DEL EGO Y SU DISOLUCIÓN

El ego persiste a través de las posesiones mundanas como poder, fama, riqueza, habilidades, logros y éxitos. Crea y reconoce lo "tuyo" para poder sentir lo que es distintivamente

El ego vive mediante la idea de "lo mío"

lo "mío". Pero, pese a todas las cosas mundanas que se adjudica como "mías", constantemente se siente vacío e incompleto.

Para compensar por esta profunda inquietud en su ser, trata de fortificarse mediante nuevas adquisiciones. Utiliza la gama completa de sus diversas posesiones para compararse con quienes podrían ser inferiores con relación a cualquier artículo catalogado como "mío", y con frecuencia utiliza estas posesiones para ventilarse arbitraria y gratuitamente, incluso en perjuicio de otros. El ego queda insatisfecho *a pesar* de sus posesiones mundanas, pero en vez de cultivar el desapego hacia estas, intenta satisfacerse mediante un sentido más intenso de posesión, distinguiéndose de los demás. *El ego, como afirmación de la separación, vive a través de la idea de lo "mío".*

El ego quiere sentirse separado y único, y busca expresarse en el rol de alguien que es decididamente mejor que los otros, o alguien que es decididamente peor. *Mientras haya*

Las formas del ego

ego, hay un trasfondo implícito de dualidad, y mientras haya un trasfondo de dualidad, las operaciones mentales de comparación y contraste no se pueden silenciar definitivamente. Por tanto, incluso cuando alguien aparenta experimentar la sensación de igualdad con otro, el sentimiento no se establece firmemente. Marca un punto de transición entre dos actitudes del ego, más que la libertad permanente de las distinciones entre el "yo" y el "tú".

Este seudo sentido de igualdad, donde existe, se puede expresar con la fórmula: "De ninguna forma soy mejor o peor que otro." Esto inmediatamente se ve como una *afirmación negativa del ego*. El equilibrio entre el "yo" y el "tú" se altera constantemente por el predominio de los complejos, ya sean de superioridad o **La idea de igualdad** de inferioridad. La idea de igualdad aparece para restaurar el equilibrio perdido, *pero esta afirmación negativa del ego en forma de igualdad difiere completamente del sentido de unidad que caracteriza la vida de la libertad espiritual.* Aunque el sentido de igualdad se convierte en la base de múltiples ideales sociales y políticos, *las condiciones reales para una rica vida de cooperación, sólo se cumplen cuando la idea de la igualdad se reemplaza con la realización de la unidad que existe en toda vida.*

Los sentimientos de superioridad e inferioridad son reacciones entre sí, y el sentimiento artificialmente inducido de igualdad se puede considerar como una reacción a ambos. En estos **Dos complejos** tres modos, el ego logra afirmar su separación. *El complejo de superioridad y el complejo de inferioridad permanecen mayormente desconectados entre sí. Ambos buscan expresarse separada y alternamente mediante los objetos adecuados,* como cuando alguien domina a quienes considera inferiores y se somete a quienes considera superiores, pero tales expresiones alternas mediante comportamientos contrastantes sólo acentúan los complejos opuestos, en vez de facilitar su disolución.

El complejo de superioridad se estimula cuando la persona se encuentra con alguien que es de alguna manera notablemente inferior a esta en posesiones mundanas. *A pesar de sus múltiples* **Complejo de** *posesiones, el ego se confronta constantemente al espectáculo* **superioridad** *de su vacío intrínseco. Por ende, se adhiere a la reconfortante ilusión de ser importante, demostrando la grandeza de sus posesiones.* Este contraste no se limita a una comparación teórica, sino que a menudo se muestra en un choque real con otros. Por ende, la agresividad es un resultado natural de la necesidad de compensar por la pobreza de la vida del ego.

El complejo de inferioridad se estimula cuando la persona conoce a alguien que es de alguna forma notablemente superior con respecto a las posesiones mundanas, pero su sumisión a esta se **Complejo de** enraíza en egoísmo o temor. Nunca es espontánea o **inferioridad** plena, porque existen celos e incluso odio por la otra persona, por poseer algo que preferiría tener para sí misma. Toda sumisión externa y visible es efecto puro de un complejo de inferioridad, y sólo sirve para realzar el ego en una de sus peores formas. *El ego atribuye su sentido de vacuidad a las posesiones aparentemente inferiores que puede reclamar como "mías", más que a la malevolencia radical de buscar satisfacción mediante las posesiones.* La concientización de su inferioridad en cuanto a las posesiones, sólo la estimula más para esforzarse desesperadamente a sumar más posesiones, mediante cualquier medio que tenga a su disposición. Así, al perpetuar la pobreza interior del alma, *tanto el complejo de inferioridad, como el complejo de superioridad promueven el egoísmo, el caos social y la acumulación de ese tipo de ignorancia que caracteriza al ego.*

Cuando una persona entra en contacto con el Maestro y reconoce que Él mora en el estado de perfección sin ego, se entrega voluntariamente porque percibe al ego como una fuente **La entrega es totalmente** de ignorancia, inquietud y conflicto **diferente de un** perpetuo, y también porque reconoce **complejo de inferioridad** su propia incapacidad para eliminarlo.

Pero esta autoentrega se debe distinguir cuidadosamente de un complejo de inferioridad, porque es acompañada con la percepción de que el Maestro es *su* ideal, y como tal, mantiene su unidad intrínseca con el discípulo. Tal autoentrega no es la expresión de una pérdida de confianza. Por el contrario, es la expresión de la confianza en la superación final de cualquier obstáculo, mediante la ayuda del Maestro. *La apreciación de la divinidad del Maestro es la forma en que el Ser superior del discípulo expresa su sentido de dignidad.*

Para lograr una rápida disolución de estas dos principales formas del ego, el Maestro puede avivar ambos complejos deliberadamente, en alternancia. Si el discípulo está a punto de **Intervención** decepcionarse y renunciar a la búsqueda, puede **del Maestro** despertar en él una profunda confianza en sí. Si está a punto de ser egotista, puede eliminar la nueva barrera creando situaciones en las que el discípulo tenga que aceptar y reconocer su propia incapacidad o futilidad. De esta forma *el Maestro ejerce su influencia sobre el discípulo para acelerar las etapas por las cuales pasa el ego que se deshace antes de su desaparición final.*

Los complejos de superioridad e inferioridad deben relacionarse inteligentemente entre sí para poder contrarrestarse. Esto requiere de una situación psíquica en la cual, de momento, se les permite a ambos activarse simultáneamente, sin requerir la represión de uno para poder asegurar la expresión del otro. Cuando el alma entra en una

Ajustarse al Maestro implica la disolución de los complejos mediante tensión mutua

relación dinámica y vital con el Maestro, los complejos relacionados con las sensaciones de inferioridad y superioridad se ponen en juego y se acomodan tan inteligentemente que se contrarrestan mutuamente. El discípulo siente que *en sí no es nada*, pero en, y mediante el Maestro, se alienta con

la perspectiva de poder *serlo todo. Así, de golpe, ambos complejos se ponen en tensión mutua y tienden a eliminarse en el intento que hace el discípulo para ajustarse al Maestro.* La disolución de estos complejos opuestos da pie a la ruptura de las barreras separativas del ego, en todas sus formas. Con la disolución de estas barreras divisorias surge el amor divino. Al nacer el amor divino, el sentimiento separativo del "yo", en contraposición del "tú", desaparece en la sensación de unidad mutua de ambas.

Para que un automóvil pueda llegar a su destino es necesario un conductor. Pero el conductor puede ser susceptible a fuertes apegos

Analogía del conductor

por las cosas que encuentra en el camino, haciendo que no sólo se detenga en lugares intermedios por un tiempo indefinido, sino también que se pueda distraer buscando las cosas que sólo tienen un encanto

temporal y que lo orillan del camino. En tal caso, puede mantener el coche en movimiento constante sin acercarse a la meta, pudiendo incluso alejarse de esta. Algo similar sucede cuando el ego asume el control de la consciencia humana. El ego es comparable con un conductor que tiene cierto control sobre su vehículo y cierta capacidad para conducirlo, pero es completamente ignorante de su destino final.

Para que el vehículo llegue a su destino final, no es suficiente que el conductor meramente lo sepa conducir. Es igualmente necesario que el conductor sepa conducirlo hacia su destino. Mientras el movimiento de la consciencia siga dominado cabal y exclusivamente por el ego, el progreso espiritual de la persona se ve amenazado por la tendencia natural del ego a reforzar las barreras separativas de la falsa imaginación. Entonces, a pesar de sus actividades egocéntricas, la consciencia queda atrapada entre los muros de su propia creación, y se desplaza dentro de los límites de esta prisión *mayávica*. Para que la consciencia pueda emanciparse de sus limitaciones y servir adecuadamente el propósito original por el cual nació, *no debe derivar su fuerza directriz del ego, sino de algún otro principio*. Dicho de otra forma, se debe substituir al conductor que ignora el destino final, por un conductor que sea inmune al encanto que se pueda hallar en las cosas accidentales que se encuentre en el camino, y que este centre su atención, no en los lugares de descanso y demás distracciones, sino en el objetivo final de la no dualidad. *Cambiar el centro de interés de las cosas sin importancia hacia los valores verdaderamente importantes es comparable con la transferencia de poder del conductor ignorante al conductor que conoce el destino.* Paralelamente a este cambio gradual del centro de interés, se dan la disolución progresiva del ego y el movimiento hacia la Verdad.

Si el ego no fuese más que un vehículo para integrar las experiencias humanas, sería posible establecerse en la Verdad última, meramente llevando a cabo más actividades con el ego.

El ego intenta integrar la experiencia con ideas falsas

Aunque el ego desempeña un rol específico en el progreso de la consciencia, también representa el principio activo de la ignorancia que impide el desarrollo espiritual. *El ego intenta integrar las experiencias, pero lo hace con la falsa idea de la separación. Habiendo tomado una ilusión como el fundamento para construir su obra, nunca logra más que construir ilusiones, una sobre otra.* La función del ego, en vez de ser una ayuda para llegar a la Verdad, se convierte en un obstáculo. El proceso de llegar a la Verdad sólo es fructífero *si la integración que preside el ego avanza sin introducir a la ignorancia básica de la separación.*

Mientras la experiencia humana se encuentre dentro de las limitaciones de la dualidad, la integración de las experiencias se vuelve una condición inevitable para una vida racional y significativa. Por

El Maestro se convierte en el nuevo núcleo de integración

su inevitable alianza con las fuerzas de ignorancia, se debe renunciar al ego como núcleo de integración. Así entonces, surge la necesidad fundamental de un *nuevo* centro de integración que se mantiene alejado de la ignorancia básica de la separación, y da libre acceso a la incorporación de todos los valores que eran inaccesibles al ego central. Al expresar todo lo que tiene valor real y representar la Verdad absoluta, el Maestro proporciana este nuevo centro. *El cambio de interés por las cosas carentes de valor hacia los valores importantes, se facilita por la lealtad y autoentrega al Maestro, quien se convierte en el nuevo núcleo de integración.*

El Maestro, cuando se entiende verdaderamente, es una afirmación permanente de la unidad de toda la vida. La lealtad al Maestro, por ende, produce la disociación gradual del núcleo del ego que afirma la separación. Después

La unión con el Maestro es la realización de la Verdad

de esta importante crisis en la vida del hombre, cualquier actividad mental adquiere un nuevo marco de referencia, y su significado se adquiere a la luz de su relación con el Maestro como manifestación de la Verdad infinita, y no a la luz de la relación del ego

central como un "yo" limitado. A partir de ese momento, la persona observa que los actos que fluyen de sí dejan de iniciarse desde el "yo" limitado, y se inspiran en la Verdad que trabaja a través del Maestro. Ya no se interesa en el bienestar del ser limitado, sino solo en el Maestro como representante de la vida indivisible e integral. Ofrece todas sus experiencias y deseos al Maestro, dejando de reservar el bien o el mal para el "yo" limitado, despojando así, al ego de todo contenido. Esta progresiva ruina del ego no interfiere con el proceso de integración, porque la función ahora se realiza en torno al nuevo centro del Maestro como representante de la Verdad. *Cuando el núcleo del ego se desfonda por completo y se ve desprovisto de cualquier poder o ser, el Maestro, como Verdad, se establece firmemente en la consciencia como facultad guía y principio animante. Esto constituye, tanto la unión con el Maestro como la realización de la Verdad infinita.*

Cuando el ego gradualmente se adapta a las exigencias espirituales de la vida mediante el cultivo de humanidad, desapego, amor, entrega

Análisis de la evolución

sincera y el ofrecimiento de sí al Maestro como la Verdad, sufre una reducción drástica. No sólo ofrece cada vez menos resistencia a su desarrollo espiritual, sino a la vez, pasa por una transformación radical.

Esta eventualmente resulta ser tan completa que al final, el ego, como afirmación de la separación, desaparece completamente y es sustituido por la Verdad que no conoce separación alguna. Los pasos intermedios de reducir el ego y suavizar su naturaleza se pueden comparar con el recorte y poda de las ramas de un árbol salvaje y poderoso, mientras que el paso final de la aniquilación del ego equivale al desarraigo completo del árbol. Cuando el ego desaparece por completo, nace el verdadero Conocimiento del Ser. Así, *el largo viaje del alma consiste en desarrollar, de la consciencia animal, la consciencia explícita del "yo" limitado, para después trascender el estado del "yo" limitado por medio del Maestro. En esta etapa, el alma se inicia en la consciencia del Ser Verdadero supremo, como el eterno e infinito "Yo soy", que incluye a toda la existencia y en el cual no existe separación alguna.*

El Lugar del Ocultismo en la Vida Espiritual

PARTE I
EL VALOR DE LAS EXPERIENCIAS OCULTAS

Con la emancipación espiritual de la consciencia, aparecen numerosas capacidades psíquicas que yacen latentes en el alma humana. El desarrollo de estas aumenta la gama y alcance de la consciencia humana. Nuevos elementos a menudo juegan un papel importante para ayudar u obstaculizar la emancipación espiritual de la consciencia. Por ende, el aspirante no sólo debe entender el valor de estas experiencias ocultas, tales como los sueños inusuales y significativos, visiones, vislumbres del mundo sutil y viajes astrales, sino también debe aprender a diferenciar estas realidades ocultas de las alucinaciones y los delirios.

Las capacidades psíquicas ayudan o dificultan la emancipación

Aunque es costumbre exagerar la importancia de las experiencias ocultas, también es común dudar su validez y tratarlas con un desprecio que se suele reservar para cualquier forma de anomalía y aberración mental. *La actitud de desprecio categórico por las experiencias ocultas es, por supuesto, más pronunciada en quienes ni siquiera son abecedarios en el conocimiento directo de las realidades ocultas.* Le duele al ego sentir y admitir que puede haber vastos campos inexplorados del universo que son accesibles, sólo para un número limitado de personas en el cual no ha sido incluido. El desprecio inmerecido que a veces recibe el ocultismo casi siempre es el resultado de una profunda ignorancia acerca de su significado verdadero. Tal actitud de desprecio, por supuesto es distinta de una actitud crítica y cautelosa. *Quienes tienen un enfoque crítico y cauteloso son dotados de humildad y apertura de mente, y están siempre dispuestos a reconocer y admitir las realidades ocultas cuando ocurren.*

Desprecio por las experiencias ocultas nace de la ignorancia

El Maestro generalmente ayuda al aspirante utilizando medios ordinarios y prefiere llevarlo bajo el velo, pero cuando se da alguna indicación especial, también puede utilizar los medios ocultos para ayudarlo. Ciertos tipos de sueños se encuentran entre los medios comunes que se utilizan para tocar la vida más profunda del aspirante. *Con cierta frecuencia, los Maestros inician el contacto con los aspirantes apareciendo en sus sueños.* Sin embargo, tales sueños se deben distinguir cuidadosamente de los sueños ordinarios. En los sueños ordinarios el cuerpo sutil actúa, ejercitando sus funciones de ver, saborear, oler, tocar y escuchar, pero el alma no utiliza el cuerpo sutil con consciencia plena. Como las experiencias de los sueños ordinarios se reciben *subconscientemente*, en la mayoría de los casos son estrictamente *subjetivas*, respecto a las actividades físicas y en relación con la vida densa. Son creaciones de los *sanskaras* nacientes, almacenados en la mente. Sin embargo, en ciertas ocasiones, algún sueño que no es distinguible de los sueños ordinarios puede ser un reflejo en el subconsciente, de alguna experiencia objetiva del cuerpo sutil, y no meramente el producto de la fantasía.

Algunos sueños son importantes espiritualmente

La mayoría de los sueños son experiencias estrictamente subjetivas y subconscientes del cuerpo sutil y no tienen un significado espiritual especial, pero pueden ser ocasiones para forjar *sanskaras* nuevos o gastar los antiguos, y ocasionalmente pueden arrojar luz sobre ciertos complejos no conscientes y problemas que no se han afrontado debido a la personalidad. Tales sueños no pueden incluir algo que no sea de alguna manera, parte de la experiencia pasada de la persona. Sólo permiten que haya novedades en cuanto a nuevas combinaciones de los elementos que ya hayan aparecido en experiencias pasadas. *Los sueños poco comunes tienen que ver con personas y cosas no conocidas en esta vida, pero conocidas en alguna vida o vidas pasadas. Aún más raros son los sueños de las personas y cosas que jamás han aparecido en esta vida o en vidas pasadas, pero aparecerán en esta vida en el futuro.* Así entonces, los sueños ordinarios son muy diferentes de los sueños que tienen un significado oculto.

Tipos de sueño poco comunes

A menudo, al desarrollarse psíquicamente el aspirante, tiene experiencias ocasionales del mundo sutil en forma de visiones, luces, colores, sonidos, olores o contactos significativos. Al principio, las experiencias son irregulares y es probable que el aspirante

Los inicios de las experiencias ocultas

las considere como alucinaciones. Pero *incluso cuando las considera como alucinaciones, es imposible resistir su influencia directiva debido a la potencia intrínseca de estas, p*ero el viaje espiritual se vuelve más navegable cuando el aspirante aprende a cultivar la actitud correcta hacia las experiencias ocultas, que consiste en tomarlas por lo que son. Pero una actitud equilibrada es justamente lo que el aspirante encuentra difícil de mantener en las etapas iniciales.

El principiante, o tiende a exagerar la importancia de sus vislumbres hacia los mundos interiores, desarrollando deseos ingobernables para que estas experiencias se repitan, o intenta tratarlos como fenómenos anormales, subestimando su significado. De estas dos alternativas, la actitud de exagerar la importancia de las experiencias ocultas es la más común, porque la novedad y rareza de las experiencias ocultas son factores que contribuyen a atribuirles una importancia desbalanceada.

Actitud balanceada hacia las experiencias ocultas es poco común

De hecho, el ego del aspirante tiende a apegarse a este nuevo campo que se le revela, y le da la sensación de ser una persona especial que ha sido admitida a un privilegio exclusivo. Entre más experiencias tiene la persona, mayor alcance desea. Adicionalmente, también desarrolla el hábito de depender del estímulo de lo oculto para cada paso en el Camino, de igual manera que quienes consumen drogas, se hacen adictos y requieren de su estimulación incluso para hacer cosas que antes podían hacer sin estimulación alguna. Para evitar esta trampa para el aspirante, el Maestro se cuida de no alentar su nuevo anhelo por el ocultismo. *Las experiencias ocultas se conceden solo cuando son absolutamente necesarias para el propósito espiritual y no cuando el aspirante las desee o pida.*

Deseo por las experiencias ocultas

Si ve que el aspirante atribuye una importancia indebida a las experiencias ocultas o desarrolla un anhelo ingobernable por estas, el Maestro puede manejar este obstáculo a su manera, debilitando o anulando las experiencias ocultas que se han convertido en la base de una búsqueda falsa. Esto es como dar alivio inmediato a un paciente, extirpando quirúrgicamente la causa raíz de un trastorno físico, y sirve el propósito de proteger al aspirante de forjar nuevas cadenas que lo

Manejando el anhelo por las experiencias ocultas

auto limiten. En ninguna circunstancia se le debe permitir al aspirante envolverse en valores falsos y búsquedas equivocadas. Estos sólo lo desviarían y le causarían retrasos innecesarios para llegar a la meta real, que es iniciarse en una vida verdaderamente espiritual. La introducción del aspirante a las realidades ocultas necesariamente es un proceso gradual y prolongado. Al Maestro no le urge acelerar el proceso, ya que *pocas personas están realmente capacitadas para sobrellevar la expansión de sus experiencias en esta nueva dimensión.*

En las etapas iniciales, la aparición de las realidades ocultas es irregular y el aspirante en ocasiones duda su validez, ejerciendo precaución para descartar la posibilidad de ser engañado. **Validez de la experiencia oculta** *Pero las experiencias ocultas a menudo muestran credenciales inequívocas de su validez, e incluso cuando tales credenciales no son evidentes, exigen el debido respeto y atención debido a la extraordinaria dicha, paz, significado y valor directivo con los que vienen cargadas.* Principalmente debido a estas características, es que el aspirante puede distinguir las experiencias ocultas reales, de las alucinaciones y delirios.

Las alucinaciones son percepciones equivocadas y consisten en ver o escuchar cosas que en realidad no existen. A pesar de que en este aspecto difieren claramente de la mera imaginación, quedan como temas **Experiencias ocultas se deben distinguir de alucinaciones y delirios** de duda a pesar de su similitud con las percepciones normales. Los delirios son aún más engañosos porque consisten, no sólo en ver cosas que realmente no existen, sino también en tener una completa convicción de su existencia. Pero las alucinaciones y delirios ordinarios no conllevan paz, ni dicha extraordinarias a la persona que los experimenta. *La dicha y paz que acompañan a las experiencias ocultas verdaderas, son un criterio bastante confiable para poder distinguirlas como genuinas.* Las alucinaciones son como la pesadilla de la consciencia despierta.

Aun cuando la experiencia oculta se pueda diferenciar claramente de la ilusión, es deficiente en poder y eficacia, y queda sujeta a fuertes dudas. Esto sucede cuando la persona **El beneficiario de la ayuda oculta debe desarrollar confianza en sí mismo** que haya tenido la experiencia comenta el tema con otros que, por su incapacidad para comprender tales cosas, proyectan pensamientos opuestos, así tambaleando sus convicciones. Por esta razón, en tiempos antiguos, el Maestro generalmente requería que el discípulo mantuviera sus experiencias ocultas en estricto secreto. *Es probable que incluso una experiencia profunda se vea debilitada por las contradicciones y escepticismo de los demás, a menos de que el aspirante haya aprendido a seguir su propia experiencia interior independientemente de lo que puedan pensar o decir los otros.* Para que el aspirante progrese rápidamente y derive el mayor beneficio de la ayuda oculta, debe desarrollar una confianza inmensa e inquebrantable en sí mismo y en el Maestro. No debe procurar a nadie más como guía, porque *hay muy pocos que puedan comprender sus problemas o experiencias.* De hecho, el aspirante debe prepararse para afrontar la posibilidad de no ser comprendido del todo por amigos o parientes, ya que estos pueden ignorar los fundamentos de su ideología y curso de acción.

Si al momento de ocurrir, la experiencia oculta sirve el propósito de dar un nuevo impulso al esfuerzo espiritual, a menudo no importa si en pensamiento y análisis retrospectivo, el aspirante la considera como una forma de ilusión. Sin embargo, *hay algunas experiencias ocultas que son deliberadamente concedidas al aspirante para ser una fuente permanente de inspiración y orientación.* Con respecto a estas experiencias especiales, es necesario que el aspirante deje de dudar de su validez e importancia. Pero la actitud general de buscar interminables confirmaciones para las experiencias ocultas sin duda es malsana, por lo que el Maestro sólo da confirmaciones corroborativas cuando lo considera necesario. Además, toma la iniciativa como mejor considera para cada situación. Todo lo que hace es el resultado de su *libre discreción*, y no tiene relación alguna con, o depende de, alguna expectativa albergada por el aspirante. Pero cuando es necesario espiritualmente, el Maestro aumenta la eficacia de las experiencias ocultas, *confirmando su validez y autoridad mediante sus corroboraciones directas o indirectas*, dentro del rango normal de las experiencias del aspirante.

Efecto de dudas sobre la potencia de experiencias ocultas

En las etapas progresivas hacia el inicio del Camino, el aspirante se prepara espiritualmente para que se le encomiende el uso libre de las fuerzas del mundo interior de los cuerpos astrales. Entonces, puede acostumbrarse a realizar viajes astrales en su cuerpo astral, después de haber dejado el cuerpo físico, ya sea en sueños o despierto. Los viajes astrales

Viajes astrales

que se realizan inconscientemente son mucho menos importantes que los que se emprenden con plena consciencia y como resultado de la voluntad deliberada. Esto implica el uso consciente del cuerpo astral. La consciente separación del cuerpo astral del vehículo exterior del cuerpo denso adquiere valor propio, haciendo que el alma sienta la distinción del cuerpo denso, y logre un control más pleno sobre el cuerpo denso mismo. Se puede, a voluntad, poner y quitar el cuerpo denso exterior como si fuese un manto, y usar el cuerpo astral para experimentar el mundo interior de lo astral, emprendiendo viajes mediante este cuando sea necesario.

Las vistas, olores, gustos, contactos y sonidos que se experimentan con el uso consciente del cuerpo astral son claros y definitivos, así como lo son las experiencias adquiridas con el uso **Más capacidad** consciente del cuerpo denso. No son indefinidos **para avanzar** o subjetivos, como en los sueños comunes, sino son igualmente objetivos y efectivos que las demás experiencias de la consciencia despierta. Por ende, la capacidad de emprender viajes astrales implica una considerable expansión del repertorio de la experiencia propia. Provee las oportunidades para promover el progreso espiritual propio que comienza con la involución de la consciencia.

El aprovechamiento de las fuerzas ocultas, jamás se debe considerar como el sustituto del esfuerzo interno que el aspirante debe hacer para seguir avanzando. *Cuando las experiencias ocultas* **La experiencia** *son dones de los Maestros o almas espiritualmente* **oculta ayuda a la** *avanzadas, sirven para desvelar gran parte de la* **intuición, pero no** *intuición hasta entonces oscurecida, eliminando* **la sustituye** *algunas de las dificultades del Camino y llenando al aspirante con la gran confianza y entusiasmo necesarios para hacer frente a los nuevos requerimientos de cada etapa en el Camino. Pero el aspirante realmente progresa cuando pone en práctica las mejores intuiciones de su corazón, no cuando es un mero receptor pasivo de las experiencias ocultas.*

El Lugar del Ocultismo en la Vida Espiritual

PARTE II
LA BASE OCULTA DE LA VIDA ESPIRITUAL

Incluso quienes solo tienen un conocimiento preliminar de la estructura y leyes de las esferas interiores de la existencia, saben que el aislamiento completo entre los seres humanos solo es producto de la imaginación. Lo deseen o no, todas las personas actúan e interactúan constantemente, por razón de su existencia misma, aun cuando no establecen ningún contacto en el plano físico. No hay límite a la propagación de la influencia del hombre. La influencia magnética de las esferas sutiles no sabe de barreras fronterizas nacionales o demás limitaciones convencionales. Los buenos pensamientos, así como los malos pensamientos, los estados de ánimo alegres, así como los estados de ánimo sombríos, los sentimientos nobles y expansivos, así como las emociones mezquinas y estrechas, la aspiración desinteresada, así como la ambición egoísta - todos estos tienden a extenderse e influir en otros, incluso cuando no se expresan en palabras o hechos. *El mundo de la vida mental es tanto un sistema unificado, como el mundo de la materia densa.* El mundo denso como vehículo de la vida espiritual indudablemente tiene su propia importancia, pero los vínculos y conexiones que existen entre las diferentes personas no se pueden estimar plenamente si solo consideramos las transacciones tangibles que ocurren en el mundo denso.

La gente interactúa constantemente en los planos interiores

Para el aspirante, ver a santos y maestros no reditúa su significado completo exceptuando en el contexto de toda la felicidad correspondiente a los planos interiores. Los antiguos *Rishis* atribuían gran importancia a la obtención del *darshan* de los santos y maestros, porque estos *son la fuente del flujo constante del amor y la luz que emana de ellos, provocando una atracción*

El valor del *darshan* y *sahavas*

irresistible para el sentimiento interior del aspirante, incluso sin recibir ninguna instrucción verbal de estos. El efecto del *darshan* depende de la receptividad y respuesta del aspirante, cuya reacción se determina por sus *sanskaras* y conexiones pasadas. El aspirante a menudo queda plenamente satisfecho con el *darshan* del Maestro sin desear nada más de él. Derivar dicha y plenitud del mero *darshan* del Maestro es maravilloso porque indica que el aspirante adquiere amor y desapego, las dos cosas esenciales para la vida espiritual. Habiendo experimentado el *darshan* del Amado supremo, el aspirante naturalmente solo desea obtener más de su *darshan*. Por tanto, es urgido por su impulso espiritual interior a buscar el *sahavas* (la compañía) del Maestro tan frecuentemente como sea posible. Cada *sahavas* adicional del Maestro implementa y fortalece el efecto purificador del *darshan* y también hace que el aspirante se acerque cada vez más al Maestro en los planos interiores de la vida.

Como el *darshan*, caer a los pies del Maestro también tiene valor especial propio. Los pies, que son físicamente la parte más baja del cuerpo, son la más alta desde el punto

Los pies del Maestro de vista espiritual. Físicamente los pies pasan por todo – lo bueno, lo malo, lo hermoso, lo feo, lo limpio y lo sucio, pero quedan por encima de todo. Espiritualmente, los pies del Maestro están por encima de todo el universo, que es como polvo para estos. *Cuando la persona procura a un Maestro Perfecto y toca sus pies con las manos, le transfiere la carga de sus sanskaras.* El Maestro recoge los *sanskaras* provenientes del universo entero, de igual forma en que la persona común recoge polvo en sus pies al caminar. Hay una vieja costumbre en la cual, después de que el aspirante obtiene el *darshan* del Maestro y cae a sus pies, lava los pies del Maestro con leche y miel, colocando un coco cerca de estos como ofrenda. La miel representa los *sanskaras* rojos, la leche representa los *sanskaras* blancos y el coco representa la mente. De esta forma, la convención que se ha establecido en algunos lugares al saludar a los Maestros realmente simboliza la entrega de la mente y la transferencia de la carga de todos los *sanskaras* a él. La adopción de esta actitud interior es el paso más crítico e importante que el aspirante debe tomar para iniciarse en el Camino.

Una vez que el aspirante experimenta la dicha del *darshan* del Maestro, la visión queda esculpida en su mente, e incluso cuando no es posible establecer el contacto personal con frecuencia, su mente regresa al Maestro una y otra vez, esforzándose por comprender Su significado. El proceso de establecer contacto mental con el Maestro difiere fundamentalmente de una revivificación

Contacto mental meramente imaginativa de incidentes pasados. En el juego ordinario de la imaginación, el recuerdo de los incidentes pasados no necesariamente es motivado por un objetivo definido, mientras que, en el establecimiento del contacto mental, sí existe un objetivo definido. Debido al *poder directivo de un propósito*, la imaginación deja de ser la mera rotación de ideas y esta llega al Maestro mediante los planos interiores para establecer contacto con él. Este contacto mental con el Maestro por lo general es tan eficaz y fructífero como su *darshan* físico. La repetición interna de estos contactos mentales es como construir un canal entre el Maestro y el aspirante, quien se convierte de esta forma en el receptor de la gracia, el amor y la luz que fluyen constantemente del Maestro a pesar de la distancia aparente entre ellos. Por ende, *la ayuda del Maestro no sólo es para quien se encuentra en su presencia física, sino también para quienes establecen contacto mental con él.*

El Maestro dedica atención especial a las necesidades individuales del discípulo y lo primero que hace es protegerlo de las influencias que puedan desviar su atención del Camino

Precauciones especiales indicadas para ciertas condiciones ocultas o interferir con su progreso. A menudo, el Maestro requiere que el discípulo acepte cierto tipo de aislamiento temporal para que su mente quede protegida de los impactos que pudieran impedir su progreso espiritual. Los *yoguis* antiguos, por instrucciones de sus Maestros, preparaban sus propios alimentos y no permitían la presencia de nadie al momento de ingerirlos. La razón era para evitar las impresiones malignas que provienen de las miradas de las personas malas. El discípulo también puede adquirir impresiones de lujuria de otros, de la misma forma en que un paño limpio se puede ensuciar fácilmente con el lodo. En las etapas iniciales, el aspirante se debe proteger de las complicaciones que puedan surgir por asociarse con otros individuos que no están en el Camino, pero *el Maestro da instrucciones especiales para cortar o evitar ciertas conexiones y contactos, sólo cuando son indicadas especialmente para casos específicos.* Sin embargo, en la mayoría de los casos lo necesario se garantiza solo con la compañía constante del Maestro, y no hay necesidad de someter al discípulo a un verdadero aislamiento. Aunque el discípulo puede estar en contacto con el mundo exteriormente, mantiene su desapego mental debido a la conexión interna que tiene con el Maestro.

Así como el Maestro puede aislar a un discípulo cercano de contactos y conexiones indeseables, también puede estimular y alentar contactos

Contactos y asociaciones útiles

nuevos que considere de interés espiritual para el discípulo. Tiene una comprensión consumada de los *sanskaras* y de los vínculos *kármicos* con sus respectivas complicaciones, y puede coadyuvar conscientemente en que la gente participe en las asociaciones que permiten y propician las respuestas y actividades importantes para el progreso de todos los interesados, por la línea de menor resistencia o por la ruta más corta posible. *Utiliza su conocimiento de las vidas pasadas, sanskaras y conexiones de las personas para ayudar a economizar la energía espiritual de estas, y así la puedan utilizar con los mejores resultados.*

La unidad y solidaridad del plano interior hace posible que el Maestro utilice al discípulo como medio para su trabajo, incluso cuando el

El discípulo como medio

discípulo no es consciente de servir el propósito más amplio del Maestro. Esto es posible porque el discípulo, mediante su amor y entendimiento del Maestro, así como por su obediencia y entrega, establece una conexión con el Maestro y entra en sintonía con él. Quienes entran en contacto directo con el Maestro reciben su ayuda directamente, y quienes se conectan estrechamente con su discípulo reciben la ayuda indirecta del Maestro.

Compartir el trabajo espiritual no se hace unilateralmente. Incluso los discípulos que solamente piensan en el Maestro o meditan sobre

El Maestro como estación de retransmisión

él, tienen el privilegio de compartir el trabajo espiritual y universal con el que el Maestro se ocupa en ese momento. Como es uno con la eternidad, el Maestro se encuentra más allá del tiempo y de todas las limitaciones del tiempo, pero como también le interesa la elevación espiritual de la humanidad, asume muchas de las limitaciones del tiempo, y su trabajo puede ser facilitado mediante la cooperación voluntaria de los discípulos. *El Maestro se alimenta del amor de sus discípulos y utiliza la fuerza espiritual liberada por estos para realizar su trabajo universal.* Así entonces, el Maestro es como una *estación de retransmisión* que recibe una canción sólo para transmitirla al mundo en general. Amar al Maestro es amar a todos, no solo simbólicamente sino realmente, porque el Maestro espiritualiza y distribuye todo lo que recibe en los planos sutiles. De esta forma no sólo fortalece el vínculo personal que los discípulos puedan tener con él, sino también les da el privilegio de compartir en su trabajo divino.

De infinitas formas, el Maestro intenta atraer al aspirante hacia el ser interno propio para poder desenredarse de los laberintos del universo y llegar a desear a Dios. El anhelo por **El ojo interno** Dios está presente en el aspirante desde el mismo inicio, pero cuando el Maestro abre el ojo interno del aspirante, hace que este anhelo primario se vuelva más intenso y articulado. *Cuando se abre el ojo interno, Dios, quien es el objeto de la búsqueda y anhelo, se avista verdaderamente.* A medida en que la mirada del alma se interioriza y se enfoca en la realidad suprema, el deseo de establecerse en unión con esta se vuelve mucho más intensa que cuando el alma busca a Dios a tientas, vía mera especulación o imaginación. Cuando llega el momento, el Maestro puede abrir el ojo interno en menos de un segundo.

Ultimadamente, el aspirante tiene que realizar que Dios es la única Realidad y que en realidad es uno con Dios. Esto implica que no se debe dejar dominar por el espectáculo del universo **El punto *Om*** multiforme. De hecho, el universo entero se encuentra en el Ser y surge a la existencia desde un pequeño punto en el Ser, conocido como *"Om"*. Pero el Ser se ha habituado a acumular experiencias vía un medio u otro, y por ende, llega a experimentar al universo como un rival formidable que es diferente de sí mismo. Quienes han realizado a Dios, constantemente ven al universo surgiendo desde este "punto *Om*", que se encuentra en todos.

El proceso de la percepción corre paralelamente al proceso de creación, y la reversión del proceso de la percepción sin que la consciencia quede obliterada, equivale a **Revirtiendo el proceso** realizar la nada del universo, como entidad **de la percepción** separada. El Ser primero ve con la mente, después con el ojo sutil, y finalmente con el ojo físico, pero este es *más vasto que todo lo que pueda percibir*. El océano inmenso y los vastos espacios del firmamento son diminutos en comparación con el Ser. *De hecho, todo lo que el Ser percibe es finito, pero el Ser mismo es infinito.* Cuando el Ser retiene la consciencia plena sin ver nada, ha cruzado el universo de su propia creación y ha dado el primer paso para conocerse a sí mismo como el todo.

Todo el proceso de retirar la consciencia del universo y volverse consciente del Ser, se acompaña con un control creciente de todos los vehículos de la consciencia. Tal control es posible gracias **Siddhis** a la vivificación y activación de los *centros de control* no utilizados, y el funcionamiento de estos nuevos centros trae consigo una serie de poderes ocultos. Estos nuevos poderes se conocen comúnmente como *siddhis*, y pueden llegar antes de que el aspirante sea espiritualmente perfecto. De hecho, el egoísmo puede fortalecerse mediante la adquisición de tales poderes ocultos. El aspirante no solo puede deleitarse en dominarlos, sino también los puede utilizar para lograr objetivos mundanos de los cuales todavía no se ha liberado. Por ende, los *siddhis* son verazmente considerados como obstáculos para la realización. No obstante, después de realizar a Dios, estos poderes ocultos disminuyen en importancia. *Los siddhis operan en la nada que es el universo, y quien realiza a Dios se establece permanente e inmutablemente en la Realidad Suprema.* Aunque el universo entero es como un cero para quien ha realizado a Dios, este puede hacerse voluntariamente responsable por las almas que siguen enredadas en el artificio del universo. En tal caso, puede libre y legítimamente hacer uso de sus poderes ocultos en aras del bien espiritual de otros.

No hay nada que no permita el control directo o indirecto de los Maestros de la Sabiduría. Los grandes fenómenos sociales como guerras, revoluciones y epidemias, así como los fenómenos **Fomento del** cósmicos como terremotos, inundaciones y otros **plan divino** cambios climáticos, son igualmente accesibles a su control y dirección mediante la liberación de las fuerzas de los planos exaltados en los cuales los Maestros se estacionan conscientemente. Los Maestros también pueden hacer uso de las fuerzas ocultas y otras posibilidades para asegurar que el *trabajo espiritual se haga cooperativa y coordinadamente.* Con frecuencia celebran juntas y conferencias en los planos superiores para asegurar el avance de la humanidad. *La Sobrealma es sólo Una y siempre funciona como una unidad.* Quienes se han hecho conscientes de esta unidad son aptos para asumir responsabilidades ilimitadas, porque se han despojado de las limitaciones más bajas de la mente humana y se han hecho talmente impersonales y universales en sus intereses, que *son vehículos eficaces para la ejecución y promoción del plan divino en la tierra.*

El Lugar del Ocultismo en la Vida Espiritual

PARTE III
OCULTISMO Y ESPIRITUALIDAD

El ocultismo es una rama del conocimiento relacionada con el estudio del universo y la personalidad humana. En ese sentido no hay diferencia de principio entre el ocultismo y las otras ciencias relacionadas con en el estudio de estos temas. La diferencia entre el ocultismo y las otras ciencias surge porque las otras ciencias se relacionan con los aspectos y fuerzas accesibles directa o indirectamente a la manipulación y observación ordinarios, mientras que *el ocultismo se ocupa con los aspectos ocultos y fuerzas que esencialmente no son accesibles a la manipulación y observación ordinarios.* El desarrollo del conocimiento oculto es condicionado por el desarrollo de los poderes latentes del espíritu humano.

El ocultismo como ciencia

Muchas de las sociedades de investigación psíquica en tiempos modernos, abordan al conocimiento oculto con la misma actitud que caracteriza las demás formas de conocimiento, porque en principio no parece haber razón para considerarlo menos o más valioso que las otras formas de conocimiento teórico, y encontramos que estas sociedades tratan de proseguir el conocimiento oculto de forma organizada y cooperativa. Los Maestros en ocasiones también han considerado deseable revelar cierto conocimiento teórico a la humanidad en general, sobre algunas características importantes del mundo oculto, como la inmortalidad, la reencarnación, la existencia de diferentes cuerpos y planos, y las leyes relativas a la evolución y funcionamiento del karma. Tal conocimiento suministra el trasfondo adecuado para las aspiraciones y esfuerzos espirituales, y acercan la perspectiva del hombre promedio lo más posible, a la verdad. Sin embargo, a excepción de este tipo de conocimiento general, los Maestros consistentemente han preferido

Limitaciones de la propagación del ocultismo como ciencia

adscribir importancia mínima a la difusión de conocimientos detallados sobre las realidades ocultas, e incluso, han retenido cuidadosamente cierta información relativa a los temas que pueden tener un rol vital en el ocultismo como arte.

En el ocultismo, más que en cualquier otra ciencia, hay una división marcada y significativa entre *quienes saben* y *quienes no saben.*

Quienes saben y quienes no saben
Hasta cierto punto, en otras ciencias, el conocimiento indirecto puede llegar a substituir el conocimiento directo. Pero en el ocultismo, el conocimiento indirecto de ninguna forma puede aproximarse al conocimiento directo en importancia o trascendencia. Por ende, aunque el ocultismo es una ciencia importante, la difusión de la información estrictamente teórica sobre las realidades ocultas es de poca importancia. Para quienes no tienen la experiencia directa de las realidades ocultas, el conocimiento meramente teórico mezclado con cierta información oculta no tiene ningún valor especial. Para estos, las realidades ocultas quedan en una categoría similar a las obras de la imaginación, o descripciones de tierras nunca vistas.

Se puede decir que el ocultismo como ciencia está en un nivel similar a las otras ciencias, pero como arte, el ocultismo no tiene par. Sin embargo, incluso la difusión de información meramente teórica sobre los temas ocultos a veces conlleva problemas, ya que puede despertar una curiosidad improductiva y estimular el deseo de adquirir control sobre las fuerzas desconocidas, con el fin de utilizarlas para fines egoístas. No hay nada particularmente espiritual en torno al poder oculto, como tal. Como cualquier otro poder mundano o invención científica, se puede utilizar para fines buenos o malos. Ciertamente proporciona un alcance excepcional al trabajo cooperativo en los planos superiores, pero forzosamente implica la preparación espiritual para poder asumir responsabilides especiales.

El ocultismo como arte

El novicio puede buscar ciertos poderes ocultos y, dentro de ciertas límitaciones puede tener éxito en conseguirlos, pero este nuevo logro resulta ser más, una maldición que una bendición, si el novicio no se prepara espiritualmente para cumplir adecuadamente las nuevas responsabilidades implícitas en la adquisición de estos nuevos poderes. Incluso, el más mínimo mal uso de los poderes ocultos produce reacciones severas y crea ataduras

El uso indebido del poder oculto

para el alma. Puede retrasar el progreso del aspirante, e incluso causar retrocesos considerables. *Con el uso indiscreto de los poderes ocultos, aparte de la ruina espiritual que el novicio invita sobre sí, muy probablemente se puede convertir en una fuente de daño incalculable sobre quienes ha logrado ejercer una formidable ventaja.*

En manos de los Maestros de la sabiduría espiritual, el poder oculto no sólo es seguro, sino tiene una capacidad inmensa que se puede aprovechar para servir a la humanidad, pero incluso los Maestros hacen uso moderado del poder oculto. Por su misma naturaleza, el ocultismo como arte tiene limitaciones naturales. No se puede utilizar cabalmente para ayudar en las necesidades materiales de la humanidad ni en sus propósitos mundanos. *El libre ejercicio del poder oculto ocasionaría la introducción de factores inciertos e incalculables, que sin duda generarían alteraciones y mucha confusión en las actividades ordinarias del hombre, quien se debe dejar a sus propias limitaciones, recursos y posibilidades para facilitar el desempeño ininterrumpido y equilibrado de la ley del karma.* El uso del poder oculto, por ende, se tiene que limitar estrictamente a fomentar los propósitos *espirituales*.

El ocultismo como arte debe limitarse a promover los propósitos espirituales

Los santos en ocasiones acceden a cumplir algunos de los deseos mundanos de sus adeptos, no por interesarse en sus asuntos mundanos, sino para que estos superen sus deseos materiales.

Cuando los niños son muy jóvenes, es difícil que se concentren en las letras del abecedario escritas en un pizarrón. Para atraer su atención, el adulto puede construir las letras con dulces. De esta manera el niño se concentra en las letras, no porque le interesan como tales, sino porque le interesan los dulces. Pero este puede ser el comienzo de un interés en las letras mismas, y los dulces se pueden desechar poco después de haber cultivado tal interés. La gente mundana se parece a los pequeños. Tal como el padre en ocasiones puede darle un chocolate a su bebé para inducirlo a portarse bien, los santos, a sus seguidores con mentalidad mundana, pueden proporcionar ciertos objetos inofensivos que deseen, para que eventualmente estén dispuestos a separarse de estos e interesarse en la espiritualidad verdadera.

Carnada material para los intereses espirituales

Las personas mundanas están tan inmersas en sus deseos materiales que nada les interesa si no ejerce una influencia directa sobre el cumplimiento de estos. Aún así, pueden procurar a los santos para servirles o respetarlos con la esperanza de que los ayuden con sus problemas materiales. *Cuando una persona se*

No se debe procurar a los santos con motivos materiales

acerca a un santo con respeto, es deber del santo ayudarla espiritualmente, incluso si la persona viene por otro motivo. El santo, quien tiene una comprensión profunda de la mente humana, por esta razón puede decidir ayudar a la persona materialmente con el fin de ganárselo a la espiritualidad verdadera; pero ofrecer un cebo material para fines espirituales es la *excepción* más que la regla. En su mayoría, los santos desalientan que la gente se les acerque para obtener beneficios materiales. Desde el punto de vista espiritual, es infinitamente mejor amar a un santo sencillamente por ser amable, que amarlo con fines egoístas. La única razón para procurar a un santo, entonces, debe ser por un interés genuino en la espiritualidad verdadera. Sólo así se obtiene el mayor beneficio del contacto con los santos.

El ocultismo como arte, se justifica solo por su capacidad de sustentar los propósitos espirituales; cualquier desviación de este fin se puede

Poderes ocultos utilizados para promover la purificación de la humanidad

considerar un mal uso del poder oculto. No se debe invocar sólo para objetivos mundanos. Su verdadera función no es asegurar el cumplimiento de los deseos humanos, sino asegurar la purificación del corazón humano. *El ocultismo como arte es uno de los elementos más potentes y efectivos para depurar a la humanidad, ayudándola a renunciar a sus deseos más bajos.*

El ocultismo como arte se vuelve particularmente relevante y necesario en el caso de quienes que, por su evolución, están a punto de

Campo especial para el uso de poderes ocultos

desplegar sus poderes psíquicos latentes, o de quienes ya han desarrollado sus poderes psíquicos considerablemente, pero en ocasiones no están plenamente conscientes del mundo denso, por haber enfocado su consciencia en los planos más elevados. Se les debe hablar *en un idioma que puedan comprender.* Muchos aspirantes avanzados desarrollan una serie de poderes ocultos, pero a menudo necesitan tanta ayuda espiritual como la corriente general de la humanidad. Por poseer múltiples poderes ocultos, pueden ser fácil y eficazmente ayudados por los Maestros Perfectos, independientemente de la distancia entre ellos. *Cuando la ayuda del Maestro se recibe conscientemente en los planos superiores, es mucho más fructífera que la ayuda que este puede dar, meramente a través del medio denso.*

Aparte de las dificultades que se presentan para progresar en el Camino, una de las características de los aspirantes avanzados es que se establecen tan profundamente en la felicidad de su estación, que son reacios a bajar a la esfera densa para trabajar. Este descenso de los aspirantes avanzados no se debe confundir con el retorno a la consciencia normal después de experimentar el séptimo plano, este siendo el estado de realización de Dios de Quienes han logrado la Perfección. El viaje de retorno del *Maestro Perfecto* y su consecuente posición en los diferentes planos después de la Realización, se hace por motivos altruistas y es el resultado del *prarabdha* que los Seres Perfectos utilizan para la elevación espiritual de la humanidad, dependiendo de la autoridad que se les ha conferido. Por ejemplo, se dice que después de realizar a Dios, Mahoma se colocó en el séptimo plano, Buda en el quinto y Muinuddin Chishti de Ajmer en el quinto, aunque estos son conscientes de todos los planos simultáneamente.

Bajando

Cuando los *aspirante*s avanzados se encuentran atorados en cualquier punto entre los planos, se induce el descenso de estos con el fin de facilitar la aceleración de su progreso en el Camino. Por ejemplo, cuando un aspirante queda atorado entre el tercer y cuarto plano, el Maestro generalmente lo regresa al tercer plano antes de subirlo al cuarto. Este descenso de su alta estación a menudo es necesario por el bien de quienes todavía siguen en la jungla del mundo denso, sin siquiera haberse iniciado en el Camino. *El Maestro, en ocasiones puede decidir hacer cierto trabajo espiritual a través de un aspirante avanzado, y puede requerir que posponga sus esfuerzos para la progresión individual propia, por el bien de otros.* Este descenso eventualmente resulta ser la preparación espiritual necesaria para superar la siguiente etapa del Camino, rápidamente y sin contratiempos; pero aún así, es difícil que el aspirante renuncie a la ventaja adquirida por sus logros para ayudar a los demás. Descender es especialmente difícil para quien experimenta un estado de embelesamiento intenso. En el sufismo, tal embelesamiento se conoce como *hairat*. En este estado, le es muy difícil al aspirante mantenerse alejado de los diferentes tipos de embelesamiento, pero a veces es necesario que resista perderse en el embelesamiento para *descender por el bien de quienes siguen en el mundo.* El Maestro tiene su propia forma de tratar con los aspirantes avanzados, y puede convencerlos para que acepten cualquier movimiento que consideren desagradable.

Esto se ilustra bien con la historia de un *wali* famoso llamado Ganj-e-Shakkar (Baba Fariduddin). Mucho antes de lograr la iluminación, el *wali* no podía cerrar los ojos; siempre estaban abiertos, vidriosos y deslumbrados, y tampoco podía

La historia de Ganj-e-Shakkar

comer por haber quedado completamente embelesado en el estado de *hairat*. Su Maestro, el Khwaja de Ajmer, quería que se alejara de este estado de embelesamiento y bajara, pero le era difícil obedecer al Maestro. Entonces, el Maestro giró la llave para hacerlo bajar de la siguiente manera. Interiormente, inspiró a cinco ladrones para que se acercaran al lugar donde se encontraba el *wali*. Se sentaron a cinco pasos de él y comenzaron a repartirse un botín que habían robado. Pronto comenzaron a discutir entre sí y dos de ellos mataron a los otros tres. Los dos que tuvieron éxito en la pelea, dividieron el botín entre ellos y huyeron, pero al huir pasaron por el lugar donde estaba sentado el *wali*. Tan pronto como se acercaron al *wali*, este recuperó la consciencia normal. La proximidad de los delincuentes fue suficiente estímulo denso como para bajarlo de su estado de consciencia. Lo primero que este vio, fue a unos gorriones y su primer impulso fue probar sus poderes nacientes con ellos. Entonces dijo: "O gorriones, mueran", y los gorriones cayeron muertos. Después dijo: "Gorriones, levántense", y se levantaron. Al ver esto, los dos ladrones se asombraron y pidieron al *wali* que resucitara a los tres ladrones que habían matado en su momento de ira. El *wali* se dirigió a los tres ladrones fallecidos y dijo: "Levántense", pero *no* se levantaron. Se horrorizó ante el prospecto de haber perdido sus poderes, y arrepentido por su frívolo uso de estos, llorando, fue en busca del Maestro. Al acercarse del Maestro, vio que los tres ladrones masajeaban Sus pies. El *wali* entonces regresó a su lugar de origen, indiferente a la comida y la bebida, y enflacando cada vez más, se estacionó en el mismo lugar durante diez años, hasta que unas hormigas blancas comenzaron a alimentarse de su cuerpo. La gente solía acercarse al wali para colocar grandes cantidades de azúcar cerca de su cuerpo para que comieran las hormigas. Por siempre estar rodeado de pilas de azúcar, se le conocía como *Ganj-e-Shakkar*, o la tesorería del azúcar. Esta historia muestra cómo, incluso los aspirantes más avanzados necesitan la ayuda del Maestro para poder progresar en su camino hacia la realización.

La historia de Ganj-e-Shakkar ilustra el tipo de ocasión en la que se puede invocar el uso de métodos y poderes ocultos, pero se debe tomar debida nota que ningún fenómeno oculto, independientemente del grado, pueda tener valor intrínseco en sí. *El valor que aparenta pertenecer a los fenómenos ocultos o no-ocultos, es meramente ilusorio, o enteramente relativo.* Los valores ilusorios se dan cuando algo adquiere una importancia falsa, porque estimula, o promete cumplir los deseos pasajeros y propósitos limitados, nacidos de la ignorancia. Si la cosa es retirada del contexto de los deseos pasajeros y propósitos limitados, inmediatamente queda despojada de todo significado con el que pudiera aparentar haberse cargado. Los valores relativos surgen cuando cierta cosa adquiere importancia al servir la realización o expresión de la Verdad. La importancia de tales cosas se deriva de que estas son condiciones esenciales para el juego de la vida divina. Por ende, aunque sea relativo, tal valor es real y no ilusorio.

Los fenómenos ocultos no tienen valor intrínseco

La mayoría de las personas, consciente o inconscientemente, da indebida importancia a los fenómenos ocultos y los confunde con la espiritualidad. Para estas personas, los milagros y fenómenos espirituales son los temas que realmente absorben su interés, y suponen indicar un interés en la verdadera vida del espíritu. *Sin embargo, existe una distinción muy clara y definida entre el ocultismo y el misticismo, el espiritualismo y la espiritualidad,* y cualquier falla en digerir la cabal importancia de esta diferencia sólo crea confusión.

El ocultismo se debe diferenciar de la espiritualidad

Todos los milagros pertenecen al mundo fenomenal que, a su vez, es el mundo de las sombras. Como fenómenos, son sujetos a cambios, y no hay nada cambiante que pueda tener un valor duradero. La realización de la Verdad eterna es la iniciación en el Ser inmutable, que es la Realidad Suprema, y *ningún conocimiento del mundo oculto o capacidad para manipular sus fuerzas puede realmente equivaler a la realización de la Verdad.* Los fenómenos ocultos quedan dentro del ámbito de la imaginación falsa, como lo son los fenómenos ordinarios del mundo denso. Desde el punto de vista espiritual, lo único que importa es realizar la Vida Divina y ayudar a otros realizarla, manifestándola en las actividades cotidianas. *Penetrar la esencia de todo ser y significado, liberando la fragancia de ese logro interior para la guía y beneficio de otros, expresando amor, verdad, pureza y belleza en el mundo de las formas, es el único juego que tiene valor intrínseco y absoluto. Todos los demás sucesos, incidentes y logros en sí, no pueden tener ninguna importancia duradera.*

Lo único que importa

Tipos de Meditación

PARTE I
LA NATURALEZA DE LA MEDITACIÓN
Y SUS CONDICIONES

La meditación se puede describir como *el camino que el individuo forja para sí mismo mientras intenta llegar más allá de las limitaciones de la mente*. Si una persona queda atrapada en las entrañas de un denso bosque e intenta salir al descubierto, su esfuerzo por atravesar las obstrucciones circundantes deja tras él, las huellas de su trayecto. Al estudiar las huellas, un observador podría describir el camino que la persona recorrió en su intento de salir al descubierto. El movimiento de la persona que sale del bosque, en principio, es diferente al de un ferrocarril que se mueve por vías preestablecidas en su camino. La persona no sigue un camino preestablecido. *El camino se establece al recorrerlo.* De igual forma, quien es atraído por la meditación profunda, en verdad lidia con los problemas espirituales que afronta, y no se adhiere meramente a una línea de movimiento rígida que ya se encuentra en su estructura mental.

La meditación es el camino que forja el individuo al controlar su mente

Sin embargo, el desarrollo de la meditación en términos generales se puede *anticipar* por quienes tienen una visión directa del contorno peculiar de la mente del individuo, de la misma forma en la que, quienes conocen la constitución de la corteza solidificada de la tierra a fondo, pueden en términos generales, esperar que un volcán estalle en cierto lugar y no en otro. Cuando la fuerza que surge de las entrañas de la tierra entra en erupción, por fuerza toma la vía de menor resistencia, y su paso depende en gran medida de la naturaleza del entorno circundante. La diferencia entre las fuerzas volcánicas y el impulso espiritual es que las primeras son inconscientes, mientras que

El curso general de la meditación se puede anticipar

la segunda es un fenómeno consciente. La inteligencia juega un papel importante en el curso de la meditación, y *es esa inteligencia la que estimula el Maestro, dando ciertas sugerencias simples al aspirante sobre lo que debe hacer o esperar en sus meditaciones.*

La meditación a menudo se mal entiende como el proceso mecánico de *forzar* la mente sobre alguna idea u objeto. La mayoría de la gente tiene una aversión natural a la meditación porque experimenta gran dificultad en su intento por forzar la mente hacia cierta dirección particular, o para fijarla sobre alguna cosa en particular. *Cualquier manejo meramente mecánico de la mente no sólo es molesto, sino que ultimadamente ha de fracasar.*

Meditación inteligente sostenida por el interés

El primer principio que los aspirantes deben recordar es que la mente se puede controlar y dirigir en la meditación, *sólo de acuerdo con las leyes inherentes en la composición de la mente misma,* y no con la aplicación de alguna coerción mecánica o semi mecánica.

Mucha gente que técnicamente no "medita", a menudo se encuentra profunda e intensamente absorta en pensamientos sistemáticos y claros sobre algún problema práctico, o tema teórico. Su proceso mental, de cierto modo es muy parecido a la meditación, a medida en que la mente se absorbe en pensamientos intensos sobre cierto tema en particular, a exclusión de cualquier cosa irrelevante. La meditación a menudo es espontánea y sencilla dentro de estos procesos mentales, porque la mente se concentra en algún objeto que capta su interés y que cada vez entiende más. La tragedia espiritual en cuanto al tren de pensamiento común es que no se dirige hacia las cosas que realmente importan. Por otra parte, el objeto de la meditación siempre se ha de seleccionar cuidadosamente y debe ser de *importancia espiritual;* debe tratarse de alguna persona u objeto divino, o algún tema o verdad espiritualmente significativa. Para lograr el éxito en la meditación, la mente no sólo debe interesarse en las verdades o temas divinos, sino también debe tratar de *comprenderlos y apreciarlos.* Tal meditación inteligente es un proceso natural para la mente, y porque evita la monótona rigidez y repetición de la meditación mecánica, no sólo se vuelve *espontánea y estimulante, sino sencilla y exitosa.*

La meditación se debe distinguir de la concentración. La meditación es la primera etapa de un proceso que gradualmente se convierte en concentración. *En la concentración, la mente trata de unirse con su objeto mediante el proceso de fijarse sobre el objeto, mientras que la meditación consiste en pensar profundamente sobre un objeto particular a exclusión de cualquier otra cosa.* En la concentración, prácticamente no hay movimiento de la mente, pero en la meditación la mente pasa de una idea relevante a otra. En la concentración, la mente sólo se detiene en cierta *forma* o *fórmula* concisa y sucinta, sin amplificarla mediante la sucesión de ideas. En la meditación, la mente intenta entender y asimilar el objeto, pensando en diversos atributos de la forma o varias implicaciones de la fórmula. Tanto en la concentración como en la meditación, hay un entremezclado pacífico de amor y anhelo por el objeto o principio divino en el que se detiene la mente, y ambas actividades psíquicas difieren mucho de los procesos meramente *mecánicos* que se caracterizan por una constante monotonía y una periodicidad rígida.

Meditación y concentración

Quienes no tienen capacidad de concentración intensa deben comenzar con la meditación, mientras que para las personas que tienen la capacidad de concentración, la meditación es innecesaria. Basta con que se concentren en la mera forma de un Dios-hombre o de un Hombre-Dios, o en alguna fórmula sencilla como: "No soy el cuerpo denso, ni el cuerpo sutil* ni el cuerpo mental†; Soy Atman (Alma)."

La meditación es esencialmente un tema individual en el sentido de que no es para exhibirse ante la sociedad, sino para el avance espiritual propio. El aislamiento total del individuo de su entorno social casi siempre conduce a una práctica de meditación fluida. Los *yoguis* antiguos procuraban montañas y cuevas para poder aislarse por completo.

Silencio y aislamiento útiles para la meditación

El silencio intenso e ininterrumpido es esencial para lograr el éxito, pero no es necesario ir a montañas o cuevas para lograr tales condiciones. Incluso en las ciudades, un poco de esfuerzo y previsión pueden asegurar la quietud, el silencio y el aislamiento necesarios para facilitar y promover el progreso en las diferentes formas de meditación.

La oscuridad o cerrar los ojos, no es absolutamente necesaria para la meditación. Si el aspirante se encuentra frente a frente con el objeto de la meditación, puede meditar exitosamente incluso con los ojos abiertos, pero en la mayoría de los casos, alejarse de toda vista y sonido facilita la meditación intensa. Para lograr el silencio externo

Valor de la oscuridad

* El cuerpo sutil es la sede de los deseos y fuerzas vitales.
† El cuerpo mental es la sede de la mente.

total, hay que seleccionar el lugar para la meditación cuidadosamente, y con sólo cerrar los ojos es posible proteger la mente de las distracciones visuales, pero a veces cuando hay luz, no es suficiente cerrar los ojos para evitar la estimulación de la vista completamente. En tales casos se aconseja comenzar la meditación en completa oscuridad. La oscuridad generalmente facilita el progreso de la meditación.

No hay reglas fijas con respecto a la postura. Se puede adoptar cualquier postura que sea cómoda e higiénicamente inobjetable, siempre y cuando contribuya a mantener la mente

Postura para la meditación alerta y no induzca el sueño. La postura no debe conllevar ninguna tensión física o dolor, ya que esto desviaría la atención hacia el cuerpo propio.

Por ende, el cuerpo debe estar completamente relajado como cuando se va a dormir, pero la posición habitual que se toma en el sueño se debe evitar por su tendencia a inducir el sueño. Cuando se ha asumido una postura conveniente y adecuada, es útil pensar en la cabeza como el centro del cuerpo. Cuando la cabeza se considera como el centro, es más fácil olvidar al cuerpo y fijar la atención sobre el objeto de la meditación.

Es deseable que el aspirante mantenga la misma postura para cada meditación. Las asociaciones previas que la postura guarda con sus meditaciones le confieren la capacidad especial

La importancia de fijar lugar, postura y hora de inducir y facilitar meditaciones similares. Cuando el cuerpo asume la postura elegida, queda, por así decirlo, constantemente bajo la sugerencia subconsciente de servir el

propósito de la meditación, y dejar de imponerse sobre la consciencia. Elegir el mismo lugar y fijar la hora también tienen un efecto saludable. Por tanto, el aspirante debe darle importancia a procurar que el lugar, la postura y la hora sean idénticos. Elegir el lugar también presupone considerar las asociaciones ocultas y posibilidades del lugar. Se le confiere importancia especial a la meditación en lugares sagrados donde los Maestros mismos han vivido o meditado.

El lugar, la postura y la hora de la meditación tienen importancia relativa, que varía según las peculiaridades e historial del individuo. Por ende, el Maestro a menudo le da instrucciones diferentes a cada discípulo que mejor convengan a cada caso individual. Sin embargo, cuando la meditación se vuelve habitual por su constante práctica, se puede prescindir de la postura, lugar y horario fijos, y el aspirante puede seguir su meditación en cualquier momento, bajo cualquier condición. Incluso al estar caminando, puede estar absorto en su meditación internamente.

No se debe practicar la meditación con pesar, como si uno fuera a tomar aceite de ricino. La meditación debe tomarse en serio, pero no debe ser melancólica ni onerosa. El **La meditación debe** humor y la alegría no sólo no interfieren **practicarse con alegría** con el progreso de la meditación, sino que en realidad contribuyen a este. La meditación no debe convertirse en algo desagradable o tedioso. *El aspirante debe permitirse libremente, la alegría natural que conlleva una meditación exitosa, sin hacerse adicto a esta.* La meditación debe ser algo como un día de campo en los planos superiores. Como las excursiones a nuevos y hermosos lugares naturales, la meditación produce una sensación de *entusiasmo, aventura, paz y regocijo.* Cualquier pensamiento de preocupación, depresión o temor debe eliminarse por completo para que la meditación pueda ser verdaderamente exitosa.

Aunque la meditación en esencia es una cuestión individual, la meditación colectiva también tiene sus ventajas. Si diferentes aspirantes que están en armonía entre sí toman **Meditación colectiva** una misma línea de meditación grupal, sus pensamientos tienden a aumentar y fortalecerse mutuamente. Esto es particularmente notorio cuando los discípulos del mismo Maestro meditan colectivamente sobre su Maestro. Para que la meditación colectiva de este tipo dé su mejor resultado, cada aspirante debe ocuparse de su propia meditación y no de lo que hacen los demás. Aunque haya comenzado la meditación en compañía de otros, debe perderse en el objeto de su meditación. Debe quedar plenamente inconsciente del mundo entero, incluyendo el cuerpo propio, y hacerse consciente exclusivamente del objeto acordado al iniciar la meditación. Cuando se maneja inteligentemente, la meditación colectiva puede ser de inmensa ayuda para los *principiantes*, aunque los aspirantes avanzados pueden meditar por sí solos.

En el pensamiento normal, el flujo constante del tren de las ideas **Surgimiento de** relevantes es común, pero cuando la mente **pensamientos** practica meditaciones sistemáticas, hay una **inquietantes** *inevitable tendencia reaccionaria, en la que surgen* *pensamientos irrelevantes y contrarios que crean desorden.* Esta es la *ley de la mente*, y el aspirante no se debe consternar por la aparición consciente de estos múltiples pensamientos contrarios y poco sanos, que hasta el momento no habían aparecido.

La meditación implica llevar el contenido subconsciente de la mente a la consciencia. Así como el ilusionista convoca cosas extrañas e inesperadas, el proceso de meditar incita pensamientos absurdos e indeseados. El aspirante debe esperar, y prepararse para estos inquietantes pensamientos, y ejercer paciencia inagotable con total confianza de que al final, estos inconvenientes se superarán.

La última, pero no menos importante condición para meditar con éxito es adoptar la *técnica correcta* para manejar los pensamientos inquietantes y las influencias mentales. Es **Técnica para tratar con pensamientos inquietantes** fútil desperdiciar la energía psíquica para intentar combatir y reprimir estos molestos pensamientos *directamente.* Cualquier intento de este tipo implica prestarles más atención, y se acaban alimentando de la atención misma que se les ha brindado para reprimirlos, de esa forma fortaleciéndose y arraigándose aún más en la consciencia. Lo mejor es ignorarlos, recurriendo al objeto de la meditación tan pronto como sea posible, sin atribuir importancia indebida a estos factores inquietantes. *Al reconocer la irrelevancia y futilidad de estos pensamientos, y la importancia y valor relativo del objeto de la meditación, es posible dejar morir los pensamientos inquietantes por medio de la negligencia pura, para lograr mantener la mente continuamente firme en el objeto de la meditación.*

Tipos de Meditación

PARTE II
LOS PRINCIPALES TIPOS DE MEDITACIÓN
Y SU VALOR RELATIVO

La meditación puede ser de diferentes tipos que pueden ser convenientemente distinguidos entre sí, basándose en *tres* principios específicos. Se pueden clasificar sobre **Tipos de meditación clasificados según tres principios** lá base de la *función* que desempeña la meditación en el progreso espiritual, sobre *la parte de la personalidad que se pone en juego predominantemente durante el proceso de meditación, o sobre los elementos de la experiencia que intenta comprender.* De estos tres principios, cualquiera se puede adoptar para clasificar los diferentes tipos de meditación. El último principio se utilizará más adelante, cuando se dé una descripción detallada de los diferentes tipos de meditación, siendo este el más adecuado para *fines enumerativos.* En esta sección se utilizarán los primeros dos principios, ya que sirven para explicar el valor relativo de los diversos tipos de meditación.

Con referencia al *primer* principio, la meditación debe servir el propósito de *asociar* la consciencia con la Verdad eterna, y de disociar la consciencia de las cosas del mundo fenomenal que son falsas y no tienen importancia.

Así entonces, surgen *dos* tipos de meditación. La *meditación asociativa,* que trabaja predominantemente con la actividad *sintética* de la mente (anwaya), y la *meditación disociativa, que* **Meditación asociativa y meditación disociativa** trabaja predominantemente con la actividad *analítica* de la mente (vyatireka). La meditación asociativa se puede ilustrar con la fórmula: "Yo soy Infinito", y la meditación disociativa se puede ilustrar con la fórmula: "Yo no soy mis deseos".

Con la meditación asociativa, el aspirante intenta unirse con el ideal espiritual que se ha construido mentalmente. Con la meditación disociativa, el aspirante intenta separarse de las condiciones que le parecen anti-espirituales. La meditación

Las funciones respectivas de la meditación asociativa y disociativa

asociativa es el proceso de *asimilar* lo esencial para la vida espiritual. La meditación disociativa es el proceso de *eliminar* los factores que impiden la vida del espíritu.

La meditación asociativa se refiere a los objetos que, por así decirlo, son del mundo de la luz, y la meditación disociativa tiene se refiere a los objetos del mundo de las

La meditación disociativa abre paso a la meditación asociativa

sombras. El mundo de las ilusiones, así como el mundo de las sombras, tiene un enigmático encanto propio. Para poder salir del mundo de las ilusiones

exitosamente y llegar a la Verdad, hay que resistir la seducción del mundo de las ilusiones, mediante el reconocimiento constante de su verdadera futilidad, de la misma forma en que se debe desarrollar una insatisfacción por el mundo de las sombras, para poder llegar a la luz. Por ende, la meditación disociativa es preliminar a la meditación asociativa. Esta viene primero y tiene su valor propio, pero su objetivo es simplemente allanar el camino para la meditación asociativa.

Ambas, la meditación asociativa como la meditación disociativa son necesarias en cierta forma, pero la meditación asociativa, tarde o temprano acaba siendo más fructífera

La meditación asociativa más fructífera que la meditación disociativa

e importante que la meditación disociativa. Si una persona está rodeada por sombras, no ayuda en mucho que esté en un estado continuo

de descontento por estas. Si el interés del individuo es captado solo por su irritación con las sombras, no habrá fin a sus preocupaciones; pero si en vez de afligirse y alterarse por las sombras que lo rodean, se aplica a la tarea más importante de ponerse bajo el resplandor directo del sol, descubrirá que las sombras han desaparecido. *Lo que realmente importa entonces, no es un descontento ambiguo por sus existentes limitaciones, sino el esfuerzo dirigido hacia el ideal establecido.* Mientras la persona voltee hacia el sol e intente caminar hacia la luz, las sombras no podrán ser un obstáculo importante para su emancipación. De igual forma, el aspirante no debe preocuparse demasiado por sus fallas, siempre y cuando su corazón esté firmemente decidido a unirse con su ideal espiritual. Al acabar su peregrinaje, sus fracasos se habrán esfumado en la nada.

La meditación asociativa es para el espíritu, lo que la asimilación del alimento es para el cuerpo. El cuerpo puede compensar sus deficiencias con la alimentación correcta. De la misma forma, la **Analogía de la alimentación** mente puede lograr la salud asimilando las verdades espirituales mediante la meditación. Aunque todos los diferentes tipos de meditación asociativa son buenos, es necesario encontrar el equilibrio entre estos, de la misma forma en que es necesario equilibrar la dieta aún estando satisfecho con el valor nutricional de los diferentes componentes de esta. El desarrollo desproporcionado de la vida mental obstaculiza el avance por la fractura interna que la acompaña, mientras que las *felices combinaciones de los diferentes tipos de meditación facilitan un progreso rápido, asegurando una mente armonizada y equilibrada.* Las combinaciones adecuadas son las que promueven el *equilibrio progresivo*, al enfatizar precisamente aquellos aspectos de la verdad que son relevantes para eliminar los obstáculos particulares que el aspirante afronta en ese momento.

La analogía de la alimentación se puede extender incluso al segundo tipo de meditación, que consiste en evitar y eliminar las cosas que son anti espirituales. Tal y como una dieta incorrecta **Extensión de la analogía** puede alterar la salud física, los tipos incorrectos de meditación pueden llevar a la mente hacia el desorden. De igual forma en que una mala alimentación arruina la salud en vez de nutrirla, la meditación instintiva sobre los objetos de deseo crea aún más limitaciones para la mente, en vez de eliminar los ya existentes. *Por ende, evitar los tipos incorrectas de meditación es tan importante como evitar una alimentación incorrecta.* Y tal como una buena salud requiere la eliminación constante de productos de desecho y sustancias venenosas, la salud espiritual requiere la *expulsión de pensamientos y emociones indeseables.*

Hasta ahora, nuestras explicaciones han diferenciado los dos tipos de meditación desde el punto de vista de la *función* que desempeña la meditación en el progreso espiritual. **El segundo principio cubre tres tipos de meditación** Es igualmente ilustrativo comprender los diferentes tipos de meditación, diferenciando el proceso de la meditación al considerar la naturaleza de la *sección de la personalidad que se pone en juego predominantemente, durante el proceso de la meditación.* Mediante la aplicación de este *segundo* principio, encontramos *tres* tipos distintos de meditación.

Con el primer tipo de meditación, predominantemente se pone en juego el intelecto, y a este se le puede denominar *"meditación discriminativa"*. En el segundo

La meditación discriminativa, la meditación del corazón y la meditación en acción

tipo, el corazón se pone en juego predominantemente y a este se le puede denominar *"meditación del corazón"*. En el tercer tipo, predominantemente se pone en juego la naturaleza activa del hombre, y a este se le puede denominar *"meditación en acción"*. La meditación discriminativa se representa con afirmaciones intelectuales como, "Yo no soy mi cuerpo, sino el Infinito". La meditación del corazón se representa con el flujo libre y constante de amor del aspirante hacia el Amado Divino. La meditación en acción se representa dedicando la totalidad de la vida propia al servicio incondicional del Maestro o de la humanidad. De estos tres tipos, la meditación del corazón es la más elevada e importante, pero las otras dos también tienen su valor y no se pueden descuidar sin seriamente afectar el progreso espiritual del aspirante.

Los diferentes tipos de meditación no se deben considerar exclusivos, unos de los otros. Pueden practicarse con todo tipo de combinaciones.

Los diferentes tipos de meditación suelen complementarse entre sí

A veces, cierto tipo de meditación inevitablemente conduce a otro, y el progreso en un tipo de meditación a menudo se demora hasta que no haya progreso correspondiente en los demás. Todos los diferentes tipos de meditación son valiosos para asegurar el avance espiritual del aspirante y casi siempre compensan sus deficiencias mutuas, complementándose entre sí.

Un tipo de meditación también puede interferir seriamente con el progreso de otro si se recurre a este en momentos inoportunos. Los

Un tipo de meditación puede interferir con otro

diferentes tipos de meditación genuina tratan con aspectos de la vida que son igualmente veraces, pero *dependiendo del estado psíquico del individuo, la asimilación de alguna verdad de la vida en un momento dado a menudo es más urgentemente necesaria que asimilar otras verdades de la vida.* Por esto, los Maestros jamás prescriben el mismo tipo de meditación para todos, sino dan instrucciones específicas según las *necesidades individuales del aspirante.*

El tipo de meditación necesario en alguna situación particular, a menudo no se puede determinar correctamente por el aspirante mismo. *El aspirante se puede volver adicto a un tipo de meditación tan exclusivamente, que le es difícil salir de la rutina impresa en su mente por el tipo*

Necesidad de instrucciones específicas del Maestro

de meditación que ha venido practicando. No le ve importancia a ningún otro tipo de meditación ni es atraído por este.

Por supuesto que el aspirante puede llegar a darse cuenta de sus deficiencias con algún método particular, pero tal como hay ciertos medicamentos que pueden ser desagradables para el paciente, el tipo de meditación que realmente sería indicado para cierta situación, a menudo le parece desagradable y no se inclina por adoptarlo. La ayuda y consejos del Maestro son indispensables en estas circunstancias. El conocimiento que el Maestro tiene referente a las necesidades espirituales más profundas y reales del aspirante, es infinitamente mayor que el entendimiento que el aspirante puede tener sobre sí mismo. *Las instrucciones específicas del Maestro ofrecen el correctivo necesario para los aspectos de la personalidad individual que no se ha atendido.*

Aunque el aspirante puede comenzar con una aversión inicial al tipo de meditación que necesita, se interesa cuando descubre su valor y

El valor verdadero de la meditación sólo se percibe en su práctica

propósito real; y sólo puede llegar a apreciar el valor y propósito real de un tipo particular de meditación después de haberlo probado. Es imposible descubrir las posibilidades y valor de cualquier tipo de meditación con especulaciones meramente teóricas sobre este.

Tales conjeturas meramente teóricas pueden dar algunos resultados superficiales, pero no pueden sondear la importancia real de la meditación. *Como muchos otros temas de importancia espiritual, la meditación rinde su significado completo después de que la persona se compenetra con esta, y no cuando intenta imaginársela desde fuera.*

Para obtener el éxito verdadero con cualquier tipo de meditación, el aspirante debe abordarla con la determinación de explorar todas

Determinación es necesaria para obtener éxito en la meditación

sus posibilidades. No debe comenzar con ninguna precaución limitante, sino prepararse para encontrar inesperados estados de consciencia y debe estar dispuesto a ir donde el trazo de la

meditación lo lleve, sin hacer demandas rígidas, basadas en expectativas preestablecidas. *La esencia misma de la meditación es la concentración profunda a exclusión de cualquier otra consideración, incluso cuando dichas consideraciones sean tentadoras.*

Sin embargo, si el aspirante practica cualquier tipo de meditación por iniciativa propia, sin tener el beneficio de la guía y supervisión del Maestro, *puede compenetrarse en*

La supervisión del Maestro es indispensable *la meditación a tal grado que pierde su perspectiva y capacidad de recuperación,* resultándole imposible pasar a otro tipo complementario de meditación, aunque sea absolutamente necesario.

Tal riesgo se evita cuando el aspirante adopta la meditación bajo órdenes de su Maestro. Al estar bajo la guía y supervisión del Maestro, el Maestro no sólo puede pedir que suspenda la meditación en el momento adecuado, sino lo puede ayudar a superar los surcos que han quedado grabados por sus meditaciones previas.

Relacionado a esto, hay una historia ilustrativa de un hombre muy inteligente que quería saber por experiencia propia, lo que se siente ser asfixiado por ahorcamiento. Sin conformarse

Historia ilustrativa con sólo imaginar cómo sería, lo quería experimentar por sí mismo, entonces le pidió a un amigo que lo asistiera en realizar el experimento. Le pidió que lo suspendiera de una soga, y que él le indicaría cuando la sensación de asfixia llegara a un nivel peligroso. Además, le pidió que no lo liberara de la horca antes de recibir la señal acordada. Su amigo aceptó y procedió a colgarlo con una soga alrededor del cuello, pero al quedar suspendido perdió el conocimiento, sin poder dar la señal prometida. No obstante, el amigo, siendo sensato y al ver que la asfixia del hombre había alcanzado un nivel realmente peligroso, fue más allá de su acuerdo y lo liberó justo a tiempo para salvarle la vida. La persona no se salvó por consideraciones y precauciones propias, sino por la sabia discreción del amigo. De igual forma, *es más seguro que el aspirante confíe en el Maestro que en cualquier criterio propio.*

Tipos de Meditación

PARTE III
CLASIFICACIÓN GENERAL DE LOS TIPOS DE
MEDITACIÓN

El proceso de la meditación tiene como objetivo *entender y trascender la amplia y variada gama de la experiencia.* Cuando la meditación se interpreta de esta manera, inmediatamente se ve como algo que no es particular a unos cuantos aspirantes. Resulta ser un *proceso en el que toda criatura viviente se involucra de alguna manera.*

Meditación es un intento de entender la experiencia

El tigre que está a punto de devorar al cordero que ha venido casando, "medita" sobre el cordero. El cordero, habiendo avistado al tigre, "medita" sobre el tigre. La persona que espera el tren en la plataforma "medita" sobre el tren, y el conductor del tren, esperando ser relevado en la próxima estación "medita" sobre la estación. El científico que trabaja sobre un problema no resuelto "medita" sobre el problema, el paciente que espera al médico con tensa ansiedad "medita" sobre el médico, y el médico que espera el pago de su factura, "medita" sobre la cuenta. Cuando el policía intenta atrapar al ladrón, ambos "meditan", uno sobre el otro. La persona que "se enamora", "medita" sobre el amado. La persona que vigila a su rival celosamente "medita" sobre el rival, el hombre que duele por la pérdida de un amigo "medita" sobre el amigo, y la persona que busca vengarse del enemigo "medita" sobre el enemigo. La persona que se concentra en hacerse presentable con la vestimenta apropiada, "medita" sobre sí misma como cuerpo, y la persona que se jacta de sus logros intelectuales o psíquicos, "medita" sobre sí misma, como mente.

La meditación es universal

Todas estas son de cierta manera, formas de "meditación", pero en el discurso espiritual el término "meditación" suele restringirse a los tipos de meditación que abordan el problema del entendimiento *intensivo* y *sistemático* de la experiencia. En los ejemplos anteriores, la meditación es el resultado de la aplicación natural de la mente a los objetos con que se encuentra. En esta aplicación de la mente, el sujeto es casi inconsciente del propósito último del proceso de la meditación. Sin embargo, en el campo espiritual, la meditación es deliberada, al menos en las etapas iniciales. Durante tales meditaciones la persona es específicamente más consciente del objetivo final. Sin embargo, los tipos de meditación característicos del campo espiritual son *continuos* con los que se encuentran en el mundo de la consciencia, y *los tipos espirituales de meditación surgen* sólo cuando las otras formas más generales de meditación han llevado a la persona a cierta crisis o «callejón sin salida". *Entonces,* la persona se ve obligada a elegir su objeto de meditación a la luz de algún ideal espiritual, y también tiene que modificar la forma de meditar a la que se puede haber acostumbrado.

La meditación espiritualmente importante es consciente de su objetivo

Las formas de meditación espiritualmente importantes son de dos tipos: (1) la *meditación general,* que consiste en la asimilación de las verdades divinas, y (2) la meditación *especializada,* en la que la mente *selecciona* algún elemento de su experiencia y se ocupa *exclusivamente* con este. La meditación general sólo es la continuación de los procesos comunes del pensamiento, de forma sistemática e intensiva. Difiere de las muchas meditaciones pre espirituales del no-*sadhak* (persona mundana) sólo a medida en que (i) los procesos del pensamiento ahora se dirigen hacia las realidades que tienen importancia espiritual, y (ii) la mente hace uso inteligente de las exposiciones de las Verdades Divinas dadas por quienes *saben,* sin renunciar a sus poderes críticos y su entusiasmo inherente por la Verdad.

Meditación general y meditación especializada

Las formas especializadas de la meditación, por otra parte, implican y requieren más que un acercamiento meramente intelectual a la Verdad. Tanto en las formas especializadas de la meditación, como en la meditación general, la mente no solo tiene la oportunidad de entender el objeto de la meditación *intelectual*mente, sino también le ayudan *a cultivar la disciplina mental, desarrollar capacidades hasta ahora durmientes y desarrollar posibilidades latentes de la personalidad.*

Meditación especializada apunta hacia algo más que el entendimiento intelectual

El problema con las formas especializadas de la meditación no es teórico sino práctico. *Las formas especializadas de meditación son útiles para superar los obstáculos específicos en el camino de la iluminación y la realización; apuntan a controlar la mente e ir más allá de esta.* Las formas especializadas de meditación se parecen más a los intentos desesperados de un hombre por escapar de los muros de una prisión, que a la cómoda actividad especulativa que se ocupa en la formación de "opiniones" sobre la fortaleza de las diferentes secciones de los muros de dicha prisión, o de lo que pudiera ser visible después de que el hombre lograra escapar.

El problema en la meditación especializada es práctico

En la vida espiritual, inclusive un error sincero tomado en serio puede ser más valioso que una tímida lealtad a las verdades teóricas o formales. El propósito *práctico* de las formas especializadas de meditación, en ocasiones debe prevalecer, *incluso a costa de las verdades formales y teóricas.* Por ende, cuando alguien se concentra en una fórmula o forma particular, a ninguna otra fórmula o forma se le puede permitir tener acceso a la mente, aunque la otra fórmula o forma tenga la misma o mayor importancia espiritual intrínseca. Si el aspirante ha estado meditando sobre un Maestro, debe excluir de su mente toda idea de cualquier otro Maestro, aunque ese Maestro o Maestros sean tan perfectos como el Maestro sobre el cual ha estado meditando. De esta misma forma, el pensamiento intensivo puede ser tan útil para lograr el objetivo como el proceso de poner la mente en blanco.

El propósito práctico puede anteponerse a la verdad formal

Por regla general, *una mezcla* de formas especializadas de meditación no es deseable, aunque en teoría pueden dirigirse igualmente a diferentes aspectos de la Verdad. *La tarea de reunir las diferentes facetas de la Verdad y construir una visión integral y completa de la vida, se intenta con la meditación general* en la que el pensamiento es libre, comprensivo y receptivo a todos los aspectos de la Verdad. Tal meditación general tiene valor y justificación propias. *La meditación general es útil cuando se practica antes de las formas especializadas de meditación, así como después de probarlas,* pero no puede substituir las formas especializadas de meditación, porque estas tienen diferente propósito y función.

La función de la meditación general

Las diferentes formas de meditación especializada se pueden

comparar con las diferentes formas del *ejercicio* corporal, que pueden tener cierto propósito específico. El ejercitar los músculos se hace sólo

La meditación especializada como ejercicio específico
para fortalecerlos, pero esto no significa que los músculos sean la única parte importante del cuerpo. Todo tipo de ejercicio es importante para la salud general del cuerpo, aunque no sea posible practicar todos los tipos simultáneamente.

Sin embargo, las funciones de los diferentes tipos especializados de ejercicio deben ser correlacionados y gobernados a luz de nuestro

La meditación general y la meditación especializada no son intercambiables
conocimiento de una salud verdadera, o del desarrollo proporcional del cuerpo. De la misma forma, las funciones de las formas especializadas de meditación deben ser correlacionadas y gobernadas por un ideal íntegro y completo de la

vida. El aspirante construye esto mediante el proceso de la meditación *general* o de *pensamientos irrestrictos, que no conocen ley alguna, excepto la de encontrar la Verdad en todos sus aspectos. Así, como las formas especializadas de meditación no pueden ser substituidas por la meditación general, la meditación general tampoco puede ser substituida por las formas especializadas de meditación.* Ambas son necesarias y tienen su propio valor.

Para fines enumerativos, las diferentes formas especializadas de meditación se pueden clasificar convenientemente, *sobre la base de aquellos elementos de la experiencia que la mente trata*

Diferentes meditaciones especializadas
de entender. La experiencia humana en todas sus variantes se caracteriza de principio a fin, por el doble aspecto del sujeto y el objeto. Algunas formas de meditación se refieren al *objeto de la experiencia,*

algunas se refieren al *sujeto de la experiencia,* y algunas se refieren a las *operaciones mentales,* implicadas en la interacción entre el sujeto y el objeto. Así entonces, se definen *tres* tipos de meditación.

Todas las formas de meditación que el aspirante *(sadhak)* pudiera adoptar, ultimadamente culminan en el objetivo de toda meditación,

Dos formas de Sahaj Samadhi
que es establecerse en el *Sahaj Samadhi,*o la meditación espontánea del alma que ha sido perfeccionada espiritualmente. El *Sahaj Samadhi* tiene dos formas: (i) *Nirvana* o *Absorción* y (ii)

Estado de *Nirvikalpa* o *Divinidad en Expresión.*

Tabla de Clasificación General de Tipos de Meditación

◆━━━━━━●━━━━━●━━━━━◆

A). LAS VARIADAS FORMAS DE MEDITACIÓN ANTES DE QUE LA PERSONA SE CONVIERTE EN ASPIRANTE (sadhak)

B). LAS FORMAS DE MEDITACIÓN DEL ASPIRANTE
    i. La meditación general o asimilación de la Verdad Divina
        1).Pensamiento filosófico
        2).Escuchar un discurso de los Maestros
        3).Leer obras escritas por los Maestros

    ii. La meditación especializada que selecciona ciertos elementos concretos de experiencia
        1).La meditación que se ocupa con el objeto de la experiencia
        2).La meditación que se ocupa con el sujeto de la experiencia
        3).La meditación que se ocupa con las operaciones mentales

C). SAHAJ SAMADHI O MEDITACIÓN DE QUIENES SON ESPIRITUALMENTE PERFECTOS (Siddha)
        1).Nirvana o Absorción
        2).Estado de Nirvikalpa o Divinidad en Expresión

◆━━━━━━●━━━━━●━━━━━◆

La clasificación general de los tipos de meditación se dio en la tabla anterior, misma que sirve para *resumir* los resultados de este capítulo.

Tabla de clasificación general

Entre los diferentes tipos de meditación que se mencionan en esta *Tabla de Clasificación General*, se han ilustrado las variadas formas de meditación a las que se recurre antes de la etapa del *sadhak* (A), las cuales se ilustraron al principio de este capítulo. Las diferentes formas de Meditación General (B-i) se tocarán en la Parte IV. Las diferentes formas de Meditación Especializada (B-ii), junto con sus subdivisiones, se explicarán individualmente en las Partes V y VI. El *Sahaj Samadhi* (C) y sus formas se explicarán en las Partes VII y VIII.

Tipos de Meditación

PARTE IV
ASIMILACIÓN DE LAS VERDADES DIVINAS

SECCIÓN A
Modos de Meditación General

Los comienzos de la vida espiritual se marcan y asisten con la meditación general, la cual no se concierne exclusivamente con los elementos específicos de la experiencia, sino que, en su amplio alcance, intenta *comprender y asimilar las Verdades Divinas* de la vida y del universo. Cuando el aspirante se interesa en los problemas más amplios de la naturaleza final de la vida y el universo, y comienza a pensar en estos, se puede decir que ha iniciado tal meditación. *Gran parte de lo que abarca la filosofía es el resultado del intento intelectual por comprender la naturaleza final de la vida y del universo.* El entendimiento meramente intelectual de las Verdades Divinas es débil, incompleto e inconcluso, por las limitaciones de la experiencia disponible como cimiento estructural de la especulación. La *meditación filosófica* del pensamiento libre, sin asistencia, no conduce a resultados conclusivos. A menudo produce diversos sistemas y puntos de vista conflictuados, pero la meditación filosófica no carece totalmente de valor. Además de guiar al aspirante a cierta medida en el campo del conocimiento, le da la disciplina intelectual que le permite recibir y asimilar las Verdades Divinas que llega a percibir a través de quienes *saben.*

Límites de la libre meditación filosófica

El modo más productivo de meditación general consiste en *estudiar las Verdades reveladas* sobre la vida y el universo. Este modo de entender y asimilar las Verdades Divinas se puede iniciar escuchando o leyendo las exposiciones de la Verdad Divina que provienen de los Maestros

Estudio de las verdades reveladas

de la Sabiduría. Los discursos de los Maestros Perfectos vivos, o los escritos de los Maestros Perfectos del pasado son adecuados para este modo de meditación general, porque la asimilación de las Verdades Divinas reveladas por ellos permite al aspirante vivir su vida de acuerdo con el propósito de Dios en el universo.

Las Verdades Divinas son más fácilmente captadas y asimiladas cuando se transmiten directamente al aspirante por un Maestro viviente. La potencia y eficacia de la comunicación personal del Maestro no se puede comparar con la información que recibe el aspirante de otras fuentes. *La palabra se vivifica y potencializa con la vida y personalidad del Maestro.* Por esta razón, muchas escrituras enfatizan la necesidad de *escuchar* las Verdades Divinas directamente, a través de la palabra hablada del Maestro *(gurumukh)*. El modo de meditación general que depende de escuchar exposiciones de las Verdades Divinas, sin duda es mejor, cuando el aspirante tiene la oportunidad de contactar a un Maestro vivo y escucharlo.

El valor de escuchar

Sin embargo, no siempre es posible que el aspirante entre en contacto con, y escuche a un Maestro vivo. En tal caso, la meditación vía la lectura tiene algunas ventajas. Para los aspirantes, en términos generales, la meditación vía la lectura casi no tiene sustituto adecuado, porque se basa en exposiciones *escritas* que son accesibles en cualquier momento. La meditación que parte de la lectura de las verdades reveladas, tiene la ventaja especial de ser fácilmente accesible para la mayoría de los aspirantes. La meditación vía la lectura se explica en la Sección B y se *proporciona* en la Sección C.

Ventaja de meditar a través de la lectura

SECCIÓN B
La lectura como meditación

La meditación mediante la lectura tiene sus desventajas, porque la mayoría de las exposiciones escritas de las Verdades Divinas se adecúan más para el estudio intelectual, que para asimilarse a través de la meditación. Las dificultades que experimentan los aspirantes en este respecto se deben (i) al hecho de que el método de la

Desventajas comunes de la meditación mediante la lectura

meditación no se adapta bien al tema, (ii) hay algún defecto en el método que lo hace mecánico y poco inspiracional, o (iii) a la dificultad de manejo o ambigüedad del objeto de la meditación.

Todas estas causas, que vician la meditación y la hacen infructuosa, se pueden evitar con la meditación específica recomendada en esta sección. La intención es, no sólo explicar la forma de meditar mediante la lectura, sino también proporcionar una exposición de las Verdades Divinas para poder cumplir con los requisitos de este tipo de meditación. Las dificultades

Dificultades eliminadas por la meditación específica mediante de la lectura

habituales que hay en la meditación vía la lectura se han eliminado en esta meditación específica, al *(i) asegurar que tanto el proceso de la meditación, como el tema, se adapten uno al otro, y a las condiciones de la meditación inteligente, (ii) explicar en detalle las diferentes fases de la meditación que inicia con la lectura, y (iii) proporcionar una breve exposición especialmente preparada de las Verdades Divinas,* que se puedan convertir en temas valiosos y adecuados para las meditaciones mediante la lectura.

La forma de meditación que inicia con la lectura de las Verdades Divinas tiene tres etapas:
(1) En la primera etapa el aspirante debe leer la exposición diariamente, pensando en esta a fondo. (2) En la segunda etapa la lectura en sí es innecesaria, pero el tema de la exposición se revive y se contempla constantemente.

Tres etapas de la meditación mediante la lectura

(3) En la tercera etapa, es completamente innecesario que la mente reviva las palabras de la exposición por separado y consecutivamente, y todo pensamiento discursivo sobre el tema llega a su fin. En esta etapa de la meditación, la mente ya no se ocupa con trenes de pensamiento, sino tiene una clara, espontánea e intuitiva percepción de la Verdad sublime expresada en la exposición.

Dado que la meditación inteligente consiste en *pensar a fondo sobre un tema particular*, la mejor ayuda para la meditación lógicamente sería una breve y clara exposición del tema de la meditación. La siguiente exposición concisa de las Verdades Divinas (compartida en la Sección C) encapsula la historia entera de la creación, así como la descripción completa del Camino y la

Tema para la meditación vía la lectura

Meta de la Realización de Sí. El aspirante puede leer la exposición inteligentemente y asimilar las verdades sublimes plasmadas en esta.

Esta forma especial de meditación es fácil y útil, porque leer sobre el tema y pensar en este, se deben hacer simultáneamente.

Ventajas de una forma específica de meditación mediante la lectura

Adicionalmente, al exponer el tema clara y concisamente, se elimina la probabilidad de que por pensamientos irrelevantes surja cualquier interferencia. Es sumamente difícil evitar la interferencia de pensamientos irrelevantes cuando se medita sobre algún libro u artículo largo, incluso si se ha memorizado, por lo que la meditación espontánea sobre este tipo de lectura se vuelve impracticable. La aparición de pensamientos irrelevantes es muy probable en meditaciones largas sobre pensamientos abstractos, o sobre algún objeto concreto de la experiencia. Pero es muy improbable que surjan pensamientos irrelevantes si el tema de la meditación es una breve exposición de la Verdad Hipersensible. Si el aspirante medita sobre la siguiente exposición de las Verdades Divinas, de la forma en que se ha explicado a detalle anteriormente, la meditación no solo será espontánea, fácil, placentera e inspiracional, sino también será útil y exitosa. De esta forma podrá dar un paso importante hacia la realización del objetivo de la vida.

SECCION C
Las Verdades Divinas
(para meditar vía la lectura)

El Viaje del Alma a la Sobrealma

Atman o el alma, es en realidad idéntica con *Paramatman* o el Alma Suprema, que es Una, Infinita y Eterna. El alma existe, de hecho, más allá del mundo denso, sutil y mental, pero se

El Viaje del Alma a la Sobrealma

experimenta como siendo limitada debido a su identificación con el *sharir* o cuerpo denso, *pran* o el cuerpo sutil (que es el vehículo de los deseos y las fuerzas vitales) y *manas* o cuerpo mental (que es la sede de la mente). El alma en su estado trascendental es *Una – Sin Forma,*

Eterna e Infinita. No obstante, se identifica con el mundo fenoménico de las *formas,* que son *muchas, finitas* y *destructlibles.* Esto es *Maya* o la ilusión cósmica.

El mundo fenoménico de los objetos finitos es *enteramente ilusorio* y *falso.* Tiene tres estados: (1) el *denso,* (2) el *sutil* y (3) el *mental.* Aunque

Estados del mundo fenoménico

los tres estados del mundo son falsos, representan diferentes *grados de falsedad.* Por tanto, el mundo denso es el más alejado de la Verdad (Dios), el mundo sutil está más cerca de la Verdad, y el mundo mental es el más cercano de la Verdad. Los tres estados del mundo deben su existencia a la ilusión cósmica que el alma debe trascender para poder realizar la Verdad.

El único propósito de la creación es que el alma pueda disfrutar el estado infinito del Alma Suprema, conscientemente. *Aunque el alma existe*

Propósito de la creación

eternamente en, y con, el Alma Suprema en unidad inviolable, no puede ser consciente de dicha unidad, independientemente de la creación que se encuentra dentro de los límites del tiempo.

Por ende, debe evolucionar su consciencia antes de poder realizar su verdadera condición y naturaleza, que es idéntica a la del Alma Suprema Infinita, que es *Una, sin segundo.* La evolución de la consciencia requiere de la dualidad de sujeto y objeto, o, centro de consciencia y medio ambiente (es decir, el mundo de las formas).

¿Cómo queda atrapada el alma en la ilusión? ¿De qué manera fue que el Alma Sin Forma, Infinita y Eterna, llegó a experimentarse como

Génesis de la ilusión cósmica

teniendo forma, ¿y siendo finita y destructible? ¿Cómo fue que *Purusha* o el Espíritu Supremo, llegó a pensar que era *Prakriti,* o el mundo de la naturaleza? En otras palabras, ¿cuál es la causa de la ilusión cósmica en la que se encuentra el alma?

Para poder realizar el estado verdadero del Alma Suprema que es Una, Indivisible, Real e Infinita, el alma necesitaba desarrollar consciencia. El alma efectivamente adquirió consciencia, pero la consciencia no era de *Dios,* sino del *universo*; no era del *Alma Suprema* sino de su *sombra*; no era del *Uno* sino de los muchos; no era del *Infinito,* sino de lo *finito*; no era de lo *Eterno* sino de lo *transitorio.* De esta forma, el alma, en vez de realizar el Alma Suprema, se involucra con la ilusión cósmica, y, por ende, aunque es realmente infinita, llega a experimentarse como finita. En otras palabras, *cuando el alma desarrolla consciencia, no se vuelve consciente de su naturaleza verdadera, sino del mundo fenoménico,* que es su sombra.

Para hacerse consciente del mundo fenoménico, el alma debe asumir alguna forma (como medio) para experimentar el mundo, y el grado y tipo de la consciencia se determinan por la naturaleza de la forma que se utiliza como medio. El alma primero se vuelve consciente del mundo denso al asumir un cuerpo denso. La consciencia que al principio tiene del mundo denso, es del tipo más rudimentario e incompleto. Por ende, el alma asume la forma menos desarrollada (p. ej. la de piedra), con la cual comienza su evolución. *La fuerza motriz de la evolución se construye con el impulso que recibe la consciencia, debido a la conservación de las impresiones (sanskaras) producidas por los diversos deseos o condiciones.* Por ende, los *sanskaras* cultivados en cierta forma específica se deben trabajar y resolver mediante el vehículo de una forma *superior,* y correspondientemente, con una consciencia del mundo denso más desarrollada. El alma, por lo tanto, debe asumir formas cada vez más elevadas (como la de metal, vegetal, gusano, pez, ave y animal) hasta finalmente asumir la forma humana, en la cual ha desarrollado la *consciencia plena* (en todos los aspectos de conocer, sentir y anhelar) del mundo denso.

Evolución orgánica y grados de consciencia

La manera en la que se producen los *sanskaras* en la evolución de la consciencia y su forma correspondiente, tiene una analogía útil en la experiencia ordinaria. Si el individuo desea interpretar el papel de un rey en un escenario, solo lo puede hacer si se pone el atuendo de un rey y sube al escenario. Esto aplica a las aspiraciones y los deseos que solo se pueden trabajar y resolver generando un cambio cabal en la situación, así como en el medio con el cual la situación se pueda experimentar adecuadamente. El paralelo es muy útil para comprender la fuerza motriz de la evolución, que no es *mecánica sino deliberada.*

La fuerza motriz de la evolución

Los *sanskaras* no solo son responsables de la *evolución de la forma* (cuerpo) y el tipo de consciencia conectado con este, sino también son responsables *de hacer que la consciencia se fije al mundo fenoménico.* Estos hacen que la emancipación de la conciencia (es decir, la retirada de la consciencia del mundo fenoménico hacia el alma misma) sea imposible en la etapa subhumana, y difícil a nivel humano. Dado que

Identificación con la forma

la consciencia se aferra a los *sanskaras* anteriores, y la experiencia del mundo fenoménico se encuentra condicionada al uso de una forma adecuada (cuerpo) como medio, el alma en cada etapa de la evolución llega a identificarse con la forma (p. ej. piedra, metal, vegetal, animal, etc.). Por lo tanto, el alma, que en realidad es infinita y no tiene forma, se experimenta como finita y se define como piedra, metal, vegetal, gusano, pez, ave o animal, según el grado del desarrollo de la consciencia. Finalmente, *al experimentar el mundo denso mediante la forma humana, el alma piensa que es un ser humano.*

En la forma humana, el alma ha desarrollado consciencia *plena*; por lo tanto, no hay necesidad de ninguna evolución adicional de la forma densa (cuerpo). La evolución de formas, por **Reencarnación y** ende, llega a su fin al lograr la forma humana, **la ley del karma** y para experimentar los *sanskaras* cultivados en forma humana, el alma debe *reencarnar* una y otra vez en forma humana. Las innumerables formas humanas mediante las cuales debe pasar el alma se determinan por la ley del *karma*, o la naturaleza de sus *sanskaras* previos (ya sea de virtud o vicio, felicidad o miseria). Durante estas vidas, el alma, que es eterna, *se identifica con el cuerpo denso,* que es destructible.

Mientras desarrolla la consciencia plena del mundo denso en la forma humana, el alma *simultáneamente* desarrolla el cuerpo sutil y el cuerpo mental; pero mientras su consciencia siga **Cuerpos sutiles** confinada solo al mundo denso, no puede hacer **y mentales** uso de estos cuerpos *conscientemente,* en estado despierto. Se vuelve consciente de estos cuerpos y mundos correspondientes solo cuando en *consciencia* plena, se *interioriza*; es decir, voltea hacia sí misma. Cuando el alma se vuelve consciente del mundo sutil mediante el cuerpo sutil, se identifica con el cuerpo sutil, y cuando se vuelve consciente del mundo mental mediante el cuerpo mental, se identifica con el cuerpo mental, tal y como se identifica con el cuerpo denso, cuando mediante el cuerpo denso, es consciente del mundo denso.

El viaje a casa para del alma, consiste en liberarse de la ilusión de ser idéntica con sus cuerpos: denso, sutil y mental. Cuando la atención del alma se dirige hacia el conocimiento del Ser y la **El Camino** realización del Ser, hay un relajamiento y desaparición gradual de los *sanskaras* que mantienen a la consciencia dirigida hacia el mundo fenoménico. *La desaparición de los sanskaras va de la mano con la perforación del velo de la ilusión cósmica,* y el alma no solo comienza a trascender los diferentes estados del mundo fenoménico, sino también comienza a conocerse como siendo diferente de sus cuerpos. El Camino comienza cuando el alma intenta encontrarse a sí misma y dirige su consciencia completamente hacia la Verdad (Dios).

En la primera etapa, el alma se vuelve plenamente inconsciente de su cuerpo denso y del mundo denso, y experimenta al mundo *sutil* mediante su cuerpo sutil, con el cual se identifica. En la segunda etapa, el alma se vuelve plenamente inconsciente de sus cuerpos denso y sutil, y también de los mundos denso y sutil, y experimenta el mundo *mental* por medio del cuerpo mental con el que ahora se identifica. En esta etapa, se puede decir que el alma se encuentra *cara a cara con Dios o el Alma Suprema,* misma que reconoce como Infinita, y aunque reconoce la Infinitud del Alma Suprema, la *objetifica,* y se ve a sí misma como finita, debido a su identificación con la mente, o el cuerpo mental.

De esta manera se da la *paradoja* de que *el alma, que en realidad es infinita, observa su estado infinito, pero sigue experimentándose como finita porque, aunque observa su estado infinito, se ve a sí misma como la mente.* Se imagina que es la mente, e identifica al Alma Suprema como objeto de la mente. Además, no solo anhela ser una con el Alma Suprema objetivada, sino que se esfuerza por cumplir tal anhelo.

En la tercera etapa, la consciencia plena del alma es atraída aún más hacia su interior (*es decir,* hacia sí misma) y deja de identificarse incluso con el cuerpo mental. De esta forma, en la tercera y última **La Meta** etapa que es la meta, el alma *deja de identificarse con cualquiera de los tres cuerpos* que tuvo que desarrollar para evolucionar la consciencia plena. Ahora no solo sabe que no tiene forma y existe más allá de cualquier cuerpo o mundo, sino también realiza a plena consciencia, su unidad con el Alma Suprema que es Una, Indivisible, Real e Infinita. En esta realización de la Verdad, disfruta la dicha, la paz, el poder y el conocimiento infinitos, los cuales, a su vez, son características del Alma Suprema.

Al principio, debido a que no había evolucionado la consciencia, el alma no era consciente de su identidad con el Alma Suprema, y por lo tanto, aunque era parte integral del Alma Suprema, **Resumen** no podía realizar su propia identidad con esta, ni experimentar la paz, dicha, poder y conocimiento infinitos. Incluso después de la evolución de la consciencia, no podía realizar el estado del Alma Suprema (aunque siempre está dentro y con, el Alma Suprema), porque su consciencia se restringía al mundo fenoménico, debido a los *sanskaras* conectados con la evolución de la consciencia. Incluso en el Camino, el alma no es consciente de sí misma, sino solo de los mundos denso, sutil y mental, que son sus sombras ilusorias propias. Sin embargo, *al final del Camino, el alma se libera de todos los sanskaras y deseos conectados con los mundos denso, sutil y mental, así siendo posible que se libere de la ilusión de ser finita debido a su identificación con los cuerpos denso, sutil y mental.* En esta etapa, el alma trasciende el mundo fenoménico por completo, se hace *consciente de Sí y Se realiza.* Para lograr este objetivo, el alma debe retener su consciencia plena, sabiendo a la vez que no es el *sharir* (cuerpo denso), *pran* (cuerpo sutil, que es el vehículo de los deseos y fuerzas vitales) o *manas* (cuerpo mental, que es la sede de la mente); y también debe saber que se encuentra más allá de los mundos denso, sutil y mental.

El alma se tiene que emancipar gradualmente de la ilusión de ser finita, *(1) liberándose de su esclavitud a los sanskaras,* y (2) *sabiendo que es distinta de sus cuerpos: denso, sutil y mental.* De esta forma aniquila al falso ego (es decir, la ilusión de que "soy el cuerpo denso", "soy el cuerpo sutil" y "soy el cuerpo mental"). Mientras el alma de esta forma se libera de la ilusión, sigue reteniendo consciencia plena, culminando en el Conocimiento de Sí y la Realización de la Verdad. *Escapar a través la ilusión cósmica, para realizar su identidad con la Sobrealma Suprema e Infinita con consciencia plena, es la meta del largo viaje del alma.*

Tipos de Meditación

Se observó en la Parte III que la meditación especializada es de tres tipos: (i) la meditación relacionada con los *objetos* de la experiencia, (ii) la meditación relacionada con el *sujeto* de la experiencia y (iii) la meditación relacionada con las *operaciones mentales*. Estos tres *tipos de meditación, generalmente se entrelazan* porque el sujeto de la experiencia, los objetos de la experiencia y las diferentes operaciones mentales que se dan como resultado de su interacción, se entrelazan inextricablemente entre sí. Entonces, estos tres tipos de meditación no se definen claramente ni son exclusivos, sino a menudo se entrelazan unos con otros. Por ende, la meditación relacionada con los objetos de la experiencia a menudo se puede referir al sujeto de la experiencia, y también a las diversas operaciones mentales implicadas en la meditación. La meditación relacionada con el sujeto de la experiencia a menudo puede implicar referencias a las diversas operaciones mentales y los objetos a los cuales se dirigen estas operaciones mentales. Y la meditación que se relaciona con las diferentes operaciones mentales a menudo puede conllevar referencias a ambos, el sujeto y objeto de la experiencia. Sin embargo, cada tipo de meditación, en cierta forma es distinguible por algún factor *predominante*. Así entonces, el primer tipo de meditación se relaciona predominantemente con los *objetos de la experiencia,* el segundo tipo con el *sujeto de la experiencia* y el *tercer tipo* con las diversas *operaciones mentales*.

Estos tres tipos de meditación se pueden subdividir adicionalmente, en varias formas específicas de acuerdo con el contenido de la meditación y en la manera que esta se lleva a cabo. De estas muchas formas de meditación especializada solo se necesitan mencionar las que son *representativas* o *importantes*. Por tanto, *doce* formas de meditación especializada se han compartido a continuación.

Tabla de clasificación enumerativa

Debe notarse que, de estas doce formas de meditación especializada que se mencionan en la *Tabla de Clasificación Enumerativa*, las primeras cuatro son formas de *Meditación Personal* y las ocho **Meditación** restantes son formas de *Meditación Impersonal*. La **personal y** meditación es personal cuando se relaciona con una **meditación** persona, y la meditación es impersonal cuando se **impersonal** relaciona con (a) aspectos de la personalidad humana, o (b) algo que está fuera del rango de la personalidad humana, tal y como se entiende habitualmente. Las formas de meditación especializada que son personales se explicarán individualmente en esta Sección, y las formas de meditación especializada que son impersonales se explicarán individualmente en la Sección VI.

Tabla de Clasificación Enumerativa de las Formas de Meditación Especializada

A	Meditación relacionada con los *objetos* de la experiencia	del 1 al 7
B	Meditación relacionada con el *sujeto* de la experiencia	del 8 al 9
C	Meditación relacionada con las *operaciones mentales*	del 10 al 12

TIPOS DE MEDITACION PERSONAL

1 Meditación sobre las cualidades divinas del Maestro
2 Concentración en la *forma* del Maestro
3 Meditación del *corazón*
4 Meditación de la *acción*

TIPOS DE MEDITACION IMPERSONAL

5 Meditación relacionada con las numerosas formas de vida manifiesta
6 Meditación relacionada con cuerpos propios
7 Meditación sobre el *aspecto sin forma e infinito de Dios*
8 Búsqueda del *agente* de la acción
9 Considerándose a uno mismo como *testigo*
10 Anotando los pensamientos
11 Observando las operaciones mentales
12 Poniendo la mente en *blanco*

La meditación personal tiene algunas ventajas claras sobre la meditación impersonal. Para los principiantes, la meditación personal es fácil y alegre, mientras que la meditación impersonal generalmente se experimenta como árida y complicada, a menos de que se tenga una aptitud especial para esta. Además, las formas de meditación impersonal son en su mayoría disciplinas para la mente o intelecto, mientras que las formas de meditación personal no solo son disciplinas para la mente o intelecto, sino también involucran el corazón. En la perfección espiritual, ambos, mente y el corazón se deben desarrollar y equilibrar completamente. Por ende, la meditación personal, que ayuda el desarrollo y equilibrio de mente y corazón, tiene una importancia especial. La meditación impersonal es realmente fructífera y efectiva cuando el aspirante ha sido debidamente preparado mediante las formas de meditación personal.

Ventajas especiales de la meditación personal

La meditación personal se dirige *a las personas espiritualmente perfectas*. Así como la persona que admira el carácter de Napoleón y constantemente piensa en este, tiende a ser como él, pasa que un aspirante que admira a cierta persona espiritualmente perfecta y constantemente piensa en ella, tiende a volverse espiritualmente perfecta. Un objeto adecuado para la meditación personal es el *Maestro o Avatar viviente, o Maestros y Avatares pasados*. Es importante que el objeto de la meditación sea espiritualmente perfecto. *Si la persona seleccionada para la meditación resulta ser espiritualmente imperfecta, es muy probable que sus fragilidades se filtren a la mente del aspirante que medita sobre esta.* Si la persona seleccionada para la meditación es espiritualmente perfecta, el aspirante ha tomado un camino seguro.

La meditación personal que se dirige a personas espiritualmente perfectas

La meditación personal a menudo comienza con la admiración que un aspirante siente espontáneamente por alguna cualidad divina que percibe en el Maestro. *Al permitir que la mente se centre en las cualidades divinas expresadas en la vida del Maestro, el aspirante las absorbe en su propio ser.* * A final de cuentas, el Maestro, por su parte se encuentra más allá de todas las cualidades, tanto buenas como malas. No es limitado por estas. Las cualidades que exhibe al interactuar con la vida a su alrededor, todas son aspectos diferentes de la divinidad en acción, y la expresión de la divinidad mediante estas cualidades se convierte en un medio para ayudar a quienes son receptivos a estas. La apreciación de la divinidad

Meditación sobre las cualidades divinas del Maestro

percibida en el Maestro genera las formas de meditación en las cuales el aspirante, constante y enérgicamente, piensa en el Maestro como la personificación de las cualidades como el amor universal, el completo desapego, la carencia del ego, la constancia, el conocimiento infinito o las acciones desinteresadas. A veces la mente puede contemplar tales cualidades por separado, o se puede enfocar en una combinación de cualidades que revelan su interrelación. Esta modalidad de meditación* es sumamente valiosa cuando se da espontáneamente, porque *conduce a un mayor entendimiento del Maestro, gradualmente transformando al aspirante en una semejanza del Maestro y* contribuyendo así a su preparación para la realización de la Verdad.

Contemplar las cualidades del Maestro a menudo facilita la *concentración* en la *forma* del Maestro.* En este tipo de meditación el aspirante es

Concentración en la forma del Maestro

consciente de la perfección espiritual del Maestro y espontáneamente fija su atención en la forma del Maestro, *sin analizar su perfección espiritual con relación a ninguno de sus componentes cualitativos.* Sin embargo, aunque sus cualidades no se reviven por separado en la mente, todo lo que el aspirante puede haber entendido de estas (mediante la meditación preparativa relacionada con las diversas cualidades del Maestro), constituye el trasfondo *implícito* de tal concentración profunda, y contribuye a su eficacia y valor. Esta forma de meditación implica la completa identificación del Maestro con el ideal espiritual.

La completa identificación del Maestro con el ideal espiritual elimina las barreras que pueden existir entre el aspirante y el Maestro. Esto

Meditación del corazón

permite la expresión de amor irrestricto por el Maestro y conduce a la *meditación del corazón*†, que consiste en pensar constantemente en el Maestro con un flujo incesante de amor ilimitado.

Tal amor aniquila la ilusión de separación que aparenta dividir al aspirante del Maestro, y se caracteriza por una *espontaneidad que prácticamente no tiene paralelo en otras formas de meditación.* En sus etapas finales, la meditación del corazón se asocia con la dicha ilimitada y el olvido total del ser propio.

El amor por el Maestro conduce a una mayor identificación con el Maestro, de modo que el aspirante desea *vivir, en, y para el Maestro, y no para su propio ser limitado.* Esto conduce

Modalidades de meditación de acción

a la *meditación de acción.** Las modalidades iniciales de la meditación de acción

---

*Meditación No. 1, *Tabla de Clasificación Enumerativa (p. 219).*
*Meditación No. 2, *Tabla de Clasificación Enumerativa (p. 219).*
†Meditación No. 3, *Tabla de Clasificación Enumerativa (p. 219).*

generalmente toman las siguientes formas: *(a)* El aspirante mentalmente ofrece al Maestro todo lo que hay en él, renunciando así a todo lo que es bueno o malo en este. Esto lo libera, tanto de los buenos como de los malos ingredientes del ego y lo ayuda, no solo a *trascender esos opuestos,* sino también a *encontrar una verdadera y duradera integración con el* Maestro. *(b)* El aspirante se ofrece voluntariamente al servicio del Maestro o su causa. Realizar trabajo para el Maestro en el espíritu de servicio desinteresado, es tan bueno como la meditación. *(c)* El aspirante no permite que el ego se alimente de ninguna de sus acciones: pequeña o grande, buena o mala. No piensa "Yo hago tal cosa", sino por el contrario, desarrolla sistemáticamente el pensamiento de que a través de él, el Maestro verdaderamente hace todo lo que hace. Por ejemplo, cuando ve, piensa: "El Maestro está viendo"; cuando come, piensa: "El Maestro está comiendo"; cuando duerme, piensa, "El Maestro duerme"; cuando conduce un automóvil, piensa, "El Maestro conduce el automóvil"; incluso si hiciera algo malo, piensa, "El Maestro hace tal cosa." Por ende, renuncia por completo a cualquier voluntad propia de acción, y todo lo que hace es en referencia directa al Maestro. Esto implica y conlleva automática y necesariamente a que *cada acción se determine a la luz del ideal espiritual, tal como se percibe en el Maestro.*

Las cuatro formas de meditación personal en el Maestro representan las cuatro *etapas ascendentes* principales: (i) *percibir* el ideal espiritual en el Maestro, (ii) *concentrarse* en el Maestro como la encarnación del ideal espiritual, (iii) *amar* al Maestro como la manifestación del ideal espiritual, y (iv) *expresar* el ideal espiritual que se percibe en el Maestro, en la vida propia.

Cuatro formas de meditación representan cuatro etapas ascendentes

Finalmente, la meditación personal en el Maestro en sus diferentes formas contribuye a la liberación de la *vida creativa de la plenitud espiritual.* Meditar en el Maestro es meditar sobre *el ideal viviente,* no sobre algún concepto estéril de la perfección. Por ende, genera el poder dinámico que eventualmente permite al aspirante tender un puente sobre el abismo entre la teoría y la práctica, y unificar el ideal espiritual con las actividades cotidianas en su propia vida. *Vivir la vida inspirada e iluminada por el ideal espiritual personificado en el Maestro, es la culminación de todas las formas de meditación personal.*

---

* Meditación No. 4, *Tabla de Clasificación Enumerativa (p. 219).*

Tipos de Meditación

PARTE VI
MEDITACIONES ESPECIALIZADAS IMPERSONALES

La Sección V ahondó sobre las meditaciones especializadas personales, y esta sección tratará con las meditaciones especializadas que son impersonales. Recordemos que la **Distinción entre la meditación personal e impersonal** meditación es personal cuando trata con una persona, e impersonal cuando trata con (a) los aspectos de la personalidad o (b) algo que cae afuera del rango de la personalidad humana, tal como se entiende comúnmente. En la *Tabla de Clasificación Enumerativa* que se dio en la Parte V, las primeras cuatro formas de meditación son personales y las ocho formas restantes son impersonales. Como las formas de meditación personal, las formas de meditación impersonal merecen comentarios separados.

La atención del hombre tiende a enfocarse al cuerpo propio, o a otras formas, independientemente del espíritu que manifiesten. **Meditaciones sobre las numerosas formas de la vida manifiesta** Esto produce ilusiones, enredos y otras complicaciones. Por esto, se da la necesidad del tipo de meditación que permite al aspirante desarrollar la *perspectiva adecuada* sobre el estado real y significado de las numerosas formas, y de cultivar una *actitud correcta* hacia estas.* En este tipo de meditación, el aspirante adquiere el hábito constante *de considerar todas las formas como manifestaciones de una misma vida omnipresente, sin atribuirles ninguna existencia separada.* Este tipo de meditación coadyuva en *desenredar al individuo del mundo de la creación* y fomenta el cultivo del tipo más elevado de *amor universal, el cual considera a toda la humanidad y a todas las criaturas vivientes como miembros de un todo indivisible.*

Pero el tipo de meditación que se ocupa con las múltiples formas de la vida manifiesta queda incompleto, a menos de que se complemente con otro tipo de meditación que se relaciona con el cuerpo propio.† El cuerpo propio, sea denso, sutil o mental, es, al igual que los cuerpos de los demás, una forma de vida omnipresente y única; pero la consciencia se fija en los cuerpos propios con *un apego tan profundo, que se identifica con estos*. Los pensamientos continuos de desapego con respecto al cuerpo propio ayudan a emancipar la consciencia, y facilitan el nacimiento del verdadero Conocimiento de Sí. Este tipo de meditación es muy fructífera para el aspirante. Los tres cuerpos, denso, sutil y mental, entonces se ven como capas que uno se puede quitar o poner.

Meditación sobre los cuerpos propios

El tipo de meditación que trata con las numerosas formas de la vida manifiesta, y el tipo de meditación que trata con los cuerpos propios, ambos son preparativos para la forma de meditación impersonal*, en la cual (a) se hace un esfuerzo por *retirar* la consciencia de las numerosas formas de la vida manifiesta, así como de los cuerpos propios, y *(b) se centra la consciencia en el aspecto sin forma e infinito* de Dios. En las etapas iniciales de este tipo de meditación impersonal, se deben utilizar algunos *símbolos del infinito*. En realidad, es más útil comenzar con alguna *imagen* que sugiere y significa el infinito, que con una idea abstracta del infinito. La mente se puede estabilizar en la imagen del cielo, el océano, o un vasto vacío, pero una vez que se elige la imagen particular, el aspirante debe utilizar la misma durante todo el período de meditación, sin permitir que se reemplace con otra imagen. De estos símbolos del infinito, el vacío completo e ilimitado es difícil de imaginar, pero resulta ser el mejor si se pueda llevar a la mente con éxito. En esta forma de meditación, incluso cuando el vacío ilimitado se utiliza para simbolizar el infinito, no se pretende que el aspirante logre la vacuidad total de la mente. Tal vacío implica el cese de toda actividad mental y carencia absoluta de cualquier pensamiento o idea, pero en esta forma de meditación, la mente intenta comprender y realizar el aspecto sin forma e infinito de Dios, por medio de algún símbolo significativo.

Meditación sobre el aspecto sin forma e infinito de Dios

De esta forma impersonal de meditación, hay una variedad importante. En esta, el infinito que se imagina no se exterioriza mentalmente como si fuera una parte de algo *fuera* del aspirante. Es más útil imaginar el Infinito como estando *dentro* del aspirante. Después de imaginar el

---

* Meditación No. 5, *Tabla de Clasificación Enumerativa (p. 219)*.
† Meditación No. 6, *Tabla de Clasificación Enumerativa (p. 219)*.
*Meditación No. 7, *Tabla de Clasificación Enumerativa (p. 219)*.

infinito en su interior, el aspirante debe darse una fuerte sugestión de identidad con el Infinito, repitiendo mentalmente: "Soy tan infinito como el cielo interior" o "Soy tan infinito como

Visualizando el Infinito dentro de uno mismo
el océano interior" o "Soy tan infinito como el vacío interior." Puede ser incluso aún más útil utilizar la simple fórmula, "Soy el infinito interior", y, mientras se repite mentalmente esta fórmula, captar y comprender el significado del infinito con la imagen que se ha elegido. No es necesario repetir la fórmula con las *palabras* exactas; es suficiente adherirse al *pensamiento* expresado en la fórmula.

La meditación "Soy infinito" puede conducir a la integración del aspirante con el aspecto sin forma e infinito de Dios. Algunos aspirantes se integran a tal grado, que incluso pueden pasar enjambres de mosquitos sin que los escuchen, mientras que otros se pueden inquietar o perturbar fácilmente; los últimos no se deben preocupar por la falta de éxito en la meditación, sino persistir tenazmente, experimenten la integración o no. Adoptar una posición relajada es útil para lograr la integración, pero la unión final es imposible sin la ayuda del Maestro.

Las formas de meditación que se han explicado hasta ahora se relacionan predominantemente con los *objetos* impersonales de la experiencia, pero algunas formas de meditación

Búsqueda del agente de acción
impersonal se relacionan con el *sujeto* de la experiencia. Una forma importante de este tipo de meditación consiste en postular constantemente la pregunta: "¿Quién hace todas estas cosas?"* El aspirante suele pensar cosas como, "yo duermo", "yo camino", "yo como", "yo platico", "yo veo, escucho, toco, pruebo, huelo, pienso, siento, deseo", etc. Ahora, la pregunta apremiante que explora esta forma de meditación es "¿QUIÉN ES ESTE 'YO'?" *El alma no experimenta ninguna de estas cosas.* El alma no duerme, camina, come o habla, no ve, escucha, toca, prueba, huele, piensa, siente o desea. ¿Quién entonces, es el agente de estos? La *fuente* de todas estas actividades se debe descubrir, y el misterio de todo lo que tiene vida se debe explicar.

Hay un poder que hace todas estas cosas, y debemos *saber* que somos diferentes a ese poder para poder utilizarlo con desapego. El aspirante *piensa* que camina; en realidad su *cuerpo* es lo que camina. El aspirante *piensa* que ve, escucha, piensa, siente o desea, pero su *mente es* realmente

---

*Meditación No. 8, *Tabla de Clasificación Enumerativa* (p. 219).

la que hace todas estas cosas, a través de un medio conveniente. *Como alma, el aspirante está en todas partes y en realidad no hace nada.* Pero no es suficiente pensar que, como alma, está en todas partes y realmente no hace nada. Lo debe *saber*.

El conocimiento del alma también se puede procurar mediante una forma de meditación en la cual el aspirante intenta realizarse como mero *testigo de todos los acontecimientos físicos y*

Considerándose como el testigo

mentales.* Después de despertar de un sueño, el individuo se percata de que no era el *agente* real de las acciones en el sueño, sino simplemente era el *testigo* de estas. Si el aspirante persistentemente practica considerarse el testigo de todos los sucesos físicos y mentales que experimenta, tanto despierto como en los sueños, rápidamente desarrolla el *desapego absoluto* que lo libera de todas las preocupaciones y sufrimientos asociados con los eventos mundanos. Esta forma de meditación procura llevar al aspirante más allá *de los límites del tiempo,* y asegurar el alivio inmediato de la inquietud y fiebre conectados con las diversas expresiones de la energía limitada. Como testigo, el alma queda al margen de todos los eventos en el tiempo, y los resultados de sus acciones no la atan. Todo esto no solo debe ser pensado, sino *experimentado*.

No obstante, las formas de meditación que se relacionan con el sujeto de la experiencia sufren la desventaja de que el *verdadero sujeto de la experiencia no puede ser objeto del pensamiento o las*

La importancia de aquietar la mente

meditaciones, en el sentido ordinario. Por ende, estas formas de meditación pueden en el mejor de los casos, acercar al aspirante bastante al Conocimiento de Sí, cosa que solo sucede en toda su gloria cuando la esfera mental se atraviesa por completo. Ciertas formas de meditación impersonal especializada, por ende, se relacionan con las *operaciones mentales* y ultimadamente intentan *aquietar la mente*.

Lograr el control sobre los pensamientos es tomar plena consciencia de lo que son. Estos se deben atender antes de ser controlados. En la introspección común, pocas veces es posible que

Anotar los pensamientos

el principiante dedique la atención adecuada a la totalidad de los sombríos pensamientos que pasan por su mente. Por lo mismo, es útil que el aspirante ocasionalmente anote todos sus pensamientos* tal y como vengan, para después inspeccionarlos con calma. Este proceso es diferente de

---

* Meditación No. 9, *Tabla de Clasificación Enumerativa (p. 219)*
* Meditación No. 10, *Tabla de Clasificación Enumerativa (p. 219).*
† Meditación No. 11, *Tabla de Clasificación Enumerativa (p. 219).*

escribir artículos planeados. Se les permite a los pensamientos salir sin dirección o restricción alguna, para que, incluso los elementos reprimidos de la mente subconsciente tengan acceso a la mente consciente.

En las etapas más avanzadas, la apreciación intensiva de los procesos mentales se puede llevar a cabo mientras los pensamientos aparecen en la consciencia, sin necesidad de escribirlos. La

Observando las operaciones mentales
observación de las operaciones mentales† debe conllevar una evaluación crítica de los pensamientos. Los pensamientos no se pueden controlar excepto mediante la apreciación de su valor o falta de valor. Cuando los diversos pensamientos que hostigan a la mente se evalúan críticamente y se le hace frente al movimiento interno de los *sanskaras*, se les entiende, se toman por lo que valen realmente, y la mente se libera de todas las obsesiones y compulsiones relacionadas con estos.

Así se prepara el camino para la meditación que procura mantener la mente en blanco*, cosa que es muy difícil de lograr. *La mente no entretiene ideas cuando duerme, pero en esos momentos*

Poniendo la mente en blanco
la consciencia está en suspensión. Si durante el estado de vigilia se le ocurre a la mente la idea de mantenerse en blanco, piensa en esa idea y sigue lejos de estar en blanco. Pero la difícil tarea de poner la mente en blanco se hace posible con una *alternancia* entre dos formas incompatibles de meditación, de manera que la mente queda *atrapada entre la concentración y la distracción.*

Así entonces, el aspirante puede concentrarse en el Maestro durante cinco minutos, y después de haberse establecido en la forma del Maestro, puede fijar la mente durante los

Alternancia entre la concentración y la distracción
siguientes cinco minutos en la meditación impersonal, pensando, "Yo soy Infinito". La disparidad entre las dos formas de meditación se puede enfatizar manteniendo los ojos abiertos durante la meditación sobre la forma del Maestro, y cerrando los ojos durante la meditación impersonal. Esta alternancia ayuda a dejar la mente en blanco, pero para tener éxito, ambas formas de meditación se deben practicar a consciencia.

Aunque después de cinco minutos tenga que cambiarse al otro tipo de meditación, no se debe pensar en eso mientras se practica

---

* Meditación No. 12, *Tabla de clasificación enumerativa (p. 219).*

el primer tipo. Sin concentración no pude haber distracción, pero al hacer el cambio, no se debe pensar en el primer tipo de meditación. La

La Verdad se refleja en la mente que se vuelve tranquila

distracción debe ser tan completa como la concentración previa. *Cuando hay alternancia rápida entre la concentración y la distracci*ón, las operaciones mentales, *por así decirlo, se cortan con una sierra que va hacia delante y hacia atrás.* La desaparición de las operaciones mentales de todo tipo contribuye a que la mente se aquiete por completo, sin permitir que la consciencia caiga en una suspensión.

Cualquier pensamiento que aparece en la mente del aspirante es una forma de perturbación, y tiene su origen en el impulso de los *sanskaras* almacenados. La agitación de la mente solo desaparece cuando el aspirante controla su mente de modo que cualquier pensamiento se pueda descartar a voluntad. *Solo en el completo silencio interno se puede encontrar la Verdad.* Cuando la superficie de un lago se aquieta, refleja las estrellas. *Cuando la mente se aquieta, refleja la naturaleza del alma, tal y como es.*

Tipos de
Meditación

PARTE VII
SAHAJ SAMADHI

Las diferentes formas de meditación que se practican antes de ingresar conscientemente al Camino, así como las diferentes formas de meditación generales y especiales, adoptadas después de convertirse en aspirante, son preparativas para alcanzar el estado más elevado del *Sahaj Samadhi*, o meditación espontánea, en la que el aspirante se establece permanentemente cuando realiza el objetivo último de la vida. El *Sahaj Samadhi* del *Siddha*, o persona que ha realizado a Dios, es *continuo* con todas las formas previas de meditación y es la *culminación* de estas, pero es diferente en tipo, y es de *otra orden completamente diferente*.

El *Sahaj Samadhi* se sostiene por sí solo

La espontaneidad o falta de esfuerzo en el *Sahaj Samadhi* debe distinguirse cuidadosamente del pseudo sentido de espontaneidad que se da en las meditaciones habituales de la persona mundana que aún no ha ingresado al Camino. La mente de la persona mundana se absorbe en los objetos de los sentidos y no experimenta esfuerzo alguno para meditar en dichos objetos. Su mente se detiene en estos debido a su interés natural por ellos, y no por un esfuerzo deliberado de su parte. La sensación de esfuerzo no se da cuando se le permite a la mente detenerse en diversos objetos mundanos, sino cuando se intenta disuadirla de estos. Entonces, al tener cierta sensación de espontaneidad, las formas pre espirituales de meditación aparentan tener cierta similitud con la culminación del *Sahaj Samadhi* del Siddha, pero este parecido entre la fase inicial de la meditación y su fase final solo es superficial, ya que el *Sahaj Samadhi* y las meditaciones pre espirituales se dividen por vitales diferencias de gran importancia espiritual.

Meditaciones pre espirituales del hombre mundano

La sensación de espontaneidad que se experimenta en las meditaciones pre espirituales que se relacionan con los objetos mundanos y la búsqueda de estos, se debe a los intereses creados por los *sanskaras. Las meditaciones pre espirituales son producto del impulso acumulado de los sanskaras pasados, y no solo están lejos de ser una expresión de libertad verdadera, sino* que en realidad son síntomas de la esclavitud espiritual. En el nivel pre espiritual, el hombre está sumido en una ignorancia total sobre el objetivo de la libertad infinita, y aunque continúa estando lejos de ser feliz y estar satisfecho, se identifica tan profundamente con los intereses *sanskáricos,* que experimenta gratificación con el avance de estos. Pero el placer en su búsqueda es condicional y transitorio, y *la espontaneidad que experimenta en las mismas es ilusoria, porque durante toda su búsqueda, su mente trabaja limitadamente.*

Espontaneidad ilusoria de las meditaciones pre espirituales derivada de intereses *sanskáricos*

La mente solo puede lograr la libertad y espontaneidad genuina de acción, cuando se libera completamente de los vínculos e intereses *sanskáricos,* y esto solo se hace posible cuando esta se fusiona con el estado de *Sahaj Samadhi* del *Siddha.* Por ende, es importante señalar que, aunque pudiera parecer que hay una semejanza superficial entre el *Sahaj Samadhi* del *Siddha* y las meditaciones pre espirituales de la persona mundana, el parecido realmente oculta la importante diferencia entre la espontaneidad ilusoria y la espontaneidad verdadera, la esclavitud y la libertad, el placer fugaz y la felicidad duradera. *En las meditaciones pre espirituales, la mente es sujeta a compulsiones inconscientes, mientras que en el Sahaj Samadhi la actividad mental se desempeña con iniciativa consciente e irrestricta.*

La verdadera libertad y espontaneidad solo existen en el *Sahaj Samadhi*

Las diferentes formas de meditación características de la vida del aspirante espiritual se encuentran *a mitad* del camino entre las meditaciones pre espirituales del hombre mundano y el *Sahaj Samadhi* final del *Siddha,* y también constituyen un vínculo entre estos. Cuando la aquiescencia inicial del hombre con los intereses *sanskáricos* se ve profundamente alterada por el retroceso, la derrota y el sufrimiento, o se sacude por alguna chispa de entendimiento espiritual, la persona se vuelve consciente de su esclavitud y de la falsedad de sus percepciones. *Todas las diferentes formas de meditación a las que entonces recurre el aspirante, surgen como parte de su lucha por la emancipación de la esclavitud de los deseos falaces del hombre mundano.* Las formas de meditación que son espiritualmente importantes comienzan

La meditación es parte de la luchaa del aspirante por su emancipación

cuando la persona se ha convertido en aspirante, o *sadhak*.

La meditación del aspirante en todas sus formas es *deliberada,* en el sentido de experimentarla como algo que contrarresta las tendencias instintivas, o demás tendencias inherentes a la mente. El aspirante adopta las diferentes formas de meditación como medio hacia un fin, a saber, porque las ve como avenidas hacia la Verdad. No son el resultado de un impulso, sino que son parte de un esfuerzo inteligente y deliberado. Pero, aunque estas formas de meditación pueden ser deliberadas al inicio, la mente gradualmente se habitúa a ellas. La mente también se interesa en los diversos aspectos de la Verdad que las diferentes formas de meditación procuran aprovechar, y eso aumenta su espontaneidad. En ninguna de las meditaciones del *sadhak*, se pronuncia más el elemento de la espontaneidad, que en las formas de meditación personal que dan cabida a, y requieren expresiones de amor. Pero la espontaneidad absoluta y la libertad verdadera no se obtienen hasta haber logrado el objetivo de la meditación. Hasta entonces, por lo general, hay una entremezcla de sensaciones de esfuerzo y espontaneidad. La procuración de la libertad espiritual implica una sensación de esfuerzo que persiste a cierto grado, hasta que se superan todos los obstáculos de las falsas percepciones. *Aunque el esfuerzo puede variar en intensidad, nunca desaparece por completo hasta que se consume en la quietud del logro final.*

La meditación involucra esfuerzo

En el *Sahaj Samadhi* no hay esfuerzo, porque no hay obstáculos que superar ni objetivos que alcanzar. *Solo existe la espontaneidad infinita, producto de la libertad irrestricta, y la paz y dicha ininterrumpidas que provienen de la Realización de la Verdad.* La progresión hacia el *Sahaj Samadhi* es la transición de un estado de aquiescencia incuestionable en el impulso de los *sanskaras,* a un estado de lucha desesperada con las limitaciones *sanskáricas,* y finalmente a un estado de libertad absoluta, *cuando la consciencia ya no es condicionada por los depósitos del pasado, sino que se activa en la cristalina percepción de la Verdad eterna.*

Progresión hacia el *Sahaj Samadhi*

El *Sahaj Samadhi* del *Siddha* es diferente de la meditación del aspirante, no solo con respecto a la libertad y espontaneidad de la consciencia, sino también con respecto a otros puntos importantes. Todas las diferentes formas de meditación en las que el aspirante puede incursionar directa, o indirectamente, buscan asegurar la unión completa de la mente con la Verdad infinita, pero

Solo en el *Sahaj Samadhi* se funde la mente individual

solo logran fusionarse parcialmente, sin poder lograr la aniquilación completa de la mente individual. Estas representan diferentes grados de aproximación al objetivo espiritual, pero no su realización. Por otro lado, en el *Sahaj Samadhi*, sí existe la realización del objetivo espiritual, ya que la mente limitada queda aniquilada por completo y logra fundirse totalmente con la Verdad infinita.

La meditación del aspirante, en sus vuelos más altos a menudo conlleva una sensación de expansión y libertad, y también la dicha e iluminación

Exaltación temporal en la meditación
de los planos superiores, pero ninguna de estas es duradera porque en la mayoría de los casos, cuando el aspirante desciende de su estado exaltado de meditación, vuelve a ser lo que era; en concreto, una persona común aprisionada por las cadenas inflexibles de las limitaciones *sanskáricas*.

Lo incompleto de los diferentes *samadhis* del aspirante se puede ilustrar con la historia de un *yogui* de Gwalior. Este *yogui* era muy codicioso,

Historia de un *yogui*
pero con el yoga había dominado el arte de entrar en *samadhi*. Un día se sentó frente al palacio del Raja y, antes de entrar en *samadhi*, pensó: "Debo obtener mil rupias del Raja". Acto seguido, entró en *samadhi* y quedó en ese estado durante siete días completos. Durante ese período no comía ni bebía, sino que permanecía sentado en un lugar, completamente inmerso en la *meditación de trance*. La gente lo consideraba un santo, y cuando el Raja supo de él, también fue a recibir su *darshan*. El Raja se acercó al yogui, tocando casualmente su espalda. Ese ligero toque fue suficiente para sacar al yogui de su *samadhi*, y justo al despertar de su meditación de trance le pidió al Raja mil rupias.

Así como un prisionero que, por la ventana de su prisión contempla la vasta expansión del cielo y se puede perder en la visión del

Análisis de la meditación de trance
espacio ilimitado, el aspirante que entra en la meditación de trance puede olvidar temporalmente sus limitaciones, mientras sigue inmerso en la luz y la dicha. Pero, aunque el prisionero puede haber olvidado la prisión, no ha escapado de ella. De igual manera, *el aspirante que se absorbe en la meditación de trance ha perdido de vista las cadenas que lo atan al mundo de la ilusión, pero realmente no escapado de estas*. De la misma forma en que el prisionero otra vez es consciente de su esclavitud al percatarse de su entorno inmediato, el aspirante, al recuperar la consciencia normal, otra vez

se hace consciente de sus limitaciones. Las formas ascendentes de la meditación de trance pueden aumentar los *poderes* ocultos del aspirante, pero no lo pueden elevar al estado infinito de conocimiento y dicha que es continuamente accesible en el *Sahaj Samadhi* del *Siddha* que ha alcanzado la emancipación final, al superar las cadenas de M*aya.*

Otra diferencia importante es que en la meditación de trance, el aspirante suele *sostenerse con algún objeto fenoménico* que ejerce una atracción irresistible sobre él. Las luces, colores, olores y sonidos de la *esfera sutil* sirven para distraer la mente de las cosas mundanas con las que se podría haber apegado. Por ende, la meditación de trance no es autosustentable, sino que depende del objeto al que se dirije la mente.

Meditación de trance sostenida por objeto fenoménico

El Sahaj Samadhi del Siddha es autosustenable y no depende de ningún objeto mental. La meditación de trance es más parecida al *estupor de las drogas intoxicantes.* La intoxicación de la droga solo existe mientras dura el efecto de esta. Similarmente, el trance solo existe mientras la mente sigue bajo la influencia del objeto que la sostiene. El *Sahaj Samadhi,* que no es influenciable por ningun objeto, es *un estado de despertar íntegro, en el que no hay flujo ni reflujo, creciente ni menguante, sino* únicamente *la estabilidad de la percepción verdadera.*

El *Sahaj Samadhi* es autosustentable

Las distintas formas de meditación a las que recurre el aspirante, tanto generales como especializadas, son útiles y valiosas dentro de ciertos límites. No se deben considerar como teniendo el mismo valor para todos, o siendo igualmente necesarias para todos, pero sí se encuentran entre las formas que pueden llevan al aspirante a su destino divino. Para los pocos que se encuentran en un estado espiritual avanzado, la mayoría de las formas comunes de meditación son innecesarias, y para quienes están en contacto directo con un Maestro que ha realizado a Dios, muchas de las formas especiales de meditación por lo general son innecesarias. Es suficiente para estos amar al Maestro y estar bajo su tutela. Y para los muy pocos seres que han logrado la realización de Sí y constantemente se encuentran en el estado de *Sahaj Samadhi,* no solo es innecesaria cualquier forma de meditación, sino que estos *mismos se convierten en el objeto de meditación* para el aspirante, porque es cuando pueden brindar la mayor ayuda a quienes meditan sobre ellos.

Quienes se encuentran en el *Sahaj Samadhi* son objetos adecuados para la meditación

Tipos de Meditación

Cuando la mente se sintoniza correctamente con el objeto de la meditación, se une con la Verdad y experimenta el *Sahaj Samadhi*, o estado de dicha espontánea del Autoconocimiento ininterrumpido, en el que el aspirante pierde su individualidad limitada para descubrir que es idéntico a Dios, Quien se encuentra en todo. El *Sahaj Samadhi* es la *culminación* de las formas anteriores de meditación personal e impersonal, pero no es su *producto*.

El *Sahaj Samadhi* es la culminación de las formas anteriores de meditación

A pesar de sus diferencias, todas las formas de meditación que practica el aspirante, aunadas a sus otros esfuerzos espirituales, tienen el solo objetivo de acelerar la realización del anhelo de unirse con el Infinito. Cuando la unión se logra, el *sadhak* (aspirante) se convierte en *Siddha* (quien ha alcanzado la meta). La unión con el Infinito que logra el *Siddha*, se denomina *"Wasl" por los Sufis*. Cristo describe este estado de unión con Dios, con las palabras: *"Yo y mi Padre somos uno".* Muchos han escrito sobre este elevado estado de consciencia, pero es esencialmente indescriptible. No se puede expresar con palabras, y por tanto no se puede explicar adecuadamente. Pero, *aunque una persona nunca se lo podrá explicar a otra, se puede experimentar por todos en sí.* Este estado elevadísimo del *Siddha* se denomina el *Sahaj Samadhi*.

El *Samadhi Samadhi* se experimenta después de la unión con el Infinito

Experimentar el *Sahaj Samadhi* es experimentar el *Estado de Dios*, en el cual el alma sabe que es Dios, porque ha desechado cualquier factor limitante que hasta entonces había contribuido al falso conocimiento del ser. El *Estado de Dios* del *Siddha* se destaca en claro contraste con el estado

Vida corporal

corporal del ser mundano. El ser mundano se identifica con el cuerpo y vive en un estado que se rige por el cuerpo y sus deseos. Su consciencia se centra en el cuerpo. Se ocupa con comer, beber, dormir y satisfacer otros deseos corporales. *Vive y busca realizarse en, y para el cuerpo.* Su consciencia no puede extenderse más allá del cuerpo; piensa en términos del cuerpo y no puede pensar en algo que no tenga cuerpo o forma. *La esfera entera de su existencia se compone de formas,* y el teatro en el que se mueve, habita, y tiene su ser, consiste de espacio.

El primer paso hacia el *Estado de Dios* del *Sahaj Samadhi,* se toma cuando se trasciende el estado corporal. Desechar el estado corporal significa entrar en la esfera de la existencia que

Vida de energía se compone de energía. El alma entonces vive en un estado que ya no ese encuentra dominado por formas o cuerpos. Se eleva al dominio de la energía. *El cuerpo o forma es una solidificación de energía, y elevarse del mundo de las formas a la esfera de la energía equivale a un avance hacia un estado de ser más primario y puro. El estado de la energía* es libre de muchas de las limitaciones que se adquieren en el mundo de las formas. En este estado, la consciencia se conecta con la energía y continuamente vibra en, y a través de la energía. En el estado de energía, el comer y beber del estado corporal son análogos a la absorción y asimilación de energía. En este nivel, el alma adquiere control total sobre la energía y procura realizarse mediante su uso, pero sus acciones aún se encuentran dentro de la esfera de limitaciones espirituales. Puede ver, escuchar y oler múltiples cosas que son inaccesibles en el estado corporal, y puede realizar múltiples acciones (*p. ej.,* producir luz en la oscuridad o vivir miles de años, consumiendo solo energía), cosas que parecen ser *milagrosas* para quienes se encuentran en el estado corporal; pero toda la gama de su existencia se compone de energía y es controlada por energía. Todo lo que puede pensar o hacer se realiza en términos de energía y se desempeña por medio de la energía. El estado de la energía es el estado de las *almas espiritualmente avanzadas,* pero sigue lejos de ser el estado de Perfección, que se expresa a través del *Sahaj Samadhi* del *Siddha.*

El segundo paso importante hacia *Sahaj Samadhi* se toma cuando el alma trasciende el dominio de la energía e ingresa al dominio de la mente. *Toda la energía es, en última instancia, una*

Vida de la mente *expresión de la mente;* por ende, la transición del estado de energía al *estado mental* constituye un avance aún mayor hacia el *Estado de Dios,* del *Sahaj Samadhi.* En el estado mental, la consciencia se relaciona directamente con la mente, sin ser subyugada en lo absoluto por la dominación del cuerpo o la energía; se ocupa directamente por la mente. Los *santos* que se encuentran en el estado mental pueden leer e influir sobre la mente de otros. Sin embargo, el estado ocupado por la mente sigue estando dentro del dominio de la dualidad y la ilusión, y este se debe trascender para poder lograr la unión con el Infinito.

Desde el inicio mismo, cualquier progreso consiste en reducir y gradualmente trascender el funcionamiento de la mente individual. La mente funciona, aún estando en el estado corporal **La mente vela** y en el estado de la energía, pero *en el estado corporal,* **la verdad** *la mente piensa en términos del cuerpo; en el estado de la energía, piensa en términos de energía y en el estado mental piensa en términos propios.* Sin embargo, incluso cuando piensa en términos propios, la mente no alcanza el conocimiento ni la realización del Infinito, porque se convierte en su propio velo entre el pensamiento y la Verdad. Aunque la mente no es limitada por la vida corporal ni por la vida de la energía, sigue estando restringida por la consciencia separativa. Es comparable con un espejo empolvado. Por ende, la mente se debe fusionar y disolver por completo en el Infinito, para poder experimentar el *Estado de Dios* en el *Sahaj Samadhi.* Así entonces, *la forma es energía solidificada, la energía es una expresión de la mente, la mente es el espejo empolvado de la Eternidad, y la Eternidad es la Verdad que ha desechado la máscara de la mente.*

Desechar la mente limitante no es cosa fácil. La principal dificultad es que la mente se debe aniquilar mediante la mente misma. El intenso anhelo de unión con la Realidad Infinita, **Atravesar la mente** y paciencia infinita, son indispensables en el **requiere anhelo y** proceso de atravesar la mente. Un Maestro le **paciencia** dijo a su discípulo que, para alcanzar el estado más elevado, debe ser atado de manos y pies a un tablón y arrojado al río, donde debe mantener su ropa seca. El discípulo no entendió el significado oculto de esa declaración. Deambuló hasta encontrarse con otro santo y preguntó el significado del mandato del Maestro. El santo explicó que, para alcanzar a Dios debe esforzarse intensamente para unirse con Él, como si no pudiese vivir otro segundo sin ello, pero con una paciencia inagotable que pudiera esperar billones de años. Si no hay anhelo intenso por unirse con Dios, la mente recae en su actividad *sanskárica* habitual, y si no hay paciencia infinita, el mismo anhelo que alberga la mente, sostiene el funcionamiento de la mente limitada. *Solo cuando existe un equilibrio entre anhelo infinito, y paciencia infinita, es que el aspirante puede pretender cruzar el velo de la mente limitada, y esta combinación de extremos solo se puede dar mediante la gracia del Maestro.*

Morar en el *Sahaj Samadhi* es morar en la consciencia de la Verdad. Este estado no es alcanzable por quienes tienen la mente activa. El

El Conocimiento de Sí en el *Sahaj Samadhi* se sostiene intuitivamente sin esfuerzo

Estado de Dios se encuentra más allá de la mente, porque nace solo cuando la mente limitada desaparece en unión final con el Infinito. El alma entonces se conoce a sí misma, mediante sí misma, y no por medio de la mente. El hombre mundano sabe que es un ser humano y no un perro. Así mismo, en el *Sahaj Samadhi*, el alma sencillamnte sabe que es Dios y no algo finito. La persona mundana no tiene que recordar constantemente que no es un perro, sino un ser humano; sabe, sin tener que hacer ningún esfuerzo especial que es un ser humano. De esta misma forma, el alma en el *Sahaj Samadhi* no necesita ninguna inducción artificial de la Consciencia de Dios mediante repetidas auto sugestiones. Simplemente sabe que es Dios, *intituivamente, sin esfuerzo alguno.*

Quien logra el *Sahaj Samadhi* se establece en el conocimiento del alma. Este conocimiento no viene ni va, porque es permanente. En el estado

Vida en la eternidad

de la ignorancia, el aspirante se considera como hombre o mujer, como agente de acciones limitadas y como receptor de alegrías y penas. En el estado del conocimiento, sabe que es el alma y que de ninguna forma es limitado ni afectado por estas cosas. Una vez que conoce su naturaleza verdadera, la conoce para siempre y nunca más se ve envuelto en la ignorancia. El estado de Consciencia de Dios es infinito, y se caracteriza por el entendimiento, pureza, amor y dicha ilimitados. *Iniciarse en el Sahaj Samadhi es arribar a la infinitud de la vida eterna.*

El *Sahaj Samadhi* tiene dos formas: (1) *Nirvana* o absorción en la divinidad, y (2) el estado de *Nirvikalpa* o divinidad en la expresión. Cuando la consciencia se retira por completo de todos los cuerpos y del mundo de la creación, esto conduce al *Nirvana* o el *estado de*

Más Allá; pero cuando la consciencia vuelve a funcionar a través de los cuerpos, sin apego o identificación con estos, conduce al *Sahaj Samadhi del estado de Nirvikalpa, o el estado del Sadgurú.*

Dos formas de Sahaj Samadhi   *Aquí, aunque la consciencia se une con los cuerpos como instrumentos, internamente está desapegada de estos por la no identificación.* Atravesar la mente equivale a retirar la consciencia del universo completamente, en total absorción con Dios. En este estado, el universo se vuelve un cero, y esto es el *Nirvana.* La mayoría de las personas que alcanzan el *Nirvana* jamás regresan a la consciencia del universo. Los pocos que sí descienden a la conciencia del universo, no pueden experimentarla sino como Dios, y viven continuamente en el *Sahaj Samadhi* del estado de *Nirvikalpa.* El estado de *Nirvikalpa* significa una vida donde toda la actividad mental de la falsa imaginación ha cesado, y *las oscilaciones de la mente limitada se aquietan en la realización de la Verdad inmutable.*

El *Sahaj Samadhi* del estado de *Nirvikalpa* corresponde a las almas que descienden del séptimo plano, y pertenece a los *Sadgurús* y Avatares.

El estado de los *Sadgurús* y *Avatares*   La armonía y aplomo de este estado permanecen inalterados, incluso cuando el individuo da respuestas enérgicas a las circunstancias cambiantes de la vida. El que ocupa este estado ve a Dios en todas partes y en todo, y no ve nada más que Dios. Su estado de Dios, por ende, nunca aminora al tratar con cosas de este mundo. Si tensa el arco o usa la espada en el campo de batalla, si vuela en avión o platica con la gente, o si practica otras actividades que requieren de su más minuciosa atención, continuamente experimenta el gozo consciente de la Verdad inmutable.

El estado de *Nirvana* y el estado de *Nirvikalpa* son similares al estado de *Mukti,* o *Moksha,* que representan la unión del alma individual con

Moksha, Nirvana y el estado de Nirvikalpa   Dios, y producen la dicha eterna y conocimiento infinito de la superconsciencia. Pero el *Mukti,* o *Moksha,* se experimenta después de que el alma abandona el cuerpo, mientras que los estados de *Nirvana* y *Nirvikalpa* se pueden experimentar *antes* de abandonar el cuerpo. Sin embargo, aunque los estados de *Nirvana* y *Nirvikalpa* son similares en cuanto a la retención de los cuerpos, y aunque también son fundamentalmente lo mismo, existe una ligera diferencia entre estos dos.

Cuando el alma se libera la coraza del ego e ingresa a la vida infinita de Dios, *su individualidad limitada es reemplazada por la individualidad ilimitada.* El alma sabe que tiene la Consciencia de Dios, y de esta forma *conserva su individualidad.* El punto importante es que la individualidad no se extingue por completo, sino que se retiene en forma espiritualizada. Sin embargo, aunque la individualidad ilimitada del alma, en cierta forma se retiene con la unión con el Infinito, *puede permanecer eternamente quiescente en su autónoma experiencia de divinidad.* Nadie regresa a la consciencia mundana desde el estado de *Nirvana,* o absorción. Sin embargo, en muy pocas ocasiones, el alma que recién ha ingresado a la vida infinita de Dios, *establece su individualidad ilimitada mediante la liberación de la divinidad dinámica.* Este es el *Sahaj Samadhi* del estado de *Nirvikalpa.*

Diferencia entre el _Nirvana_ y el estado de _Nirvakalpa_

La Dinámica
del Avance Espiritual

El avance espiritual comienza cuando hay un cambio radical en la perspectiva de la persona mundana. La persona mundana vive principalmente para el cuerpo, e incluso en las **Subyugación del cuerpo por una vida más elevada** actividades que no aparentan tener ninguna referencia directa al cuerpo, en última instancia, el poder motivacional sigue encontrándose en los deseos conectados con el cuerpo. Por ejemplo, vive para comer, no come para vivir. Como no ha descubierto ningún propósito que claramente trasciende el cuerpo, el cuerpo y su confort se convierten en el centro de todas sus actividades. Pero cuando descubre cierto valor en el que el alma predomina, el cuerpo inmediatamente pasa a segundo plano. El mantenimiento del cuerpo ahora sirve meramente para realizar un propósito superior. *Su cuerpo, que anteriormente era un obstáculo para la verdadera vida espiritual, se convierte en un instrumento para liberar una vida más elevada.* En esta etapa, la persona no atiende sus necesidades corporales con la sensación de identificarse con el cuerpo, sino como el conductor de un ferrocarril, solo lo abastece de carbón y agua para poder seguir adelante.

El inicio mismo del progreso espiritual es condicionado por la búsqueda del objetivo por el que vive el hombre; *el mismo objetivo por el que inconscientemente ama y odia, y por el que* **Búsqueda de la meta** *pasa por diversos sufrimientos y alegrías.* Si bien puede ser movido por la atracción de su incomprensible e irresistible destino divino, también puede pasar un largo tiempo antes de llegar a la cumbre de la Realización de la Verdad, y el Camino está plagado de constantes trampas y resbalosos precipicios. Quien intenta llegar a la cima de esa montaña debe ascender cada vez más alto, e *incluso si la persona logra escalar grandes alturas, el más mínimo error de su parte la puede regresar al principio.* Por ende, el aspirante no se encuentra seguro a menos de que cuente con la ayuda y guía del Maestro Perfecto, quien conoce los entresijos del Camino, y quien, no solo puede salvaguardar al aspirante de una posible caída, sino que lo puede conducir a la meta de la realización sin recaídas innecesarias.

El aspirante que ha decidido lograr la meta, sigue cargando con todos los *sanskaras* que ha acumulado en el pasado, pero en la intensidad de su anhelo espiritual quedan suspendidos e inoperantes

Bloqueando el avance por el momento. Sin embargo, una y otra vez, cuando este relaja su esfuerzo espiritual, el accionar de los *sanskaras* suspendidos adquiere nueva fuerza y, *organizándose en una nueva formación, constituyen obstáculos formidables para el avance espiritual del aspirante.*

Lo anterior se puede ilustrar con la analogía de un río. La poderosa corriente del río lleva consigo grandes cantidades de limo, provenientes de su cauce y riberas. Mientras el limo queda

Analogía del río suspendido en el agua, no bloquea el flujo del río, aunque sí lo puede realentar; pero al realentarse en las llanuras, particularmente hacia la boca, la corriente tiende a depositar limo en el lecho del río y formar grandes islas o deltas, que no solo obstruyen la corriente, sino que a menudo la desvían o incluso la dividen en corrientes más pequeñas, debilitando así la fuerza del poderoso río. O bien, cuando el río se inunda, barre con cualquier obstáculo, sea basura, árboles o arbustos que quedan en su camino, pero cuando se acumulan en alguna medida, pueden representar un serio obstáculo para el flujo del río. Así entonces, *el Camino del avance espiritual a menudo se bloquea con obstáculos de su propia creación, y estos obstáculos solo se pueden superar mediante la ayuda del Maestro.*

La ayuda del Maestro es más efectiva cuando el aspirante entrega su vida de ego en aras de la vida ilimitada que representa el Maestro.

El egoísmo debe desaparecer Si bien, la entrega total es sumamente difícil de lograr, la condición más esencial para el avance espiritual es la *disminución del egoísmo* a su mínimo.

El objetivo del avance espiritual no radica tanto en las "obras", como en la calidad de vida que se encuentra libre de la consciencia de ego. Si el aspirante tiene grandes logros en su haber que reclama como propios, su ego se adhiere firmemente a estos y constituye un obstáculo tremendo para la vida ilimitada. Por ende, tanto los ritos y las ceremonias, los actos de caridad y las buenas obras, como la renunciación externa y demás penitencias, son futiles cuando se encuentran enraizadas en la consciencia del ego.

Por tanto, es muy necesario que el aspirante se mantenga libre de la idea: "Hago esto, o hago lo otro". Esto no significa que el aspirante se deba mantener alejado de toda actividad por temor a desarrollar esta forma de ego. Es posible que tenga que llevar una vida de acción para desgastar el ego ya desarrollado. Por ende, se le presenta *el dilema de que, si permanece inactivo, no hace nada para escapar de la prisión de su vida de ego, y si lleva una vida de acción, existe la posibilidad de que su ego se transfiera a estas nuevas acciones.*

El dilema

Para el avance espiritual, el aspirante debe evitar estos dos extremos, a la vez llevando una vida de acción creativa. Recorrer el Camino espiritual no es como montar un caballo ensillado, sino como caminar sobre el filo de una espada. Una vez que el jinete monta al caballo, prácticamente está en reposo, sentado con facilidad relativa y requiere poco esfuerzo o atención para proceder. Sin embargo, para recorrer el Camino espiritual se requiere la máxima atención y cuidado, ya que el Camino no ofrece lugares de descanso ni espacio para la expansión de la vida de ego. Quien ingresa al Camino no puede quedarse donde está, ni permitirse perder el equilibrio. Es como alguien que intenta caminar sobre el filo de una espada.

Recorrer el Camino es como caminar sobre el filo de una espada

Para evitar la inacción, por un lado, y el orgullo de accionar por el otro, es necesario que, de la siguiente forma el aspirante construya un ego provisional y funcional que quede completamente subordinado al Maestro. Antes de comenzar cualquier cosa, el aspirante piensa que no es él quien lo hace, sino el *Maestro* quien lo hace a través de él. Después de hacerlo, no pausa para adjudicarse los resultados de la acción, ni para disfrutarlos, sino se libera de estos, ofreciéndoselos al Maestro. Entrenando su mente en este espíritu, logra crear un nuevo ego, que, aunque provisional y funcional, es ampliamente capaz de convertirse en la fuente de esa confianza, sentimiento, entusiasmo y "enjundia" que debe expresar una verdadera acción. Este nuevo ego es espiritualmente inofensivo, ya que deriva su vida y ser del Maestro que representa el Infinito, y cuando llega el momento, se puede desechar como ropa vieja. Por ende, hay dos tipos de ego: uno que aumenta las limitaciones del alma, y el otro que ayuda en la emancipación de esta. El paso

Construcción de un nuevo ego subordinado al Maestro

mediante el ego limitante del hombre mundano, hasta la ausencia de ego en la vida infinita, se encuentra mediante la construcción de un ego provisional que es el producto de una lealtad absoluta al Maestro. *La construcción de un nuevo ego que se subordina enteramente al Maestro es indispensable para la dinámica del progreso espiritual.*

El aspirante se ha acostumbrado a derivar entusiasmo por la vida de su ego limitado, y una transición repentina de la vida de acción egoísta a esa vida de acción sin ego, es imposible y carece de inspiración. *Si repentinamente, se le requiriera al aspirante evitar cualquier forma de consciencia del ego, se revertiría a un estado de pasividad negativa, carente de cualquier alegría de expresión. O bien, tendría que buscar su expresión mediante actividades meramente automáticas, como las de una máquina sin vida, para poder obtener alguna sensación de realización.* El verdadero problema es que el aspirante debe abandonar la vida del ego limitado para incursionar en una vida ilimitada sin ego, evitando caer en un *coma*, cosa que conllevaría la disminución de la vida. Un coma tal podría proveer un alivio temporal de las limitaciones de la vida del ego, pero no podría iniciar al aspirante en la infinitud de la actividad que carece de ego.

Transición repentina a una vida sin ego es imposible

Por esto, en la mayoría de los casos, el avance espiritual debe ser muy gradual y a menudo implica muchas vidas. Cuando la persona parece haber progresado mucho en su avance espiritual, es simplemente porque recapitula el avance logrado en vidas pasadas, o ha ocurrido una intervención especial del Maestro. En casos normales, el avance del aspirante es gradual. *La distancia entre la vida limitada del ego, y la vida ilimitada sin ego, se debe cubrir en etapas graduales de transformaciones del ego, de modo que el egocentrismo se reemplace con la humildad, los deseos crecientes se reemplacen con un contento cada vez mayor, y el interés propio se reemplace con el amor desinteresado.*

El avance espiritual es gradual

Cuando el ego se subordina completamente al Maestro, no solo es indispensable y espiritualmente inofensivo, sino que contribuye directamente al avance espiritual del aspirante, porque lo acerca cada vez más al Maestro mediante una vida de servicio y amor desinteresados. El constante contacto interno con el Maestro que se asegura de esta

Ego subordinado al Maestro asegura su ayuda

manera, lo hace particularmente receptivo a la ayuda especial que solo el Maestro puede brindar. El aspirante que renuncia a la vida del ego separativo, al que se le ha dado rienda suelta, en favor de una vida de entrega al Maestro, opera, mediante el nuevo ego subordinado, como instrumento en manos del Maestro. El *Maestro* en verdad trabaja a través de él. Tal como un instrumento puede descomponerse con su uso, también el aspirante se puede descomponer durante su trabajo en el mundo. De vez en cuando, el instrumento se tiene que limpiar, revisar, reparar y ajustar correctamente. De la misma forma, *el aspirante, que en el transcurso de su trabajo ha desarrollado nuevas perversidades, enredos y refugios para el ego personal, debe corregirse para poder seguir adelante.*

El aspirante que se alista al servicio del Maestro se puede comparar con la escoba con la que el Maestro limpia al mundo de sus impurezas.

Necesidad del contacto recurrente con el Maestro

La escoba tiende a acumular la suciedad del mundo, y a menos de que se limpie una y otra vez y se le dé un tono renovado, se vuelve menos eficiente con el tiempo.

Cada vez que el aspirante acude al Maestro, es con nuevos problemas espirituales. Se puede haber enredado con nuevas ansias de adquirir honor, riquezas u otras cosas mundanas que atraen al hombre. Si procura estas, es posible que las obtenga, pero al mismo tiempo puede quedar lejos de la meta de experimentar a Dios, en Quien ha depositado su corazón. Solo mediante la intervención activa del Maestro es que se pueden curar estos desórdenes espirituales. La *tarea de curar las enfermedades espirituales es comparable con la operación del cirujano, que con rapidez extirpa la causa que desgasta las energías vitales del paciente.* Cuando la persona desarrolla dolencias y achaques físicos, debe acudir a un médico o cirujano, y cuando desarrolla problemas espirituales, debe acudir al Maestro. El contacto recurrente con el Maestro es muy necesario a lo largo del proceso del avance espiritual.

El Maestro ayuda al aspirante con invencibles métodos propios, que no tienen paralelo en las usanzas del mundo. Para que el aspirante reciba

Cada resurrección del ego requiere una nueva entrega

esta ayuda, debe hacer un esfuerzo real para entregarse a la voluntad divina del Maestro. El ego personal que el aspirante renunciaría con su primera entrega al Maestro puede reaparecer en una nueva modalidad, incluso dentro del ego artificial que se ha destinado a la subordinación total al Maestro, de esta forma descomponiendo su buen desempeño. Por ende, la nueva resurrección del ego personal limitado del aspirante debe contrarrestarse con una nueva entrega al Maestro. La serie de resurrecciones sucesivas del ego personal se debe acompañar con una serie de nuevos actos de entrega al Maestro.

El progreso de entrega a una entrega mayor es la progresión de una conquista menor a una mayor. Las formas más completas de entrega representan los estados superiores de consciencia, ya que aseguran una mayor armonía entre el aspirante y el Maestro. De esta forma, la vida infinita del Maestro puede fluir a través del aspirante en medida más abundante. *El avance espiritual es la sucesión de una entrega tras otra, hasta que se logra la meta de la última y final entrega de la vida del ego separado.* La última entrega es la única entrega completa. Es el lado opuesto de la unión final, en la que el aspirante se vuelve uno con el Maestro. Por ende, en cierto sentido, *la entrega más completa al Maestro equivale a lograr la Verdad*, que es el objetivo final de todo avance espiritual.

La última entrega es la de separación

Los Aspectos más Profundos del Sadhana

Para la mayoría de las personas, el *sadhana* espiritual (el camino hacia la realización) consiste en la observación externa de ritos y ceremonias prescritas por su religión. En las etapas

Transición de los ritos a los aspectos más profundos del *sadhana*

iniciales, tales observaciones tienen su valor como factor que contribuye a la auto purificación y disciplina mental, pero al final, el aspirante debe trascender

la fase de conformidad externa e iniciarse en los aspectos más profundos del *sadhana* espiritual. Cuando esto sucede, el aspecto externo de las religiones se relega a segundo plano y el aspirante se interesa por los temas esenciales que se han revelado en todas las grandes religiones. *El verdadero sadhana consiste en una vida basada en el entendimiento espiritual*, y es para quien verdaderamente se interesa en las realidades espirituales.

El *sadhana* no se debe considerar como algo que se basa en la aplicación de leyes rígidas. En la vida no puede haber, ni es necesaria una

Diversidad de los *sadhanas*

uniformidad estricta y constante. En el campo espiritual hay amplio espacio para la diversidad en los

sadhanas. El *sadhana* que fuera útil para el aspirante, se relaciona con sus *sanskaras* y su temperamento, y, por lo tanto, aunque la meta espiritual es la misma para todos, el *sadhana* de un aspirante particular puede ser exclusivamente para este. Sin embargo, dado que el objetivo es el mismo para todos, las diferencias respecto a los *sadhanas* no son de vital importancia, aunque *los aspectos más profundos del sadhana sí son importantes para todos los aspirantes, a pesar de las diferencias entre estos.*

El *sadhana* en el campo espiritual es esencialmente diferente del *sadhana* en el campo material, porque el fin de ambos es intrínsecamente diferente. El fin que se busca en el campo material es algo que tiene principio y fin en el *tiempo*. El fin que se busca en el campo espiritual es

Sadhana en el campo espiritual difiere del sadhana en el campo material

una completitud que trasciende las limitaciones del tiempo. Por ende, en el campo material, el *sadhana* se dirige hacia algo que aún no acontece, pero *en el campo espiritual, el sadhana se dirige hacia la realización de lo que siempre ha sido, siempre será y ahora ES.*

El objetivo espiritual de la vida debe buscarse en la vida misma y no fuera de esta; por ende, el *sadhana* en el campo espiritual debe ser

Objetivo del sadhana espiritual

tal, que acerca la vida de uno al ideal espiritual. El *sadhana* en el campo espiritual no apunta al logro de un objetivo limitado que pueda tener su día, solo para desaparecer sin gloria para siempre. Su objetivo es lograr un *cambio radical en la calidad de la vida,* para convertirse permanentemente, en *una expresión de la Verdad en el eterno AHORA.* El *sadhana* es fructífero espiritualmente cuando logra poner la vida del individuo en consonancia con el propósito divino, que es hacer que todos puedan disfrutar conscientemente el *Estado de Dios.* El *sadhana* se debe adaptar completamente a este fin.

En el campo espiritual, cada parte del *sadhana* debe apuntar a la realización del objetivo espiritual, de *asegurar la divinidad en todas las*

El sadhana se funde con su meta

fases de la vida. Por tanto, los diferentes aspectos del *sadhana* espiritual, desde cierto punto de vista, representan diferentes gradaciones hacia la perfección espiritual. El *sadhana* es perfecto a medida en que expresa el ideal espiritual; es decir, al grado en que se asemeja a la vida perfecta. Entonces, cuanto mayor sea la disparidad que existe entre el *sadhana* y el ideal al que apunta, menos perfecto es; cuanto menos disparidad exista entre el sadhana y el ideal al que apunta, más perfecto es. *Cuando el sadhana es perfecto o completo, se funde con la meta, que es la vida espiritualmente perfecta, de modo que la división entre el medio y su fin, se disuelven en la integridad inviolable del ser indivisible.*

La relación entre el *sadhana* espiritual y el fin que se busca mediante el mismo, se puede contrastar con la relación que existe entre los dos

Sadhana como participación parcial en su objetivo

en el campo material. En el campo material, el fin generalmente cae más o menos fuera del *sadhana* con el que se busca, y existe una clara disparidad entre la naturaleza del *sadhana* y el fin que se logra mediante este. De igual forma, jalar el gatillo de un arma puede ser el medio para asesinar a alguien, pero asesinar a alguien es muy diferente a jalar un gatillo. Sin embargo, en el campo espiritual, el *sadhana* y el fin que se busca mediante el mismo, no pueden ser completamente externos uno de otro, y no existe una clara disparidad de naturaleza entre ambos. En el campo espiritual, no es posible mantener un abismo insalvable entre el *sadhana* y el fin que se busca mediante este. Esto da pie a la *paradoja* fundamental de que, *en el campo espiritual, la práctica del sadhana en sí, equivale a una participación parcial en la meta.* Por este motivo se entiende porqué muchos de los *sadhanas* espirituales deben tomarse seriamente, *como si fueran* en sí mismos, la meta.

En sus aspectos más profundos, el *sadhana* espiritual consiste en recorrer (i) el Camino del Conocimiento (Dnyan Marga), (ii) el Camino de la Acción (Karma Marga), y (iii) el Camino del Amor, o Devoción (Bhakti Marga).

Sadhana mediante el conocimiento, la acción y el amor

El *Sadhana* del Conocimiento encuentra expresión mediante (a) el ejercicio de desapego que nace del verdadero entendimiento, (b) los diferentes tipos de meditación y (c) el uso constante de la intuición y discriminación. Cada una de estas modalidades con las cuales se busca o expresa el conocimiento espiritual, requiere una explicación.

El alma individual se enreda en el mundo de las formas y no se identifica como parte integral del ser de Dios. Esta ignorancia constituye la esclavitud del alma, y el *sadhana* espiritual debe apuntar

Desapego

a lograr la emancipación de esta esclavitud. La renuncia externa a las cosas de este mundo, por ende, a menudo se encuentra entre los *sadhanas* que conducen a la liberación, pero, aunque tal renuncia externa puede tener su valor, no es absolutamente necesaria. Lo que se necesita es la *renuncia interna del anhelo* por las cosas de este mundo. Cuando se abandona el anhelo, poco importa si el alma ha renunciado externamente, o no, a las cosas de este mundo, porque el alma se ha emancipado internamente del mundo ilusorio de las formas, y se ha preparado para el estado de *Mukti. El desapego es una parte importante del Sadhana del Conocimiento.*

La meditación es otro medio mediante el cual se procura el conocimiento espiritual. La meditación no se debe considerar como una búsqueda extraña, particular a los habitantes de las cuevas. Todo el mundo medita en una cosa u otra. La diferencia entre la meditación natural y la meditación del aspirante es que la última se compone de *pensamientos sistemáticos y organizados, sobre las cosas que tienen importancia espiritual.* La meditación, como *sadhana*, puede ser personal o impersonal.

Meditación

La meditación es personal cuando se relaciona con un alma espiritualmente perfecta. Según las inclinaciones del aspirante, cualquier Avatar o Maestro del pasado, o los Maestros Perfectos vivos, pueden ser objetos adecuados para la meditación personal. Mediante tal meditación personal, el aspirante absorbe todas las cualidades divinas o conocimiento espiritual del Maestro. Como esto implica amor y auto entrega, *la meditación personal invita la gracia del Maestro, este siendo el* único que puede *otorgar la realización final.* Entonces, el *sadhana* de meditación personal, no solo hace al aspirante similar al Maestro sobre el cual medita, sino también prepara el camino para *unirse con el Maestro en la Verdad.*

La meditación impersonal trata con el aspecto sin forma e infinito de Dios. Esto puede llevar a la persona hacia la realización del aspecto impersonal de Dios, pero esta meditación generalmente se siente estéril a menos de que el aspirante haya sido debidamente preparado mediante una vida virtuosa y la práctica de la meditación personal. En la realización final del infinito, no existen, la limitación de la personalidad, ni la distinción entre los opuestos de del bien y del mal. Para obtener dicha realización, se tiene que pasar de lo personal a lo impersonal, y de la bondad, a Dios, Quien se encuentra más allá de los opuestos del bien y del mal. Otra condición para obtener la Verdad con la meditación impersonal, es que el aspirante pueda aquietar su mente absolutamente. Esto se vuelve posible, solo cuando los *sanskaras* (impresiones) mútliples de la mente han desaparecido por completo. Debido a que la *eliminación final de los sanskaras solo es posible mediante la gracia de un Maestro,* el Maestro es indispensable para obtener el éxito, incluso en el camino de la meditación impersonal.

El *Sadhana* del Conocimiento queda incompleto a menos que el aspirante ejercite una discriminación constante y devele sus intuiciones más elevadas. La realización de Dios le llega al aspirante que usa, tanto la discriminación, como su intuición sobre los valores reales y duraderos. *El conocimiento infinito yace latente en todos, pero es necesario develarlo. La forma de aumentar el conocimiento es poner en práctica la poca sabiduría espiritual que ya tenga el individuo.*

Uso de la discriminación e intuición

Las enseñanzas que los Maestros de la Sabiduría han dado a la humanidad, y el sentido innato de los valores que el aspirante lleva consigo, arrojan suficiente luz sobre el *siguiente paso* que el aspirante ha de tomar. Lo difícil es actuar según el conocimiento que ya se tiene. Uno de los mejores métodos para aumentar la sabiduría espiritual propia, es hacer uso del conocimiento que uno ya posee. Para que el *Sadhana* de la Sabiduría sea fructífero se debe implementar con cada paso, poniendo énfasis en la acción. La vida cotidiana debe ser guiada por la discriminación, e inspirada por las intuiciones más elevadas.

El *Karma Yoga* o el Camino de la Acción, consiste en *actuar sin temor ni vacilación, de acuerdo con las mejores intuiciones del corazón.* En el *sadhana*, lo

Importancia de la acción

que cuenta es la *práctica*, no la mera *teoría*. Una práctica correcta es mucho más importante que una teoría correcta. Una práctica basada en el conocimiento correcto, por supuesto que puede ser más fructífera, pero *incluso un error en la dirección correcta puede ofrecer lecciones valiosas.* En cambio, la especulación meramente teórica no deja de ser estéril espiritualmente, incluso cuando es correcta. Por ello, la persona que no es muy erudita, pero toma el nombre de Dios sinceramente, y cabalmente cumple con sus humildes deberes, en realidad puede estar mucho más cerca de Dios que quien se sepa toda la metafísica del mundo, pero no permite que sus teorías modifiquen su vida cotidiana.

La diferencia entre la importancia comparativa de la teoría y la práctica, en el campo del *sadhana,* se ilustra con la historia bien conocida de un asno.

El asno, que andaba lentamente por su camino durante largo tiempo, tenía mucha hambre y se encontró con dos pilas de pastura; una a cierta

Historia de un asno

distancia al lado *derecho* del camino, y la otra a cierta distancia del lado *izquierdo*. Ahora, el asno pensaba que era importante tener certeza absoluta sobre cuál de las dos pilas era claramente la mejor, para poder decidirse por una pila u la otra con inteligencia. Si lo decidía sin pensarlo bien y sin tener *suficientes* motivos por su preferencia, sería una acción impulsiva, no una acción inteligente. Así que, primero consideró la distancia relativa entre su camino y las dos pilas. Desafortunadamente, después de considerarlo profundamente, concluyó que las dos pilas eran equidistantes, por lo que se preguntó si había alguna otra consideración que le permitiera tomar la decisión "correcta", y especuló sobre el tamaño de las respectivas pilas. Incluso, este segundo intento para lograr la *certeza teórica* antes de permitirse actuar, fracasó porque concluyó que ambas pilas eran del mismo tamaño. Entonces, con la tenacidad y paciencia de un asno, consideró la calidad de la pastura, pero por azares del destino, independientemente de *cualquier* punto de comparación que se le pudiera ocurrir, ambas pilas acabaron siendo igualmente deseables.

Finalmente, como el asno no pudo encontrar un factor decisivo como para tomar la decisión de más beneficio teórico, pasó ambas pilas por alto y siguió su camino, igualmente hambriento y cansado que antes, sin recibir ningún beneficio por haber encontrado las dos pilas de pastura. Si el asno hubiese escogido una de las dos pilas sin insistir en la certeza teórica de haber elegido la mejor, es posible que hubiera escogido la menos óptima, pero a pesar de cualquier error en su apreciación intelectual, su elección hubiese sido infinitamente mejor desde el punto de vista práctico. En la vida espiritual no es necesario tener un mapa exhaustivo del Camino para comenzar a recorrerlo. Por el contrario, insistir en tener tal conocimiento profundo de hecho puede obstaculizar, en vez de facilitar, la marcha hacia adelante. *Los secretos más profundos de la vida espiritual se revelan a quienes se arriesgan y experimentan audazmente con esta;* no son para el diletante que busca garantías a cada paso. Quien especula sobre el océano desde la playa, solo ve la superficie, pero quien quiciera conocer las profundidades, debe estar dispuesto a sumergirse en él.

La realización del *sadhana* en el *Karma Yoga,* requiere que las acciones se den desde una percepción de la Verdad. Las acciones iluminadas no son limitantes, porque son desinteresadas

Servicio Desinteresado y no se enraízan en el ego. El egoísmo representa la ignorancia, mientras que el desinterés refleja la Verdad. La verdadera justificación para la vida de servicio desinteresado se encuentra en el valor intrínseco de tal vida, no en algún resultado ulterior o consecuencia. *La paradoja de la acción desinteresada, es que de hecho ofrece mucho más al aspirante de lo que puede ofrecer el egoísmo basado en la ignorancia.*

El egoísmo conduce a una vida estrecha que gira alrededor de la falsa idea de un individuo limitado y separado, pero las acciones desinteresadas contribuyen a la disipación de la ilusión de la separación, y resultan ser la puerta de entrada a la vida ilimitada, donde el ser se realiza como el Ser de todo. Las pertenencias de la persona se podrán perder, y los objetos del deseo podrán no llegar nunca, pero cuando la persona se desprende de algo en el espíritu de ofrenda a Dios, ese algo ya ha regresado a él. Tal es el *sadhana* del *Karma Yoga*.

Aún más importante que los *sadhanas* del conocimiento o de la acción, es el *bhakti*, o el amor. El amor es su propia excusa para existir.

Amor

Es completo en sí, y no necesita complementarse con nada. Los más grandes santos han logrado la plenitud con su amor por Dios, sin desear nada más. El amor no es amor si se basa en alguna expectativa. En la intensidad del amor divino, el amante se vuelve uno con el Amado divino. *No hay sadhana más grande que el amor, no hay ley más elevada que el amor, y no hay objetivo que trascienda al amor, porque el amor en su estado divino es infinito.* Dios y el amor son idénticos. Quien tiene amor divino ya tiene a Dios.

Tanto el amor como el *sadhana*, pueden considerarse como parte de la meta, pero el valor intrínseco del amor es tan obvio, que con frecuencia se considera un error verlo como

Del esfuerzo a la fluidez sin esfuerzo

un *sadhana*, como para lograr algo más. Con ningún *sadhana* es tan fácil y completa la unión con Dios como con el amor.

Cuando el amor es la guía, el Camino a la Verdad se vuelve sencillo y alegre. Como regla, el *sadhana* implica un esfuerzo, e incluso un esfuerzo extremo a veces, como en el caso del aspirante que lucha por el desapego cuando enfrenta sus tentaciones. Sin embargo, con el amor no hay sensación de esfuerzo porque es espontáneo. La espontaneidad es esencial en la verdadera espiritualidad. El estado de consciencia más elevado, en el que la mente se funde completamente con la Verdad, se conoce como *Sahajawastha*, el estado de espontaneidad ilimitada en el que se experimenta el *Conocimiento de Sí*, sin interrupción alguna. *Una de las paradojas relacionadas con el sadhana espiritual, es que la intención de todo el esfuerzo del aspirante es llegar a un estado en donde hay una total ausencia de esfuerzo.*

Hay una hermosa historia del *kasturi-mriga** que muestra la naturaleza de todos los *sadhanas* espirituales. Una vez, mientras deambulaba y retozaba entre las colinas y los valles, el *kasturi-mriga* repentinamente se percató de un aroma exquisitamente bello, que nunca había conocido. El aroma conmovió las profundidades de su alma a tal grado, que se empeñó plenamente en encontrar su origen. Tan fuerte era su

---

*Venado cuyo ombligo produce almizcle.

anhelo, que, a pesar de los severos fríos o sofocantes calores, tanto de día como de noche, seguía su desesperada búsqueda por la fuente de tan dulce aroma. No conocía miedo ni duda,

Historia de *kasturi mriga* sino que persistía con toda determinación, en su esquiva búsqueda, hasta que, finalmente, perdió su punto de apoyo en un acantilado, y tuvo una caída tan precipitada que resultó en una herida mortal. Al exhalar su último suspiro, el ciervo descubrió que el aroma que había cautivado su corazón e inspirado todos sus esfuerzos provenía de su propio ombligo. Este último momento de la vida del ciervo fue el más feliz, y su rostro reflejó una paz indescriptible.

Todos los *sadhanas* espirituales del aspirante son como los esfuerzos del *kasturi-mriga*. La fructificación final del *sadhana* implica el *fin de la vida del ego* del aspirante. En ese

El objetivo del *sadhana* es el Conocimiento de Sí momento llega la realización de que, en cierto sentido, *él mismo* fue el objeto de su larga búsqueda y esfuerzo, y de que todo lo que sufrió y disfrutó, todos sus riesgos y aventuras, todos sus sacrificios y esfuerzos desesperados, tenían como objetivo lograr el verdadero *Conocimiento de Sí, en el que pierde la individualidad limitada para descubrir que, en realidad es idéntico con Dios, Quien se encuentra en todo.*

VOLUMEN III

El Avatar

Consciente o inconscientemente, cada criatura viviente solo busca una cosa. En las formas inferiores de la vida y en los seres humanos menos avanzados, la búsqueda es inconsciente, pero en los seres humanos avanzados, es consciente. El objeto de la búsqueda se conoce por muchos nombres: felicidad, paz, libertad, verdad, amor, perfección, realización del Ser, realización de Dios, unión con Dios. Esencialmente, es una búsqueda de todos estos, pero de una manera especial. Todos tienen momentos de felicidad, atisbos de verdad, experiencias fugaces de unión con Dios; lo que quieren es hacerlos permanentes. Quieren establecer una realidad permanente en medio del cambio constante.

Es un deseo natural, basado fundamentalmente en una memoria, tenue o clara, dependiendo de la evolución del individuo, que puede ser baja o alta, con relación a su unidad esencial con Dios; porque, cada cosa viviente es una manifestación parcial de Dios, condicionada solo por la falta de conocimiento sobre su propia naturaleza verdadera. La evolución entera, de hecho, es la evolución de la divinidad inconsciente a la divinidad consciente, en la que Dios mismo, esencialmente eterno e inmutable, asume una variedad infinita de formas, disfruta de una variedad infinita de experiencias y trasciende una variedad infinita de limitaciones autoimpuestas. La evolución desde el punto de vista del Creador es un deporte divino en el cual lo Incondicionado, pone a prueba la infinitud de su conocimiento, poder y dicha absolutos, entre innumerables condiciones. Pero la evolución desde el punto de vista de la criatura, con su conocimiento limitado, poder limitado, y capacidad limitada para disfrutar la dicha, es una epopeya de alternancia entre el descanso y la lucha, la alegría y el dolor, el amor y el odio, hasta que, en el hombre perfeccionado, Dios equilibra los pares de los opuestos y trasciende la dualidad. Entonces, la criatura y el Creador se reconocen como uno, la inmutabilidad se establece en pleno cambio y la eternidad se experimenta en el tiempo. Dios se conoce como Dios, inmutable en esencia, infinito en manifestación, eternamente experimentando la dicha suprema de la realización del Ser, en un continuo y renovado conocimiento de Sí Mismo, por Sí Mismo.

Esta realización solo puede ocurrir y darse en plena vida, porque solo en plena vida es que las limitaciones se pueden experimentar y trascender, y en donde la libertad posterior de limitaciones se puede disfrutar. Esta libertad de las limitaciones asume tres formas:

La mayoría de las almas que han realizado a Dios abandonan el cuerpo físico de una vez y para siempre, y permanecen eternamente unificadas con el aspecto no manifiesto de Dios. Solo son conscientes de la dicha de la unión. La creación ya no existe para estas, y su constante ronda de nacimientos y muertes ha terminado. Esto se conoce como Mukti, o liberación.

Algunas almas que han realizado a Dios, retienen el cuerpo por un tiempo, pero su consciencia se ha unificado completamente con el aspecto no manifiesto de Dios, y por lo tanto no son conscientes ni de sus cuerpos ni de la creación. Constantemente experimentan la dicha, poder y conocimiento infinitos de Dios, pero no pueden utilizarlos conscientemente en la creación o ayudar a otros alcanzar la liberación. Sin embargo, su presencia en la tierra es como un punto focal para la concentración y radiación del poder infinito, el conocimiento y la dicha de Dios, y quienes se acercan a estas, les sirven y las adoran, son beneficiados espiritualmente por su contacto. Estas almas se llaman *Majzubs*, y este tipo particular de liberación se llama *Videh Mukti* o liberación con cuerpo.

Algunas pocas almas que han realizado a Dios mantienen el cuerpo y son conscientes de sí mismas como Dios, tanto en Sus aspectos manifiestos, como en Sus aspectos no manifiestos. Se saben como ambas, la esencia divina inmutable, y la manifestación infinitamente variada. Se experimentan como Dios, al margen de la creación, como Dios el Creador, Preservador y Destructor de toda la creación, y como Dios, quien ha aceptado y trascendido las limitaciones de la creación. Constantemente experimentan la paz absoluta, el conocimiento infinito, el poder infinito y la dicha de Dios. Disfrutan al máximo el deporte divino de la creación. Se saben como Dios quien se encuentra en todo, y por ende, pueden ayudar a todos y a todo espiritualmente, y hacer que otras almas realicen a Dios, ya sea como *Muktas, Majzubs* o *Sadgurus,* como se han denominado.

En el mundo, en todo momento hay cincuenta y seis almas que han realizado a Dios. Siempre son uno en conciencia, pero siempre diferentes en función. En su mayoría, viven y trabajan separadamente y son desconocidos por el público en general, pero cinco de estos, que actúan en cierto sentido como cuerpo directivo, trabajan públicamente y adquieren importancia y prominencia pública. Estos son conocidos como *Sadgurús* o Maestros Perfectos. En los períodos Avatáricos, el Avatar, como *Sadgurú* supremo, ocupa su lugar como cabeza de este cuerpo y de toda la jerarquía espiritual.

Los períodos Avatáricos son como la marea viva de la creación. Traen consigo una nueva liberación de poder, un nuevo despertar de consciencia y una nueva experiencia de vida, no solo para unos pocos, sino para todos. Las cualidades de energía y conscientización que se habían utilizado y disfrutado, solo por unas cuantas almas avanzadas, se hacen disponibles para toda la humanidad. La vida, como un todo, se eleva a un nivel superior de consciencia y se orienta a una nueva frecuencia de energía. La transición de la sensación al raciocinio, fue uno de estos pasos, y la transición del raciocinio a la intuición, será otro.

Este nuevo influjo del impulso creativo toma, mediante la personalidad divina, una encarnación de Dios en un sentido especial: el Avatar. El Avatar fue la primera alma individual que surgió del proceso evolutivo como Sadgurú, y es el único Avatar que se ha manifestado o que se manifestará. A través de este, Dios por primera vez completó el viaje de la divinidad inconsciente a la divinidad consciente; primero se convirtió en hombre inconscientemente para convertirse en Dios conscientemente. A través de este, Dios periódicamente y conscientemente se hace hombre, en aras de la liberación de la humanidad.

El Avatar aparece en diferentes formas, bajo diferentes nombres, en diferentes eras y en diferentes partes del mundo. Como su aparición siempre coincide con el nacimiento espiritual del hombre, el período inmediatamente anterior a su manifestación siempre es uno en el que la humanidad sufre los dolores del nacimiento que se aproxima. El hombre, aparenta más que nunca, estar esclavizado por el deseo, impulsado por la avaricia, atrapado por el miedo y arrastrado por la ira. El fuerte domina al débil, el rico oprime al pobre, y grandes masas de gente son explotadas en beneficio de los pocos que ocupan el poder. El individuo, sin encontrar paz ni descanso, busca perderse en la diversión. La inmoralidad aumenta, el crimen florece, la religión se ridiculiza, y la corrupción permea todo el orden social. Los odios de clase y nación se fomentan y promueven, las guerras estallan y la humanidad desespera. Parece no haber posibilidad de frenar esta ola de destrucción.

En ese momento aparece el Avatar. Siendo la cabal manifestación de Dios en forma humana, es como un indicador con el que el hombre puede contrastar lo que es, con lo que puede llegar a ser. Corrige el estándar de los valores humanos, interpretándolos en términos de la vida divinamente humana.

Se interesa en todo, pero no le preocupa nada. El más mínimo contratiempo puede despertar su simpatía y la mayor tragedia puede no afectarlo. Se encuentra más allá de las alternancias del dolor y placer, deseo y satisfacción, descanso y lucha, vida y muerte. Para él, todas estas son igualmente ilusiones que ha trascendido, pero que han atrapado a otros, y ha venido a liberarlos. Utiliza cualquier circunstancia como medio para guiar a otros hacia la Realización.

Sabe que el hombre no deja de existir cuando muere y, por ende, la muerte no le preocupa. Sabe que la destrucción debe preceder la construcción, que del sufrimiento nacen la dicha y la paz, y que de la lucha surge la liberación de las ataduras, que son el resultado de acciones. Solo le preocupa la preocupación misma.

En quienes lo contactan, despierta un amor que consume todos los deseos egoístas en la llama de un solo deseo, el de servirle. Quienes consagran sus vidas a él, gradualmente se identifican con él en consciencia. Poco a poco, la humanidad de estos se absorbe en su divinidad, y se liberan.

Quienes están más cerca de él, se conocen como su Círculo. Cada *Sadgurú* tiene un círculo íntimo de doce discípulos, quienes, cuando logran la realización, son iguales que el Sadgurú mismo, aunque difieren de él en función y autoridad. En los períodos Avatáricos, el Avatar tiene un Círculo de ciento veinte discípulos. Todos estos experimentan la realización y trabajan para la liberación de los demás.

No trabajan solo para la humanidad contemporánea, sino también para la posteridad. El desenvolvimiento de la vida y la consciencia durante todo el ciclo Avatárico, los cuales fueron mapeados en el mundo creativo antes de que el Avatar tomara forma, se avalan y fijan en los y mundos formativos y materiales durante la vida del Avatar en la tierra.

El Avatar despierta en la humanidad contemporánea, la realización de su verdadera naturaleza espiritual, libera a quienes están listos, y acelera la vida del espíritu durante su era. Para la posteridad, deja el estimulante poder de su ejemplo divinamente humano, la nobleza de una vida supremamente vivida con un amor sin traza de deseo, un poder que no se ha utilizado sino por el bien de otros, una paz inafectada por la ambición, y un conocimiento inafectable por la ilusión. Ha demostrado la posibilidad de una vida divina para toda la humanidad, de una vida celestial en la tierra. Quienes tienen el valor e integridad necesarios, pueden seguirlo cuando lo deseen.

Quienes están espiritualmente despiertos han sido conscientes desde hace algún tiempo, de que el mundo se encuentra en una era como las que siempre preceden las manifestaciones Avatáricas. Incluso, las mujeres y los hombres que no han despertado se dan cuenta de ello ahora. Desde su oscuridad buscan la luz, en su dolor anhelan el consuelo, en la lucha que se encuentran sumidos, oran por paz y liberación.

Por el momento, deben ser pacientes. La ola de destrucción tiene que intensificarse y extenderse aún más. Pero cuando, desde lo más profundo de su corazón, el hombre desee algo más duradero que la riqueza y algo más real que el poder material, la ola retrocederá. Entonces la paz vendrá, la alegría vendrá, la luz vendrá.

El rompimiento de mi silencio - la señal de mi manifestación pública - no está lejos. Traigo el tesoro más grande que el hombre puede recibir: un tesoro que incluye a todos los tesoros, que perdura para siempre y que aumenta al compartirse con otros. Estén listos para recibirlo.

El Trabajo del Nuevo Orden Mundial

La tormenta mundial que ha estado ganando ímpetu, ahora tiene su mayor explosión*, y al alcanzar su clímax efectuará un desastre

Tormenta mundial

universal. En la lucha por el bienestar material, todos los agravios han asumido proporciones fantásticas, y las diversas diferencias del interés humano se han acentuado tanto, que han precipitado un conflicto distintivo. La humanidad no ha podido resolver sus problemas individuales ni sociales, y la evidencia de este fracaso es muy clara. La incapacidad del hombre para enfrentar sus problemas de manera constructiva y creativa, revela una *trágica deficiencia en la comprensión correcta de la naturaleza básica del hombre y del verdadero propósito de la vida.*

El mundo ahora atestigua un *conflicto agudo entre las fuerzas de la Luz y las fuerzas de la Oscuridad.* Por un lado, hay personas egoístas que buscan

Conflicto entre las fuerzas de luz y oscuridad

su felicidad ciegamente, mediante la lujuria por el poder, avaricia desenfrenada y odio constante. Ignorantes del verdadero propósito de la vida, se han sumido hasta el nivel más bajo de la cultura, sepultando su ser superior en los restos de las formas derruidas de un pasado muerto. Aprisionados por intereses materiales y conceptos limitados, *olvidan su destino divino.* Han perdido su rumbo, y sus corazones se desgarran por los estragos del odio y el rencor. Por otro lado, hay personas que develan su inherente ser superior mediante su resiliencia frente al dolor y la privación, y mediante actos nobles de valentía y autosacrificio. La guerra actual enseña al hombre la valentía, la capacidad de sufrir, de comprender y de sacrificar.

La enfermedad del egoísmo en la humanidad necesita una cura que no solo sea universal en su aplicación, sino drástica en naturaleza. Está

---

*Originalmente escrito y publicado en 1941-1942.

tan arraigada que solo se puede erradicar si se ataca por todos los flancos. *La verdadera paz y felicidad surgirán espontáneamente con la purga del egoísmo. La paz y la felicidad del amor que proviene de la auto entrega, son permanentes.* Incluso el peor pecador puede convertirse en un gran santo si tiene la valentía y sinceridad para invitar un cambio de corazón, drástico y completo.

Necesidad de una cura para el egoísmo

El caos y la destrucción actuales envolverán al mundo entero, pero esto será seguido por un período muy largo en el que no habrá guerras. La miseria y sufrimiento pasajeros de nuestro tiempo habrán valido la pena, por el largo período de felicidad que se aproxima. ¿A qué conducirá el caos actual? ¿Cómo acabará todo? Solo puede acabar de una manera. La humanidad se hartará de todo esto. El hombre se hartará de desear y se cansará de luchar a causa de su odio. La codicia y el odio alcanzarán tal intensidad, que la humanidad se hartará de estos. La salida de este atolladero será a través el desinterés. *La única solución es dejar de odiar para amar, dejar de desear para dar, y dejar de dominar para servir.*

El hombre se cansará del deseo, la avaricia y el odio

Un gran sufrimiento despierta un gran entendimiento. El sufrimiento supremo cumple su propósito y rinde su verdadero significado cuando despierta a la humanidad agotada, y crea en ella el genuino anhelo de un entendimiento real. *Un sufrimiento sin precedentes conduce a un crecimiento espiritual sin precedentes. Contribuye a la construcción de la vida sobre la base inquebrantable de la Verdad.* Ya es hora de que el sufrimiento universal precipite a la humanidad hacia la transformación de su historia espiritual. Ya es hora de que las agonías mismas de nuestros tiempos se conviertan en el medio para lograr un entendimiento real de las relaciones humanas. Ya es hora de que la humanidad, directamente afronte las verdaderas causas de la catástrofe que la ha sobrepasado. Ya es momento para buscar una nueva experiencia de la Realidad. Saber que la vida es real y eterna es heredar una dicha indescriptible. Es hora de que el hombre adquiera tal entendimiento mediante la unión con su propio ser.

Sufrimiento generará entendimiento

Mediante su unificación con el ser superior, el hombre percibe al Ser Infinito en todos los seres. Se libera al sobrepasar y descartar las limitaciones de la vida del ego. *El alma individual debe realizar en consciencia plena, su identidad con el Alma Universal.* El hombre reorientará su vida a luz de esta antigua Verdad, y reajustará su actitud hacia el prójimo en su vida cotidiana. Percibir el valor espiritual de **Afirmación de la Verdad de la Unidad** la *unicidad,* es promover la unidad y cooperación verdaderas. La fraternidad entonces se convierte en el resultado espontáneo de la percepción verdadera.

La nueva vida que se basa en el entendimiento espiritual es una afirmación de la Verdad. Esto no es algo que pertenece a la utopía, sino algo plenamente práctico. Ahora que la humanidad es arrojada al fuego de los conflictos sanguinarios, mediante una inmensa angustia, experimenta la total inestabilidad e inutilidad de una vida basada en concepciones meramente materiales. Se acerca la hora en que el hombre, anhelante de la felicidad real, buscará la verdadera fuente de esta.

Se acerca la hora también, cuando el hombre buscará fervientemente, ponerse en contacto con la encarnación de la Verdad en forma de un **Herencia de amor divino a través del Dios Hombre** Dios Hombre, mediante el cual podrá ser inspirado y elevado al entendimiento espiritual. Aceptará la guía proveniente de la autoridad divina. Solo el derramamiento de amor divino puede provocar el despertar espiritual. En este momento crítico del sufrimiento universal, el hombre se prepara para voltear hacia su Ser Superior y cumplir la voluntad de Dios. El amor divino realizará el milagro supremo de llevar a Dios al corazón del hombre y de establecerlo en una felicidad duradera y verdadera, satisfaciendo la mayor necesidad y anhelo de la humanidad. El amor divino hará que el hombre sea desprendido y útil en las relaciones mutuas, y conllevará la solución final de todos los problemas. *La nueva hermandad en la tierra será un hecho consumado y las naciones se unirán en la fraternidad del Amor y la Verdad.*

Mi existencia es por este Amor y esta Verdad. A la humanidad que sufre digo:

"*Tengan esperanza.* He venido para ayudarles a rendirse a la Causa de Dios y a aceptar Su gracia de Amor y Verdad. He venido para ayudarles a ganar la única victoria de todas las victorias: ganarse a sí mismos."

El Hombre Dios

PARTE I
ASPIRANTES Y SERES QUE HAN REALIZADO A DIOS

Incluso antes de la realización de Dios, los aspirantes avanzados pasan por los estados de consciencia que, de alguna manera, son similares al estado de la realización de Dios. *Por ejemplo, los masts*

La dicha de la intoxicación por Dios
y santos de los planos superiores, carecen completamente de deseos y están inmersos en la dicha de la intoxicación de Dios. Como solo les concierne Dios, son destinatarios de la felicidad única que es característica del estado de Dios. No tienen ningún Amado sino Dios, y no tienen ningún anhelo a excepción de Dios. Para estos, Dios no solo es el único Amado, sino también la única Realidad que cuenta. Viven desapegados de todo menos Dios, y no son afectados por los placeres y dolores que aquejan a las personas mundanas. Son felices porque siempre se ven cara a cara con el Amado Divino, Quien es el océano de la felicidad misma.

Los aspirantes avanzados no solo participan en algunos de los privilegios del Estado Divino, sino también son dotados de grandes poderes ocultos y *siddhis*. Dependiendo de los

Poderes de los aspirantes avanzados
poderes que ejercen, los aspirantes son de diferentes tipos. Por ejemplo, incluso en el primer plano, el aspirante comienza a ver luces y colores, percibir perfumes y escuchar la música del mundo sutil. Los que avanzan más pueden ver y escuchar cosas a cualquier distancia. Algunos aspirantes ven al mundo denso entero, como un espejismo. Algunos aspirantes avanzados pueden tomar un nuevo cuerpo inmediatamente después de su muerte. Ciertos agentes de los Maestros Perfectos tienen tal control sobre el mundo denso que pueden cambiar sus cuerpos a voluntad. En la tradición sufí, se les llama *abdals*. Estas proezas de los aspirantes, todas pertenecen al mundo fenomenal. El campo de sus poderes en sí, se encuentra en el dominio de la ilusión,

y los milagros que realizan no necesariamente significan que estén de alguna manera más cerca del estado de Dios.

También desde el punto de vista de la *consciencia*, los aspirantes son de varios tipos, de acuerdo con la línea en la que han avanzado y con su cercanía al estado divino. Algunos se

Diferentes estados intoxican con sus extraordinarios poderes y,
de los aspirantes tentados a usarlos, sufren una larga pausa en su marcha hacia Dios, quedando varados en la consciencia de los planos intermedios. Algunos quedan confundidos, aturdidos e incluso autoengañados. Algunos quedan en coma. También hay algunos que, con dificultad, intentan bajar a la consciencia densa, repitiendo alguna acción física o una misma oración repetidamente. Hay unos que, en su intoxicación por Dios, son tan indiferentes a la vida del mundo denso, que a todas luces, actúan externamente como personas que han perdido la razón. Y hay unos que recorren el Camino mientras cumplen con sus deberes mundanos.

Debido a sus exaltados estados de consciencia, algunos aspirantes avanzados son adorables, pero de ninguna manera son comparables

Estado de *unmatta* con quienes han realizado a Dios, ni en belleza espiritual, ni en la perfección del estado interno de consciencia, ni en sus poderes. Todo aspirante hasta el sexto plano, está limitado por una consciencia finita y sigue en el dominio de la dualidad y la ilusión. Los aspirantes por lo general son felices, debido a su contacto y comunión con Dios. Para algunos, la alegría de la compañía interior del Amado Divino es tan grande que exhiben un comportamiento desequilibrado. Como resultado, en su *indómito estado de intoxicación por Dios,* pueden abusar de las personas, arrojarles piedras y comportarse de forma extraña. Su estado se describe comunmente como el de *unmatta. Debido a la exuberancia de su felicidad incontrolada, en su contacto interior con el Amado Divino, son completamente indiferentes hacia los estándares o valores mundanos.* Por su intrepidez, que es el resultado de su desapego total, a menudo manifiestan expresiones que se pueden confundir fácilmente con idiosincrasias y rebeldía.

Solo cuando logra la realización de Dios en el séptimo plano, es que el alma puede controlar su dicha, completamente. *La felicidad ilimitada que es eternamente suya, no desequilibra a la persona de ninguna manera, porque se encuentra permanentemente establecida en el equilibrio de la no dualidad. La* alegría y la extravagancia de un amor recién descubierto ya no son para este. La perturbación ocasional por una alegría creciente, debido a su mayor acercamiento con Dios, **Aplomo total, solo posible en el séptimo plano** también se acaba, porque se ha unificado inseparablemente con Él. Se ha perdido en el Amado Divino y se ha unificado con Quien es el océano infinito de la dicha ilimitada.

La felicidad de quien ha realizado a Dios es incondicional y autosuficiente. Por tanto, es eternamente estable, sin altibajos. Ha arribado a la finalidad incondicional y **La felicidad de quien ha realizado a Dios es autosuficiente** ecuanimidad inexpugnable. *La felicidad de los santos nace por la creciente proximidad e intimidad con el Amado Divino, que sin embargo, sigue externalizado como "Otro". La felicidad de quien realiza a Dios, en cambio, es un aspecto inalienable del estado de Dios, en el cual no existe la dualidad. La felicidad de los santos es derivada, pero la felicidad de quien Realiza a Dios es autónoma.* La felicidad del santo se da por el aumento en riqueza de la Gracia Divina, pero la felicidad de quien ha realizado a Dios, simplemente ES.

Cuando la persona logra la realización de Dios, tiene poder, conocimiento y dicha infinitos. Estas características intrínsecas de la realización interna siempre son las mismas, a **Diferencias en la relación con el universo** pesar de las pequeñas diferencias secundarias que producen ciertos tipos distinguibles de personas que han realizado a Dios. Estas diferencias entre quienes han realizado a Dios, son meramente extrínsecas y solo aplican a su relación con el universo. No crean ningún grado de status espiritual entre los que han realizado a Dios, porque todos son perfectos y se han vuelto uno con toda vida y existencia.

Desde el punto de vista de la creación, sin embargo, estas diferencias entre las personas que han realizado a Dios no solo son definitivas, sino dignas de mención. Después de la **Algunos seres que han realizado a Dios abandonan el cuerpo** realización de Dios, algunas almas *abandonan todos sus cuerpos* y quedan eternamente inmersas en la consciencia de Dios. Para estos, Dios es la única realidad y el universo entero es un cero. Se identifican tan completamente con el aspecto impersonal de la Verdad, que no tienen nigún vínculo directo con el mundo de formas.

Algunas almas que han realizado a Dios retienen los cuerpos, denso, sutil y mental, pero por su absorción en la consciencia de Dios son completamente inconscientes de la existencia de sus cuerpos. Otras almas en la

Majzubs creación posiblemente siguen viendo sus cuerpos y los tratan como personas encarnadas, pero estos cuerpos existen solo desde el punto de vista del observador. Estas personas Dios realizadas se llaman *Majzubs* en la terminología sufí. Los *Majzubs* no usan sus cuerpos conscientemente, porque su consciencia se dirige completamente a Dios sin dirigirse al propio cuerpo ni al universo. Para estos, tanto su propio cuerpo como el mundo de las formas no tienen existencia. Por ende, no hay cuestíon de usanza del cuerpo en relación con el mundo de las formas. Sin embargo, sus cuerpos inevitablemente son los centros de la irradiación no premeditada, y constante desbordamiento de la dicha, el conocimiento y el amor infinitos que disfruta. Quienes veneran a estos cuerpos obtienen gran beneficio espiritual de esta irradiación espontánea de la divinidad.

Algunas personas Dios realizadas tienen, además de la consciencia de Dios, consciencia de la existencia de otras almas esclavizadas.

Ciertas almas Dios realizadas están desinteresadas en la creación Saben que todas estas almas son diferentes formas de *Paramatma*, quienes un día, están destinadas a lograr la emancipación y realizar a Dios. Establecidas en este conocimiento, son indiferentes a los destinos provisionales y cambiantes de las almas que se encuentran en esclavitud. Estas almas Dios realizadas, saben que, así como ellas mismas han realizado a Dios, los otros también realizarán a Dios en su momento. No tienen ninguna prisa por acelerar la realización de Dios en aquellos que se encuentran en esclavitud, y *no toman ningún interés activo en el proceso temporal de la creación.*

Algunas almas que han realizado a Dios no solo poseen la consciencia de Dios, sino también son conscientes de la creación y de sus cuerpos. Tienen interés activo en las almas que

Sadgurú (Hombre Dios) se encuentran en esclavitud, y *utilizan sus cuerpos conscientemente para trabajar en la creación con el fin de ayudar a las otras almas en su marcha hacia Dios.* Tal alma que ha realizado a Dios se denomina *Sadgurú, Salik,* u *Hombre*

Dios. El *Sadgurú* o *Salik* se encuentra en el centro mismo del universo, y todos, elevados o ruines, buenos o malos, se encuentran a la misma distancia de este. En la tradición sufí, este *centro* se llama *Qutub*. El *Qutub* controla el universo entero a través de sus agentes.

El primer *Sadgurú* que surgió por primera vez mediante la evolución, que ayudó y ayuda a las otras almas que se encuentran en esclavitud, se conoce como el Avatar. Hay otra diferencia entre el *Sadgurú* y el Avatar. Cuando el hombre se convierte en Dios y tiene consciencia de la creación, se le llama *Sadgurú* (Hombre Dios o Maestro Perfecto). Cuando Dios se hace hombre directamente, se conoce como el Avatar (Dios Hombre o Mesías).

Desde el punto de vista de las características fundamentales de consciencia y de la naturaleza de su trabajo en la creación, el Avatar es como cualquier *Sadgurú* (Hombre Dios). Ni el Avatar ni el *Sadgurú* tiene mente finita ni limitada, porque después de fusionarse con el Infinito la mente se vuelve universal. El Hombre Dios, *Salik* o *Sadgurú*, así

Avatar (Dios Hombre)

como el Avatar, no pierden la consciencia de Dios ni por un instante, aunque pueden incursionar en todo tipo de actividades relacionadas con la creación. *Ambos trabajan a través de la mente universal, propia de ellos, cuando desean ayudar a otras almas*

El Hombre Dios

PARTE II
EL ESTADO DEL HOMBRE DIOS

De todos los temas que estudia el ser humano, Dios es el mejor. Pero el estudio meramente teórico de Dios no lleva al aspirante muy lejos hacia el verdadero propósito de la vida humana, aunque siempre será mejor estudiar a Dios que ser completamente ignorante de Su existencia. El que busca a Dios intelectualmente es infinitamente mejor que quien meramente es escéptico o agnóstico. Pero definitivamente es mejor sentir a Dios que estudiarlo con el intelecto, aunque incluso sentir a Dios tiene menos importancia que la experiencia real de Dios. Sin embargo, incluso la experiencia de Dios no brinda la naturaleza Divina verdadera, porque Dios, como objeto de experiencia, sigue siendo diferente y externo al aspirante. Solo cuando el aspirante logra unirse con Dios, perdiéndose a sí mismo en Su ser, es que puede conocer la verdadera naturaleza de Dios. *Por ende, es mejor estudiar a Dios que ignorarlo, es mejor sentir a Dios que estudiarlo, es mejor experimentar a Dios que sentirlo, y es mejor convertirse en Dios que experimentarlo.*

Realizar a Dios difiere del conocimiento intelectual de Dios

El estado de la realización de Dios no se tiñe por las dudas que nublan las mentes de quienes siguen en la esclavitud. Quienes siguen en la esclavitud se encuentran en un estado constante de incertidumbre sobre sus "dondes" y "porqués". Quienes han realizado a Dios, por otro lado, se encuentran en el corazón mismo de la creación, donde se conoce el procedencia y fin de la misma. La persona que ha realizado a Dios sabe que es Dios con la misma certeza que tiene el hombre común cuando sabe que es un hombre, y no un perro. Para esta no es cuestión de duda, creencia, autoengaño o adivinanza. Es cuestión de la certeza suprema e inquebrantable que no necesita corroboracion externa, y que no se ve afectada por las contradicciones de los otros, porque se basa en el continuo Conocimiento del Ser. Su certeza espiritual no es

Certeza suprema

desafiable por nada ni nadie. Esta persona no puede pensarse sino como Dios, al igual que el hombre común no puede pensarse como algo que no es hombre. Pero el hombre piensa que es lo que no es en realidad, mientras que quien realiza a Dios sabe lo que es en realidad.

La realización de Dios es el objetivo mismo de la toda la creación. Cualquier placer terrenal, por grande que sea, no es más que la sombra fugaz de la dicha eterna de la realización de Dios.

Gloria de la realización de Dios Cualquier conocimiento mundano, por completo que sea, no es más que el reflejo distorsionado de la Realidad Absoluta de la Verdad de Dios. Todo poder humano, por imponente que sea, no es más que un fragmento del poder infinito de la realización de Dios. *Todo lo que es noble, bello y encantador, todo lo que es grande, bueno e inspirador en el universo, es solo una fracción infinitesimal de la gloria imperecedera e indescriptible de la realización de Dios.*

La Verdad Absoluta, la dicha eterna, el poder infinito y la gloria imperecedera de la realización de Dios, no vienen gratis. El alma individualizada debe pasar por la lucha evolutiva, las

Precio de la realización de Dios reencarnaciones y el esfuerzo, para heredar el Tesoro que se esconde en el corazón de la creación, y el precio a pagar para tomar posesión de este Tesoro, es la propia existencia como ego separado. La individualidad limitada debe desaparecer por completo para poder ingresar al estado ilimitado de Dios. En el hombre mundano común, predomina la individualidad limitada que se identifica con nombre y forma finitos, y que crea un velo de ignorancia sobre el Dios interior. Para que esta ignorancia desaparezca, el individuo limitado debe entregar su propia existencia limitada. Cuando este sale de escena sin dejar vestigio de su vida limitada, lo que queda es Dios. *Renunciar a la existencia limitada es renunciar a una ilusión firmemente enraizada, que es la de tener una existencia separada. No es renunciar a nada real; es entregar lo falso y heredar la Verdad.*

Cuando la persona cruza los planos interiores hacia la realización a Dios, se vuelve sucesivamente inconsciente de los mundos denso, sutil y mental, así como de sus cuerpos, denso,

Dos aspectos del Hombre Dios sutil y mental. Pero después de la realización de Dios, algunas almas descienden, o bajan, y toman consciencia de la creación entera, así como de sus cuerpos denso, sutil y mental, sin poner en peligro su consciencia de Dios. Estos se conocen como Maestros Perfectos.

Dios solo como Dios, no es consciente de ser hombre, y el hombre solo como hombre, no es consciente de ser Dios; pero el Hombre Dios es consciente de ser ambos, Dios y hombre.

Al hacerse consciente de la creación nuevamente, el Hombre Dios no sufre el más mínimo deterioro de su estado espiritual. El desastre espiritual no es la *mera consciencia de la creación*,

El Hombre Dios no queda atrapado en la creación

sino el hecho de que la consciencia *quede atrapada* en la creación a causa de los *sanskaras*. Cuando esto pasa, se hunde en la ignorancia y esto impide la realización de la Divinidad interior. De igual forma, lo que es espiritualmente desastroso no es la mera consciencia de los cuerpos, sino la *identificación* con estos debido a los *sanskaras*. Esto impide la realización del Alma Infinita, que es la Realidad suprema y el fundamento de toda la creación. Solo en el Alma Infinita se puede encontrar el significado final de la creación entera.

El alma en esclavitud queda atada a los mundos de las formas, con la cadena de los *sanskaras* que crea la ilusión de la identificación del alma con sus cuerpos. *La desarmonía en la consciencia y las perversiones en la expresión de la voluntad, se dan por la identificación sanskárica con los cuerpos, y no por la mera consciencia de los cuerpos.* Dado que el Hombre Dios está libre de todos los *sanskaras*, constantemente es consciente de ser diferente de sus cuerpos, y los utiliza armoniosamente como meros instrumentos para la expresión de la Voluntad Divina, en toda su pureza. Los cuerpos son para el Hombre Dios, lo que la peluca es para un hombre calvo. El hombre calvo se pone la peluca cuando va a trabajar durante el día, y se la quita cuando se retira por la noche. De igual forma, el Hombre Dios utiliza a sus cuerpos cuando los necesita para su trabajo, pero se libera de estos cuando no los necesita y sabe que son completamente diferentes de su verdadero ser como Dios.

El Hombre Dios sabe que es infinito y está más allá de todas las formas, y con total desapego puede seguir siendo consciente de la creación, sin dejarse atrapar por esta. La

La sombra cambiante de Dios no puede afectar la consciencia de Dios

falsedad del mundo fenoménico consiste en que no se entiende correctamente; es decir, como expresión ilusoria del Espíritu Infinito. La ignorancia consiste en tomar la forma como completa en sí misma, sin ninguna referencia al Espíritu Infinito del cual es expresión. *El Hombre Dios realiza la Verdad. Es consciente de la verdadera naturaleza de Dios, así como de la verdadera naturaleza de la creación. Sin embargo, esto no lo involucra con ninguna consciencia dual porque, para él, la creación no existe sino como la sombra cambiante de Dios, Quien es la única Existencia Eterna y Real, y Quien yace en el núcleo de la creación.* Por lo tanto, el Hombre Dios puede ser consciente de la creación sin disminuir su conciencia de Dios, y puede continuar trabajando en el mundo de las formas para promover el propósito principal de la creación, que es el de crear el Conocimiento pleno del Ser, o de Dios, en cada alma.

Cuando, desde el aspecto impersonal de Dios, el Hombre Dios desciende al mundo de las formas, adquiere la mente universal y conoce, siente y trabaja a través de esta mente universal. Para él, ya no es la vida limitada de la mente finita, para él ya no son, los dolores de la dualidad, y para él ya no son, el vacío y la vanidad del ego separativo. Él, conscientemente es uno con toda la vida. *A través de su mente universal, no solo experimenta la felicidad de todas las mentes, sino también el sufrimiento de estas.* Dado que, debido a la ignorancia, la mayoría de las mentes tienen una gran preponderancia de sufrimiento sobre la felicidad, y debido a la condición de los otros, el sufrimiento que así llega al Hombre Dios es infinitamente mayor que la felicidad. El sufrimiento del Hombre Dios es colosal, pero la dicha infinita del estado de Dios que disfruta constantemente y sin esfuerzo, lo respalda durante todo el sufrimiento que le puede venir, haciéndolo inafectable e impasible ante este.*

El Hombre Dios trabaja mediante la mente universal

Como el alma individualizada no tiene acceso a la dicha infinita del Estado de Dios, es afectada e impactada seriamente, tanto por la felicidad como por el sufrimiento *sanskárico*, debido a su ignorante identificación con la mente limitada. El Hombre Dios no se identifica, ni siquiera con la mente universal que adquiere al bajar al mundo. Ha retenido la mente universal solo por su misión en el mundo, y dado que solo la utiliza para su trabajo sin identificarse con esta, no es afectado por el sufrimiento o felicidad que le puedan venir a través de ella. Abandona la mente universal después de hacer su trabajo, pero *incluso cuando trabaja en el mundo mediante su mente universal,* sabe que Él es el único y eterno Dios, y no la mente universal.

El Hombre Dios abandona la mente universal después de su misión

La unión que el Hombre Dios tiene con Dios es perfecta. Incluso cuando baja a la dualidad para desempeñar su trabajo universal, no se

---

*Muchas de las afirmaciones en estas secciones aplican igualmente al Dios Hombre, ese único mensajero de Dios que es convocado por los cinco Maestros Perfectos, una vez cada período cíclico que dura de 700 a 1400 años. Para más detalles, ver *Dios Habla*, por Meher Baba.

aparta de Dios ni por un segundo. En su estado normal como hombre, debe permanecer al nivel de los demás, es decir, comer, beber y sufrir como ellos, pero como conserva su

El Hombre Dios no se afecta por el sufrimiento

Divinidad aun haciendo todo esto, constantemente experimenta la paz, la dicha y el poder. Por ejemplo, Cristo sufrió en la cruz, pero no fue afectado por ello, porque, en el continuo conocimiento que Su Divinidad consciente le daba, sabía que todas las cosas que se encuentran en el mundo dual son ilusorias, y se sostenía con la dicha de su unión con Dios.

Como Dios, el Hombre Dios ve a todas las almas como suyas. Se ve a sí mismo en todo y su mente universal incluye todas las mentes.

Crucifixión

El Hombre Dios sabe que es uno con todas las almas que se encuentran esclavizadas. *Aunque se sabe idéntico a Dios, y por ende es eternamente libre, también sabe que es uno con todas las almas que se encuentran en esclavitud, siendo ligado a estas vicariamente.* Aunque constantemente experimenta la dicha eterna de la realización de Dios, también sufre vicariamente por la esclavitud de las otras almas, a las que considera como otras formas propias de Él. *Este es el significado de la crucifixión de Cristo.* Por así decirlo, el Hombre Dios es crucificado continuamente, y continuamente nace. En el Hombre Dios, el propósito de la creación se ha realizado completamente. No tiene nada que obtener si permanece en el mundo; sin embargo, conserva sus cuerpos y los utiliza para liberar a las otras almas que siguen en la esclavitud, y para ayudarlas a realizar la consciencia de Dios.

Incluso mientras trabaja en el mundo de la dualidad, el Hombre Dios no se limita por este en lo absoluto. En su estado de Dios, la dualidad del "yo" y del "tu" se absorbe en

La no dualidad en medio de la dualidad

el amor divino que abarca todo. *El estado de la perfección en el cual reside el Hombre Dios, está más allá de todas las formas duales y de los opuestos. Es un estado de libertad ilimitada e integridad irrestricta, dulzura inmortal y felicidad eterna, divinidad inmaculada y creatividad incondicional. El Hombre Dios se une inseparablemente con Dios, eternamente, y mora dentro de un estado de no dualidad en medio de la dualidad. No solo sabe que es uno con todo, sino también sabe que es el único.* Descendió conscientemente del estado de únicamente ver a Dios, al estado de ver a Dios en todo. Por ende, sus tratos con el mundo dual no solo no lo atan, sino que reflejan la gloria prístina de la Realidad única que es Dios, y contribuyen a la liberación de quienes están en el estado de esclavitud.

El Hombre Dios

PARTE III

EL TRABAJO DEL HOMBRE DIOS

La realización de Dios es el final interminable de la creación, y la atemporal consumación y fructificación del karma inteligente y liberador. Las almas que no han realizado a Dios siguen en el dominio de la **El libre y no** dualidad, y sus tratos de dar y recibir en diferentes **vinculante** campos, crean cadenas de deudas y adeudos *kármicos*, **dar y recibir** de los cuales no hay escapatoria. Sin embargo, el Hombre Dios mora en la consciencia de la unidad, y todo lo que hace, no solo no lo ata, sino que contribuye a la emancipación de quienes todavía siguen en la ignorancia. Para el Hombre Dios, no hay nada excluido de su ser. Se ve a sí mismo en todos, y *como todo lo que hace surge de la consciencia de la no dualidad, puede dar y recibir libremente, sin crear ataduras para sí mismo o para los demás.*

Quien sin reservas acepta el tesoro que el Hombre Dios emana, crea un vínculo que lo acompaña hasta lograr el objetivo de la liberación y la realización de Dios. Quien sirve al Hombre **Contacto con el** Dios y ofrece sus posesiones y vida entera a su **Hombre Dios** servicio, crea un vínculo que aumenta su progreso **es de beneficio** espiritual, invitando sobre sí la gracia y ayuda del **para todos** Hombre Dios. *De hecho, incluso oponer el trabajo del Hombre Dios, a menudo resulta ser el comienzo del avance que imperceptiblemente conduce a la persona hacia Dios, porque,* mientras se opone al trabajo del Hombre Dios, el alma establece un vínculo y contacto con él. De esta forma, los que voluntaria o involuntariamente entran en la órbita de sus actividades, de alguna forma se convierten en receptores de un impulso espiritual.

El trabajo del Hombre Dios en el universo difiere fundamentalmente del tipo de cosas con las que se ocupan la mayoría de los sacerdotes. La mayoría de los sacerdotes que practican **El Hombre Dios** las religiones establecidas le dan demasiada **y los sacerdotes** importancia a las formas externas, a los rituales y a la conformidad. Como estos mismos no son libres del egoísmo, la estrechez o la ignorancia, explotan al débil e ingenuo, sosteniendo ante estos el temor al infierno o la esperanza del cielo. El Hombre Dios, por otro lado, ha ingresado permanentemente en una vida eterna de amor, pureza, universalidad y entendimiento. Por lo tanto, solo le conciernen las cosas que realmente importan y que eventualmente conducen al desarrollo espiritual interno en todos a los que ayuda. Quienes siguen en la ignorancia pueden, por autoengaño o por egoísmo deliberado, usar el mismo lenguaje que utiliza el Hombre Dios, y pueden intentar imitarlo en muchos de los aspectos externos asociados con su vida, pero no pueden, por la misma naturaleza de sus limitaciones espirituales, realmente imitar al Hombre Dios en cuanto a tener el conocimiento perfecto, experimentar la dicha infinita o ejercer el poder ilimitado. Estos atributos pertenecen al Hombre Dios en virtud de haber logrado la unidad con Dios.

Quienes siguen en la ignorancia carecen de los atributos fundamentales del Hombre Dios, y si, por autoengaño o hipocresía, intentan hacerse pasar por el Hombre Dios, su

Autoengaño e hipocresía pretensión o autoengaño eventual e invariablemente quedará expuesto. Si la persona se compromete con cierta forma de vida debido al autoengaño, es una situación desafortunada. Esta cree que es lo que no es, y piensa que sabe lo que realmente no sabe. Pero como es sincera en lo que piensa y hace, no se le debe culpar, aunque en cierta medida puede ser una fuente de peligro para los demás. En cambio, el hipócrita sabe que no sabe, y simula ser lo que no es, por egoísmo. Al hacerlo, crea un vínculo *kármico* grave para sí mismo. Aunque esta persona es una fuente de considerable peligro para el débil y crédulo, no puede continuar indefinidamente con su engaño, ya que con el transcurso del tiempo quedará automáticamente expuesto por alguna pretensión que no pueda fundamentar.

En la ejecución de su trabajo universal, el Hombre Dios tiene una adaptabilidad infinita. No se apega a ningún método particular para

El Hombre Dios puede jugar el papel de aspirante ayudar a los demás, y no sigue reglas o precedentes, sino que es la ley en sí. Puede estar a la altura de cualquier circunstancia y desempeñar cualquier papel necesario, sin comprometerse por ello. Una vez, un devoto le preguntó a su Maestro, porqué ayunaba. El Maestro respondió: "No ayuno para alcanzar la perfección pues al haberla alcanzado ya, he dejado de ser aspirante. Ayuno por el bien de los demás." El aspirante espiritual no puede actuar como alguien que ha alcanzado la Perfección, porque quien ha sido Perfeccionado es inimitable, pero *quien ha alcanzado la Perfección, puede, para la guía o beneficio de los demás, actuar como aspirante.* Quien ha aprobado el examen más difícil de la universidad, puede escribir el alfabeto sin dificultad, para instruir a los niños, pero los niños no pueden hacer lo que él hace. Para mostrar el camino hacia la Divinidad, el Hombre Dios a menudo desempeña el papel de ser un amante de Dios, aunque ya haya alcanzado la cabal unidad con Dios. Desempeña el papel de *bhakta*, incluso después de la realización, para que otros puedan encontrar el camino. No se compromete con ningún papel en particular y puede ajustar su técnica para ayudar a los demás, de acuerdo con las necesidades de quienes buscan su guía. Todo lo que hace es por el bien de los demás. Para él, no hay nada que obtener, pues ya se ha convertido en todo.

El Dios Hombre, no solo no necesariamente se compromete con ninguna técnica en particular para ayudar a otros espiritualmente, sino tampoco se apega al estándar convencional del bien. Está más allá de la distinción entre el bien y el mal, pero, a pesar de que lo que hace puede parecer anárquico a los ojos del mundo, siempre lo hace por el último bien de los demás. Utiliza diferentes métodos para diferentes personas, sin ningún interés o motivo personal, y se inspira con una compasión que busca el bienestar verdadero de los demás. Por lo tanto, en todo lo que hace, es libre. Utiliza a *Maya* para liberar a sus discípulos de *Maya*, y utiliza los infinitos modos y herramientas para su tarea espiritual. Sus métodos cambian dependiendo del individuo, y no son siempre los mismos, incluso con la misma persona. Ocasionalmente puede hacer cosas que escandalizan a los demás porque van en contra de las expectativas habituales, pero todo esto siempre sirve un propósito espiritual. *La intervención de un sueño breve y conmocionante a menudo es útil para despertar al individuo de un largo y hermoso sueño.* Al igual que el sueño impactante, las sacudidas que el Hombre Dios, a discreción, administra deliberadamente, al final son sanas, aunque puedan parecer desagradables por el momento.

Hombre Dios usa a *Maya* para aniquilar a *Maya*

El Hombre Dios, puede incluso, parecer indebidamente severo con ciertas personas, pero el espectador no tiene idea de la situación interna, y por tanto no puede entender adecuadamente la justificación de tal aparente crueldad. De hecho, los requisitos espirituales de la situación a menudo exigen una severidad tal, que es necesaria para el bienestar de quienes que lo pudieran ver como inclemente. Una buena analogía que ilustra una acción aparentemente cruel es el caso de un nadador experto que salva a cierta persona que

Salvar a la persona que se está ahogando

se ahoga. Es bien sabido que cuando alguien se está ahogando tiende a aferrarse a cualquier cosa que tenga a la mano. En su desesperación, es tan ciego a las consecuencias, que su irreflexivo aseguramiento de la persona que ha venido a salvarlo no solo hace imposible que se salve, sino frecuentemente resulta en el ahogamiento de la persona que lo ha venido a salvar. De hecho, un experto salvavidas a menudo golpea al individuo que se está ahogando para dejarlo "inconsciente". Mediante esta aparente crueldad, minimiza el peligro que probablemente crearía la persona que se ahoga, así asegurando el éxito de su esfuerzo. Igualmente, la aparente severidad del Dios Hombre sirve para asegurar el más alto bienestar espiritual de los demás.

El alma en esclavitud está atrapada en el universo, y el universo solo es imaginación. Como la imaginación no tiene fin, es probable que vague indefinidamente en los laberintos de la consciencia falsa. El Hombre Dios puede **Acortando las etapas de la falsa conciencia** ayudarlo a *acortar las diferentes etapas de la consciencia falsa, revelando la Verdad.* Cuando la mente no percibe la Verdad, es probable que imagine todo tipo de cosas. Por ejemplo, el alma puede imaginar que es un mendigo o un rey, un hombre o una mujer, etc.

El alma de esta forma sigue acumulando experiencias de los opuestos. Donde hay dualidad, existe la tendencia de restaurar el equilibrio mediante lo opuesto. Por ejemplo, **Semilla de la realización de Dios** si alguien experimenta ser un asesino, esto se debe contrarrestar con la experiencia de ser asesinado.

Si el alma tiene la experiencia de ser un rey, esto se debe contrarrestar con la experiencia de ser un mendigo. Por lo tanto, *el alma puede vagar de un opuesto al otro, infinitamente, sin poder ponerle fin a la falsa consciencia.* El Hombre Dios puede ayudarlo a llegar a la Verdad, dándole la percepción de la Verdad, así *acortando el tiempo del funcionamiento de su imaginación, que de otra manera sería interminable.* El Hombre Dios ayuda al alma en esclavitud, *sembrando la semilla de la realización de Dios en esta,* pero siempre toma algo de tiempo lograr la realización de Dios. Cada proceso de crecimiento dentro del universo toma tiempo.

La ayuda del Hombre Dios es mucho más efectiva que la ayuda que podría dar un aspirante avanzado. Con la ayuda del aspirante, solo se puede llegar al punto que el aspirante mismo ha **La ayuda del Hombre Dios** alcanzado. Incluso esta ayuda limitada, solo puede fructificar muy gradualmente, resultando en que la persona que asciende a través de tal ayuda debe permanecer en el primer plano por un tiempo prolongado, luego en el segundo, y así sucesivamente. Cuando el Hombre Dios elige ayudar a una persona, puede, mediante su gracia, llevar al aspirante incluso al séptimo plano en un segundo, aunque en ese segundo la persona debe pasar por todos los planos intermedios.

Cuando lleva a un individuo al séptimo plano, el Hombre Dios lo iguala a sí mismo, y la persona que así alcanza el estado espiritual más elevado, igualmente se convierte en Hombre Dios.

Analogía del árbol baniano Esta transmisión de conocimiento espiritual de Hombre Dios a discípulo, se puede comparar con el encendido de una lámpara con otra. La lámpara que se ha encendido es tan capaz de dar luz a otros como la lámpara original. No hay diferencia entre estas, en importancia ni utilidad. El Hombre Dios se puede comparar con el árbol baniano. *El baniano es enorme y poderoso, da sombra y refugio a los viajeros, y los protege del sol, de las lluvias y las tormentas. En la plenitud de su crecimiento, sus raíces descendentes penetran la tierra profundamente, creando a su debido tiempo, otro baniano completamente adulto. Crece igualmente grande y poderoso, y da sombra y refugio a los viajeros, protegiéndolos del sol, la lluvia y las tormentas, y tiene la misma habilidad potencial para crear otros árboles banianos adultos. Lo mismo aplica al Hombre Dios, quien despierta la divinidad latente en los demás.* La continua sucesión de Maestros Perfectos en la tierra es una bendición perpetua para la humanidad, ayudándola a avanzar en su lucha a través de la oscuridad.

Se puede decir que el Hombre Dios es Señor y siervo del universo al mismo tiempo. Como Señor del universo, derrama su tesoro espiritual en abundancia inmensurable. Como

Señor y siervo siervo del universo, continuamente soporta la carga de todos, ayudándolos a través de sus innumerables dificultades espirituales. *De la misma forma en que es Señor y siervo en uno, también es el Amante supremo, y el Amado incomparable. El amor que da y recibe, sirve para liberar al alma de la ignorancia. Al dar amor, se lo da a sí mismo en otras formas; al recibir amor, recibe lo que ha despertado mediante su propia Gracia, que continuamente se derrama sobre todo, sin distinción.* La Gracia del Hombre Dios es como la lluvia, que cae por igual en todas las tierras, independientemente de si son estériles o fértiles, pero esta fructifica solo en las tierras que se han hecho fértiles mediante arduas y pacientes labores.

El Círculo

Después de varias vidas de búsqueda, purificación, servicio y sacrificio propio, el alma tiene la buena fortuna de conocer y conectarse con un Maestro que ha realizado a Dios. Después de **Entrando al** varias vidas de estrecha conexión, y amor y servicio al **Círculo del** Maestro, entra en su Círculo. Quienes han ingresado **Maestro** al Círculo de un Maestro, son almas que, mediante sus esfuerzos, han adquirido el derecho *(adhikar)* de obtener la realización de Dios. Cuando llega el momento exacto para la realización, se logra mediante la Gracia del Maestro.

Todas las acciones en el mundo de la dualidad son impulsadas por los *sanskaras* de la dualidad. La consciencia de la dualidad connota el funcionamiento de las impresiones de la dualidad. **Función de** Estas impresiones de la dualidad sirven primero el **impresiones de** propósito de desarrollar y limitar la consciencia, **la dualidad** y después, el propósito de liberarla para facilitar el Conocimiento de Sí, o la Realización de Dios. *El alma no puede lograr la consciencia de su propia unidad sin pasar por las experiencias duales, que presuponen y requieren las impresiones correspondientes de la dualidad.*

Desde el inicio mismo hasta el último final, el alma queda sujeta al impulso de las impresiones que constituyen el destino del alma. Estas impresiones se llaman *Sanskaras Prarabdha.* **Sanskaras Prarabdha** *Estos Sanskaras Prarabdha, siempre se relacionan con los opuestos de la experiencia, por ejemplo,* los *sanskaras* de la codicia y su opuesto, los *sanskaras* de la lujuria y su opuesto, los *sanskaras* de la ira y su opuesto, los *sanskaras* de los malos pensamientos, palabras y acciones, y sus opuestos.

Desde la etapa del átomo hasta la etapa de la realización de Dios, el alma está sujeta a las impresiones de la dualidad, y todo lo que le sucede es determinado por estas **Desaparición de *sanskaras*** impresiones. *Cuando el alma logra la realización de Dios, todos sus sanskaras desaparecen.* Si queda inmersa en la experiencia de la Divinidad sin regresar a la consciencia normal del mundo de la dualidad, mora eternamente más allá de cualquier tipo de *sanskara*. Carece de todos los *sanskaras* y tampoco los puede adquirir.

Si el alma que ha realizado a Dios regresa a la consciencia normal del mundo de la dualidad, obtiene una mente universal. Con la mente universal con la que ha sido dotada, también **Sanskaras** adquiere ciertos *sanskaras* superfluos, que no **Yogayoga de la** la atan, conocidos como *Sanskaras Yogayoga*. **mente universal** En el estado del Más Allá, el Maestro queda eternamente libre de todos los *sanskaras*, e incluso cuando es consciente de la creación y trabaja en la creación, permanece libre, por los *Sanskaras Yoga Yoga*, que solo se posicionan tenuemente sobre su mente universal. *Los Sanskaras Yogayoga simplemente sirven como canales para su trabajo universal, sin formar una cadena restrictiva para su consciencia.*

Los *Sanskaras Yogayoga* son *automáticos* en su funcionamiento. Todos los contactos y enlaces específicos a los que el Hombre Dios responde en su trabajo, finalmente se basan sobre **Función de los** estos *Sanskaras Yogayoga. Los Sanskaras* **Sanskaras Yogayoga** *Yogayoga no crean un velo en la mente universal y no constituyen una nube de ignorancia; solo sirven como marco necesario para la liberación de las acciones determinadas.* A través de estos *Sanskaras Yogayoga*, la voluntad universal de Dios se particulariza en sus expresiones. Cualquier acción emitida en el mundo de tiempo y espacio debe relacionarse con cierta situación determinada, o con un conjunto de circunstancias. Siempre debe haber alguna razón por la cual se da cierta respuesta a una situación, en vez de otra, y por la cual se da cierta respuesta de una manera, y no de otra. *La base de la autolimitación de las acciones de un alma que se encuentra en esclavitud espiritual está en sus Sanskaras Prarabdha, que la atan. La base de la autolimitación de las acciones de un alma que es espiritualmente libre está en sus Sanskaras Yogayoga, que no la atan.*

Si el Hombre Dios no adquiriera estos *Sanskaras Yogayoga* cuando baja a la consciencia normal, no podría hacer ningún trabajo de una naturaleza definida. *Los Sanskaras* **Trabajo del Maestro, sujeto** *Yogayoga ayudan al Hombre Dios a* **a las leyes de la creación** *particularizar y materializar la Voluntad Divina mediante sí mismo, y cumplir su misión.* El Maestro es, y sabe que es, infinito en existencia, consciencia, conocimiento, dicha, amor y poder, y siempre permanece infinito en el estado del Más Allá. Pero el trabajo que hace en el mundo de la creación es sujeto a las leyes de la creación, y por tanto, en cierto sentido es finito. Dado que su trabajo se relaciona con la revelación del Infnito y la Divinidad que se encuentra oculta en todos, y dado que la realización de este Infinito y Divinidad es el único propósito de la creación, su trabajo es *infinitamente importante;* pero cuando se mide según el estandar de los resultados, debe tener, como cualquier trabajo que es posible en el mundo, solo determinado alcance y no más.

Pero incluso cuando el trabajo del Hombre Dios se mide unicamente mediante la magnitud de sus resultados, los resultados que se logran por

Alcance del trabajo del Maestro determinado por los *Sanskaras Yogayoga*

las personas con mentalidad mundana, en su mayoría resultan ser triviales en comparación. Incluso la más grande de las almas que se encuentra en la esclavitud espiritual, no puede ni acercarse a los logros del Hombre Dios. En el trasfondo de su trabajo, el Hombre Dios tiene el poder infinito de Dios, mientras que el hombre mundano solo trabaja con el poder limitado que tiene a su disposición a través de su mente, que se basa en el ego. Pero a veces, incluso un Hombre Dios puede desempeñar alguna tarea limitada, para después concluir su encarnación. Esto no es porque su poder sea limitado de alguna forma, sino porque *el trabajo determinado por sus Sanskaras Yogayoga tiene cierto alcance, y no* más. *Nunca se apega al trabajo como tal.* Habiendo terminado el trabajo que ha adquirdo mediante sus *Sanskaras Yogayoga,* está listo para reabsorberse en el aspecto impersonal del Infinito. No permanece en el mundo de la irrealidad y dualidad un minuto más de lo requerido por sus *Sanskaras Yogayoga.*

Al igual que los Maestros Perfectos, el Avatar también tiene su Círculo. Cuando el Avatar toma una encarnación, tiene una misión clara

Avatar y su círculo

que procede conforme a un plan, y este plan se ajusta cuidadosamente al flujo del tiempo. El proceso de la encarnación del Avatar es único. Antes de tomar el cuerpo físico y descender al mundo de la dualidad, se dota a sí mismo y a los miembros de su Círculo con un tipo especial de *sanskaras,* que se conocen como *Sanskaras Vidnyani.* El Círculo del Avatar siempre es de ciento veinte miembros, y todos estos deben tomar una encarnación cuando el Avatar toma una encarnación. La adquisición de los *Sanskaras Vidnyani* antes de encarnar en cuerpo físico, es comparable a correr un velo sobre sí mismo y su Círculo.

Después de tomar una encarnación, el Avatar queda bajo este velo de *Sanskaras Vidnyani*, hasta el momento que ha sido designado por él mismo. Cuando llega el momento estipulado, experimenta su propia divinidad original y comienza a trabajar a través de los *Sanskaras Vidnyani*, que ahora se han *transmutado en los Sanskaras Yogayoga de la mente universal.*

A todos los efectos, los *Sanskaras Vidnyani* son como los *sanskaras* ordinarios de la dualidad, pero son fundamentalmente distintos en

Naturaleza de los Sanskaras Vidnyani

su naturaleza. Los *Sanskaras Vidnyani* incitan actividades e invitan experiencias que son similares a las actividades y experiencias causadas por lo *sanskaras* ordinarios; pero mientras las actividades y experiencias causadas por los *sanskaras* ordinarios generalmente tienden a fortalecer el control que ejerce la dualidad ilusoria, las actividades y experiencias causadas por los *Sanskaras Vidnyani* trabajan sistemáticamente para debilitar el control que tiene la dualidad sobre el individuo. *La lógica del trabajo de los Sanskaras Vidnyani necesariamente invita la realización de la unidad de la existencia. Por ende, estos son conocidos como el umbral de la unidad.*

Los miembros del Círculo siguen bajo el velo de los *Sanskaras Vidnyani* hasta que logran la realización de Dios, en el momento exacto

Tiempo fijo para la realización

estipulado por el Avatar. Después de obtener la realización por conducto del Avatar, los *Sanskaras Vidnyani* que llevaban consigo, no constituyen un velo, sino se convierten en *Sanskaras Yogayoga*, los cuales sirven solo como instrumentos para el cumplimiento del plan divino en la tierra.

Hay una diferencia importante entre los *Sanskaras Vidnyani* y los *Sanskaras Yogayoga*. Aunque los *Sanskaras Vidnyani ultimadamente*

Diferencia entre Sanskaras Vidnyani y Sanskaras Yogayoga

trabajan en aras de la realización de la unidad, producen la experiencia de existir como ser limitado hasta la realización. Los *Sanskaras Yogayoga* que aparecen después de la realización, no interfieren de ninguna forma con la experiencia del Infinito, misma que está por encima de la dualidad, aunque estas sirvan como instrumentos para desarrollar y determinar las respuestas y actividades en el mundo dual. *El funcionamiento de los Sanskaras Vidnyani contribuye a la realización propia, mientras que el funcionamiento de los Sanskaras Yogayoga contribuye al proceso de realización de quienes todavía se encuentran en la esclavitud.*

En el estado del Más Allá, el tiempo, el espacio, y todo el mundo fenoménico son inexistentes. Solo en el mundo fenoménico de la

Estado del Más Allá

dualidad, pueden existir el espacio, el tiempo, o la operación de la ley de causa y efecto. Cuando el Maestro trabaja en la esfera de la dualidad para la elevación de la humanidad, su trabajo está sujeto a las leyes del tiempo, espacio y causalidad. Desde el punto de vista del trabajo externo, el Maestro a veces aparenta ser limitado, pero en realidad, constantemente experimenta la unidad e infinitud del estado del Más Allá. *Aunque él mismo se encuentre más allá del tiempo, cuando trabaja para quienes siguen en la dualidad, el tiempo cuenta.*

El trabajo universal que el Maestro desempeña para la humanidad generalmente fluye sin interrupción a través de los cuerpos superiores.

Trabajo especial para el Círculo

Cuando trabaja para los miembros de su Círculo, sus acciones se ajustan a los tiempos que él mismo fija con sumo cuidado, ya que deben ser intervenciones precisas, definidas, y relacionadas a la resolución mecánica de los *sanskaras* de cada individuo. Trabaja para su Círculo en horarios fijos. Por ende, quienes siguen las instrucciones que reciben del Maestro y se ajustan a los tiempos dados por él, obtienen el beneficio de su labor especial. Desde el punto de vista de la tarea especial que el Maestro se propone, el tiempo es de suma importancia. La labor especial que realiza el Maestro en relación a los miembros de su Círculo no solo toca y afecta a estos, sino también a quienes están estrechamente conectados con los miembros de su Círculo.

El Círculo constituye la característica particular más importante en relación con la cual, y mediante la cual, ajusta su deber espiritual hacia

Maestro no circunscrito por el Círculo

la humanidad. Esta característica en particular, se ha dado como resultado de vínculos y conexiones cercanas a través de varias vidas. Cada Maestro tiene tal Círculo de discípulos cercanos, pero esto en ninguna forma crea una limitación en su consciencia interior. *En su estado de Dios, el Maestro se halla en el centro del universo así como en el centro mismo de Todo, y no existe Círculo que pueda circunscribir su ser.* En la infinidad de la no dualidad no hay preferencias. *El Círculo existe solo en relación con el deber y trabajo que el Maestro ha emprendido en el mundo fenoménico.* Desde este punto de vista, el Círculo es tan real como el Himalaya.

Reencarnación
y Karma

PARTE I
EL SIGNIFICADO DE LA MUERTE

El hombre mundano identifica a la vida, enteramente, con las manifestaciones y actividades del cuerpo denso. Por ende, para este, el principio y el final de la existencia corporal,

Identificación de alma y cuerpo

son también, el principio y el fin del alma individualizada. Toda su experiencia parece dar testimonio de la transitoriedad del cuerpo físico, y a menudo atestigua la desintegración de los cuerpos físicos que una vez vibraban con vida. Naturalmente entonces, siente el impulso de creer que la vida acaba con la muerte corporal.

Como considera que la muerte equivale a la cesación de la vida, el hombre mundano adjudica gran importancia a esta. Hay algunos que contemplan la muerte por períodos

La muerte como trasfondo de la vida

prolongados, pero a pesar de que la mayoría de las personas se absorben completamente en sus actividades mundanas, se impresionan por la incidencia de la muerte cuando se enfrentan con esta.

Además de servir como trasfondo general para la escena de la vida, la muerte también asume una importancia acentuada y abrumadora entre los incidentes multicolores de la vida. La

Importancia conferida a la muerte

muerte cae entre los acontecimientos más temidos y lamentables, y que, la gente con malicia o ira trata de imponer como última pena o peor venganza, o de la que dependen como método seguro para eliminar las interferencias o agresiones de los demás. Las personas también invitan a la muerte sobre sí, como muestra de sacrificio supremo, y en ocasiones la buscan con la falsa esperanza de poner fin a las preocupaciones y problemas mundanos que no son capaces de confrontar o resolver. Por lo tanto, *en la mente de la mayoría de las personas, la muerte asume una importancia acentuada y abrumadora.*

La agobiante importancia de la muerte se deriva del apego del hombre con formas *particulares*, pero la muerte pierde gran parte de su poder e importancia, incluso para el hombre del mundo, si se tiene una visión más amplia del curso de la vida. *A pesar de su transitoriedad,*

Persistencia de la vida

hay una continuidad ininterrumpida de la vida a través de estas formas, descartándose las antiguas y creándose otras para la existencia y la expresión. El incidente recurrente de la muerte es correspondido con el incidente recurrente del nacimiento. Las viejas generaciones se reemplazan con las nuevas, *la vida renace en nuevas formas, incesantemente renovándose y refresc*ándose. Las corrientes de la vida con sus antiguos orígenes, avanzan siempre mediante las formas que van y vienen como las olas del océano.

Entonces, incluso dentro de los límites de la experiencia mundana, hay mucho que debería mitigar los pensamientos mórbidos de la muerte como una pérdida irreparable.

Tristeza por la muerte debido al apego

Una sana actitud hacia la muerte es posible, solo cuando la vida se considera impersonalmente y sin apegos a formas particulares; pero esto le resulta difícil al hombre mundano, debido a su enredo con las formas específicas. Para este, una forma no es tan buena como otra. La forma con la que se identifica es, por mucho, la más importante. La preservación general y el avance de la corriente de la vida no tienen para él ningún interés especial. *Lo que el hombre mundano ansía, es la continuación de su propia forma y de otras formas particulares con las que se enreda.* Su corazón no puede reconciliarse con su intelecto. Con la desaparición de las formas que le eran queridas, se vuelve víctima de un pesar sin fin, aunque la vida, como un todo, podría haber reemplazado las formas perdidas con otras nuevas.

El dolor de la muerte, al analizarlo más de cerca, resulta estar enraizado en el egoísmo. La persona que pierde a su amado puede

El dolor de la muerte es una forma de egoísmo

saber intelectualmente que la vida, como un todo, ha compensado en algun otro lugar esa pérdida, pero su único sentimiento es: *"¿Y eso qué significa para mí?"* Cuando el hombre lo observa desde su punto de vista personal, *la muerte se convierte en una causa de pena sin fin,* pero desde el punto de vista de la vida en general, es un episodio de menor importancia.

Las consideraciones impersonales, contribuyen en gran medida a fortalecer la mente contra el dolor personal que causa la muerte, pero

Problemas con el intelecto impersonal

por sí mismas, no resuelven los problemas más amplios que confunden, incluso, al intelecto impersonal del hombre cuando considera ciertas implicaciones de la muerte dentro de los límites de su experiencia ordinaria. Si la muerte se ve como la aniquilación final de la existencia individual, aparenta ser una pérdida irreparable para el universo. Cada individuo puede estar en una posición para darle al universo algo tan único, que nadie más puede reemplazarlo con exactitud. Además, hay casos donde se *acorta la carrera terrenal mucho antes de que el individuo pueda alcanzar la perfección*. Toda su lucha hacia el ideal, todo su empeño y entusiasmo por lo grande, lo bueno y lo bello, y toda su aspiración por lo divino y eterno, parecen terminar en una vasta nada, creada por la muerte.

Las implicaciones de asumir que la muerte es el fin de la existencia individual van en contra de las inerradicables expectativas que se basan en la intuición racionalizada. *Por lo general, surge un conflicto entre las afirmaciones de la intuición y las conclusiones del intelecto impuro, que asume que la muerte es el fin de la existencia individual.* Tal conflicto a menudo es el comienzo del pensamiento puro, que inmediatamente cuestiona la creencia generalmente aceptada de que la muerte es el fin real de la existencia individual. La muerte como extinción de la vida nunca es del todo aceptable para las aspiraciones espirituales del hombre. Por ende, la creencia en la inmortalidad del alma individualizada, a menudo se acepta por la mente humana sin mucha resistencia, incluso en ausencia del conocimiento suprasensible y directo, sobre la existencia de la vida después de la muerte física.

Conflicto entre intelecto impuro e intuición más profunda

Son pocos los que saben por experiencia personal que la inmortalidad del alma es verdadera. *El conocimiento suprasensible de la existencia de la vida después de la muerte es inaccesible para la gran mayoría de las personas.* Para estas, la inmortalidad tiene que seguir siendo una creencia agradable y aceptable, pero nada más. Se convierte en parte del conocimiento personal de quienes, por interés científicos, han desarrollado medios de comunicación con el "otro mundo", o de aquellos cuyas circunstancias especiales los han hecho experimentar personalmente, la aparición o intervención de espíritus que ya hayan partido, o de quienes, por su avance espiritual, automáticamente despliegan ciertas capacidades perceptivas, latentes en los vehículos internos de la consciencia.

La inmortalidad del alma individualizada es posible por el hecho de que el alma individualizada *no* es lo mismo que el cuerpo físico. El alma individualizada continúa existiendo con todos sus *sanskaras* en los mundos interiores mediante sus cuerpos mentales y sutiles, incluso después de que haya descartado su cuerpo denso

Base material de la inmortalidad

al morir. Entonces, la vida a través del medio del cuerpo denso es solo una *sección* de la vida continua del alma individualizada. Las otras secciones de su vida se expresan en otros mundos.

La naturaleza es mucho más vasta de lo que el hombre puede percibir mediante los sentidos ordinarios de su cuerpo físico. Los aspectos ocultos de la naturaleza se componen de la materia **Tres mundos** y las fuerzas más finas. No hay un abismo insalvable que separa los aspectos más finos de la naturaleza de su aspecto denso. Todos se interpenetran y existen juntos. Los aspectos más finos de la naturaleza no son perceptibles para el hombre común; sin embargo, son continuos con el aspecto denso que es perceptible para este. No son remotos; sin embargo, son inaccesibles para su consciencia, misma que funciona a través de los sentidos físicos que no están adaptados para percibir los aspectos más finos de la naturaleza. El hombre común es inconsciente de los *planos interiores*, de la misma forma en que el hombre sordo no tiene consciencia de los sonidos, y no puede tratar con estos   conscientemente. Por ende, para efectos prácticos, son otros "mundos" para él. La seccion más fina y oculta de la naturaleza tiene dos divisiones importantes, a saber, la sutil y la mental, que corresponden a los cuerpos sutiles y mentales del hombre. Por tanto, toda la naturaleza se puede dividir convenientemente en tres partes: (i) el mundo *denso*, (ii) el mundo *sutil* y (iii) el mundo *mental*. Cuando el alma individualizada encarna en un cuerpo físico, expresa su vida en el mundo denso. Cuando abandona la envoltura externa del cuerpo físico, continúa expresando su vida en el mundo sutil mediante el cuerpo sutil, o en el mundo mental a través del cuerpo mental.

Normalmente, la vida en el cuerpo físico acaba solo cuando se resuelven los *sanskaras* liberados para su expresión en esa encarnación. En algunos casos excepcionales, el alma tiene **Efectos de una** que abandonar su cuerpo denso antes de **muerte prematura** resolver dichos *sanskaras* completamente. Por ejemplo, el hombre que se *suicida*, trunca el período de su vida de manera artificial y, por ende, la muerte prematura impide la resolución de los *sanskaras* que habían sido liberados para su fructificación. *Cuando, debido a la muerte prematura, a los sanskaras liberados para su fructificación no se les permite expresarse, el alma desencarnada queda sujeta a la fuerza propulsora de dichos sanskaras, incluso después de que el cuerpo físico ha sido descartado.* El impulso de los *sanskaras* a los cuales no se les ha permitido resolverse, se mantiene incluso en la vida después de la muerte, resultando en que el espíritu que ha partido, agudamente desea las cosas del mundo denso.

En tales casos, el alma desencarnada experimenta un impulso irresistible hacia el mundo denso, y anhela los objetos densos tan
Obsesiones arduamente que busca la satisfacción de sus deseos a través del cuerpo denso de aquellas almas que aún siguen encarnadas. Por ende, el alma puede querer tanto beber vino, que adopta métodos antinaturales para satisfacer su deseo. Espera su oportunidad. Cuando encuentra a una persona bebiendo vino en el mundo denso, satisface su deseo *a través* de esa persona, al poseer su cuerpo físico. De la misma forma, si quiere experimentar manifestaciones densas de ira, lo hace mediante una persona iracunda en el mundo denso. Tales almas constantemente *buscan encontrarse con, y poseer personas encarnadas con sanskaras similares a las suyas*, y tratan de mantener su contacto con el mundo denso el mayor tiempo posible, a través de otros. *En la vida después de la muerte, cualquier enredo rezagado con el mundo denso se vuelve un serio obstáculo para el flujo natural de la vida futura del alma.* Quienes se encuentren en esta precaria condición deben ser considerados particularmente desafortunados, ya que invitan sobre ellos mismos y sobre otros, mucho sufrimiento innecesario al buscar la gratificación no natural de los deseos más densos, mediante otros individuos que siguen encarnados. En comparación con estas almas desafortunadas, la vida póstuma de otras almas es mucho más tranquila.

En casos normales, *la muerte se produce cuando los sanskaras que buscan fructificación se han resuelto.* Cuando el alma abandona el cuerpo físico, se
La muerte inicia el intervalo entre dos vidas separa completamente de todas las conexiones con el mundo denso, aunque el ego y la mente se conservan con todas las impresiones acumuladas durante su carrera terrenal. A diferencia de los casos excepcionales de los espíritus obsesivos, los espíritus ordinarios intentan reconciliar su separación del mundo denso y se ajustan a las limitaciones de las condiciones cambiantes, *hundiéndose en un estado de subjetividad* en el que comienza un nuevo proceso de revisión mental de las experiencias de su carrera terrenal, reviviendo los *sanskaras* conectados con estas. Así, la muerte inaugura un período de descanso comparativo que consiste en retirarse temporalmente de la esfera densa de acción. *Es el inicio del intervalo entre la última encarnación y la próxima.*

Reencarnación y Karma

PARTE II
INFIERNO Y CIELO

Después de la muerte no hay consciencia del mundo denso ya que tal consciencia depende directamente del cuerpo físico. Pero, aunque la consciencia del mundo denso se pierde de esta
Subjetividad de la vida después de la muerte forma, las impresiones de las experiencias del mundo denso se retienen en el cuerpo mental y continúan expresándose a través de la esfera semi sutil. Durante el intervalo entre la muerte y la siguiente encarnación, la consciencia del alma se orienta hacia estas impresiones, resultando en una reanimación de las impresiones y reavivamiento de sus experiencias correspondientes. El hombre promedio no es consciente del *entorno* sutil. Se envuelve en una *subjetividad* total *y se absorbe en vivir mediante las impresiones reanimadas.*

En la vida después de la muerte, las experiencias de dolor y placer se vuelven mucho más intensas de lo que eran en la vida terrenal. *Estos estados subjetivos de sufrimiento y alegría*
Infierno y cielo son estados de ánimo *intensificados se denominan infierno y cielo. El cielo e infierno son estados de mente y no se deben ver como lugares; y aunque subjetivamente significan mucho para el alma individualizada, ambas son ilusiones dentro de la ilusión mayor del mundo fenoménico.*

Tanto en el estado infernal como en el estado celestial, los deseos se vuelven mucho más intensos ya que ya no requieren expresarse a través del medio denso. Como en los
Los deseos y las experiencias se intensifican después de abandonar el cuerpo deseos, las experiencias incurridas en su cumplimiento o incumplimiento también se intensifican enormemente. En la carrera terrenal, los deseos, así como los placeres y sufrimientos que conllevan, se experimentan mediante el cuerpo denso. El alma, naturalmente utiliza

sus cuerpos superiores al mismo tiempo, pero en la carrera terrenal su consciencia se vincula con el cuerpo denso. Por tanto, los procesos de la consciencia deben pasar por un velo adicional que disminuye su fuerza, vitalidad e intensidad, de la misma forma en que los rayos de la luz se atenúan al pasar por un vidrio denso. *Al habitar el cuerpo, los deseos y experiencias sufren un deterioro en intensidad, pero al abandonar el cuerpo denso experimentan un aumento relativo en intensidad.*

En el estado celestial, el cumplimiento de los deseos no depende, como en la esfera densa, de obtener el objeto del deseo; el cumplimiento del deseo viene simplemente al pensar en el objeto del deseo. Por ejemplo, si una persona desea escuchar música exquisita, experimenta el placer simplemente pensando en ella. La idea imaginativa de la música exquisita se convierte, en este estado, en el sustituto de las vibraciones físicas del sonido en la esfera densa. El placer que obtiene al pensar en música exquisita es mucho mayor mediante el pensamiento, que el placer obtenido en su carrera terrenal, al escuchar los propios sonidos físicos. En el estado celestial no hay obstáculos entre el deseo y su cumplimiento; el placer de la realización personal mediante el pensamiento o sentimiento siempre está a la mano.

Cumplimiento de deseos a través del pensamiento

De hecho, incluso en la esfera terrenal de existencia, ciertas personas desarrollan la capacidad de hacer que su placer se cumpla independientemente de la posesión del objeto denso. Beethoven, por ejemplo, era completamente sordo, y, sin embargo, solo con ejercitar su imaginación podía disfrutar intensamente de sus composiciones musicales. *En cierto sentido, incluso en la tierra, se puede decir que experimentaba el estado del cielo.* De igual forma, una persona que medita sobre el Amado con amor deriva felicidad simplemente pensando en el Amado, sin requerir Su presencia física. Después de la muerte, en el estado del cielo, el disfrute de esta realización imaginativa es infinitamente mayor, ya que la consciencia se ha liberado del velo externo del cuerpo denso.

Cielo en la tierra

Algunos deseos tienen una relación directa con la posesión y asimilación de los objetos densos, mediante el cuerpo denso. Los deseos más densos de lujuria, gula o ansias de beber alcohol son de este tipo. Estos deseos son específicamente terrenales, por ser posesivos y por implicar un elemento de apego al objeto físico. En estos deseos no solo hay preponderancia de las sensaciones derivadas del contacto

Los deseos más densos contribuyen al estado del infierno

con el objeto, sino también de aquellas sensaciones que constituyen la respuesta del cuerpo en sí. Estos deseos más densos contribuyen al estado del infierno.

En contraste con los deseos más finos, los deseos más densos confieren una prima infinitamente más importante a las meras sensaciones, independientemente de cualquier significado intelectual o valor moral. En los deseos más finos, como el

Diferencia entre los deseos más densos, y más finos

deseo por la música, hay, por supuesto, un elemento de querer el contacto sensorial con los sonidos físicos, pero estos sonidos se vuelven importantes, no tanto por derecho

propio, sino por su capacidad de expresar belleza. De esta misma forma, el deseo de escuchar pláticas ocupa a la mente, no tanto por las sensaciones del sonido, sino por el significado intelectual y el atractivo emocional que transmiten.

Por ende, en los deseos más finos, las sensaciones desempeñan un papel subordinado a los aspectos derivados que se basan en las

Sensaciones corporales en los deseos más densos

sensaciones. En los deseos más densos, el elemento principal se provee por las sensaciones conectadas con el objeto físico, y las sensaciones que este despierta por la respuesta corporal a su posesión.

Las sensaciones orgánicas del cuerpo físico desempeñan el papel más importante en las experiencias relacionadas con los deseos más densos. A través de estos, el alma individualizada siente su propia existencia como cuerpo denso, de manera mucho más efectiva y vívida que mediante las experiencias conectadas con los deseos más sutiles.

Casi todo el significado de las experiencias producidas por el cumplimiento o incumplimiento de los deseos más densos se

Incumplimiento de deseos más densos debido a la inaccesibilidad al objeto denso

compone de las sensaciones *corporales* mismas. Por ende, rara vez pueden proporcionar la experiencia completa de cumplimiento que se logra mediante los deseos más finos, simplemente ejercitando el pensamiento e imaginación. Los deseos más densos, característicamente insisten en la posesión y asimilación del objeto denso en sí. Cualquier idea imaginativa del objeto denso solo sirve para acentuar su deseo de llegar al objeto denso. *Dado que el objeto denso de los deseos más densos no está disponible en el mundo sutil, estos deseos mayormente producen una experiencia intensificada del sufrimiento de la no realización.*

Así como en este mundo, la presencia de los deseos más densos conduce a la preponderancia del sufrimiento sobre el placer, en la vida

Los sufrimientos del infierno y los placeres del cielo

después de la muerte, las experiencias revividas y conectadas con estos deseos más densos conducen a una *preponderancia del sufrimiento sobre el placer*, creando así la existencia del *estado del infierno*. Y similarmente, en la vida después de la muerte, las experiencias revividas conectadas con los deseos más finos, conducen a una *preponderancia del placer sobre el sufrimiento,* creando así el *estado del cielo.*

Pero tanto el infierno, como el cielo, son estados de esclavitud *sujetos a las limitaciones de los opuestos* del placer y el sufrimiento. Ambos son

Tiempo en el mundo sutil

estados cuya duración se determina por la naturaleza, la cantidad y la intensidad de las impresiones acumuladas. *El tiempo en el mundo sutil no es lo mismo que el tiempo en el mundo denso, debido a la mayor subjetividad de los estados de consciencia,* pero, aunque el tiempo en el mundo sutil no es *comparable* con el tiempo en el mundo denso, se determina estrictamente por las impresiones acumuladas en el mundo denso. Sin embargo, el hecho importante es que ambos, el estado infierno y el estado del cielo están muy lejos de ser duraderos, y después de haber cumplido su propósito en la vida del alma individualizada, ambos llegan a su fin.

Los deseos sensuales más densos, como la lujuria y sus productos emocionales como el odio y la ira, contribuyen a la vida de delirio y

Vivificación de las impresiones

sufrimiento que prevalece en el estado infernal. Los deseos más finos, como las aspiraciones idealistas, los intereses estéticos y científicos, la buena voluntad hacia el prójimo, y sus productos emocionales como el amor personal o el sentimiento de compañerismo, contribuyen a la vida de iluminación y placer que prevalece en el estado celestial. *Para la mayoría de las personas, estos estados consisten en revivir las experiencias de la vida terrenal con la vivificación de las impresiones dejadas por estas.* Su duración y naturaleza dependen de la duración y naturaleza de las experiencias por las cuales haya pasado la persona en su cuerpo físico.

Justo como un disco de acetato se deja a un lado después de que la aguja ha pasado por cada surco, *los estados del infierno y del cielo*

Terminación del infierno y del cielo

llegan a su fin cuando la consciencia ha recorrido las impresiones dejadas por su vida terrenal. Así como la canción reproducida por un disco de acetato se determina estrictamente por la canción original que se grabó en este, la calidad de las experiencias intensificadas y magnificadas por las que pasa el alma después de la muerte, se determina *estrictamente* por el tipo de vida terrenal que la persona ha llevado a cabo en el cuerpo físico. Desde este punto de vista, el cielo y el infierno son sombras proyectadas por la vida terrenal del hombre.

No obstante, el cielo y el infierno no tendrían ningún propósito especialmente útil en la vida del alma individual si equivalieran

Revisión retrospectiva de las experiencias terrenales

meramente a un reavivamiento mental del pasado terrenal; sería la simple repetición de lo que ya ocurrió. La consciencia en estos estados posteriores a la muerte queda en posición de estudiar, *relajada y efectivamente, el registro animado de su vida terrenal.* Mediante la intensificación de las experiencias, puede observar su naturaleza más fácilmente y con los mejores resultados. En la tierra, la consciencia de la mayoría de las personas es *predominantemente objetiva, se enfoca mayormente hacia el futuro* y se encuentra presionada por los *sanskaras* que aún no se han desgastado. Se ocupa principalmente con el posible cumplimiento de los *sanskaras* en el *presente* o *futuro.* En la vida después de la muerte, la consciencia de la mayoría de las personas es *predominantemente subjetiva y retrospectiva.* A falta de los *sanskaras* que se enfocan al futuro, esta se ocupa, como en las reminiscencias, principalmente en revisar y evaluar el significado del *pasado.*

La inquietud y la furia de las respuestas inmediatas a las situaciones cambiantes de la vida terrenal se reemplazan en la vida después

Analogía del cine

de la muerte por un estado de ánimo más relajado, liberado de la urgencia de las acciones inmediatas. Toda la experiencia de la carrera terrenal ahora está disponible para su reflexión, en una forma más vívida de lo que era posible mediante la memoria en la vida terrenal. *Las fotos instantáneas de la vida terrenal se han tomado en la película cinematográfica de la mente, y ahora es momento de estudiar la vida terrenal original, mediante las proyecciones magnificadas del registro filmado en la pantalla de la consciencia subjetivada.*

Así ambos, el estado del infierno y el estado del cielo se vuelven instrumentales en la asimilación de la experiencia adquirida en la fase terrenal, de modo que el alma individualizada **Asimilación de** pueda comenzar su próxima encarnación en **las experiencias** cuerpo físico con toda la ventaja de la experiencia **terrenales** digerida. Las lecciones aprendidas por el alma mediante su amplia evaluación y reflexión se confirman en el cuerpo mental con la potencia de las magnificadas felicidades o sufrimientos. Para la próxima encarnación, se convierten en parte integral de la composición intuitiva de la consciencia activa, sin que ello implique una recolección del detalle de los eventos individuales de la encarnación anterior. En la siguiente encarnación, las verdades absorbidas por la mente en la vida después de la muerte se convierten en parte de la sabiduría innata. *La intuición desarrollada, es la consolidación comprimida del entendimiento destilado, a través de la multitud de las diferentes experiencias recolectadas en las vidas pasadas.*

Las diferentes almas comienzan con diferentes grados de sabiduría intuitiva como capital inicial para los experimentos y aventuras de su carrera terrenal. Esta intuición puede parecer **Contribución de** haber sido producto de las experiencias **infierno y cielo a** pasadas, para así incrementar las herramientas **la liberación de la** de la psique; pero más realmente, es un **sabiduría intuitiva** despliegue de lo que ya era latente en el alma individualizada. Desde un punto de vista más profundo, *las experiencias de la vida terrenal, así como los procesos reflexivos y de consolidación a los que se someten en la vida después de la muerte, solo son los instrumentos para paulatinamente liberar a la superficie, la sabiduría intuitiva que ha estado latente en el alma desde el principio mismo de la creación.* Así como ocurre con la carrera terrenal y sus experiencias, los estados del infierno y del cielo en la vida después de la muerte, también son partes integrales de, e incidentes en, este viaje del alma individualizada cuyo destino, ultimadamente, es alcanzar la fuente de todas las cosas.

Reencarnación y Karma

Quienes tienen acceso inmediato a las verdades supersensibles relacionadas con la vida del alma y su reencarnación, saben, a través de su cristalina percepción, que el llamado nacimiento, **Incidentes de nacimiento y muerte** es solo una encarnación del alma individualizada en la esfera densa. La continuidad ininterrumpida de la vida del alma reencarnada se enfatiza con el nacimiento y la muerte, y ambas son comparables con las compuertas de la corriente de la vida, a medida en que avanza de un tipo de existencia a otra. Ambos son igualmente necesarios en la vida más amplia del alma, y el intervalo entre la muerte y el nacimiento, es tan necesario como el intervalo entre el nacimiento y la muerte.

Los que consideran que la muerte es el fin de la existencia individual, y los que consideran que el nacimiento del cuerpo es su comienzo, ambos, confrontan un conflicto entre suposiciones **Exigencias de la intuición** falsas y las exigencias de la intuición racionalizada. Desde el punto de vista de la justicia individual, la distribución desigual de lo bueno y de lo malo en relación con la felicidad material o la prosperidad, parece impugnar seriamente la racionalidad y la justificación del esquema completo del universo. Ver al virtuoso, a veces sufrir profundamente mientras el vicioso disfruta de las amenidades del placer, crea dificultades insuperables para quienes consideran que la vida fue diseñada para ser el conducto de un propósito eterno y divino.

Hasta que exista una explicación más profunda, la mente humana se abruma con las perplejidades agonizantes que tienden a amargar la visión general de la vida del hombre, **Tendencia a aceptar explicaciones más profundas** fomentando un cinismo insensible que, en muchos sentidos, es incluso peor que el más profundo dolor personal que la muerte pudiera causar. Pero a pesar de toda apariencia de lo contrario, la mente humana tiene *la tendencia innata de* *intentar restaurar en sí misma, una fe profunda e inquebrantable en el valor y cordura intrínseca de la vida.* A excepción de la creación de resistencias artificiales, encuentra aceptables las explicaciones que se conforman a esta ley más profunda del espíritu.

Son incluso menos los que tienen acceso directo a la verdad de la reencarnación, que quienes tienen acceso directo a la verdad de la inmortalidad del alma individual. Los recuerdos de

Efecto del cerebro cambiante

todas las vidas pasadas se almacenan y se conservan en el cuerpo mente del alma individual, pero no son accesibles a la consciencia de las personas comunes, porque se ha corrido un velo sobre estas. Cuando el alma cambia de cuerpo físico, obtiene un nuevo cerebro y su consciencia normal de vigilia funciona en estrecha asociación con los procesos cerebrales. En circunstancias normales, solo los recuerdos de la vida presente aparecen en la consciencia, porque *el nuevo cerebro actúa como obstáculo para la liberación de los recuerdos de las experiencias que se tuvieron que reunir mediante otros cerebros en vidas pasadas.*

En raras ocasiones, a pesar de la resistencia del cerebro, algunos recuerdos de las vidas pasadas se filtran a la vida presente en forma de

Memoria de vidas pasadas

sueños que son completamente inexplicables en términos de la vida en curso. La persona puede ver personas en sus sueños a quienes nunca ha visto en su vida actual. A menudo sucede que las personas que aparecen en los sueños eran personas que había conocido en vidas pasadas. Pero, por supuesto, tales sueños, cuando son de tipo ordinario, no pueden ser considerados como *memorias* de vidas pasadas. Simplemente indican que la imaginación que funciona en dichos sueños es influenciada por el material tomado de las vidas pasadas de la persona. *La memoria real de las vidas pasadas es cristalina, estable y certera, tal como lo es la memoria de la vida presente.* Cuando esta viene a la persona, deja de dudar de su existencia durante varias vidas pasadas, y muchas otras. Justo como no duda de su vida pasada en la presente encarnación, no duda de su vida en las encarnaciones pasadas.

La cantidad de personas que pueden recordar sus vidas pasadas es muy pequeña en comparación con la gran mayoría de las personas, que se encuentran tan ligadas a la

Liberación de la memoria de vidas pasadas

esfera densa de existencia, que ni siquiera sospechan de la existencia de las realidades suprasensibles.

La liberación de tales memorias se condiciona severamente por las limitaciones del cerebro, siempre que la consciencia se ve enredada con el cuerpo físico y sus procesos cerebrales. *Cuando la consciencia se emancipa de las limitaciones impuestas por el cerebro, puede recuperar y restablecer los recuerdos de las vidas pasadas que se almacenan en el cuerpo mental.* Esto implica un grado de *desapego y comprensión* que solo pueden tener las personas espiritualmente avanzadas. La memoria de vidas pasadas puede venir con total claridad y certeza, incluso a quienes todavía cruzan los planos interiores sin haber alcanzado la perfección espiritual.

La memoria de las vidas pasadas no es accesible al individuo, exceptuando en casos anormales e inusuales, a menos de que este sea

La pérdida de la memoria de las vidas pasadas no afecta el progreso

lo suficientemente avanzado desde el punto de vista espiritual. Esta disposición, creada por las leyes de la vida, asegura que la evolución espiritual del alma individualizada se dé sin obstáculos. A primera vista, puede parecer que la pérdida de la memoria de las vidas pasadas es

una pérdida total, pero esto es incorrecto. *Para la mayoría de los propósitos, el conocimiento sobre las vidas pasadas no es necesario para poder guiar el curso futuro de la evolución espiritual. La evolución espiritual consiste en guiar la vida a luz de los valores más altos percibidos mediante la intuición, y no en permitir que esta se vea determinada por el pasado.* En muchos casos, incluso las memorias de la vida presente pueden obstaculizar ciertos ajustes demandados por los requisitos espirituales de las situaciones cambiantes de la vida. En cierto sentido, se puede decir que el problema de la emancipación, en el caso de quienes siguen atados a la rueda del nacimiento y de la muerte, es un problema de liberarse del pasado que inexorablemente moldea la vida presente.

La vida sería infinitamente más complicada si quien no fuera avanzado espiritualmente se agobiara con el recuerdo consciente de sus

Blindaje de complicaciones

innumerables vidas pasadas. La persona quedaría confundida y desconcertada por la diversidad de los entornos en los que la gente pudiera aparecer a la luz de sus memorias. Sin embargo, no se le

exige afrontar tal confusión porque está blindada de la resurrección de las memorias de las vidas pasadas. Las cosas y las personas le aparecen en un contexto y entorno limitado y definido, resultando en que le es fácil determinar sus acciones y respuestas, a la luz de lo que se sabe de la vida presente. Esto no significa que sus acciones y respuestas estén *totalmente* determinadas por lo que sabe de su vida actual. Todo lo que ha sucedido en las vidas pasadas también participa inconsciente, pero efectivamente, en la determinación de sus acciones y respuestas; pero a pesar de la influencia real de sus vidas pasadas, el hecho es que, *dado que está protegida de la resurrección de las memorias conscientes, su consciencia no queda sujeta a la confusión que se produciría si la memoria consciente de las vidas pasadas fuera parte de la información que tuviera que considerar para determinar sus acciones y reacciones.*

La resurrección de las memorias de las vidas pasadas se puede afrontar sin confusión o pérdida de equilibrio solo cuando la persona carece de deseos y ha perdido todo sentido de lo "mío" y lo **Condición para** "tuyo". Las personas quienes alguna vez consideró **la seguridad en** como pertenecientes a él, podrían verse en la vida **la liberación de** actual como perteneciendo a otra persona, y si **memorias** continuara con sus apegos y supuestos derechos, creería incalculables complicaciones, desdicha y confusión para sí mismo y para otros. La posesividad de cualquier tipo se debe eliminar de la mente, si el aspirante ha de prepararse espiritualmente para poder resistir la desconcertante influencia de las memorias de las vidas pasadas.

Cuando la persona está preparada espiritualmente, carece totalmente de deseos y se encuentra llena de amor impersonal. Todos los enredos del ego personal han desaparecido de su mente. **Preparación** *Puede observar a sus viejos amigos y enemigos con la misma* **espiritual** *ecuanimidad.* Está tan alejada de sus limitaciones que para esta son lo mismo, las relaciones y las no relaciones de las vidas pasadas y presentes. Se libera de la idea de cualquier demanda o contrademanda urgente contra otros, o de los otros contra esta, porque ha realizado la verdad más profunda de la unidad de toda vida, y de la naturaleza ilusoria de los acontecimientos mundanos.

Solo cuando la persona de esta forma queda preparada espiritualmente es que no se ve afectada por los recuerdos resucitados de las vidas pasadas. Sólo entonces vale la **Uso inteligente de la** pena permitirle tener acceso a estos, ya que **memoria resucitada** hasta entonces puede tener el juicio frío e infalible, y el amor puro e Incorruptible, que le permiten hacer uso correcto e inteligente de los nuevos conocimientos adquiridos mediante la memoria resucitada de las vidas pasadas. Este conocimiento le ofrece una gran cantidad de información sobre sus propias encarnaciones y las de otros que se han conectado con él en las vidas pasadas. *No solo le permite avanzar más en el Camino con* *ajustes kármicos conscientes*, sino también ayuda a los otros en el Camino, dirigiéndolos a luz de sus vidas pasadas.

La velocidad de la evolución espiritual es más rápida después de la recuperación natural de las memorias de las encarnaciones pasadas.

Ventajas de la memoria recuperada
Desenredarse de las cosas mundanas es más fácil con el conocimiento consciente de la historia del desarrollo de tales enredos. La evolución, que en su mayor parte era inconsciente del pasado limitante, ahora se vuelve consciente de este. *Tanto los obstáculos como las facilidades creadas por el pasado ahora quedan al alcance de la consciencia y, por tanto, se pueden manejar inteligente y cuidadosamente.* La intuición inarticulada se complementa con la data racionalizada. Por ende, las acciones tienen menos posibilidades de caer en un error y son más aptas para producir resultados deseables.

Los Maestros de la Sabiduría que se han hecho espiritualmente perfectos, no tienen ningún interés especial en las encarnaciones pasadas. Estas quedan entre los múltiples datos

Atajo a través del conocimiento de las vidas pasadas
sin importancia de la existencia mundana. Si hacen uso de su conocimiento de las vidas pasadas de cierta persona, es solo para ayudarla a avanzar hacia la Verdad eterna. Su conocimiento del pasado los sitúa en la posición especial de dar al aspirante justamente la orientación necesaria. Los detalles del Camino a menudo se determinan por (i) incidentes del pasado, (ii) la manera en que el aspirante ha buscado la Verdad más alta en sus vidas pasadas y (iii) los obstáculos o facilidades que ha creado para sí, mediante sus acciones pasadas. Todo esto que es oculto para el aspirante, es accesible para la percepción cristalina del Maestro, que usa su conocimiento para acelerar el progreso espiritual del buscador de la Verdad. El Maestro guía al aspirante desde donde ha aterrizado, vía experimentación y búsqueda durante varias vidas. *En los temas espirituales, al igual que en los temas mundanos, un conocimiento más profundo y certero equivale a la economía de energía y tiempo.*

Reencarnación
y Karma

El alma individualizada tiene su comienzo y origen en el ser infinito, sin forma, asexual e indivisible de Dios, Quien está más allá de cualquier tipo de dualidad o evolución. *Con el comienzo* **El sexo es una** *del alma individualizada, comienza la dualidad y la* **forma específica** *evolución, aunque la forma específica de la dualidad que* **de dualidad** *consiste en la distinción y atracción en base al sexo aparece en una etapa posterior de evolución.* La dualidad existe tan pronto como hay sujeto y objeto: un centro de consciencia, cuan tenue sea, y su entorno. El sexo, sin embargo, es un tipo específico de atracción corporal que presupone la diferenciación de las formas, un tipo específico de enredo psíquico con las formas, y una expresión específica de la vida y energía.

En el reino mineral no existe el sexo. En el reino de las plantas y árboles aparecen las diferenciaciones corporales del sexo, con funciones biológicas especializadas. Las plantas y los **Sexo en** árboles no generan *consciencia sexual*, ya que el desarrollo **minerales** de la consciencia en las plantas y los árboles es **y plantas** rudimentario, y sus expresiones no son influenciadas por las diferenciaciones corporales. El contacto entre macho y hembra en las plantas y los árboles, debido a que se encuentran fijos en el suelo, *no es directo*, sino solo indirecto, mediante las agencias intermediarias como vientos, abejas, etc. Por tanto, mientras que desde el punto de vista de la evolución de las *formas*, se puede decir que la diferenciación sexual ha comenzado incluso a nivel de las plantas y los árboles, desde el punto de vista de su propia *consciencia*, no se puede decir que existe el sexo en estos, porque *su consciencia dual no se ve afectada por el sexo.*

En la evolución de la dualidad sexual, las plantas y los árboles se encuentran a medio camino entre los minerales que no tienen sexo, y las aves y *los* **El sexo en aves** *animales que lo tienen de forma plena.* **y animales** Justo antes de que el alma encarna en la forma humana, logra la consciencia y la energía plenas en las últimas formas animales. Después de esto, abandona el cuerpo animal para tomar un cuerpo humano. *Sucesivas encarnaciones en formas infrahumanas preceden la reencarnación del alma individualizada en las formas humanas.*

En los animales, el sexo no solo se expresa mediante las diferencias corporales y las actividades, sino que es un factor profundamente arraigado que afecta la consciencia. Dado que los humanos heredan el cuerpo y la consciencia de los animales altamente evolucionados, como los simios, los humanos también se encuentran sujetos a la dualidad sexual. *En los humanos, el sexo se encuentra tan completamente desarrollado que no es solo cuestión del cuerpo. Este modifica sustancialmente la psique* y busca expresarse mediante el cuerpo, dependiendo de si la forma es masculina o femenina.

Psique modificada por el sexo

Después de alcanzar la forma humana, por regla general *no hay reversión a las formas animales*; el caso de retrogresión a las formas infrahumanas se encuentra bajo excepciones especiales e inusuales, porque cuando el alma alcanza el estatus humano, el curso normal es atravesar innumerables reencarnaciones en forma humana. La forma humana a veces puede ser masculina y, a veces femenina, según los *sanskaras* y requisitos espirituales del alma.

Encarnaciones masculinas y femeninas

La forma femenina tiene la prerrogativa especial de que incluso los *Sadgurús* y los Avatares deben nacer a través de la forma femenina. La forma masculina tiene la prerrogativa de que la mayoría de los *Sadgurús* aparecen en la forma masculina. Las mujeres pueden ser santas y *Sadgurús*, pero el Avatar siempre aparece en la forma masculina.

Prerrogativas de la forma masculina y femenina

Las ayudas y desventajas generales de una encarnación se determinan por los *sanskaras* específicos que el alma individual ha acumulado en el pasado. *Las necesidades que se suscitan en el posterior desarrollo del alma se relacionan con la naturaleza de sus sanskaras acumulados. Por ende, estos sanskaras acumulados realmente determinan si el alma encarna en la tierra, en Oriente u Occidente, en forma masculina o femenina, o en un ciclo de existencia u otro.* Las facilidades ofrecidas por una encarnación específica dependen, no solo de si la encarnación es de forma masculina o femenina, sino también de si esta

Facilidades y desventajas de una encarnación, determinadas por los *sanskaras* acumulados

se da en un ciclo de existencia u otro, y si coincide con el tenor de vida terrestre en el hemisferio oriental u occidental.

En términos generales, actualmente el Oriente se ha desarrollado más sobre las líneas espirituales que sobre las líneas materiales, resultando en que la mente oriental desarrolla una **Oriente y Occidente** aspiración espontánea hacia Dios. En general, el Occidente se ha desarrollado más sobre las líneas materiales que sobre las líneas espirituales, resultando en que la mente occidental desarrolla el impulso espontáneo hacia cosas intelectuales y artísticas. Una encarnación en el Oriente generalmente conlleva una mayor tendencia hacia la vida espiritual que una encarnación en el Occidente, y una encarnación en el Occidente por lo general conlleva una mayor tendencia hacia la vida material, que una encarnación en el Oriente. Pero *el alma debe experimentar tanto los aspectos materiales como los aspectos espirituales de la vida, antes de ser liberado de las ataduras de la vida dividida.* Por tanto, la misma alma debe encarnar tanto en Oriente como en Occidente.

Si el alma ha tenido varias encarnaciones sucesivas en el Oriente y después toma una encarnación en el Occidente, lleva consigo las impresiones de sus vidas en Oriente y, **Cambio de esfera** aunque viva en el Occidente, lleva una vida que esencialmente se conforma con el patrón oriental. Si un alma sucesivamente ha encarnado muchas veces en el Occidente, y después encarna en el Oriente, lleva consigo las impresiones de sus vidas occidentales y, aunque viva en el Oriente, lleva su vida en conformidad con el patrón occidental. Por ende, a veces tenemos un *alma europea en forma india, o un alma india en forma europea.* Se debe tomar en cuenta que esta distinción solo es relativa a las encarnaciones pasadas y sus *sanskaras,* y que el alma como tal, se encuentra más allá de tales distinciones.

Las facilidades proporcionadas por las encarnaciones masculinas y femeninas, respectivamente, no son rígidamente invariables. Cambian conforme a los ciclos de la existencia, y si la **Ciclos de existencia** encarnación se dio en el Este o en el Oeste. En algunas eras, los hombres son más activos, enérgicos y con mentalidad más material que las mujeres. En otras eras, lo contrario es cierto. En el pasado, las mujeres orientales eran valientes e intelectuales. No consideraban ningún sacrificio demasiado grande para asegurar la felicidad y bienestar de sus esposos, y su humildad espiritual se extendía hasta considerar al marido como Dios mismo. Actualmente en el hemisferio oriental, el hombre promedio tiene mayor inclinación espiritual que la mujer promedio, similarmente a Occidente, donde la mujer promedio actual, tiene una inclinación espiritual mayor a la del hombre promedio. El hombre que vive en el Oriente es diferente al hombre que vive en el Occidente, y la mujer que vive en el Oriente es diferente de la mujer que vive en el Occidente. Lo curioso es que, en comparación con los miembros del sexo opuesto, la *misma* alma muestra diversos grados de superioridad, inferioridad o igualdad con respecto a los asuntos espirituales o materiales, dependiendo del ciclo de la existencia, el sexo del cuerpo, y la esfera terrenal en la cual toma una encarnación.

Reencarnación y Karma

PARTE V
LA NECESIDAD DE ENCARNACIONES
MASCULINAS Y FEMENINAS

Aunque las facilidades que ofrece cada sexo varían según la era y lugar en el que se produce la encarnación, *cada sexo brinda facilidades especiales para el desarrollo de las experiencias*

Facilidades de las formas masculinas y femeninas

específicas. Las lecciones aprendidas fácilmente en las encarnaciones masculinas pueden no ser tan fácilmente asimiladas mediante las encarnaciones femeninas, y las lecciones aprendidas fácilmente en las encarnaciones femeninas, pueden no ser tan fácilmente asimiladas en las encarnaciones masculinas. *Como regla general, los hombres sobresalen en las cualidades de la cabeza y la voluntad. Son capaces de un buen juicio y propósito firme. Como regla general, las mujeres sobresalen en las cualidades del corazón.* Son capaces de un amor intenso que las hace aceptar cualquier sacrificio por el ser querido. Por esta capacidad que tienen las mujeres para amar, es que, en referencias devocionales, el nombre de la mujer tiene prioridad invariable, como cuando los *bhaktas* cantan sobre Radha-Krishna o Sita-Ram. En las cualidades del corazón, las mujeres suelen ser superiores a los hombres, y en las cualidades de la cabeza y la voluntad, los hombres suelen ser superiores a las mujeres. Lo interesante es que la misma alma sobresale en las cualidades del corazón o en las cualidades de la cabeza y la voluntad, dependiendo de si encarna en forma femenina o masculina. *El desarrollo alterno de las cualidades espirituales específicas continúa mediante la alternancia entre las formas masculinas y femeninas, hasta que el desarrollo es completo.*

Porque las encarnaciones masculinas y femeninas son igualmente necesarias para lograr el conocimiento de Sí, no es correcto considerar

Las encarnaciones masculinas y femeninas son igualmente necesarias

a una como más importante que la otra. Si bien, existen diferencias entre la naturaleza de las respectivas facilidades que ofrecen, ambas son indispensables. *El alma debe experimentar, tanto encarnaciones masculinas como encarnaciones femeninas para poder adquirir la riqueza de experiencia que es la condición para lograr la realización de que el alma, en sí, está más allá de cualquier forma dual, incluyendo la dualidad acentuada basada en el sexo.*

Antes de que el alma se pueda liberar de todos sus *sanskaras*, asume numerosas formas masculinas y femeninas. Si el alma encarnara solo en forma masculina, o solo en forma femenina, su experiencia sería unilateral e incompleta. La dualidad de la experiencia solo se puede superar mediante el entendimiento, y el entendimiento de la experiencia solo es parcial mientras se mueve dentro de los límites de solo uno de los dos opuestos.

Las encarnaciones masculinas y femeninas se complementan

La unidad del sujeto y el objeto de la experiencia no se puede lograr mientras exista en el objeto, algún aspecto o elemento que no haya sido totalmente cubierto por su propia experiencia, y esto aplica particularmente a la dualidad sexual.

La psique del alma retiene la experiencia acumulada de las encarnaciones masculinas y femeninas. Dado que el alma se identifica con el cuerpo, las tendencias psicológicas que armonizan con el sexo del cuerpo encuentran un medio adecuado para su expresión. Las tendencias psicológicas que son características del sexo opuesto, normalmente se suprimen en la parte inconsciente de la psique, porque no armonizan con el sexo del cuerpo y encuentran ese medio de expresión obstructivo. Cuando el alma adquiere un cuerpo femenino, las tendencias masculinas son, por así decirlo, suspendidas, y solo las tendencias femeninas se liberan para su expresión. De igual forma, cuando el alma adquiere un cuerpo masculino, las tendencias femeninas se suspenden y las tendencias masculinas se liberan para su expresión.

División de la psique

La identificación con el cuerpo implica la identificación con el sexo del cuerpo. Por lo tanto, implica un juego libre, solo para la parte limitada de la psique que está en sintonía con el sexo del cuerpo. Dado que la otra parte de la psique se reprime y permanece latente en el inconsciente, surge en la parte consciente un sentimiento de incompletitud, así como la tendencia a restaurar la integridad mediante el apego a personas del sexo opuesto. *Al enredarse con el sexo opuesto, la parte enterrada de la psique que no se identifica con el cuerpo actual, busca cierto tipo de expresión a través del otro. Desde este punto de vista, se puede decir que la atracción sexual es el resultado del esfuerzo que hace la mente para unirse con su propia parte inconsciente.*

Génesis del enredo sexual

El sexo es una manifestación del intento ignorante de la mente consciente, por compensar la fragmentación psíquica que conlleva la identificación con el sexo del cuerpo. *Sin*

Compensación *embargo, este intento de compensar tal fragmentación*
contraproducente *es irremediablemente fútil, ya que no solo se basa en la identificación con el cuerpo, sino que en realidad lo acentúa, al contraponerse con el cuerpo del sexo opuesto y enredarse mediante el apego y la posesividad.*

Cuando el alma intenta superar la dualidad sexual mediante el desapego hacia el sexo opuesto, allana el camino para entender la experiencia asociada con el sexo opuesto desde su

Entendimiento *interior.* Entonces, el hombre trata de entender a la
a través del mujer, no mediante los ojos propios, sino a través
desapego de una procuración imaginativa que se dirige hacia lo que la mujer siente en su experiencia personal. De igual forma, la mujer intenta comprender al hombre, no mediante los ojos de la mujer, sino a través de la imaginación que se extiende hacia lo que el hombre siente que es en su propia experiencia personal. Entonces, aunque parezca paradójico, la *forma* del sexo opuesto impide el verdadero entendimiento de la *experiencia* asociada con el sexo opuesto. *El desapego de la forma del sexo opuesto facilita el entendimiento verdadero de la experiencia asociada con el sexo opuesto, porque elimina la barrera creada por la imaginación obsesionada con el sexo.*

Si el hombre está trascendiendo la dualidad sexual e intenta entender la experiencia asociada con el sexo opuesto, a veces exhibe los rasgos psicológicos generalmente asociados con el sexo

Libertad de la opuesto. Entonces, algunos aspirantes en cuerpo
imaginación masculino en alguna fase u otra, se ponen ropa de
sexual mujeres, hablan como ellas, se sienten como ellas y adoptan sus rasgos y hábitos psíquicos. Pero esto solo es una fase pasajera. Cuando el entendimiento interno de las experiencias relevantes es completo, estos no se experimentan solo como hombres o solo como mujeres, sino como estando *más allá de la distinción sexual.* Las experiencias relacionadas con las formas masculinas y femeninas son accesibles e inteligibles para el aspirante que ha trascendido la distinción sexual. No se ve afectado por las limitaciones de ninguna de las dos porque, mediante el entendimiento, *se ha liberado de las obsesiones limitantes, características de la imaginación basada en el sexo.*

La integridad que busca la mente no se logra mediante el apego a otras formas y su adhesión a estas. Se debe buscar en el *interior*, recuperando la unidad perdida de la mente. *La reconciliación de la mente conciente e inconsciente es posible, no a través de la atracción sexual u otras formas de posesividad, sino mediante la no identificación con el cuerpo y su sexo.* La no identificación con el cuerpo elimina la barrera que impide el amalgamiento e integración de todas las experiencias depositadas en la psique del alma. La plenitud interior se debe procurar mediante la superación de la dualidad sexual y de las distinciones que acentúan la identificación con el cuerpo.

Reconciliación de la mente consciente e inconsciente

Quedar libre del apego al sexo opuesto es quedar libre de la dominación del sexo sobre el cuerpo en el cual el alma ha encarnado, eliminando así la mayoría de los *sanskaras* que obligan al alma identificarse con el cuerpo. Trascender la dualidad sexual no equivale en sí, a la superación de toda dualidad, pero contribuye en gran medida a facilitar la trascendencia completa de la dualidad en todas sus formas. Por otro lado, *es igualmente cierto que el problema de la dualidad sexual es parte del problema de la dualidad, como tal. La solución* íntegra *se produce cuando el problema más amplio de la dualidad entera se resuelve mediante el amor divino, donde no hay "yo" ni "tú", hombre o mujer.* El propósito de las encarnaciones masculinas y femeninas es el mismo que el propósito de la evolución misma: permitir al hombre llegar a su indivisa e indivisible existencia propia.

Amor divino

Reencarnación
y Karma

PARTE VI
LA OPERACIÓN DEL KARMA A TRAVÉS DE VIDAS
SUCESIVAS

En las sucesivas encarnaciones del alma individual, no solo hay un hilo de continuidad e identidad (manifiesto en la memoria personal, y revivido en el caso de las almas avanzadas),

Encarnaciones gobernadas por la ley del *karma* sino también existe la hegemonía constante de la ley de causa y efecto, mediante la persistencia y el funcionamiento del *karma*. Las sucesivas encarnaciones, con toda su parafernalia, se determinan estrecha e infaliblemente por la ley racional, de modo que es posible para el alma individual, moldear su futuro mediante acciones prudentes e inteligentes. Las acciones de las vidas pasadas determinan las condiciones y circunstancias de la vida presente, y las acciones de la vida presente juegan su rol en la determinación de las condiciones y circunstancias de las vidas futuras. *Las encarnaciones sucesivas del alma individual solo despliegan su significado completo a la luz de la operación de la ley del karma.*

Las encarnaciones intermitentes en el mundo denso solo se desconectan en apariencia. *El karma persiste como enlace conector y factor determinante a través del cuerpo mental, que continúa*

Persistencia del *karma* a través del cuerpo mental *siendo un factor permanente y constante a lo largo de todas las vidas del alma.* La ley del *karma* y la persistencia de su forma de operar no pueden ser totalmente inteligibles, siempre y cuando el cuerpo y mundo densos se consideren como las únicas realidades de la existencia. La determinación *kármica* se hace posible gracias a la existencia de los cuerpos y mundos sutiles y mentales.

El mundo denso es donde se adquiere la consciencia física. Los planos en los cuales se puede tener consciencia de los deseos se encuentran en el mundo sutil, y los planos en

Cuerpos sutiles y mentales los que el alma puede tener consciencia mental se encuentran en el mundo mental. La fuente de los deseos se encuentra en la mente, que a su vez se encuentra en los planos mentales. Aquí, la semilla del deseo se adhiere a la mente. Aquí, el deseo existe en forma involucionada, de la misma forma en la que el árbol existe latente en la semilla. El cuerpo mental, que es el asiento de la mente, generalmente se denomina *karan sharir* o cuerpo causal, *porque almacena dentro de sí, las semillas o causas de todos los deseos*. La mente retiene todas las impresiones y disposiciones en forma latente. El "yo" o ego limitado, se compone de estos *sanskaras*. Sin embargo, la manifestación real de los *sanskaras* en la consciencia, tal como se expresa a través de los diferentes procesos mentales, toma lugar en el cuerpo sutil.

El alma, que en realidad es una, e indiferenciada, se individualiza aparentemente a través de las limitaciones del cuerpo mental, que a su vez es el asiento de la ego mente. La ego mente

Formación y continuación de la ego mente

se forma con las impresiones acumuladas de las experiencias y acciones pasadas, y es la misma ego mente que constituye el núcleo de la existencia del individuo reencarnado. La ego mente, como depósito de impresiones latentes, es el estado del cuerpo mental. La ego mente que se convierte en espíritu y experimenta las impresiones activadas y manifiestas, es el estado del cuerpo sutil. La ego mente que desciende en la esfera densa para desarrollar acciones creativas, es el estado de la encarnación física. Así entonces, *la ego mente, cuyo asiento se encuentra en el cuerpo mental, es la entidad que contiene todas las fases de la existencia continua, como individuo separado*.

La ego mente, que tiene su asiento en el cuerpo mental, toma cuerpos inferiores de acuerdo con las impresiones almacenadas en esta. Estas impresiones

Impresiones en la ego mente determinan las condiciones de la encarnación

determinan si la persona morirá joven o vieja, si experimentará salud, enfermedad o ambas cosas, si será bella o fea, si sufrirá discapacidades físicas como la ceguera, si gozará de una eficiencia general del cuerpo, si tendrá un intelecto brillante o deslustrado, si será pura o impura de corazón, si será voluble o firme en su voluntad, si se absorberá en la búsqueda de ganancias materiales o si buscará la luz interior del espíritu.

La ego mente a su vez se modifica con las impresiones depositadas del *karma* (que incluyen, no solo la acción densa y física, sino el pensamiento

Juego de la dualidad

y el sentimiento), y *las circunstancias de cada encarnación se ajustan a la composición y necesidades de la ego mente*. De tal forma, si la persona ha desarrollado ciertas capacidades o tendencias especiales en una encarnación, las lleva consigo a las siguientes encarnaciones; y las cosas que han quedado incompletas en una encarnación pueden completarse en las siguientes encarnaciones. Por la persistencia de las impresiones, los enlaces *kármicos* que se han forjado en una encarnación continúan y se desarrollan en encarnaciones sucesivas. *Quienes se han asociado estrechamente mediante buenos, o malos tratos, tienden a contactarse recurrentemente, así continuando el juego de la dualidad* suficientemente como para reunir tal experiencia de los opuestos, que el alma, desde la plenitud de su experiencia, eventualmente madura lo suficiente como para poder abandonar la ego mente, y voltear hacia su interior para conocerse como la Sobrealma.

Si ha existido el dar y recibir entre las personas que han forjado lazos *kármicos* y *sanskáricos* entre ellas, que a su vez han creado *demandas y contrademandas*, deben reunirse para establecer

Demandas y contrademandas creadas por dar y recibir

nuevos acuerdos y cumplir con dichas demandas y contrademandas. *Lo que la persona da con motivos egoístas, la aprisiona de la misma forma en que lo hace, lo que recibe con un sentimiento de separación.* El intercambio de dar o recibir, que por lo mismo es vinculante, no necesariamente se da en el plano meramente material, en forma de intercambio de bienes o dinero, o en la realización de las tareas físicas. También se puede dar en el intercambio de opiniones o sentimientos.

Si alguien le rinde respeto a un santo en los planos superiores, este crea una demanda sobre la persona de modo que, incluso si el mismo santo cruza los planos internos para recorrer el

Karma de interferencia

Camino, este debe esperar para brindarle la ayuda necesaria a la persona que le rindió el respeto, para que esta pueda llegar hasta el punto en el Camino que él mismo ha alcanzado. De tal forma, venerar a un santo equivale al *karma de interferencia*. Aunque recibir respeto en sí es algo positivo, al recibirlo, el santo puede verse obligado a detenerse en Camino hasta haber ayudado a la persona que se acercó para rendirle respeto.

La respuesta rápida e infalible de las almas se expresa en la ley en donde el odio engendra odio, la lujuria engendra lujuria y el amor engendra amor. Esta ley no solo opera

La capacidad de respuesta de las almas

durante una sola vida, sino *a lo largo de varias vidas*. La persona siente el impulso de odiar o temer al enemigo de vidas pasadas, aunque la vida actual no le haya dado ninguna razón aparente para desarrollar tal actitud. De la misma forma, sin ninguna razón aparente atribuible a la vida presente, se ve obligada a amar y ayudar al amigo de vidas pasadas. En la mayoría de los casos, la persona puede ser inconsciente de la razón de su actitud inexplicable, pero esto no significa que no haya una razón. Muchas cosas que aparentemente son inexplicables en la superficie se vuelven inteligibles cuando se ven a luz de los enlaces *kármicos* que se han dado en vidas pasadas.

Ley del *karma* es ley de acción y reacción
La ley del karma es la ley que se exhibe a través de ajustes mutuos que cambian continuamente, y que deben continuar donde existen varias almas individuales que buscan expresarse en un mundo común. Es el resultado de la capacidad de respuesta de las ego mentes. El ritmo con el que dos almas inician su relación tiende a perpetuarse a menos de que el alma, con nuevo *karma* inteligente, cambia el ritmo y lo eleva a una calidad superior.

Como regla general, el *karma* acumulado tiene cierta inercia propia. No cambia la naturaleza de su impulso a menos de que haya una razón especial para ello. **Libertad del *karma*** *Antes de crearse el karma, el individuo tiene una especie de libertad para elegir lo que este será; pero una vez delineado, se convierte en un factor que no se puede ignorar, y que, o se debe agotar mediante los resultados que invita, o se debe contrarrestar con un karma nuevo y adecuado.*

El placer y el dolor que se experimentan en la vida terrenal, los éxitos y los fracasos que los acompañan, los logros y obstáculos que **Destino** resultan y los amigos o enemigos que aparecen, todos estos se determinan por el *karma* de las vidas pasadas. *La determinación kármica generalmente se denomina destino.* El destino, sin embargo, no es un principio extraño u opresivo. *El destino es una creación propia del hombre, misma que lo sigue desde vidas pasadas;* de igual forma en que se ha moldeado por el *karma* pasado, también puede ser modificado, remoldeado e incluso deshecho, mediante el *karma* en la vida presente.

Si la naturaleza del *karma* en la vida terrenal se determina por las impresiones almacenadas en la ego mente, éstas, a su vez, son **El *karma* creativo solo es posible en cuerpo físico** determinadas por la naturaleza del *karma* en la vida terrenal. Las impresiones en la ego mente y la naturaleza del *karma* son interdependientes. El *karma* terrenal juega un papel importante en la formación y reformación de las impresiones en la ego mente y le da un impulso que decide el destino futuro del individuo. *Es en la arena de la existencia terrenal, donde el karma creativo y efectivo puede expresarse por medio del cuerpo denso.*

El entendimiento correcto y uso adecuados de la ley del *karma*, permiten al hombre llegar a ser amo de su propio destino mediante las acciones inteligentes y acertadas. Cada persona **Convertirse en** se ha convertido en lo que es, a través de sus **amo del destino** acciones acumuladas; y es a través de sus acciones que se puede moldear conforme al patrón de su corazón. Dicho de otra forma, finalmente se puede emancipar del mandato de la determinación *kármica* que lo gobierna en vida y muerte.

En términos generales, el karma puede ser de dos tipos: vinculante, o del tipo que ayuda a la emancipación y realización del Ser. Tanto el *karma* bueno como el malo son vinculantes, **Karma desvinculante** siempre que surgen de la ego mente y la alimentan; pero *el karma también se convierte en una fuerza para la liberación cuando surge del entendimiento correcto.* El entendimiento correcto en este respecto es mejor impartido por los Maestros que conocen el alma en su verdadera naturaleza y destino, junto con las complicaciones creadas por las leyes *kármicas.*

El *karma* que cuenta en verdad se da después de que la persona desarrolla un sentido de distinción entre el bien y el mal. Durante los primeros siete años de la infancia, **El karma comienza** las impresiones que se liberan para su **con la distinción entre** expresión son muy débiles. También **el bien y el mal** conllevan una consciencia del mundo que, correspondientemente, responde menos a las distinciones del mundo. Por ende, las acciones de los niños menores de siete años no dejan impresiones fuertes ni contundentes en la ego mente, y no juegan un papel importante en la configuración de su futuro. *El karma verdadero y efectivo que moldea la ego mente y su futuro, comienza después de que el alma desarrolla un sentido de responsabilidad.* Este sentido de responsabilidad depende del sentido de *distinción entre el bien y el mal,* que por lo general se da íntegramente cuando el alma ha pasado por los primeros años de la infancia.

La ley del *karma* es, en el mundo de los valores, la *contraparte de la ley de causa y efecto,* que opera en el mundo físico. Si no hubiera ley de causa y efecto en el mundo físico, habría caos, y la gente no sabría qué esperar de ninguna situación. De la misma forma, si no hubiera ley del *karma* en el mundo de los valores, habría una incertidumbre absoluta acerca de los resultados en el mundo de los valores que el hombre aprecia, y la gente no sabría si esperar buenos o malos

Comparación con la ley de causa y efecto

resultados de sus acciones. En el mundo de los eventos físicos hay una ley de *conservación de energía*, según la cual nunca se pierde energía. En el mundo de valores hay una ley en la que *una vez que se origina el karma, no desaparece misteriosamente sin dar su resultado natural, sino que persiste hasta producir su fruto, o se elimina mediante el contra karma.* Las buenas acciones conducen a buenos resultados, y las malas acciones conducen a malos resultados.

El orden moral del universo se sostiene mediante la conexión sistemática entre causa y efecto en el mundo de los valores morales. Si la ley del karma fuera sujeta a alguna relajación, reversión o excepción, y si

La ley de *karma* mantiene el orden moral del universo

no fuera estrictamente aplicable en el mundo de los valores, no habría orden moral en el universo y la existencia humana sería precaria desde el punto de vista de la adquisición de valores morales. En un universo sin orden moral, el esfuerzo humano quedaría perpetuamente plagado de dudas e incertidumbres. *No puede haber una búsqueda seria de valores cuando no hay una conexión segura entre medios y fines, y si se pudiera prescindir de la ley del karma.* La inflexibilidad de la ley del *karma* es la condición para cualquier acción humana significativa, cosa que sería imposible si la ley del *karma se* pudiera ignorar o evadir.

En su inviolabilidad, la ley del *karma* es como las demás leyes de la naturaleza. *Sin embargo, el rigor de la operación de las leyes kármicas no viene al alma como una carga de algún poder ciego y externo,*

Karma y responsabilidad

sino como algo que supone la racionalidad del esquema de la vida. La determinación kármica es la condición de la verdadera responsabilidad. Significa que el hombre cosecha lo que siembra. Lo que la persona adquiere por medio de la experiencia, se conecta invariablemente con lo que hace.

Si un individuo le ha hecho una mala obra otro, debe aceptar la pena por ello y aceptar un *rebote maligno sobre sí.* Si le ha hecho una buena obra a alguien, también debe recibir

Ley del *karma* es expresión de justicia

la recompensa y disfrutar la repercusión *benigna sobre sí. Lo que le ha hecho a otro también se lo ha hecho a sí* mismo, *aunque puede llevar tiempo para que se percate de que esto es exactamente así. Se puede decir que la ley del karma es una expresión de la justicia, o un reflejo de la unidad de la vida en el mundo de la dualidad.*

Reencarnación
y Karma

PARTE VII
EL DESTINO DEL INDIVIDUO QUE REENCARNA

La serie de encarnaciones que el alma está obligada a tomar por determinación *kármica* tiende a volverse infinita. Por medio de innumerables vidas, el aspirante ha contactado **Pasivos y activos** a innumerables personas, y ha tenido todo tipo **kármicos** de tratos de dar y recibir con estas. Se encuentra enredado en una red que consiste en todo tipo de pasivos por pagar y de activos por recibir. Según *la ley kármica, no puede evitar ni los débitos, ni los créditos, ya que ambos son el resultado del karma inspirado por los deseos.* Sigue encarnando para pagar pasivos y cobrar activos, pero incluso cuando intenta saldar la cuenta, generalmente fracasa.

Toda la gente con la que la persona ha tenido conexiones *kármicas* de deudas o adeudos no necesariamente puede encarnar cuando esta haya tomado un cuerpo. O, debido a las limitaciones **Dificultad para** impuestas por sus propias capacidades y **liquidar pasivos** circunstancias, la persona puede ser incapaz de **y activos** cumplir con todos los complejos requisitos de la situación. Cuando intenta conciliar cuentas con quienes ha tenido vínculos anteriormente, en el intento mismo, no puede evitar *la creación de nuevas demandas y contrademandas relacionadas con estos.* Incluso con las personas nuevas, no puede dejar de crear activos y pasivos de diversos tipos y magnitudes, e involucrarse con estos. *El hombre, así sigue acumulando activos y pasivos, con el resultado de que es imposible escapar de los enredos kármicos que aumentan indefinidamente, y se complican cada vez más.*

El giro del hilo de los pasivos y activos *kármicos* sería infinito, si no hubiera una provisión para salir de los enredos *kármicos* a través de la ayuda del Maestro. Éste no solo puede **Maestro puede ayudar a** iniciar al aspirante en el arte supremo **liquidar pasivos y activos** del *karma* desvinculante, sino también puede influir directamente para liberarlo de sus enredos *kármicos. El Maestro ha realizado la unidad con Dios, cuya vida cósmica y universal incluye a todas las personas. Siendo uno con la vida entera, en su capacidad representativa y por el bien del aspirante, puede convertirse en el medio para liquidar todos los pasivos y activos que son el resultado del trato del aspirante con las innumerables personas que ha contactado durante sus encarnaciones.* Si la persona ha de vincularse a alguien, lo mejor es que sea a Dios o al Maestro, porque esto finalmente facilitará su liberación de cualquier otro vínculo *kármico*.

Cuando el buen *karma* de vidas pasadas le asegura el beneficio de tener un Maestro, lo mejor para el aspirante es entregarse al Maestro y servirle. Mediante la entrega, el aspirante

Relación entre Maestro y discípulo continúa a través de varias vidas

traslada la carga de su *karma* al Maestro, quien tiene que pensar en formas y medios para liberarlo de este. A través del servicio al Maestro, adquiere la oportunidad de liberarse de sus enredos *kármicos*. La relación entre Maestro y discípulo a menudo se conserva de una vida a otra, durante varias reencarnaciones. Quienes se han conectado con el Maestro en vidas pasadas, se sienten atraídos hacia él por un magnetismo inconsciente, sin saber porqué son atraídos. Generalmente hay una larga historia que justifica la devoción aparentemente inexplicable que el discípulo siente por su Maestro. El discípulo a menudo comienza donde se quedó en la última encarnación.

Cuando el discípulo invita la atención y gracia de un Maestro, no es sin razón. A veces el Maestro parece impartir espiritualidad a cierto

Invitando la gracia del maestro

discípulo sin que exista ningún esfuerzo o sacrificio aparente por parte del discípulo, pero estos siempre son casos en los que el discípulo se ha ganado el derecho por asociaciones y esfuerzos en vidas pasadas. El amor y devoción que el discípulo pudo haber sentido por el Maestro en vidas pasadas ha formado una *conexión profunda entre* él y *el Maestro*, por lo que el *despertar del anhelo espiritual en el discípulo tiene su contraparte en la gracia y ayuda que fluyen hacia él del Maestro.* Es por medio de su pasado *karma* no vinculante, que la persona invita la gracia del Maestro, tal y como es por medio de su *karma* vinculante, que invita sobre sí, tanto el placer y el dolor, como el bien y el mal, que recibe en la vida presente.

Como regla general, la persona que ha ingresado al Camino avanza gradualmente hasta alcanzar la meta, pero esto no aplica a quienes no han ingresado definitivamente al Camino, o quienes no tienen un Maestro que los guíe. Debido a las actividades caóticas durante varias vidas, es probable que la mayoría de las personas se alejen de la meta por la acumulación de los *sanskaras*. Por ende, no se puede decir que el progreso espiritual sea *automático,* en el sentido de que se pueda lograr sin el esfuerzo activo de la persona en cuestión.

El progreso espiritual requiere esfuerzo activo

Tarde o temprano, la lógica de la experiencia acumulada a lo largo de varias vidas hace que todos ingresen al Camino para buscar el objetivo más alto. Una vez que el aspirante ha ingresado al Camino, generalmente avanza con un progreso constante. A medida que avanza en el Camino, con frecuencia desarrolla ciertas capacidades latentes que le permiten, no solo experimentar conscientemente los mundos internos sutiles y mentales, sino también manipular las fuerzas y poderes disponibles en los planos superiores. Pero *cruzar los primeros planos no necesariamente garantiza el progreso seguro y constante.* Hay muchos peligros en el Camino mismo, y a menos de que se cuente con la guía segura de un Maestro, el aspirante sigue en riesgo de retroceder.

Peligro de caer

Desde los primeros planos, el aspirante puede tener tal retroceso. En vez de seguir adelante hacia Dios, puede sufrir una grave regresión. En casos excepcionales, el aspirante del cuarto plano puede, por *karma* erróneo, invitar sobre sí tal caída, que deben transcurrir eras para que pueda regresar hasta el punto que había alcanzado en su progreso anterior. El aspirante que tiene tal caída se conoce como *yoga bhrashta. Incluso los yoguis están sujetos a la inflexible ley del karma, que no sabe de excepciones, concesiones o preferencias.* Solo cuando el aspirante tiene la ventaja de la guía de un Maestro Perfecto, es que el viaje espiritual puede ser seguro y constante; solo entonces se elimina la posibilidad de una caída o retroceso. El Maestro lo aleja del *karma* negativo con el que, de lo contrario, podría involucrarse.

Yoga bhrashta

El recorrido del Camino espiritual debe continuar por varias encarnaciones para que el aspirante alcance la meta. *Siglos de servicio, sacrificio continuo, auto purificación, sufrimientos y búsqueda constante, deben seguir su curso para que el aspirante llegue a estar espiritualmente preparado para la realización final de Dios.* La realización de Dios, que es el objetivo de todo individuo que reencarna, nunca es el logro de una sola vida; siempre es la culminación de los esfuerzos continuos durante muchas vidas. El *karma* no inteligente, durante muchas vidas ha creado las ataduras del alma individual, y esto se tiene que deshacer con la persistente creación de *karma* inteligente y no vinculante durante muchas vidas.

La fuerza que mantiene al alma individual atada a la rueda de la vida y la muerte es la sed por una existencia separada, misma que es una condición para la multitud de deseos

La fuerza detrás de las reencarnaciones es el deseo

relacionados con los objetos y experiencias del mundo de la dualidad. *Es por la satisfacción de los deseos que la ego mente sigue encarnando.* Cuando desaparece cualquier forma de deseo, desaparecen las impresiones que crean y dan vida a la ego mente. Con la desaparición de estas impresiones, la misma ego mente se deshecha, con el resultado de que solo queda la realización de la eterna e inalterable Sobrealma, o Dios, Quien es la única realidad. *La realización de Dios es el fin de las encarnaciones de la* ego mente, *porque es el fin mismo de la existencia de esta.* Mientras que en alguna forma exista la ego mente, existe la necesidad inevitable e irresistible de seguir encarnando. Cuando cesa la ego mente cesan las encarnaciones en cumplimiento final de la Realización del Ser.

La vida del individuo reencarnado tiene muchas fases y eventos. La rueda de la vida sigue dando vueltas incesantes, elevando al individuo a las alturas, o bajándolo de posiciones elevadas.

Destino de las reencarnaciones

De esta forma contribuye al enriquecimiento de su experiencia. Los ideales no alcanzados en una vida se procuran en la próxima. Lo incompleto se completa, los bordes que quedan por los esfuerzos incompletos se redondean y los agravios eventualmente se corrigen. Las cuentas de dar y recibir entre los individuos, reciben nuevos ajustes, el pago de las deudas kármicas y la recuperación de los adeudos *kármicos.* Finalmente, *con la madurez de la experiencia y la disolución de la* ego mente, *el alma puede ingresar a la sola unidad de la Vida Divina. En esta Vida Divina no existen las ataduras de dar y recibir, porque el alma ha trascendido completamente la consciencia separativa, o la dualidad.*

El drama de la vida continua del alma individual contiene muchos actos. Desde el punto de vista de la existencia mundana del alma, se puede decir que una cortina cubre su vida después del cierre

Analogía del drama

de cada acto. Pero ningún acto produce su significado real si se considera completo en sí. Debe considerarse desde un contexto más amplio, como un vínculo entre los actos ya realizados, y los actos que vienen. Su significado se entrelaza con la trama del drama entero, del cual forma parte. El final del acto no es el final del tema progresivo. *Los actores desaparecen del escenario de la tierra, solo para reaparecer nuevamente en nuevas capacidades y en nuevos contextos.*

Los actores se absorben a tal grado en sus respectivos roles, que los tratan como si fueran el principio y el fin de toda la existencia.

Juego del escondite   Durante la mayor parte de sus vidas continuas (compuesta de innumerables encarnaciones), son inconscientes de una verdad celosamente guardada, que consiste en que *el Autor del drama, en Su producción imaginativa, es Quien se convirtió en todos los actores, y jugó el juego del escondite, para tomar posesión plena y consciente de su propia infinidad creativa.* La Infinidad debe pasar por la ilusión finita para conocerse como Infinidad, y el Autor debe pasar por las fases de los actores para saberse el Autor de la más grande novela de detectives que se ha desarrollado a través de los ciclos de la creación.

Debemos
Vivir para Dios y
Morir para Dios

Esta guerra* es un mal necesario; está en el plan de Dios, que es el despertar de la humanidad a los valores más altos. Si la humanidad no logra beneficiarse con las lecciones de la guerra, habrá sufrido en vano. Esta guerra enseña que incluso el hombre común puede elevarse a la cúspide del sacrificio por una causa desinteresada. También enseña que todas las cosas mundanas (riqueza, posesiones, poder, fama, familia e incluso el tenor mismo de la vida en la tierra) son transitorios y carecen de un valor duradero. *Mediante las lecciones que conllevan, los incidentes de la guerra llevarán al hombre hacia Dios, Quien es la Verdad,* y lo iniciarán en una nueva vida inspirada por valores verdaderos y duraderos. La gente ahora sacrifica incalculablemente y sufre indescriptiblemente por el bien de su país o ideología política. Por ende, es capaz de los mismos sacrificios y resistencia en favor de Dios, o la Verdad. Todas las religiones, inequívocamente han reservado al hombre para la vida en la Verdad; librar guerras en nombre de las religiones es una locura. Es hora de que el hombre adquiera una nueva visión de la verdad, de que todas las vidas son una, de que *Dios es lo único verdadero y que tiene importancia.* Vale la pena vivir para Dios y también vale la pena morir por Él. Lo demás es la búsqueda vana y vacía de valores ilusorios.

---

*La Segunda Guerra Mundial.

Trabajar para la Libertad Espiritual de la Humanidad

En todo el mundo, el espíritu del hombre clama por la libertad. El amor a la libertad y la búsqueda de la libertad son las características principales de la humanidad. *En todas las razas y en*

Clamar por la libertad *todas las regiones, en todos los países y en todo momento, la consigna para la humanidad que busca a tientas y lucha sin cesar, siempre ha sido la libertad.* Sin embargo, muy pocos realmente entienden todas las implicaciones de la libertad incondicional y verdadera, y hay muchos que, en su comprensión parcial de las condiciones reales de la libertad, solo luchan para lograr el tipo de existencia que les da una sensación de libertad *relativa*. Por esto, *las diferentes personas anhelan diferentes tipos de libertad, de acuerdo con lo que valoran.*

La libertad para vivir como uno desea se busca en todos los departamentos de la vida. *Esta demanda imperativa por la libertad, usualmente se expresa adhiriéndose a ciertas condiciones*

Tipos de libertad *externas del tipo de existencia que las personas desean llevar.* Por ende, quienes identifican su ser con el país, buscan la libertad nacional o política. Quienes se motivan por los fines económicos buscan la libertad económica. Quienes se inspiran por sus aspiraciones religiosas buscan la libertad religiosa.

Los entusiastas de las ideologías sociológicas o culturales buscan la libertad de movimiento, y de expresar los ideales que aprecian y desean propagar. Pero son pocos los que se dan cuenta de que la única libertad *básica*, que dota el sello del valor verdadero a cualquiera de estos diferentes tipos de libertades relativas, es la libertad espiritual. *Incluso cuando todas las condiciones externas de la vida libre se cumplen y se garantizan cabalmente, el alma del hombre sigue terriblemente aprisionada si no logra la libertad espiritual.*

Todos los diferentes tipos de libertad que se adhieren a las condiciones externas, por su naturaleza misma, tienen que existir dentro de ciertos límites, ya que la libertad que un individuo,

Límites de la libertad comunidad o estado buscan, debe ser consistente con una libertad *similar* para los *otros* individuos, comunidades o estados. *La libertad nacional, económica, religiosa o cultural se expresa en, y por medio de la dualidad de la existencia. Se basa en la dualidad y se sostiene por la dualidad; por ende, tiene que ser relativa y limitada, y no puede ser infinita.* Existe en diversos *grados,* e incluso cuando se logra debido a esfuerzos persistentes, no llega a ser un logro permanente, ya que las condiciones externas que se aseguraron alguna vez, no se pueden mantener indefinidamente y se pueden deteriorar con el transcurso del tiempo.

Sólo la libertad espiritual es absoluta e ilimitada. Cuando se logra mediante el esfuerzo continuo, se asegura para siempre. Si bien la

Solo la libertad espiritual puede ser ilimitada

libertad espiritual se puede expresar, y lo hace a través de la dualidad de la existencia, se basa en la realización de la unidad inviolable de toda vida, y se sustenta por la misma. Una condición importante de la libertad espiritual es liberarse de todo deseo. El deseo es lo que altera la vida mediante el apego a las condiciones que cumplirían ese deseo; si no hay deseo, no hay dependencia o limitación. El alma se esclaviza por los deseos. *Cuando el alma rompe con las ataduras del deseo, se emancipa de sus ataduras a cuerpos, mente y ego.* Esta es la libertad espiritual que trae consigo la realización final de la unidad de toda vida y elimina cualquier duda y preocupación.

Solo mediante la libertad espiritual es que se puede obtener la *felicidad permanente y el conocimiento del Ser, sin restricción alguna.* Es solo mediante la

Importancia de la libertad espiritual

libertad espiritual que nace la certeza suprema de la Verdad. Solo en la libertad espiritual se haya el fin de todos los dolores y limitaciones. Es solo en la libertad espiritual que se puede vivir para los demás con desapego, a la vez practicando cualquier actividad. Cualquier libertad menor es comparable a una casa que se construye sobre la arena, y cualquier logro menor se enrarece por el temor al deterioro. Por ende, no existe don mayor que el don de la libertad espiritual, y no hay tarea más importante que la tarea de ayudar a los demás en su esfuerzo para lograr la libertad espiritual. Quienes han entendido la importancia suprema de la libertad espiritual, no solo deben buscarla para ellos mismos, sino también deben compartir el deber Divino de ayudar a los demás lograrla.

Quienes se inspiran por el espíritu del servicio desinteresado, con entusiasmo brindan a la humanidad toda la ayuda posible, al proveer las necesidades de la vida como ropa, refugio, alimentación, medicinas, educación y demás amenidades de la civilización. Al recorrer el Camino del deber, no solo se disponen a luchar por el débil contra las agresiones y opresiones, sino también a entregar la vida

Verdadero servicio misma, por el bien de los demás. Este tipo de servicio es admirable y bueno, pero desde el punto de vista último, la ayuda que asegura la libertad espiritual para la humanidad supera a cualquier tipo de servicio y es insuperable en importancia.

La manera de ayudar a los demás para alcanzar la libertad espiritual es muy diferente de la forma de prestar otros tipos de ayuda. Al hambriento se le puede ofrecer comida, y

La manera de solo debe comerla. Al desnudo se le puede
ayudar a los demás ofrecer vestimenta, y solo debe ponérsela.
para alcanzar la Al que no tiene techo se le puede ofrecer
libertad espiritual casa, y solo debe habitarla. Pero para quienes se encuentran en la agonía de la esclavitud espiritual, no hay provisión *instantánea* que pueda brindarles un alivio inmediato. *La libertad espiritual debe ganarse por uno mismo, para uno mismo, mediante la guerra vigilante e infalible contra el ser inferior y los deseos inferiores.* Quienes fueran guerreros en la causa de la Verdad deben ayudar a los demás, no solo a desempeñar la emocionante iniciativa de lograr la victoria sobre sí, sino también en cada paso que puedan dar hacia ese logro. No hay otra forma de compartir su carga.

Tengo plena confianza en que ustedes, mis devotos, compartirán esta carga. Muchos de ustedes, durante años han obedecido mis órdenes y han llevado a cabo mis instrucciones por su amor y

El llamado fe en mí. Se han aferrado a mí y a mi causa espiritual contra viento y marea, a pesar de las tormentas y estrés, pero ha llegado la hora de ofrecer su servicio a mi misión de ayudar a la humanidad en su recorrido del Camino espiritual para realizar a Dios. La verdad eterna de que solo Dios es real, debe entenderse claramente y aceptarse sin reservas, y debe expresarse de manera inequívoca mediante palabras y acciones. *En la plena realización de la Verdad, el hombre alcanzará la libertad espiritual. Ningún sacrificio es demasiado grande para liberar al hombre de su esclavitud espiritual, y ayudarle a heredar la sola Verdad que llevará paz perdurable a todos, y que en sí sola, sostendrá el sentido inexpugnable del compañerismo universal, cimentado en el amor inquebrantable de todos, para todos, como expresiones de la misma realidad.* En esta tarea divinamente planeada y predestinada por Dios para que la libertad espiritual se brinde a la humanidad, ustedes, mis devotos, deben ayudarme, incluso a costo de la vida misma. En su deber de ayudar a otros a encontrar a Dios, deben acoger todo tipo de sufrimientos y sacrificios.

La Tarea
para Trabajadores
Espirituales

Estoy feliz de que, en respuesta a mi llamado se hayan reunido para recibir mi mensaje. En el Camino, la condición más importante del

Sean portadores de la antorcha para la humanidad

discipulado es la disposición para trabajar por la causa espiritual, de acercar a la humanidad cada vez más a la realización de Dios. Me alegra notar que a través de su fe y amor por mí, se han ofrecido de todo corazón para

compartir mi trabajo universal de *espiritualizar al mundo.* Tengo plena confianza en que *no solo heredarán para ustedes la Verdad que ofrezco, sino que también se convertirán en valientes y entusiastas portadores de esta antorcha para la humanidad, que ahora se encuentra envuelta en una profunda ignorancia.*

Debido a su importancia suprema para el verdadero y último bienestar de la humanidad, el trabajo espiritual ejerce una exigencia natural e

Naturaleza del trabajo espiritual

imperativa sobre quienes aman a la humanidad. Por ende, es necesario ser muy claro acerca de su naturaleza. El mundo entero se encuentra firmemente establecido en la *falsa idea de la*

separación, y estando atrapado en la ilusión de la dualidad, sigue sujeto a todas las complejidades de la dualidad. *Los trabajadores espirituales deben redimir al mundo de la agonía de la dualidad imaginada, haciéndolo consciente de la Verdad de la unidad en todo lo que tiene vida.*

La causa raíz de la ilusión de la multiplicidad, es que el alma, en su ignorancia, se identifica con sus cuerpos o con la ego mente. Los

Origen de la multiplicidad

cuerpos densos y sutiles, así como la ego mente del cuerpo mental, son todos, *medios* para experimentar los diferentes estados del mundo de la dualidad, pero no pueden ser medios para conocer la verdadera

naturaleza del alma, que está por encima de todos estos. Al identificarse con los cuerpos y la ego mente, el alma queda atrapada en la ignorancia de la multiplicidad. *El alma en todo cuerpo y* ego mente *en realidad es una existencia indivisa, pero a medida en que se entremezcla con los cuerpos y la* ego *mente, que son solo sus vehículos, se considera limitada y como solo una de muchos en la creación, en vez de considerarse como la única realidad, sin segundo.*

Toda alma es eterna e inviolablemente una con el Alma Universal, indivisa e indivisible, y la única realidad. Sin embargo, *la identificación falsa con los cuerpos o la* ego mente, *crea la ilusión de* **Estados de** *multiplicidad y diferenciación dentro del todo.* Los cuerpos, **consciencia** o las ego mentes, son solo los medios o vehículos de la consciencia, y *a medida que el alma experimenta los diferentes planos de la creación a través de sus diferentes medios o vehículos, recorre diferentes estados de consciencia.*

La mayoría de las almas son inconscientes de su verdadera naturaleza como Dios, Quien es la unidad y realidad de todas las almas. La realización de Dios solo está presente, *latentemente* **Realización** en estas, ya que todavía no se ha experimentado **de Dios** conscientemente. Quienes se han deshecho del velo de la dualidad, *experimentan al alma a través de esta misma, independientemente de cualquier medio o vehículo.* En esta experiencia, *el alma se reconoce conscientemente como idéntica a Dios, Quien es la unidad y la realidad de todas las almas.* La vida en la Verdad de la unidad del todo, trae consigo la libertad de toda limitación y sufrimiento. Es *la autoafirmación del Infinito como infinito.* En este estado de libertad espiritual y perfección, la vida del ego finalmente se entrega por completo para experimentar y liberar la Vida Divina en la Verdad, y Dios se conoce y afirma como *la única realidad por la que vale la pena vivir.*

Realizar a Dios es residir en la eternidad; es una experiencia atemporal. Pero el trabajo espiritual debe hacerse para las almas que se encuentran atrapadas en los laberintos de la creación, que es sujeta **Importancia** al tiempo. *Los trabajadores espirituales no pueden darse el* **del tiempo** *lujo de ignorar el elemento del tiempo en la creación.* Ignorar el tiempo sería ignorar el trabajo espiritual mismo. Es imperativo ser discriminadamente conscientes del flujo del tiempo en la creación, y *apreciar plenamente la importancia suprema del momento en el futuro cercano, que será testigo de la dispensación universal de la Verdad de la sabiduría espiritual.*

La tarea de los trabajadores espirituales es ayudarme en esta dispensación universal de la Verdad, en aras de la humanidad que sufre. **Advertencia a los** No solo deben preparar a la humanidad **trabajadores espirituales** para recibir esta Verdad, sino también establecerse en esta.

Es de suma importancia recordar, que ustedes *pueden ayudar a los demás en lograr la libertad espiritual y superar la ilusión de la dualidad, solo si a ustedes mismos no se les escapa la idea de la unidad, mientras trabajan para los otros que se inclinan a crear divisiones donde no existen, sin dar tregua a los trabajadores espirituales.*

La gente debe purgar su mente completamente de toda forma de egoísmo y estrechez, para poder heredar la *vida en la eternidad* que ofrezco. No es tarea fácil convencer a la gente **Obstáculos en el** de que abandone su egoísmo y estrechez. No **trabajo espiritual** es casualidad que la gente se divide entre ricos y pobres, mimados y desatendidos, gobernantes y gobernados, líderes y masas, opresores y oprimidos, altos o bajos de nivel, y ganadores de laureles o destinatarios de la ignominia. Estas diferencias han sido creadas y sustentadas por quienes, mediante su ignorancia espiritual, se apegan a ellas y se encuentran tan asentados en los *pensamientos y sentimientos perversos,* que ni siquiera son conscientes de su perversidad. Están acostumbrados a considerar la vida como dividida en compartimentos inviolables, y no están dispuestos a renunciar a su actitud *separativa. Cuando ustedes emprendan su trabajo espiritual, ingresarán en un campo de divisiones a las que la gente se aferra desesperadamente, que acentúa y que se esfuerza por perpetuar, consciente o inconscientemente.*

Meramente condenar estas divisiones no es suficiente para destruirlas. *Las divisiones se alimentan de los pensamientos y sentimientos separativos, que solo ceden ante el roce del amor y la comprensión. Tienen que ganarse* **Gánenlos** *a la gente a la vida de la Verdad; no hay forma de obligarlos a* **a la Verdad** *ser espirituales.* No es suficiente tener una amistad limpia, e intachable buena voluntad en el corazón. Para tener éxito en su trabajo, deben darles la fe y la convicción de que los están ayudando a liberarse de la esclavitud y el sufrimiento y a realizar lo más alto, cosa de lo que son herederos legítimos. No hay otra forma de ayudarlos a alcanzar la iluminación y libertad espiritual.

CONSEJOS PARA LOS TRABAJADORES ESPIRITUALES

Para prestar ayuda espiritual, se debe tener una comprensión clara de los siguientes cuatro puntos:

(*i*) *Descenso aparente a un nivel inferior:*

A menudo es necesario descender *aparentemente* al nivel inferior de quienes tratan de ayudar. Aunque su propósito es elevar a las personas al nivel más alto de la consciencia, es posible que no beneficien de lo que ustedes les quieren comunicar, si no les hablan en términos que puedan entender. Lo que les transmitan mediante pensamientos y sentimientos no debe estar fuera de su alcance. Seguramente les pasará por alto si no lo adaptan a su capacidad y experiencia. Sin embargo, es igualmente importante recordar, que mientras hacen esto, no deben *realmente* perder el nivel alto de su comprensión. Cambiará su enfoque y técnica a medida que gradualmente lleguen a una comprensión cada vez más profunda, y su aparente descenso al nivel inferior solo será temporal.

(ii) El entendimiento espiritual asegura el progreso integral:
No deben dividir la vida en departamentos, para luego tratar con cada departamento exclusiva y separadamente. *El pensamiento departamental generalmente es un obstáculo para la visión integral.* Por lo tanto, si se divide la vida en política, educación, moralidad, avance material, ciencia, arte, religión, misticismo y cultura, y después se piensa exclusivamente en solo uno de estos aspectos, las soluciones que se implementen no serán definitivas ni satisfactorias. Pero si logran despertar la inspiración espiritual y el entendimiento, el progreso en cada una de estas áreas de la vida seguramente se dará automáticamente.

Como trabajadores espirituales, deben apuntar hacia una solución real e íntegra para todos los problemas individuales y sociales de la vida.

(iii) El progreso espiritual consiste en el crecimiento espontáneo del entendimiento interior:
Como trabajadores espirituales, también deben recordar que la sabiduría espiritual que desean transmitir a otros ya existe de manera latente en ellos, y que solo deben ser instrumentales para desvelar esa sabiduría espiritual. *El progreso espiritual no es un proceso de acumulación exterior, sino un proceso de desarrollo interior. El Maestro es absolutamente necesario para poder lograr el Conocimiento del Sí, pero el verdadero significado de la ayuda del Maestro consiste en el hecho de que permite a otros tomar posesión plena de sus propias posibilidades latentes.*

(iv) Algunas preguntas son más importantes que las respuestas:
Ustedes, como trabajadores espirituales, no deben perder de vista el verdadero trabajo que los Maestros desean realizar a través de ustedes. Cuando se entiende claramente que la sabiduría espiritual yace latente en todos, dejarán de sentir la necesidad de dar respuestas y soluciones prefabricadas. En muchos casos, quedarán satisfechos *con presentarles un problema nuevo, o aclararles la naturaleza del problema que enfrentan.* Podrán haber cumplido con su deber, si

les hacen alguna pregunta que ellos no se harían a sí mismos en alguna situación práctica. En ciertos casos, *habrán cumplido con su deber si logran transmitirles una actitud de búsqueda y cuestionamiento*, de modo que ellos mismos comiencen a comprender y abordar sus problemas de manera más creativa y productiva. Darles un punto de vista más profundo, o sugerirles una línea de pensamiento y acción que los beneficie, puede significar mucho más que imponerles las conclusiones a las que han llegado ustedes. Las preguntas que pueden ayudarlos a formular por ellos mismos no deben ser meramente teóricas o innecesariamente complicadas. Si son sencillas, directas y fundamentales, *estas preguntas se responderán por sí mismas* y las personas encontrarán sus propias soluciones. Habrán prestado un servicio indispensable y valioso porque, sin su intervención discreta, los mismos no habrían llegado a la solución de sus múltiples problemas, desde el punto de vista *espiritual*.

Se ha visto que los trabajadores espirituales forzosamente deben enfrentarse a múltiples obstáculos, pero los obstáculos existen para

Superando obstáculos

superarse. Incluso si algunos parecen insuperables, *ustedes* deben hacer todo lo posible para ayudar a los demás, independientemente de los resultados o consecuencias. *Los obstáculos y su superación, éxitos y fracasos, todas son ilusiones dentro del dominio infinito de la Unidad. Su tarea ya está hecha cuando se ha realizado de todo corazón.* Si lo hacen concentradamente y siguen firmes en su deseo de ayudar en mi causa de despertar a la humanidad a la única realidad y al valor supremo de Dios, y solo Dios, obtendrán muchas oportunidades para desempeñar su trabajo espiritual. Hay una gama amplia para el trabajo en este campo.

Deben hacer su trabajo sin preocuparse por las consecuencias independientemente de los éxitos o fracasos, pero pueden estar seguros

Resultado del trabajo espiritual

de que el resultado del trabajo realizado en ese espíritu y con ese entendimiento es infalible. *Por las actividades incansables de los trabajadores espirituales, la humanidad se iniciará en la nueva vida de paz y armonía dinámica, fe inquebrantable, dicha perdurable, dulzura inmortal, pureza incorruptible, amor creativo y entendimiento infinito.*

Cualificaciones del Aspirante

PARTE I
ENTRANDO EN LAS REALIDADES DE LA VIDA INTERIOR

Aunque la realización de Dios es el destino final de todos, hay muy pocos que tienen la preparación necesaria para el temprano cumplimiento de ese glorioso destino. La mente mundana es oscurecida por una gruesa capa de *sanskaras* acumulados, que deben debilitarse considerablemente para que el aspirante, solo pueda ingresar al Camino. El método habitual para disipar la carga de los sanskaras *gradualmente* es seguir lo más estrictamente posible, el código externo de los rituales y las ceremonias religiosas. Esta etapa de conformidad externa con los mandatos o tradiciones religiosas se conoce como la búsqueda del *shariat* o *karma kanda*. Cubre acciones como la ofrenda de oraciones diarias, visitas a los lugares sagrados, el cumplimiento de los deberes prescritos por las escrituras y la observancia de las reglas bien establecidas en los códigos éticos, generalmente aceptados por la consciencia moral de la época. *La etapa de la conformidad externa, a su manera, es útil como disciplina espiritual, pero de ninguna forma se encuentra libre de efectos malignos, ya que no solo tiende a volver al hombre seco, rígido y mecánico, sino que a menudo nutre cierto tipo de egoísmo sutil.* Sin embargo, la mayoría de la gente se apega a la vida de conformidad externa, porque le resulta la forma más fácil de *aplacar sus inquietudes de consciencia.*

Valor y limitaciones de la conformidad externa

El alma a menudo pasa varias vidas reuniendo las lecciones de la conformidad externa, pero siempre llega el momento en que se cansa de la conformidad externa y se interesa más por las realidades de la vida interior. Cuando el hombre mundano llega a este tipo de búsqueda más elevada, se puede decir que se ha convertido en un aspirante. Al igual que el insecto que pasa por la metamorfosis a la siguiente etapa de existencia, el alma trasciende la fase de conformidad externa *(es decir, shariat o karma kanda)* e ingresa al Camino de la emancipación espiritual *(es decir, tariqat o Moksha Marga).*

Pasando a las realidades de la vida interior

En esta fase más elevada, *el alma ya no se satisface con la conformidad externa de ciertas reglas, sino que desea adquirir las cualificaciones que harían que su vida interior fuera espiritualmente bella.*

Desde el punto de vista de las realidades de la vida interior, la vida de conformidad externa generalmente puede ser espiritualmente estéril, y la vida que se desvía de la conformidad rígida, a menudo puede ser espiritualmente rica.

Limitaciones de las tradiciones

Al buscar la conformidad con las tradiciones y formalidades establecidas, el hombre casi siempre tiende a caer en una vida de valores falsos o ilusorios, en vez de una vida basada en valores verdaderos y duraderos. Lo que se reconoce convencionalmente, no siempre es espiritualmente sano. Por el contrario, *muchas tradiciones expresan y encarnan valores ilusorios, ya que nacen como resultado del funcionamiento de mentes promedio que son espiritualmente ignorantes.* Los valores ilusorios son en su mayoría convencionales, porque se desarrollan en la matriz de las mentalidades más comunes. Sin embargo, esto no significa que las tradiciones solo forman valores ilusorios.

A veces la gente se adhiere a cosas no convencionales, sólo porque son algo fuera de lo común. La naturaleza inusual de sus actividades o intereses les permite sentirse separados y diferenciados de los demás, y deleitarse en ello. Lo no convencional a menudo también genera interés, simplemente por su novedad en contraste con lo convencional. *Los valores ilusorios de lo que es habitual se vuelven insípidos por la familiaridad, y la mente tiende a transferir la ilusión de valor a las cosas que no son habituales, en vez de tratar de descubrir los valores verdaderos y duraderos.* Trascender la etapa de conformidad externa no significa un cambio meramente mecánico e irreflexivo de lo convencional a lo no convencional. Tal cambio esencialmente sería de naturaleza *reaccionaria*, y no podría contribuir a una vida de libertad y verdad. *La libertad de los convencionalismos que aparece en la vida del aspirante no se debe a una reacción acrítica, sino al ejercicio del pensamiento crítico. Quienes trascendieran la etapa de la conformidad externa para ingresar en la vida elevada de las realidades interiores, deben desarrollar la capacidad de distinguir entre los valores falsos y los verdaderos, independientemente de su convencionalidad o no convencionalidad.*

Libertad de las convenciones debe basarse en el pensamiento crítico

El ascenso de *shariat* o *karma kanda*, a *tariqat* o *Moksha Marga*, no debe interpretarse, por ende, como la mera desviación de la conformidad externa. *No es un cambio de convencionalidad a idiosincrasia*, de lo habitual a lo inusual, sino un cambio de una vida de aceptación irreflexiva de las tradiciones establecidas, al modo de ser que se basa en la apreciación reflexiva de la diferencia entre lo importante y lo no importante. *Es un cambio de un estado de ignorancia implícita, a un*

Discriminación entre lo verdadero y lo falso

estado de contemplación crítica. En la etapa de mera conformidad externa, la ignorancia espiritual del hombre a menudo es tan profunda, que este ni siquiera se percata de que es ignorante. Pero cuando la persona despierta e ingresa al Camino, comienza a darse cuenta de la necesidad de la luz verdadera. En las etapas iniciales, el esfuerzo por alcanzar esa luz toma la forma de una *discriminación intelectual entre lo duradero y lo transitorio, lo verdadero y lo falso, lo real y lo irreal, lo importante y lo no importante.*

Sin embargo, para el aspirante espiritual no es suficiente ejercer una mera discriminación intelectual entre lo falso y lo verdadero. *Aunque no hay duda de que la discriminación intelectual es la base*

Insolvencia de creencias estériles

para toda preparación adicional, esta solo da su fruto cuando los valores recientemente percibidos entran en una relación con la vida práctica. Desde el punto de vista espiritual, lo que importa, no es *la teoría* sino *la práctica.* Las ideas, creencias, opiniones, puntos de vista o doctrinas que una persona pueda sostener intelectualmente constituyen la capa superficial de la personalidad humana. A menudo una persona cree en una cosa y hace exactamente lo contrario. *La insolvencia de las creencias estériles es aún más lamentable, porque la persona que se alimenta de ellas a menudo sufre la ilusión de que es espiritualmente avanzada, cuando en realidad, ni siquiera ha comenzado la vida espiritual.*

A veces, incluso un punto de vista erróneo que se sostiene con fervor puede invitar indirectamente a la experiencia que abre las puertas de la vida espiritual. Incluso en la etapa del *shariat* o

Dogmas y credos

karma kanda, la lealtad a las religiones a menudo es una fuente de inspiración para cuantiosos actos desinteresados y nobles, porque, aunque estos dogmas o credos son aceptados ciegamente, a menudo se sostienen con un fervor y entusiasmo que proveen un elemento dinámico a la ideología que momentáneamente ha sido aceptada por la persona. Los dogmas y credos, en comparación con los puntos de vista y doctrinas estériles, tienen la clara ventaja de ser acogidos, no solo por el intelecto sino también por el corazón. Cubren y afectan una parte más amplia de la personalidad que las opiniones meramente teóricas.

Sin embargo, los dogmas y credos en general, *ambos* son fuentes tanto del mal como del bien, porque en estos, la visión guía se nubla debido a la degeneración o suspensión del pensamiento crítico. Si la lealtad a los credos y dogmas en ocasiones le ha hecho bien al individuo o a la comunidad a la que pertenece, más

Causa de resultados malignos de dogmas y credos

frecuentemente ha hecho daño. Aunque la mente y el corazón se involucran con la lealtad a los dogmas y credos, *ambos* operan a su vez, con la seria desventaja de la suspensión del pensamiento. Por ende, los dogmas y los credos no pueden contribuir al más puro bien.

Cuando la persona abandona los dogmas y credos que han sido aceptados acríticamente en favor de los puntos de vista y doctrinas

Necesidad de poner la teoría en práctica

sobre los cuales ha pensado, hay cierta cantidad de avance, a medida en que su mente ha comenzado a pensar y examinar críticamente sus creencias. Sin embargo, se ve que a menudo las creencias recién adoptadas carecen del fervor y entusiasmo que caracterizaban la lealtad a los dogmas y credos. Si estas creencias recién adoptadas carecen del poder de la motivación, solo pueden existir en un aspecto superficial de la vida, colgando holgadamente de la persona como una capa. Aunque la mente efectivamente se ha emancipado del dominio de las emociones deseducadas, esto generalmente se logra sacrificando la cooperación del corazón. *Para que los resultados del pensamiento crítico sean espiritualmente fructíferos, deben invadir y recuperar al corazón nuevamente, para poder lograr su funcionamiento cooperativo.*

En otras palabras, las ideas que han sido aceptadas después del examen crítico, deben liberarse dentro de la vida activa de nuevo, para poder rendir su beneficio completo. En el proceso de la vida práctica, estas con frecuencia experimentan una transformación saludable y se entrelazan más profundamente con el tejido mismo de la vida.

La transición de la conformidad externa (es decir, shariat o karma kanda) a la vida de las realidades internas (tariqat o Moksha Marga) implica dos pasos: (i)

Pensamiento crítico y creativo promueve equilibrio de mente y corazón

liberar la mente de la inercia de la aceptación acrítica basada en imitación ciega, para estimularla hacia el pensamiento crítico, y (ii) llevar los resultados del pensamiento crítico y discriminatorio a la vida práctica. Para ser espiritualmente fructífero, el pensamiento no solo debe ser crítico sino también creativo. Los pensamientos críticos y creativos conducen a la preparación espiritual, cultivando las cualidades que contribuyen a *la perfección y el equilibrio entre mente y corazón, y la liberación de una vida divina, libre de cualquier restricción.*

Cualificaciones del Aspirante

PARTE II
ALGUNAS CUALIDADES DIVINAS

Para que la vida interior del hombre se ilumine y sea armoniosa, este debe desarrollar y expresar abundantes cualidades divinas, mientras se dedica a sus responsabilidades cotidianas. Cada cualidad por sí sola puede no parecer muy importante, pero sería un error considerarla idependientemente de su relación necesaria con las otras cualidades importantes.

Cualidades necesarias para la vida espiritual son interdependientes

En la vida espiritual, todas estas cualidades se implementan y se apoyan mutuamente, y su interconexión es tan vital, que ninguna de estas se puede ignorar completamente sin detrimento a varias otras cualidades esenciales. Entonces, cuando se considera en su función verdadera, *cada una de estas cualidades divinas resulta ser absolutamente indispensable para la vida plena.*

Cada persona es un heredero legítimo de la Verdad, pero quien la hereda, debe estar espiritualmente preparado para ello, y esta preparación espiritual a veces requiere varias vidas de esfuerzo persistente y paciente. Por tanto, uno de los primeros requisitos del aspirante es contar con una combinación de *entusiasmo inagotable y paciencia inquebrantable.* Una vez que la persona decide realizar la Verdad, descubre que su Camino está repleto de dificultades, y son muy pocos quienes persisten con valentía constante hasta el final.

Paciencia y persistencia

Es fácil renunciar al esfuerzo cuando uno se encuentra con obstáculos. Esto se puede ilustrar con la historia del hombre de Poona, que leyó un libro espiritual que lo impresionó tan profundamente, que intentó renunciar a todo. Se fue de Poona, a una selva cerca de la ciudad y, sentado debajo de un árbol con rosario en mano, comenzó a repetir el nombre de Dios. Hizo esto durante todo el día a pesar de muchos inconvenientes y la disminución gradual de su entusiasmo. Al atardecer, escuchaba que de todos lados emanaban sonidos de los animales, y aunque estos, con la creciente oscuridad de la noche se hacían cada vez más audibles, persistió en su resolución. Sin embargo, cuando en la oscuridad, vio a un enorme oso que venía hacia él, huyó para salvar su vida, corriendo siete millas a toda velocidad hasta caer inconsciente en frente de una tienda en Poona. Al recuperar la consciencia le contó su aventura a quienes estaban a su alrededor, provocándoles mucha gracia, y de esta forma acabaron sus ganas de renunciar.

El esfuerzo espiritual no solo exige resistencia física y valor, sino un temple inquebrantable y una valentía moral incontestable. El mundo se encuentra atrapado *en Maya* y es adicto a los

Aceptar el mundo tal como es

valores falsos. Por ende, *las formas del mundo se contraponen con los estándares que el aspirante se ha establecido.* Si huye del mundo, esto no le ayudará. Tendrá que regresar al mundo nuevamente para desarrollar las cualidades que le permitan enfrentar y aceptar al mundo tal como es. Muy a menudo su Camino se encuentra en el mundo al que tiene que servir, a pesar de que no le gusten sus modos. *Para que el aspirante pueda amar y servir a un mundo que no lo entiende, o que incluso no lo tolera, debe desarrollar una tolerancia infinita.*

A medida que el aspirante avanza en el Camino, mediante su contacto con el Maestro, adquiere un entendimiento cada vez más profunda del amor verdadero. Esto lo hace dolorosamente sensible a

Paciencia

los impactos externos que no solo no saben a amor, sino que lo exponen a un desprecio frío, insensibilidad cínica, apatía dolorosa y un odio constante. Todos estos impactos prueban su paciencia al máximo. Incluso la persona mundana sufre en el mundo que ocasionalmente encuentra indiferente u hostil, pero como es de piel gruesa, su sufrimiento es menos *agudo*. No espera mucho más de la naturaleza humana, y piensa que esta es inevitable e incurable. *Pero el aspirante que ha probado el amor más profundo conoce las posibilidades ocultas en cada alma, y su sufrimiento es agudo porque siente la brecha entre lo que es y lo que podría haber sido si el mundo solo hubiera apreciado, aunque fuera un poco, el amor que él ha comenzado a entender y apreciar.*

La tarea de ejercer paciencia sería fácil si el aspirante se pudiera reconciliar con los modos del mundo y aceptarlos cabalmente. *Sin embargo, al haber experimentado algo más*

Valor moral y confianza

elevado, se vuelve su deber imperativo defenderlo, aunque el mundo entero se oponga a ello. La lealtad a la verdad más elevada de su propia percepción exige un valor moral inquebrantable y la disposición para afrontar críticas, desprecio e incluso odio de quienes aún no han comenzado a abrirse a la verdad. Aunque durante esta lucha desigual, recibe la ayuda constante del

Maestro y otros aspirantes, debe desarrollar la capacidad de luchar por la verdad *por sí solo*, sin depender constantemente de la ayuda externa. *Este valor moral supremo solo llega con la confianza suprema en uno mismo y en el Maestro. Amar al mundo y servir a la manera de los Maestros no es juego para el débil o temeroso.*

El coraje moral y la confianza en sí se deben acompañar con la *libertad de las preocupaciones.* Hay pocas cosas en la mente que consumen tanta energía como las preocupaciones. Dejar las preocupaciones atrás es una de las cosas más difíciles de lograr. Las preocupaciones se experimentan cuando las cosas salen mal, pero en relación con los acontecimientos pasados, es inútil simplemente desear que hubiese sido de otra forma. *El pasado inerte es lo que es, y ninguna cantidad de preocupaciones cambiará lo que ha sido.* Pero la ego mente limitada se identifica con su *pasado*, se enreda con este y mantiene vivo el dolor de sus deseos frustrados. De esta forma, las preocupaciones continúan creciendo en la vida mental del hombre hasta que la ego mente se abruma con el pasado. Las preocupaciones también se experimentan en relación con el *futuro*, cuando se espera que ese futuro sea desagradable de alguna manera. En ese caso, busca justificarse como parte necesaria del intento de prepararse para hacer frente a las situaciones anticipadas. Pero *las cosas nunca se resuelven con la mera preocupación.* Además, mucho de lo que se anticipa nunca ocurre, y si lo hace, resulta ser mucho más aceptable de lo que se esperaba. *La preocupación es producto de la imaginación febril, que trabaja bajo el estímulo del deseo.* Es vivir sufrimientos que son principalmente de nuestra propia creación. *La preocupación nunca le ha hecho bien a nadie, y es mucho peor que la mera disipación de energía psíquica, ya que reduce sustancialmente la alegría y plenitud de la vida.*

Libertad de preocupaciones

Entre las múltiples cosas que el aspirante debe cultivar, hay pocas que son tan importantes como la *alegría, el entusiasmo y el equilibrio*, y estos son imposibles a menos que se logren eliminar las preocupaciones de la vida. *Cuando la mente está melancólica, deprimida o perturbada, su acción es caótica y limitante para el individuo.* Por ende, es de necesidad suprema mantener la alegría, el entusiasmo y el equilibrio en cualquier circunstancia, y esto no es posible a menos de que el aspirante logre eliminar las preocupaciones de su vida. La preocupación es el resultado forzoso del apego al pasado o al futuro anticipado, y persiste de una forma u otra hasta que la mente se desapega de todo.

Alegría, entusiasmo y equilibrio

Las dificultades en el Camino solo se pueden superar si el aspirante tiene una atención enfocada. Si sus energías psíquicas se disipan con actividades mundanas, el progreso que se logra es muy lento. Enfocar

Control y desapasionamiento, condiciones para la atención enfocada

la atención implica el desapasionamiento con respecto a todas las tentaciones del mundo fenoménico. La mente se debe alejar de cualquier tentación y establecer el control completo sobre los sentidos. Por ende, ambos, *el control y el desapasionamiento son necesarios para poder enfocar la atención en la búsqueda del entendimiento verdadero.*

La condición suprema para el progreso seguro y constante en el Camino es el beneficio de *la guía del Maestro.* El Maestro da solo la

Aprovechando la ayuda del Maestro

guía y ayuda necesarias de acuerdo con las necesidades inmediatas del aspirante. Lo único que espera el Maestro es que el aspirante haga su mayor esfuerzo para su avance espiritual. No espera una transformación inmediata de consciencia, excepto donde el terreno ha sido preparado previamente. El tiempo es un factor importante en el avance espiritual, tal como lo es en cualquier emprendimiento material. Cuando el Maestro le ha dado un impulso espiritual al aspirante, espera hasta que este lo haya asimilado completamente. *Una sobredosis de espiritualidad siempre propicia una reacción insalubre, particularmente cuando es inoportuna. Por ende, el Maestro cuidadosamente selecciona el momento para que su intervención garantice los mejores resultados, y después de haber intervenido, espera con paciencia infinita hasta que el aspirante realmente necesite más ayuda.*

Cualificaciones del Aspirante

PARTE III
DISPONIBILIDAD PARA SERVIR

El aspirante siempre debe estar dispuesto a servir a la causa de la humanidad. No es necesario que se aplique a ningún trabajo sin tomar en cuenta sus capacidades. Debe seleccionar el tipo de trabajo para el cual está cualificado en virtud de su *aptitud y habilidades individuales*. Pero cualquier servicio que pueda prestar en virtud de su capacidad, lo presta incluso cuando las circunstancias son sumamente difíciles.

Disponibilidad para servir de acuerdo con aptitud y habilidades

Las adversidades por las que puede pasar son muchas, pero su determinación para servir cuando es posible debe ser inquebrantable. *Nunca se apega a la idea del servicio, en el sentido de que los resultados se deban dar exclusivamente por él.* Si hay que prestar algún servicio lo hace con el sacrificio necesario, pero nunca se aferra a la falsa idea de: "Solo yo debo ser reconocido por haberlo hecho." Si el privilegio de prestar el servicio le toca a alguien más, no le da envidia. Si buscara algún beneficio para sí mismo antes de prestar el servicio, sería una forma de egoísmo. En el servicio que realmente cuenta en la vida espiritual, no se puede pensar en uno mismo. No puede haber necesidad alguna de conseguir algo para uno mismo, o de ser quien pueda darle algo a alguien más. *El ser propio, en todas sus modalidades debe quedar completamente fuera de escena. El servicio, cuando es necesario, debe nacer de la espontaneidad libre, y debe darse en el espíritu de cooperación, donde no hay insistencia en las demandas del "yo" limitado.*

No hay exigencias del "yo" limitado

Si el aspirante se desapega completamente de toda obra y de sus resultados, se libera de los opuestos dañinos, tanto de las cosas grandes como de las cosas pequeñas. *Los que tienen mentalidad mundana experimentan su existencia separativa a través de sus logros.* Por ende,

Libertad de los opuestos de las cosas grandes y pequeñas

naturalmente tienden a juzgar sus logros en términos de cantidades tangibles, aferrándose a las cosas grandes y evitando las cosas pequeñas. *Desde el punto de vista espiritual, las así llamadas cosas pequeñas, a menudo son consideradas tan importantes como las así llamadas, cosas grandes.* El aspirante no tiene motivo para evitar una y procurar la otra, y por lo mismo, atiende a las cosas pequeñas con el mismo entusiasmo con el que atiende a las cosas grandes.

En la vida espiritual, incluso las cosas que se consideran pequeñas tienen la misma importancia que las cosas grandes, pero las

Las convenciones restringen el alcance del servicio

convenciones del mundo generalmente no reconocen esta sencilla verdad. Al seguir las ideas que se aceptan convencionalmente, *el alcance del posible servicio al prójimo se limita artificialmente, solo a las cosas que se consideran importantes convencionalmente.* Se descuidan tantas cosas que verdaderamente son de vital importancia en la vida, que esta queda empobrecida espiritualmente.

Entonces, en una sociedad dominada por los conceptos meramente materiales de la vida, el servicio se interpreta en términos del

Los valores aceptados determinan los campos del servicio

suministro de comida, vestimenta y otras amenidades físicas de la existencia. En una sociedad que es sensible al valor de la cultura intelectual, el servicio se interpreta en términos de la difusión de aprendizaje

en diferentes formas. En una sociedad donde se ha desarrollado el gusto por la belleza, el servicio se interpreta en términos de organizar la producción y distribución de las obras de arte. En una sociedad que es sensible a los inefables valores del corazón, el servicio se interpreta en términos de construir los canales que facilitan la cultura y la expresión del corazón. En una sociedad que es consciente de la importancia suprema del espíritu, el servicio se interpreta en términos de la impartición del entendimiento espiritual. De estos diferentes tipos de servicio, el servicio que se ocupa con el entendimiento espiritual es el más elevado, porque *el entendimiento espiritual incluye la perspectiva correcta de cualquier problema humano, y promueve su solución.*

Si no hay comprensión espiritual, el deseo de prestar servicio a los demás se ve comprometido por conceptos limitados. *El servicio es de dos*

Dos tipos de servicio

tipos: o consiste en agregar las cosas que realmente valen la pena a la vida de los demás, o consiste en eliminar los obstáculos que evitan el logro de las *cosas que valen la pena, en las vidas de los demás. Si **nuestras ideas** de las cosas que valen la pena son estrechas, el alcance del posible servicio también se vuelve correspondientemente estrecho.*

El alcance del servicio no se limita a las grandes acciones, como dar formidables donaciones a instituciones públicas. *También sirven quienes expresan su amor mediante las cosas pequeñas.* Una

Pequeñas cosas que importan

palabra que alienta al corazón caído y una sonrisa que lleva esperanza y alegría en la penumbra, tienen el mismo derecho de considerarse como servicio, que un oneroso sacrificio o una heroica abnegación. La mirada que borra la amargura de un corazón y lo hace palpitar con nuevo amor, también es servicio, aunque no haya pensamiento de servicio en ello. Cuando se toman por sí solas, estas cosas parecen ser pequeñas, pero la vida se compone de muchas cosas así de pequeñas. *Si las cosas pequeñas se ignoraran, la vida no solo sería poco bella, sino que carecería de espiritualidad.*

Así como los de mentalidad mundana tienden a juzgar las contribuciones positivas en términos de magnitud, similarmente se equivocan al juzgar los obstáculos, desventajas

Elemento de error en estimaciones mundanas

y adversidades. Por ende, para la mayoría de la gente, la adversidad del prójimo debe asumir proporciones monumentales para merecer su atención. Es característico de los de mentalidad mundana, *dar más importancia a las cosas que toman forma de manera externa y tangible, que a las cosas que son elementos silenciosos de la vida interior.* Por ejemplo, una guerra devastadora se considera como una mayor calamidad que una vida llena de odio irreconciliable, aunque desde el punto de vista cabalmente espiritual, la vida llena de odio irreconciliable no es de ninguna forma, menos malévola que una guerra devastadora. La guerra adquiere tal importancia debido a las múltiples instancias visuales de crueldad, pero el odio es igualmente terrible, incluso cuando no se materializa en las acciones externas. De igual forma, las epidemias, las lesiones y los sufrimientos en el lecho de muerte, atraen más la atención de la gente con mente mundana, que las agonías del corazón que está cargado con el peso de insaciables deseos.

Para el aspirante que ansía servir sin ningún deseo de reconocimiento o beneficio, *todo lo que frustra o pervierte la liberación de una vida plena, merece atención, independientemente de si es grande o*

El campo de servicio es la vida en su totalidad

pequeño en la opinión del mundo. Así como el desarrollo o colapso de los imperios tiene su lugar en el flujo de la vida universal, los momentos fugaces de tristeza también merecen su propio lugar en esta. La importancia de un individuo no se debe medir en términos del otro, y las necesidades de un individuo no deben ignorarse por las necesidades del otro. *El aspirante considera la vida como un todo integral, sin permitir que ninguna parte monopolice su atención a costa de las demás.*

Incluso cuando el aspirante presta el servicio desinteresado, mantiene la guardia constante sobre su mente. El aspirante debe ser humilde, honesto y sincero. El servicio que presta

El servicio que nace del amor garantiza la armonía

no debe ser por mero espectáculo, y debe ser el resultado de un amor verdadero. *Si el aspirante se inspira en el amor, su amor le permite estar en completa armonía con sus compañeros de trabajo, sin dar pie a los celos.* Si no hay armonía completa entre los compañeros de trabajo, el servicio que se presta no logra el ideal espiritual. Además, si el aspirante presta un servicio externo sin el espíritu de amor, actúa desde el sentido del deber, como en las muchas instituciones mundanas donde hay trabajadores remunerados. En las instituciones del mundo la gente trabaja por paga. En el mejor de los casos, lo que los impulsa a ser eficientes es el frío sentido del deber. Su trabajo carece de la belleza interior de un trabajo que se realiza espontáneamente, por amor.

El aspirante puede mejor asimilar las lecciones del verdadero servicio, si tiene la buena fortuna de estar en contacto con un Maestro.

Importancia del contacto con el Maestro

El Maestro no enseña mediante la prédica sino con el ejemplo. Cuando se observa al Maestro en su capacidad de servidor a la humanidad, el aspirante se contagia rápidamente de tal espíritu, debido a su amor por el Maestro. El contacto con el Maestro también es útil para absorber el espíritu de cooperación que los aspirantes pueden cultivar fácilmente, debido a su amor común por el Maestro. Prestan el servicio porque el Maestro se los pide. Hacen el trabajo del Maestro, no el propio, y no lo hacen por su propia voluntad, sino porque el Maestro les ha confiado ese trabajo. Por ende, *quedan libres de ideas, demandas, derechos o privilegios individualistas, y se interesan solo en el trabajo del Maestro, estando listos para servir su causa lo mejor que pueden cuando se les solicita, e igualmente, están dispuestos a entregarle el trabajo a otro aspirante si este puede hacerlo mejor.*

En este tipo de cooperaciones, los aspirantes en cierta forma sirven unos a otros, porque aceptan el trabajo del maestro como propio, y cuando un aspirante es útil para otro compañero en su trabajo para el Maestro, le presta servicio tanto al Maestro como al compañero.

Prestar servicio sin complicaciones
Durante este servicio no hay autoritarismo porque el aspirante siempre es consciente de que solamente es el trabajo del Maestro, el que ha aceptado como propio. Además, sabe que, como aspirantes, todos son iguales, y es fácil para él, cultivar el hábito de servir en el espíritu de absoluta humildad. Si el servicio lo enorgullece, para el caso puede no haber servido. *Una de las cosas más difíciles de aprender es prestar servicio sin ser autoritario, sin hacer ruido al respecto, y sin ninguna consciencia de alteza o bajeza. En el mundo de la espiritualidad, la humildad cuenta como mínimo, tanto como la utilidad.*

Cuando el maestro sirve a otros no lo hace por apego al trabajo, sino para ayudar, y también para dar a sus discípulos un ejemplo del servicio desinteresado. Al servir a otros se ve en ellos y experimenta

Ideal del servicio
haberse servido a sí mismo. En su dichosa experiencia de unicidad, el Maestro se sabe Señor y sirviente de todos.

Por ende, ejemplifica el ideal del servicio, en el cual no hay esclavitud para quien recibe el servicio, ni para quien lo presta. El aspirante puede darse cuenta rápidamente del ideal del servicio verdadero mediante el ejemplo del Maestro, pero *la preparación espiritual del aspirante no se puede considerar completa hasta que haya desarrollado el arte de prestar servicio que no es aburrido sino alegre, que no esclaviza sino libera, que no da lugar a expectaciones ni regateos, que surge de la espontaneidad del libre dar y recibir, que se encuentra libre de la carga de las necesidades personales, y que se sustenta con una sensación de plenitud constantemente renovada.*

Cualificaciones del Aspirante

PARTE IV
LA FE

Una de las cualidades más importantes para el aspirante es la fe. Hay tres tipos de fe: (i) fe en uno mismo, (ii) fe en el Maestro y (iii) fe en la vida. La fe es tan indispensable para la vida **La fe y sus formas** que, a menos de que esté presente en algún grado, la vida misma sería imposible. *Por la fe, es que la vida cooperativa y social se hace posible. Por la fe en los demás, se facilita el intercambio libre de amor, el intercambio libre del trabajo y el de sus resultados.* Cuando la vida se carga con un miedo injustificado entre las personas, se vuelve estrecha y limitada.

Los niños tienen fe natural en sus mayores. Instintivamente los procuran para su protección y ayuda, sin pedir una carta de presentación. Esta cualidad de confiar en los demás persiste en **La fe y su** su vida, a menos de que la persona sea severamente **contraparte** impactada por quienes por interés propio, la engañan y explotan. Así, aunque la fe es natural en el hombre, crece y florece en una sociedad donde la gente es confiable, honesta y digna de fe, y desvanece en un ambiente hostil. La fe mutua se completa y se estabiliza cuando encuentra su contraparte en aquellas cualidades que invitan y confirman la fe. *Ser digno de la fe que otros depositan en nosotros, y tener fe en los demás son dos virtudes complementarias. Son la condición para el desarrollo y flujo libre de la vida individual y colectiva.*

La fe mutua, incondicional e implícita, pertenece al mundo de los ideales. En la práctica real, solo existe en casos extraordinarios. Aunque es muy deseable, no se da a menos de **Importancia de la** que el mundo se pueble por gente merecedora **fe en uno mismo** de una fe ilimitada. Esta condición supone el desarrollo perfecto de las cualidades de ser confiable, firme e invariablemente útil, pero las cualidades que fomentan la fe mutua quedan en el subdesarrollo, a menos de que se tenga fe suprema en uno mismo. *Si la persona no tiene fe en sí misma, no puede desarrollar las cualidades que invitan y fomentan la fe de los demás.* La confianza en que el individuo pueda seguir siendo leal a su percepción de lo que es correcto, a pesar de todo tipo de circunstancias difíciles, es el cimiento de la superestructura de un carácter confiable.

La fe inquebrantable en uno mismo es tan rara como la fe implícita en otra persona. Pocos la han desarrollado a tal grado que se asegura el control efectivo y constructivo de ellos mismos. En la mayoría de la gente, la fe en uno mismo se desafía y corroe por la constante experiencia de las fragilidades propias, y de los fracasos que a menudo acaban siendo implacables, incluso cuando se sabe lo que es correcto. *La confianza en uno mismo, que, de esta forma queda en constante peligro de ser fracturada, solo se establece de forma segura cuando el hombre tiene ante sí, la visión del ejemplo vivo de la perfección, y tiene fe en la misma.*

Fundamento seguro de fe en uno mismo

La fe en el Maestro es de importancia suprema, porque nutre y mantiene la fe en uno mismo y en la vida, aún estando en las fauces mismas del fracaso, el retroceso, las desventajas, las dificultades, las limitaciones y las fallas. La vida, tal como se percibe por el hombre dentro de sí, o en la mayoría de sus semejantes, puede ser estrecha, impura y corrupta, pero la vida como se percibe en el Maestro es ilimitada, pura y prístina. *En el Maestro, el hombre ve su propio ideal realizado. El Maestro es lo que su ser más profundo quisiera ser. Ve en el Maestro el reflejo de lo mejor en sí, que todavía no fructifica, pero que seguramente algún día logrará. La fe en el Maestro, por ende, se convierte en el motivo principal para la realización de la divinidad que yace latente en el hombre.*

Fe en el maestro

La verdadera fe se basa en las experiencias más profundas del espíritu y en la transmisión infalible de la intuición purificada. Esta no se debe considerar como la antítesis del razonamiento crítico, sino como la guía infalible del razonamiento crítico. *Cuando el razonamiento crítico se implementa con una fe profunda y viva que se basa en la intuición pura, su funcionamiento es creativo, fructífero y significativo, en vez de ser estéril, ineficaz y carente de significado.* Por otro lado, muchas formas de *credulidad* ingenua no se pueden eliminar, si no es mediante el inconmovible y libre funcionamiento del razonamiento crítico. Sin embargo, sigue siendo cierto que el razonamiento crítico puede tocar e informar solo aquellas formas de la fe que no se basan en la intuición pura. La verdadera fe que surge de la intuición pura siempre sigue como un imperativo que no se puede reducir a las conclusiones del raciocinio intelectual. No se deriva del intelecto limitado, sino es más primaria y fundamental, resultando en

La fe y el razonamiento crítico

que no se puede silenciar con acrobacias intelectuales. Esto no significa que la fe deba ser ciega en ninguna de sus etapas, en el sentido de que no se le permita ser examinada por el intelecto crítico. *La fe verdadera es una forma de visión, no de ceguera. No debe temerle al libre funcionamiento de la razón crítica.*

El derecho de examinar al Maestro con razonamiento crítico siempre se le ha concedido al discípulo, *pero si, después de haberlo probado y de estar satisfecho con la perfección del Maestro, el*

Credulidad y duda *discípulo muestra alguna vacilación de fe, este sería el resultado de una deficiencia deplorable en su sinceridad de enfoque e integridad de propósito.* Tal y como se puede otorgar demasiada credulidad acrítica e inmerecida a quienes profesan tener sabiduría espiritual, también puede haber demasiada vacilación injustificada en la fe, a pesar de que exista la base suficiente para justificarla. Tal como la credulidad acrítica, en última instancia, es el resultado de la operación inconsciente de múltiples deseos mundanos, la vacilación injustificada en la fe, también se debe a la operación inconsciente de los deseos que se contraponen con la manifestación efectiva de la fe racionalizada. *En el primer caso, los deseos son el padre de la creencia injustificada, y en el segundo caso, los deseos son el padre de la duda injustificada.*

Los deseos tienden a pervertir el funcionamiento del razonamiento crítico. *La fe inquebrantable, que se basa en la intuición pura, solo ocupa una mente que está libre de la presión de*

Vacilación de la fe a menudo *los diversos deseos.* Por lo tanto, la
se debe a deseos inconscientes fe verdadera es una cuestión de crecimiento gradual. Crece en proporción al éxito que el discípulo logra en liberar su consciencia de los diversos deseos.

La fe debe distinguirse cuidadosamente de la mera creencia intelectual u "opinión". Cuando la persona tiene una buena opinión de otra, se puede decir que tiene cierto

Creencias y opiniones tipo de fe en esa persona. Pero este tipo de opiniones no tienen la fuerza espiritual que le pertenece a una fe viva en el Maestro. Las creencias y opiniones de una persona a menudo constituyen una capa muy superficial de la psique humana. No tienen relación integral con las fuerzas psíquicas más profundas. *Permanecen en una región de la mente, sin efectuar los cambios radicales en el núcleo de la personalidad que determina la actitud ante la vida.* La gente ocupa tales creencias de la misma forma en que utiliza la ropa. En tiempos de emergencia, tienden a cambiarse de ropa para adaptarse a sus propósitos inmediatos. En tales casos, *las creencias se* *determinan inconscientemente por otros propósitos; los propósitos no se determinan conscientemente por las creencias.*

La fe viva, por otro lado, tiene una relación más vital e integral con las fuerzas y propósitos más profundos de la psique. No está "atrapada" superficialmente, ni cuelga holgadamente en la periferia de la consciencia, como lo hacen las simples creencias intelectuales.

Fe viva creativamente dinámica

Por el contrario, la fe viva se convierte en un factor poderoso que reconstruye la psique entera; es *creativamente dinámica. No hay pensamiento que no se reanime, sentimiento que no se ilumine, y propósito que no se reestructure con la fe viva.* La fe viva en el Maestro se convierte, para el discípulo, en una fuente suprema de inspiración e inconfundible confianza. Se expresa principalmente a través del espíritu de confianza activa en el Maestro y no simplemente mediante alguna opinión sobre él. *La fe viva no es una especie de certificado otorgado por el discípulo al Maestro; es una actitud activa de confianza en el Maestro, que se expresa, no solo mediante la expectativa implícita y confianza en la ayuda del Maestro, sino también mediante el espíritu de entrega y dedicación.*

La fe viva es creativamente dinámica

Tal fe viva y fructífera en el Maestro, siempre nace de la *experiencia* profunda que el Maestro imparte al discípulo merecedor. Es fundamentalmente diferente de las creencias que sostiene la gente, ya sea mediante la aceptación acrítica o a través de pensamientos superficiales.

Fe viva basada en la experiencia

Las meras creencias intelectuales, en su mayor parte, tienen muy poca importancia espiritual. Al Maestro, por ende, no le preocupa si el discípulo cree en él o en alguien más, y tampoco le preocupa si el discípulo, en un momento dado cree en él o no. Si en algunos casos afortunados, el Maestro, mediante su intervención benigna, se gana la fe viva del discípulo (a diferencia de una simple creencia), es porque sabe que el discípulo será beneficiado a través de esta.

Así como el discípulo prueba la capacidad del Maestro para guiarlo, el Maestro a su vez prueba la integridad de propósito del discípulo. Al Maestro no le importa si el discípulo duda de él o tiene fe en él. Lo que evalúa es si el discípulo es sincero o no, y si es franco en su búsqueda espiritual. *Al Maestro para nada le interesa darle pruebas de su divinidad al discípulo, excepto cuando siente que tales pruebas pueden ser infaliblemente útiles e inevitablemente necesarias para el beneficio espiritual de quien ya se entregó a él.*

Probando al discípulo

Maya

PARTE I
FALSOS VALORES

Todos quieren conocer y realizar la Verdad, pero la Verdad no se puede conocer ni realizar como Verdad, a menos que la ignorancia se conozca y se realice como siendo ignorancia.

La importancia de comprender las falsedades de *Maya* De ahí surge la importancia de comprender la importancia de *Maya,* o el principio de la ignorancia. La gente lee y escucha mucho sobre *Maya,* pero pocos entienden lo que realmente es. No es suficiente tener una comprensión superficial de *Maya.* Es necesario que *Maya* se entienda tal como es, es decir, en su realidad. *Comprender a Maya, o el principio de la ignorancia, es conocer la mitad de la Verdad del universo.* La ignorancia en todas sus formas debe desaparecer para que el alma se pueda establecer en el estado del Conocimiento del Sí. *Por tanto, es imperativamente necesario que el hombre sepa lo que es falso, que lo reconozca como falso y que se deshaga de lo falso, sabiendo que es falso.*

¿Cuál es la naturaleza esencial de la falsedad? Si lo verdadero se conoce como verdadero, o la falsedad se reconoce como falsa, no hay falsedad, sino únicamente una forma de conocimiento.

Esencia de la falsedad *La falsedad consiste en considerar lo que es verdadero como falso, o en considerar lo que es falso como verdadero; es decir, al considerar que algo es diferente de lo que realmente es, en sí.* La falsedad es juzgar la naturaleza de las cosas incorrectamente.

En términos generales, hay *dos* tipos de conocimiento: (i) juicios netamente intelectuales sobre los hechos de la existencia, y (ii) juicios de valoración que implican la apreciación del valor o importancia de las cosas. Los juicios o creencias netamente intelectuales derivan su importancia de estar relacionados con los valores de alguna forma.

Dos tipos de conocimiento

Divorciados de los valores, tienen muy poca importancia en sí. Por ejemplo, a nadie le interesa mucho contar el número exacto de hojas que tiene cierto árbol, aunque desde el punto de vista puramente teórico, dicha información sería cierto tipo de conocimiento. Tal información o conocimiento se considera poco relevante porque no se encuentra vitalmente conectada con otros valores. El conocimiento intelectual se vuelve importante (i) cuando le permite a la persona realizar ciertos valores, dándole control sobre los *medios* para su realización, o (ii) cuando este *ingresa a la valoración misma como un factor importante, que modifica, o de alguna otra manera afecta a los valores aceptados.*

Tal como hay dos tipos de conocimiento, hay dos tipos de falsedad: (i) errores al aceptar como hechos, aquellas cosas que no son hechos, y (ii) errores en la valoración. Los errores en la

Tres errores en la valoración

valoración se pueden cometer de tres maneras: (a) considerando importante lo que no es importante, o (b) considerando poco importante lo que es importante, o (c) dándole a una cosa cierta importancia que realmente no merece. Todas estas falsedades son creaciones de *Maya*.

Aunque *Maya* incluye todas las falsedades desde el punto de vista espiritual, hay ciertas falsedades que cuentan y algunas falsedades que

Precio de los errores en la valoración

no cuentan tanto. Si una persona piensa que un trono es más alto de lo que es, es una falsedad, pero una que no importa mucho. Por otro lado, si la persona le da tal importancia al trono, que lo considera como el principio y final de su vida, sería una falsedad que afectaría sustancialmente el curso y significado de su vida. *En general, los errores en valoración pueden desviar, pervertir y limitar la vida más efectivamente que los errores en los juicios netamente intelectuales, que se refieren a cierta información objetiva.*

Los errores en valoración surgen debido a la influencia de los deseos o querencias. Los *valores verdaderos* son los valores que pertenecen a las cosas *por derecho propio*. Son *intrínsecos*, y debido a

Valores falsos debido a la influencia de los deseos subjetivos

que son intrínsecos, son *absolutos* y *permanentes*; *no cambian de vez en cuando, o de persona a persona. Los valores falsos se derivan de los deseos o querencias. Dependen de factores subjetivos,* y porque dependen de los factores subjetivos, son *relativos, temporale*s, y *pueden cambiar de vez en cuando y de persona a persona.*

Por ejemplo, un individuo muy sediento, que se encuentra en un lugar como el desierto del Sahara, piensa que no hay nada más valioso que el agua, mientras que el individuo que tiene agua en

Ejemplos

abundancia a la mano, y que no tiene mucha sed, no le da la misma importancia. De la misma forma, la persona que tiene hambre considera que la comida es algo muy importante, mientras que una persona bien cenada ni siquiera piensa en comida hasta que le da hambre de nuevo. Lo mismo aplica a otras lujurias y anhelos que *proyectan valores imaginarios y relativos* sobre los objetos que cumplirían esas lujurias y anhelos.

El valor de los objetos sensoriales es grande o pequeño de acuerdo con la intensidad o urgencia con la que se desean. Si estos deseos y anhelos aumentan, los objetos correspondientes adquieren mayor importancia. Si disminuyen en intensidad o urgencia, los objetos pierden gran parte de su importancia. Si las lujurias y los anhelos aparecen de manera intermitente, estos objetos conservan un valor *posible* cuando las lujurias y anhelos son latentes, y un valor *concreto* cuando se manifiestan. Todos estos valores son falsos porque no son inherentes a los objetos mismos. Cuando, a la luz del verdadero conocimiento todas estas lujurias y anhelos desaparecen por completo, los objetos investidos con importancia mediante la operación de estas lujurias y anhelos de inmediato pierden toda la importancia prestada y se vuelven insignificantes.

Valores falsos, derivados y relativos

De la misma forma en que una moneda que no tiene vigencia se considera falsa, aunque sigue teniendo cierto tipo de existencia, los objetos de lujuria y los anhelos, cuando se ven en su vacuidad, se consideran como falsos, aunque pueden seguir teniendo cierto tipo de existencia. Siguen ahí, se pueden ver y conocer, pero ya no *significan* lo mismo. Albergan la promesa falsa de cumplir deseos a una imaginación que se ha pervertido con las lujurias y querencias, pero para la percepción que es tranquila y serena, no guardan importancia alguna cuando se consideran como ajenos del alma.

Vacuidad de los objetos sensoriales

Cuando un ser querido fallece, hay tristeza y soledad, pero esta sensación de pérdida está enraizada en el apego a la forma, independientemente del alma. Lo que ha desaparecido es la forma, no el alma. El alma no muere; en su verdadera naturaleza ni siquiera ha fallecido, porque está en todas partes. Pero por el apego al cuerpo, la forma en sí se considera como importante. Todos los anhelos, deseos, emociones y pensamientos se centran en la forma, y cuando, mediante el fallecimiento, la forma desaparece, hay un vacío que se expresa sintiendo la falta de quien se ha ido. *Si la forma, como tal, no estuviese cargada con falsa importancia, no habría pena alguna cuando se extraña al fallecido.* El

Considerando importante lo que no es importante

sentimiento de soledad, el recuerdo persistente del amado, el anhelo de que debería seguir presente, las lágrimas de duelo y los suspiros de separación, todos estos se deben una la falsa valoración, o el trabajo de *Maya*. Cuando algo sin importancia se considera importante, tenemos una de las principales manifestaciones del trabajo de *Maya*. Desde el punto de vista espiritual, es una forma de ignorancia.

Por otro lado, el trabajo de *Maya* también se expresa cuando *hace que algo importante, parezca insignificante.* Desde el punto de vista espiritual,

Considerando como poco importante lo que es importante

lo único que importa es Dios. Muy pocas personas en verdad se interesan en Dios, por Sí mismo, sin otra finalidad. Si la mente mundana llega a recurrir a Dios, generalmente es para cumplir propósitos egoístas y mundanos. *Busca la gratificación de sus deseos, esperanzas e incluso venganzas, mediante la intervención del Dios que existe en su imaginación. No busca a Dios como la Verdad.* Anhela todo, menos la Verdad única, la cual considera como poco importante. Esto también es el cegamiento de la visión, el resultado del trabajo de *Maya*. *La gente busca su felicidad mediante todo menos Dios, Quien es la única fuente inagotable de la dicha eterna.*

La labor de *Maya* también se expresa cuando hace que la mente le *de una importancia inmerecida a cierta cosa.* Esto sucede cuando los rituales,

Dando importancia equivocada

las ceremonias externas y las otras prácticas religiosas se consideran como metas en sí. Tienen un cierto valor como camino, vehículo de vida o medio de expresión, pero cuando estas asumen demandas por derecho propio, se les atribuye una importancia que no les pertenece. Cuando se les considera como importantes en sí, restringen la vida en vez de servir el propósito de expresarla. *Cuando se permite que lo no esencial predomine sobre lo esencial, tenemos la tercera forma principal de ignorancia con respecto a la valoración,* y esto, de nuevo es la obra de *Maya*.

Maya

PARTE II
FALSAS CREENCIAS

Los grilletes que mantienen al alma en esclavitud espiritual se componen principalmente de los valores incorrectos o falsedades con

Falsos valores y creencias son las garras de *Maya*

respecto a las valuaciones. Algunas falsedades, de naturaleza de las creencias erróneas, también juegan un papel importante en mantener al alma en esclavitud espiritual. Las falsas creencias implementan falsos valores, pero a su vez obtienen su fuerza de los falsos valores con los que el alma se ha estancado. Todas las falsas creencias son, tanto creaciones de *Maya*, como los valores falsos, y *se encuentran entre las garras que Maya utiliza para mantener al alma en ignorancia.*

Maya se vuelve irresistible al tomar posesión del asiento mismo del conocimiento, que es el intelecto humano. Es difícil superar a *Maya*

El intelecto cae en el juego de *Maya*

porque, con el intelecto bajo su dominio, *Maya* crea barreras y defiende las falsas creencias e ilusiones. Crea barreras para la realización de la Verdad mediante persistentes intentos de sostener y justificar las creencias erróneas. *El intelecto que funciona en libertad, prepara el camino a la Verdad, pero el intelecto que cae en el juego de Maya crea obstáculos para el entendimiento verdadero.*

Las falsas creencias creadas por Maya están tan arraigadas y son tan poderosas que parecen ser indiscutibles. Cuando se disfrazan de verdades

Las falsas creencias pueden parecer indiscutibles

reales, se aceptan sin cuestionamiento. Por ejemplo, el hombre cree que es el cuerpo físico. Por lo general, nunca se le ocurre que pueda ser algo más que su cuerpo. Asume la identificación con el cuerpo físico instintivamente, sin requerir pruebas, y sostiene esa creencia con aún mayor fuerza porque se da *independientemente de cualquier prueba racional.*

La vida del hombre se ha centrado alrededor del cuerpo físico y sus deseos. Abandonar la creencia de que el hombre es el cuerpo físico implica renunciar a todos los deseos del cuerpo físico, y a los valores falsos que implican. La creencia de que es el cuerpo físico conduce a los deseos y apegos físicos, pero la creencia de que no es su cuerpo físico va en contra de los deseos y apegos

Identificación con el cuerpo físico

ya aceptados. Por ende, la creencia de que el hombre es su cuerpo físico se vuelve *natural*. Es fácil de sostener y difícil de erradicar. Por otro lado, la creencia de que es algo más que su cuerpo físico, exige pruebas convincentes; es difícil de sustentar y fácil de resistir. No obstante, cuando la mente se libera de todo deseo y apego, la creencia de que el hombre es el cuerpo físico se considera como falsa y la creencia de que es algo más que el cuerpo físico se considera verdadera.

Incluso cuando la persona logra deshacerse de la falsa creencia de que es el cuerpo físico, sigue siendo víctima de la falsa creencia de que es el *cuerpo sutil*. Entonces, su vida se centra

Identificación con el cuerpo sutil

en el cuerpo sutil y *sus* deseos. Renunciar a la creencia de que es el cuerpo sutil implica renunciar a todos los deseos pertenecientes al cuerpo sutil y a los falsos valores que implican. Por lo tanto, la creencia de que el hombre es su cuerpo sutil ahora se vuelve natural para él, y la creencia de que es algo más que su cuerpo sutil parece exigir pruebas convincentes. Pero cuando la mente se libera de todos los deseos y apegos pertenecientes al cuerpo sutil, la persona abandona la falsa creencia de que es el cuerpo sutil, tan fácilmente como abandonó la falsa creencia de que era el cuerpo físico.

Sin embargo, este no es el final de las creencias falsas. Incluso cuando la persona abandona la falsa creencia de que es su cuerpo sutil, acaricia la creencia ilusoria de que es su ego mente, o

Identificación con la ego mente

el cuerpo mental. *El hombre aprecia las creencias falsas porque las disfruta. Durante su larga vida como alma individual, se ha aferrado con cariño a la falsa idea de su existencia separada. Todos sus pensamientos, emociones y actividades han asumido y confirmado repetidamente una sola afirmación, a saber, la existencia del "yo" separado. Abandonar la falsa creencia de que el individuo es la ego mente, es abandonar todo lo que aparentaba constituir su propia existencia.*

Al renunciar a la falsa creencia de que el individuo es su cuerpo físico o sutil, es necesario renunciar a varios deseos y apegos. Es renunciar a algo que se ha tenido durante mucho tiempo.

Eliminando la última falsedad

Al renunciar a la falsa creencia de que es la ego mente, el individuo entrega el núcleo mismo de lo que piensa que es. Despojarse de ese último vestigio de falsedad es, por ende, lo más difícil. Pero *esta última falsedad no es más duradera que las falsedades anteriores, que aparentaban ser certezas indiscutibles. Esta también tiene su fin, y se elimina cuando el alma renuncia a su ansia por tener una existencia separada.*

Cuando el alma se sabe diferente de los cuerpos físicos y densos, así como de la mente, sabe que es infinita. *Como Alma, no hace nada, simplemente ES.* Cuando la mente se suma al alma,

El alma se encuentra más allá de pensar y hacer

esta aparenta pensar. Cuando el cuerpo sutil se suma al alma con mente, esta aparenta desear. Cuando se suma el cuerpo denso a todos estos, el alma aparenta involucrarse con las acciones. La creencia de que el alma hace algo es una creencia

falsa. Por ejemplo, el individuo cree que *él* se sienta en una silla, pero en realidad, el cuerpo es el que se sienta en la silla. La creencia de que el alma está sentada en una silla se debe a su identificación con el cuerpo físico. De igual forma, el hombre cree que *él* piensa, pero de hecho es la mente la que piensa. La creencia de que el alma piensa se debe a su identificación con la mente. La que piensa es la mente, y lo que se sienta es el cuerpo. El alma no se involucra, ni con el pensamiento, ni con ninguna otra acción física.

Claramente no son la mera mente o el mero cuerpo, quienes piensan o desempeñan las acciones físicas, porque la mente y el cuerpo en sí,

Creencia en el alma como agente de acciones es falsa

no existen. Existen como ilusiones del alma, y cuando el alma se identifica falsamente con estas, es que se dan el pensamiento o la realización de las actividades. *El alma, la mente y el cuerpo, cuando se toman juntos, constituyen el agente de las acciones, o el "yo" limitado,* pero el alma en su

verdadera naturaleza no es responsable de los pensamientos, ni de las acciones. La ilusión de que el alma es la mente o el cuerpo, y la ilusión de que el alma es el agente de los pensamientos o de las acciones, son creaciones de *Maya,* o el principio de la ignorancia.

De igual forma, también es falsa la creencia de que el alma experimenta los placeres y dolores de la vida, o pasa por los opuestos

La creencia de que el alma es sujeta a la experiencia dual es falsa

de la experiencia. El alma está más allá de los opuestos de la experiencia, pero al no conocerse como tal, asume experiencias que son características de los opuestos, debido a su identificación

con la mente y el cuerpo. Entonces, el alma que se enreda con mente y cuerpo, se vuelve receptora de los dolores y placeres. Por consiguiente, todos los placeres y dolores con los que queda sujeto el hombre, tienen sus raíces en la ignorancia. *Cuando el hombre piensa que es la persona más miserable del mundo, abraza una ilusión que se da mediante la ignorancia, o Maya.* Realmente no es infeliz, pero imagina que es infeliz, porque se identifica con la mente y los cuerpos. Por supuesto, no es la mente en sí, ni los cuerpos en sí, quienes pueden tener las experiencias de los opuestos. *Son el alma, la mente y los cuerpos, cuando se toman juntos, quienes se convierten en el sujeto de la experiencia dual; pero el alma en su verdadera naturaleza se encuentra más allá de los opuestos de la experiencia.*

Por tanto, la mente y los cuerpos son quienes constituyen el agente de las actividades y el sujeto de las experiencias duales. Sin embargo, no asumen este doble rol por derecho propio, sino solo cuando se toman conjuntamente, con el alma. *La mente y los cuerpos son quienes "enalman" y se convierten en los agentes de las actividades, o los sujetos de la experiencia dual. El proceso de "enalmar" se basa en la ignorancia, porque el alma en su verdadera naturaleza es eternamente inmodificable e ilimitada, y carece de cualquier cualidad. Por ignorancia, o la obra de Maya, aparenta ser restringida, modificada y limitada.*

Naturaleza del "enalmamiento" de mente y cuerpos

Maya

PARTE III
TRASCENDIENDO LAS FALSEDADES DE MAYA

Son innumerables las falsedades que el hombre que es dominado por *Maya* abraza en el estupor de la ignorancia; pero *desde su inicio, las falsedades conllevan su propia insuficiencia y bancarrota.*

Descerniendo la falsedad Tarde o temprano, se conocen como falsas. Esto nos lleva a preguntar: "¿Cómo se discierne la falsedad como falsedad?" No hay forma de salir de la falsedad hasta que esta se perciba como falsa, pero el entendimiento de la falsedad como falsedad jamás se daría, si desde el inicio, este no existiera en alguna forma latente dentro de la falsedad misma.

La aceptación de la falsedad siempre es una concesión enfermiza. Incluso en las profundidades mismas de la ignorancia, el alma de alguna forma desafía la falsedad. Por débil e inarticulada que

En la falsedad hay sospecha y miedo parezca en sus etapas iniciales, es el comienzo de esa búsqueda de la Verdad que finalmente aniquila a la falsedad e ignorancia completamente. *En la aceptación de la falsedad hay una inquietud cada vez mayor, una profunda sospecha y un vago miedo.* Por ejemplo, cuando el hombre considera a los demás, y a sí mismo, como idénticos al cuerpo denso, no puede conciliarse completamente con esa creencia. Al adoptar esa falsa creencia, hay miedo a la muerte y miedo a perder a los demás. Si el hombre, en aras de su felicidad sólo depende de la posesión de las formas, sabe en su corazón, que construye castillos sobre arenas movedizas, que seguramente éste no es el camino a la felicidad duradera, y que el cimiento al que se aferra tan desesperadamente puede hundirse en cualquier momento. Por esto, sospecha profundamente de sus fundamentos.

El hombre es inquietantemente consciente de su propia inseguridad. Sabe que algo anda mal y que solo cuenta con esperanzas *falsas*. La

La falsedad se traiciona a sí misma falsedad es traicionera y poco confiable. El hombre sencillamente no puede darse el lujo de adoptarla para siempre. Para el caso, porqué no hacerse una guirnalda con una serpiente venenosa, o dormirse en la cima de un volcán que solo está inactivo temporalmente? *La falsedad porta el sello de ser incompleta e insatisfactoria, provisional y temporal. Apunta hacia algo más. Le parece a la persona que oculta algo que es más grande y más verdadero de lo que aparenta ser. La falsedad se traiciona a sí misma y, al hacerlo, conduce al hombre hacia la búsqueda de la Verdad.*

Las falsedades son de dos tipos: (1) las que surgen debido a los pensamientos *irregulares y vagos*, y (2) las que surgen por pensamientos *viciados*. Las falsedades que se dan por

Dos tipos de falsedad

los pensamientos irregulares son menos dañinas que las que surgen por los pensamientos viciados. Las falsedades de naturaleza netamente intelectual se dan debido a *algún error en la aplicación del intelecto,* pero las falsedades que valen desde el punto de vista espiritual, surgen debido a la corrupción *del intelecto por la operación de los cegadores deseos indiscutidos.*

La diferencia entre los dos tipos de falsedad, se pueden resaltar con una *analogía fisiológica.* Algunos problemas de los órganos vitales del cuerpo son funcionales y algunos son estructurales.

Analogía de problemas funcionales y estructurales

Las enfermedades funcionales aparecen por alguna irregularidad en el funcionamiento de un órgano vital. En estos casos, no hay nada grave en la estructura del órgano vital. Simplemente se ha vuelto lento o irregular y solo necesita una ligera estimulación o corrección para que funcione correctamente. En las enfermedades estructurales, la enfermedad se da debido al desarrollo de alguna deformidad en la estructura o constitución del órgano vital. En estos casos, la falla del órgano vital es mucho más grave. Se ha dañado o hecho ineficaz debido a algún factor tangible que ha comprometido la constitución misma del órgano. Ambos tipos de problemas se pueden corregir, pero es mucho más fácil corregir los problemas meramente funcionales, que corregir los problemas estructurales.

Las falsedades que surgen por alguna irregularidad en la aplicación del intelecto son como los problemas funcionales, y las falsedades que surgen por el viciamiento del intelecto son

Importancia de purificar el intelecto

como los problemas estructurales. *Así como los problemas funcionales son más fáciles de corregir que los problemas estructurales, las falsedades que surgen de la irregularidad en la aplicación del intelecto son más fáciles de corregir, que las falsedades que surgen por el viciamiento del intelecto.* Para corregir los problemas funcionales de un órgano vital, solo es necesario darle mayor tono y fortaleza, pero si hay un problema estructural, generalmente es necesaria una operación. De la misma forma, si surgen falsedades por algún error en la aplicación del intelecto, solo se necesita más *cuidado* al aplicar el intelecto; pero cuando surgen falsedades por el viciamiento del intelecto, es necesario *purificar* el intelecto. Esto implica el doloroso proceso de *eliminar los deseos y apegos que causan el viciamiento.*

Las falsedades del pensamiento viciado se dan por errores iniciales en las valoraciones. Se dan como un *subproducto* de la actividad psíquica,

Fortalezas de *Maya* que consiste en la búsqueda de ciertos valores aceptados. Nacen como parte de la *racionalización* y justificación de los valores aceptados, y le deben su control sobre la mente humana a su aparente apoyo a estos valores aceptados. Si no afectaran a los valores humanos o su realización, inmediatamente se reducirían a la insignificancia y perderían su control sobre la mente. Cuando las creencias falsas derivan su ser y vitalidad de los deseos profundamente enraizados, se nutren de las búsquedas falsas. Si el error en las creencias falsas es netamente intelectual, es fácil corregirlo, pero *las creencias falsas que se nutren de las búsquedas falsas son las fortalezas de Maya.* Implican mucho más que los errores intelectuales, y no disminuyen con la mera contra afirmación de una naturaleza netamente intelectual.

La eliminación de los deseos y apegos que vician al pensamiento no se logra solamente con el simple intelecto. Se requieren acciones y

Claridad de percepción desde la pureza interior esfuerzos acertados. En las acciones correctas, y no en las especulaciones de sillón, es que se descubren las verdades espirituales. Las acciones honestas son el paso previo a la eliminación de las falsedades espirituales. La percepción de las verdades espirituales no sólo requiere de los pensamientos audazes e impetuosos, sino de los pensamientos claros, y la *verdadera claridad de pensamiento es el fruto de una mente pura y serena.*

No se conoce a Dios como Verdad, hasta que el individuo se ha despojado del último vestigio de la falsedad creada por Maya. Solo

Dios como Verdad, se conoce después de trascender las falsedades cuando Maya se ha superado por completo, es que nace el conocimiento supremo de Dios como la única Verdad. Solo Dios es real. Todo lo que no es Dios, todo lo que es impermanente y finito, y todo lo que aparenta existir dentro del campo de la dualidad, es falso. Dios es la unica Realidad Infinita. Todas las divisiones que se conciben dentro de esta Realidad son falsamente concebidas, y en realidad no existen.

Cuando Dios se considera divisible, se debe a *Maya.* El abigarrado mundo de la multiplicidad no ocasiona una partición de Dios en diferentes porciones. Existen las diferentes ego mentes, los diferentes cuerpos, las diferentes formas, pero solo una Alma. *Cuando el Alma Única toma los diferentes ego mentes y cuerpos, se dan los diferentes seres individualizados,* pero esto no introduce ninguna

Dios es indivisible

multiplicidad dentro del Alma misma. El Alma es, y siempre permanece, indivisible. La única Alma indivisible es la base de las diferentes ego mentes que son las que piensan y actúan de diferentes formas, y pasan por los innumerables tipos de experiencias duales; pero la única Alma indivisible, se encuentra, y permanece siempre más allá de cualquier pensamiento o acción, y se encuentra más allá de cualquier experiencia dual.

Las diferentes opiniones o diferentes formas de pensar no introducen multiplicidad alguna dentro del Alma única e indivisible, por la

Las diferencias de pensamiento no crean divisiones dentro del alma

sencilla razón de que no existen opiniones ni diferentes formas de pensar dentro del Alma. Toda la actividad del pensamiento y sus conclusiones, se encuentran dentro de la ego mente, que es finita. *El alma no piensa; sólo la ego mente es la que piensa.* Tanto el pensamiento como el conocimiento que proviene del pensamiento, son posibles en el estado de conocimiento imperfecto e incompleto que le pertenece a las ego mentes finitas. En el Alma misma, no existe el pensamiento, ni el conocimiento que proviene del pensamiento.

El Alma es el pensamiento e inteligencia infinitos, pero no existe división entre el pensador, el pensamiento y las conclusiones del pensamiento, ni entre la dualidad del sujeto y el objeto. Sólo la ego

El alma es pensamiento e inteligencia infinitos

mente, con el trasfondo del Alma puede convertirse en el pensador. El Alma, que es pensamiento infinito e inteligencia infinita, no piensa ni tiene actividad de intelecto. El intelecto con su pensamiento limitado, llega a existir, solo con la ego mente finita. *En la plenitud y suficiencia de la inteligencia infinita, que es el Alma misma, no hay necesidad del intelecto ni de sus actividades.*

Con el desprendimiento del último vestigio de las falsedades creadas por Maya, el Alma no solo sabe que su realidad es diferente del cuerpo

Dios es la única Realidad

denso, sutil o mental, sino que se conoce como Dios, la *única* Realidad. Sabe que la mente, el cuerpo sutil y el cuerpo físico fueron todos, igualmente creaciones de su propia imaginación, que en realidad nunca existieron, que fue por ignorancia que se concibió *a sí misma* como mente, cuerpo sutil o cuerpo denso, y que, por así decirlo, se convirtió en mente, en cuerpo sutil o en cuerpo denso, para *después* identificarse con todas estas *ilusiones autocreadas.*

Maya

PARTE IV
DIOS Y MAYA

Dios es infinito porque supera a los opuestos limitantes de la dualidad. Está por encima de los aspectos limitados del bien y del

Dios más allá de la dualidad

mal, de lo pequeño y lo grande, de lo correcto y lo incorrecto, de la virtud y la maldad, de la felicidad y la desdicha. Por ende, es infinito. Si Dios fuera bueno en vez de malo, o malo en vez de bueno, si fuera pequeño en vez de grande, o grande en vez de pequeño, si tuviera razón en vez de equivocarse, o se equivocara en vez de tener la razón, si fuera virtuoso en vez de vicioso, o vicioso en vez de virtuoso, si fuera feliz en vez de infeliz, o infeliz en vez de feliz, sería finito y no infinito. *Solo por estar por encima de la dualidad, es que Dios es infinito.*

Todo lo que es infinito debe trascender la dualidad; no puede ser parte de la dualidad. Lo que es verdaderamente infinito no puede ser

Lo Finito no puede ser la segunda parte de lo Infinito

la parte dual de lo finito. *Si se considera al Infinito como teniendo existencia al lado de lo finito, deja de ser infinito,* porque se convierte en la segunda parte de la dualidad. *Dios, al ser infinito, no puede descender a la dualidad. Por ende, la existencia aparente de la dualidad donde Dios es infinito, y el mundo es finito, es ilusoria. Solo Dios es real, infinito, Uno solo, sin segundo.* La existencia de lo finito sólo es aparente, es falsa; no es real.

¿Cómo llega a existir el mundo falso de las cosas finitas? ¿Por qué existe? Por ser *creación de Maya,* o el principio de la ignorancia. *Maya* no

Mundo de cosas finitas es creación de *Maya*

es la ilusión, es la creadora de la ilusión. Maya no es falsa, es lo que produce las impresiones falsas. *Maya no es irreal; es lo que hace que lo real parezca irreal, y lo que es irreal, parezca real. Maya* no es la dualidad, es lo que causa la dualidad.

Para efectos de una explicación intelectual, *Maya* se debe considerar como infinita. *Crea la ilusión de finitud, pero no es finita en sí.* Todas las ilusiones creadas por *Maya* son finitas, y todo el universo dual, que aparenta existir debido a *Maya*, también es finito. Puede parecer que

Las creaciones de *Maya* son finitas

el universo contenga innumerables cosas, pero eso no lo hace infinito. Las estrellas pueden ser incontables; hay un gran número, pero el número total de estrellas es finito. El espacio

y el tiempo pueden parecer infinitamente divisibles, sin embargo, son finitos. Todo lo que es finito y limitado pertenece al mundo de la ilusión, pero el principio que causa esta ilusión de cosas finitas, *en cierto sentido*, no debe considerarse una ilusión.

Maya no debe considerarse como un ser finito. Cierta cosa se vuelve finita porque el espacio la limita. Como *Maya* no existe en el espacio, no

Maya no se limita por el espacio

puede ser limitada por este. *Maya no puede ser limitada por el espacio, porque el espacio en sí es creación de Maya. El espacio, con todo lo que contiene,* es una ilusión y depende de *Maya. Maya,* sin embargo, no depende del espacio en lo absoluto. Por lo tanto, *Maya* no puede ser finita

por ninguna limitación del espacio.

Maya tampoco puede ser finita por las limitaciones del tiempo. Aunque *Maya* llega a su fin en el estado de súper consciencia, no es necesario

Maya no se limita por el tiempo

considerarla como finita por esta razón. Maya no puede tener un principio ni un fin *en* el tiempo, porque el tiempo mismo es una creación de Maya. Cualquier punto de vista que haga de *Maya* un acontecimiento que ocurre en cierto momento, y desaparece después

de cierto momento, coloca a *Maya* dentro del tiempo, en ves de que el tiempo se encuentre dentro de *Maya. El tiempo está dentro de Maya; Maya no está dentro del tiempo.* El tiempo, así como todos los acontecimientos en el tiempo, son creaciones de *Maya.* El tiempo llega a existir por *Maya* y desaparece cuando desaparece *Maya. Dios es una realidad atemporal y la realización de Dios con la desaparición de Maya, es un acto atemporal. Maya* de ninguna forma es limitada por el tiempo.

Tampoco se puede considerar a *Maya* como finita por ninguna otra razón, ya que si fuera finita sería una ilusión, y por ser ilusoria, no

Maya es infinita

tendría la capacidad de crear más ilusiones. *Para efectos de una explicación intelectual, es mejor considerar que Maya es ambas, real e infinita, de la misma forma en que Dios suele considerarse como ambos, real e infinito.*

Entre todas las posibles explicaciones intelectuales, la más aceptable para el intelecto humano es que *Maya*, similarmente a Dios, es tanto real como infinita. Sin embargo, en *última instancia,* *Maya* no puede ser real. *Donde hay una dualidad, hay finitud en ambos lados. Una cosa limita a la otra. Por ende, no pueden existir dos Infinitos verdaderos.* Puede haber dos cosas *enormes,* pero no puede haber dos entidades *infinitas.* Si tenemos la dualidad de Dios y *Maya,* y si ambos se toman como coordenadas existentes, la realidad infinita de Dios se consideraría como la segunda parte de una dualidad. Por tanto, aunque *la explicación intelectual de que Maya es real sea la más plausible, no tiene el sello de un conocimiento conclusivo.*

Ultimadamente, Maya no puede ser real

Hay dificultades en considerar a *Maya* como ilusoria, y como siendo *ultimadamente* real a la vez. Por ende, *todos los intentos del intelecto limitado para comprender a Maya conducen a un callejón sin salida.* Si por un lado se considera a *Maya* como finita, esta se vuelve ilusoria, por lo que no podría ser la causa del mundo ilusorio de las cosas finitas. Por tanto, *Maya* se debe considerar como real e infinita. Por otro lado, si se considera a *Maya* como ultimadamente real, esta se convierte en la segunda parte de la dualidad de otra realidad infinita, es decir, Dios. Desde este punto de vista, *Maya* efectivamente aparenta ser finita y por ende, irreal. Consecuentemente, *Maya no puede ser ultimadamente real, aunque se debe considerar como tal, para justificar el mundo ilusorio de los objetos finitos.*

Dificultades intelectuales para comprender a Maya

De cualquier manera en que el intelecto limitado intente entender a *Maya,* no alcanza el verdadero entendimiento. No es posible entender a *Maya* mediante el intelecto limitado, porque esta es tan insondable como Dios. *Dios es insondable e incomprensible; también Maya es insondable e incomprensible.* Se dice entonces: "*Maya* es la sombra de Dios". Donde existe un individuo, también existe su sombra, y donde está Dios, se encuentra esta *Maya* inescrutable.

Maya es la sombra de Dios

Aunque Dios y *Maya* son inescrutables para el intelecto limitado que trabaja bajo el dominio de la dualidad, se pueden comprender completamente en su verdadera naturaleza, *en el conocimiento final de la realización. El enigma de la existencia de*

Enigma de Maya resuelto después de la realización

Maya no se resuelve definitivamente hasta después de la realización, cuando se sabe que Maya en realidad no existe.

Maya no existe en dos estados. En el estado *inconsciente* original de la Realidad, no existe *Maya*, y en el estado de Dios *autoconsciente* o *súper consciente*, tampoco existe. Sólo existe *Maya* en la

Maya no existe en dos estados

consciencia de Dios del mundo fenoménico de la dualidad; es decir, cuando hay consciencia del mundo denso, o consciencia del mundo sutil, o consciencia del mundo mental. *Maya existe cuando no existe la consciencia de Dios, cuando solo existe la consciencia del otro imaginado, y cuando la consciencia se encuentra impotentemente dominada por las falsas categorías de la dualidad.*

Maya solo existe desde el punto de vista de lo finito. *Solo es en la ilusión, que Maya puede existir como creadora real e infinita de las cosas irreales y finitas.*

Maya solo existe en la ilusión

Desde el punto de vista de la última y única Verdad de la realización, nada existe excepto Dios, infinito y eterno. Ahí desvanece la ilusión de las cosas finitas como algo separado de Dios, y con eso también desvanece Maya, la creadora de esta ilusión.

El conocimiento de Sí le llega al alma que mira hacia su interior, habiendo cruzado *Maya*. En este conocimiento de Sí, no solo se sabe

Conocimiento de la realización

que las diferentes mentes y cuerpos del ego nunca existieron, sino también, que el universo entero y Maya misma, jamás existieron como principio *separado*. Cualquier realidad que alguna vez tuvo

Maya, ahora se degluta en el ser indivisible del Alma Única. *El Alma se sabe como lo que siempre ha sido: eternamente realizada, eternamente infinita en conocimiento, dicha, poder y existencia, y eternamente libre de la dualidad.* Pero esta forma elevadísima de conocimiento de Sí es inaccesible para el intelecto, e incomprensible excepto para quienes han alcanzado las alturas de la realización final.

Las Condiciones para la Felicidad

PARTE I
ELIMINACIÓN DEL SUFRIMIENTO MEDIANTE EL DESAPEGO

Cada criatura del mundo busca la felicidad, y el hombre no es la excepción. El hombre se dedica en apariencia a una variedad extensa de cosas, pero todo lo que desea o emprende es para obtener felicidad. Si desea el poder, es porque espera obtener felicidad mediante su uso. Si se esfuerza para obtener dinero es porque cree que este le asegurará las condiciones y medios para realizar su felicidad. Si busca conocimiento, salud, belleza, ciencia, arte o literatura, es porque siente que su búsqueda de la felicidad depende directamente de estos. Si lucha por el éxito y la fama mundanos es porque espera encontrar la felicidad al lograrlos. *Mediante todos sus esfuerzos y búsquedas, el hombre intenta ser feliz. La felicidad es la fuerza motriz máxima, que lo impulsa en todo lo que hace.*

Todo hombre busca la felicidad

Todos tratan de ser felices. Sin embargo, la mayoría de las personas están inmersas en algún tipo de sufrimiento. Si a veces logran conseguir pequeñas cuotas de felicidad en sus vidas, estas no son absolutas ni duraderas.

Entrelazamiento de placer con dolor

La vida del hombre nunca se compone exclusivamente de una serie de placeres. Se mueve entre los opuestos del dolor y el placer, que se entrelazan como oscuras nubes y brillantes arcoíris. Los momentos de placer que aparecen ocasionalmente en la vida del hombre pronto desvanecen, como el arco iris, que brilla en su resplandor solo para desaparecer del cielo. Si estos momentos de placer dejan huella alguna, es de un recuerdo que no hace más que aumentar el dolor de haberlos perdido. Tales recuerdos son el legado invariable de la mayoría de los placeres.

El hombre no busca el sufrimiento, pero le llega como resultado inevitable de la manera misma en que busca la felicidad. El hombre procura la felicidad mediante el cumplimiento de sus deseos, pero este cumplimiento nunca es seguro; por ende, en la búsqueda de los deseos, el hombre también se prepara inevitablemente para el sufrimiento de su incumplimiento. *El mismo árbol del deseo brinda dos tipos de frutos: uno dulce, que es el placer, y el otro amargo, que es el sufrimiento.* Si se le permite al árbol florecer, no se le puede obligar a producir solo un tipo de fruto. Quien ha pujado por un tipo de fruto debe estar dispuesto a recibir el otro también. El hombre persigue el placer con ahínco y se aferra a él con afecto cuando llega. Intenta desesperadamente evitar el sufrimiento inminente, y cuando llega, lo adolece con resentimiento. Su ahínco y cariño no sirven de mucho, porque su placer está condenado a desvanecer y desaparecer un día, y su desesperación y resentimiento son igualmente inútiles, porque no podrá escapar del resultante sufrimiento.

El deseo brinda dos tipos de frutos

Alentado por sus múltiples deseos, el hombre busca los placeres del mundo con una esperanza inquebrantable. Sin embargo, su entusiasmo por los placeres no es uniforme, porque aún buscando la copa del placer, con frecuencia encuentra una dosis de sufrimiento. Su entusiasmo por el placer se ve disminuido por el sufrimiento, que a menudo sigue la estela del placer. El hombre es sujeto a repentinos impulsos y estados de ánimo. A veces está eufórico y feliz, y en otras ocasiones, deprimido e infeliz. Sus estados de ánimo cambian a medida que sus deseos se cumplen o se frustran. *La satisfacción de ciertos deseos produce una felicidad momentánea, pero esa felicidad no es duradera, y pronto conduce a una reacción depresiva.* Sus estados de ánimo lo sujetan a cambios y altibajos constantes.

Cambios de humor

El cumplimiento de los deseos no conduce a su final; se sumergen por un tiempo solo para reaparecer con mayor intensidad. Cuando una persona tiene hambre, come para satisfacer el deseo, pero pronto vuelve a sentir hambre. Si come demasiado, incluso en el cumplimiento de su deseo, experimenta dolor e incomodidad. Lo mismo ocurre con los deseos mundanos; sólo pueden producir una felicidad fugaz. Incluso en el mismo momento de la realización, la felicidad que producen comienza a desvanecerse

Los deseos son la causa del sufrimiento

y disiparse. *Por consiguiente, los deseos mundanos no conducen a la felicidad duradera. Por el contrario, invariablemente invitan interminables sufrimientos de muchos tipos.* Cuando el hombre está lleno de deseos mundanos, inevitablemente le espera una cosecha abundante de sufrimiento. El deseo inevitablemente es la madre de mucho sufrimiento. Esta es la ley.

Si la persona experimenta o visualiza el sufrimiento que sigue a los deseos, sus deseos se mitigan. A veces, el sufrimiento intenso lo desapega de la vida mundana, pero este desapego generalmente es substituido por un nuevo torrente de deseos. Muchas personas pierden temporalmente su interés por los objetos mundanos, debido al impacto del sufrimiento agudo provocado por los deseos, pero el desapego debe ser duradero para allanar el camino hacia la liberación de los deseos. Hay *diversos grados de desapego*, pero no todos son duraderos.

Mitigación de los deseos mediante la visión del sufrimiento

A veces la persona se conmueve enormemente por una experiencia inusualmente fuerte, como observar a un cadaver siendo trasladado al cementerio, o ver cómo el cadáver se entierra o incinera. Tales experiencias estimulan el pensamiento e inician largas series de ideas sobre la futilidad y vacuidad de la existencia mundana. Bajo la presión de tales experiencias, la persona se da cuenta de que un día debe morir y despedirse de todos los objetos mundanos que tanto estima. Pero tales pensamientos, así como el desapego que nace de estos, son efímeros. Pronto se olvidan, y la persona reanuda su apego al mundo y sus fascinantes objetos. El estado de ánimo temporal y pasajero del desapego se conoce como *Smashan Vairagya*, porque generalmente aparece en un cementerio y se mantiene en la mente solo en la presencia del cadáver.

Desapego temporal

Tal estado de ánimo de desapego es tan temporal, como repentino. Parece ser contundente y eficaz mientras dura, pero solo se sustenta en la intensidad de alguna experiencia, y cuando la experiencia desaparece, el estado de ánimo de desapego también desvanece rápidamente, sin afectar seriamente la actitud general hacia la vida.

El sentimiento pasajero de desapego se puede ilustrar con la historia de una persona que, en un teatro, vio un drama espiritual sobre Gopichand. El drama lo impresionó tan profundamente que, ignorando todos sus deberes para con su

Historia ilustrativa

familia, se unió a una banda de *bairagis* (ascetas errantes) pertenecientes al culto de Gopichand. Renunciando completamente a su modo de vida anterior, se vistió de *bairagi*, se rapó y se sentó debajo de un árbol, según lo aconsejado por los demás miembros del grupo. Al principio entró en una meditación profunda, pero a medida en que el calor del sol arreciaba, su entusiasmo por la meditación se enfriaba. A medida que avanzaba el día, comenzaba a sentir hambre y sed, y se sentía más inquieto y desolado. Cuando los miembros de su familia notaron su ausencia se preocuparon por él, y después de buscarlo, lo encontraron sentado bajo el árbol en esa desdichada situación. Lucía demacrado y claramente afligido. Su esposa, al verlo en esa extraña condición, enfureció y enseguida lo reprendió. Su disposición de indiferencia había desvanecido, y como estaba plenamente cansado de su nueva vida, tomó la regañada como una bendición del cielo. Entonces, silenciándola rápidamente, se puso su *pagri* y ropa ordinaria, y la siguió dócilmente a su casa.

Desapego intenso A veces, el estado de ánimo de desapego es más persistente y no solo se extiende por un tiempo considerable, sino también modifica pronunciadamente, la actitud general hacia la vida. A esto se le llama *Tivra Vairagya*, o desapasionamiento intenso. Este desapasionamiento intenso suele deberse a una gran desgracia, como la pérdida de seres queridos o la pérdida de propiedades o reputación. Bajo la influencia de esta ola de desapego, la persona renuncia a todas las cosas mundanas. El *Tivra Vairagya* de este tipo tiene su propio valor espiritual, pero también es probable que desaparezca con el transcurso del tiempo, o que se altere por la aparición de una nueva avalancha recurrente de deseos mundanos. En tales casos, el repudio que la persona siente por el mundo se debe a cierta fuerte impresión que ha dejado una desgracia, pero no perdura porque no nace del entendimiento. Es solo una severa *reacción* a la vida.

Desprendimiento completo *El tipo de desapego que realmente perdura se debe al entendimiento del sufrimiento y su causa. Se basa firmemente en el conocimiento inquebrantable de que todas las cosas de este mundo son momentáneas y pasajeras, y que cualquier apego a estas está destinado a convertirse eventualmente en una fuente de dolor.* El hombre busca los objetos de placer mundanos e intenta evitar las cosas que le causan dolor, sin darse cuenta de que no puede haber uno sin el otro. Mientras hay apego a los objetos de placer mundanos, perpetuamente invita sobre sí el sufrimiento de no tenerlos, y el sufrimiento de perderlos después de haberlos tenido. El desapego duradero que conlleva la libertad de todos los deseos y apegos, se llama *Purna Vairagya,* o completo desapasionamiento. El desapego total es una de las condiciones esenciales de la verdadera y duradera felicidad, porque quien logra el desapego total ya no crea para sí, el sufrimiento que se debe a la interminable esclavitud que es el producto de los deseos.

La falta de deseos hace al hombre inamovible, como una piedra. No lo conmueven, el placer ni el dolor, ni le molestan los ataques de los opuestos. Quien es afectado por las cosas agradables, **Opuestos** seguramente se verá afectado por las cosas desagradables. Si una persona se siente alentada en su esfuerzo por un presagio que considera auspicioso, es probable que se desanime con un presagio que considere desfavorable. No podrá resistir los efectos desalentadores de los presagios desfavorables, mientras obtenga fuerza de los presagios auspiciosos. La única forma de quedar inafectado por los presagios es siendo indiferente, tanto a los presagios auspiciosos como a los desfavorables.

Lo mismo ocurre con los opuestos de los elogios y las críticas. Si a una persona le agrada recibir elogios, seguramente se molestará al recibir críticas. No podrá mantenerse firme **Elogios y crítica** bajo una lluvia de reproches, mientras se deleite interiormente al recibir elogios. La única forma de no molestarse con las críticas es desapegándose también de los elogios. Solo entonces, la persona podrá ser indiferente a los opuestos del elogio y la crítica. Solo entonces no perderá la ecuanimidad. La estabilidad y la ecuanimidad que no se ven afectadas por ningún opuesto, solo son posibles mediante el total desapego, que es la condición esencial para la felicidad verdadera y duradera. Quien tiene un desapego total no queda a merced de los opuestos de la experiencia, y siendo libre de la esclavitud de todo deseo, deja de crear su propio sufrimiento.

El hombre está sujeto a muchos sufrimientos, físicos y mentales. De estos dos, el sufrimiento mental es el más agudo. Quienes tienen la visión limitada piensan que el sufrimiento solo **Sufrimiento** puede ser físico. Su idea del sufrimiento es de **físico y mental** una especie de enfermedad o tortura del cuerpo.

El sufrimiento mental es peor que el sufrimiento físico. El sufrimiento físico a veces llega como bendición, porque sirve el propósito de aliviar el sufrimiento mental al desviar la atención de la persona del sufrimiento mental.

No es conveniente darle demasiada importancia al sufrimiento meramente físico. Este se puede soportar ejercitando la resistencia y fuerza de voluntad. El sufrimiento que figura verdaderamente es el mental, e incluso a los yoguis que pueden soportar gran sufrimiento físico, les resulta difícil librarse del sufrimiento mental, que se enraiza en la frustración de los deseos. Cuando el hombre no desea nada, no deja de ser feliz bajo cualquier circunstancia adversa, ni siquiera en las fauces de un león. El estado de total ausencia de deseos es *latente en todos*, y cuando, mediante el desapego total, se alcanza el estado de no desear nada, se accede a la infalible fuente de la felicidad interior, que no se basa en los objetos del mundo, sino que se sostiene en la realizacion y concimiento del Ser.

Felicidad duradera mediante la ausencia de deseos

Las Condiciones para la Felicidad

PARTE II
CONTENTAMIENTO, AMOR Y LA REALIZACIÓN DE DIOS

La mayor parte del sufrimiento del hombre es auto creado por sus imposibles demandas e incontrolados deseos. Todo esto es innecesario para la auto realización. Si el hombre queda libre **Contentamiento** de los deseos y experimenta el contentamiento, es **elimina acoso** libre del sufrimiento auto creado. Su imaginación **de problemas** no se ve acosada constantemente por la búsqueda **auto creados** febril de cosas que realmente no importan, y se establece en una paz inexpugnable. *Cuando el hombre experimenta el contentamiento, no requiere una solución a los problemas, porque los problemas que afrontan las personas mundanas desaparecen.* Al no tener problemas, no tiene que preocuparse por su solución. Para este, las complejidades de la vida no existen porque en el estado de ausencia de deseos, su vida se vuelve absolutamente sencilla.

Cuando la persona entiende a los deseos como una mera esclavitud del espíritu, decide abandonarlos; pero incluso cuando es voluntario, suele ser un proceso doloroso. El sufrimiento **Sufrimiento** que proviene de purgar la mente de sus múltiples **en la renuncia** deseos existe aún cuando el alma está dispuesta a renunciar a estos, debido a que tal decisión del alma va en contra de la inclinación de la ego mente de persistir en sus deseos habituales. *La renuncia a los deseos acorta la vida misma de la ego mente. Por ende, es un proceso que invariablemente va acompañado de un sufrimiento agudo,* pero este sufrimiento es saludable para el alma porque la libera de la esclavitud.

No todo sufrimiento es malo. Cuando el sufrimiento conduce a la felicidad eterna que se alcanza con la ausencia de los deseos, debe considerarse como una bendición disfrazada. Así como **Analogías** el paciente que para liberarse de un dolor persistente y maligno, debe sufrir una operación a manos de un cirujano, el alma debe acoger el sufrimiento de la renuncia a los deseos para poder liberarse del sufrimiento recurrente e interminable causado por estos. El sufrimiento que experimenta el alma al renunciar a los deseos puede ser muy agudo, pero *se sobrelleva por la sensación de mayor libertad que viene cuando los deseos gradualmente desaparecen de la mente.* Cuando una hinchazón en el cuerpo se punciona y se deja drenar, produce mucho dolor, pero también mucho alivio. Similarmente, el sufrimiento de la renuncia a los deseos va acompañado del alivio compensatorio de una iniciación progresiva en la vida ilimitada de libertad y felicidad.

La sencilla vida de libertad y felicidad es de las cosas más difíciles de lograr. El hombre ha complicado su vida con el aumento de deseos artificiales e imaginarios, y el regreso a la sencillez **Unificación** equivale a la renuncia de sus deseos. Los deseos se **mediante el** han convertido en parte integral del ser limitado del **sufrimiento** hombre, resultando en que el hombre se resiste a abandonarlos, a menos de que la lección de que los deseos nacen de la ignorancia quede impresa en su mente mediante un agudo sufrimiento mental. *Cuando el hombre confronta un gran sufrimiento debido a sus deseos, entiende la verdadera naturaleza de estos. Cuando llega tal sufrimiento, debe ser bienvenido. Es posible que el sufrimiento llegue para eliminar futuros sufrimientos. Una espina puede sacar a otra, y un sufrimiento puede expulsar a otro. El sufrimiento debe venir cuando sirva para purgar el alma de sus deseos; entonces se vuelve tan necesario como la medicina para el enfermo.*

Sin embargo, el noventa y nueve por ciento del sufrimiento humano no es necesario. Mediante la ignorancia obstinada, la gente inflige sufrimiento a sus semejantes y a ella misma, **El sufrimiento** y después, curiosamente pregunta: "¿Por qué **principal es el** debemos sufrir?" El sufrimiento generalmente **descontento** se simboliza con las escenas de guerra: casas devastadas, miembros rotos y sangrantes, y las agonías de la tortura y muerte; pero la guerra no representa ningún sufrimiento *especial. La gente realmente sufre todo el tiempo. Sufre porque no está satisfecha; quiere más y más. La guerra es más el resultado del sufrimiento universal de la insatisfacción, que la personificación de algún sufrimiento representativo.* Por su codicia, vanidad y crueldad, el hombre ocasiona sufrimientos incalculables para sí mismo y los demás.

El hombre no se contenta con crear sufrimientos solo para sí, sino que implacablemente y con fervor, también crea sufrimientos para sus semejantes. El hombre busca la felicidad propia, incluso a costa de la felicidad de los demás, dando pie a crueldad y guerras interminables.

La búsqueda egoísta de la felicidad vuelve insensible al hombre
Mientras sólo piensa en la felicidad propia, no la encuentra. En la búsqueda de la felicidad individual, el yo limitado del hombre se acentúa y se vuelve onerosa.

Cuando el hombre es meramente egoísta, puede, en la falsa búsqueda de una felicidad separativa y exclusiva, volverse completamente insensible y cruel con los demás; pero esto mismo se le revela, envenenando la fuente misma de su vida. Una vida sin amor carece de encanto; solo vale la pena vivir una vida de amor.

Cuando el hombre deja de desear, no solo elimina mucho sufrimiento que le causaría a otros, sino también muchos sufrimientos auto

Felicidad mediante el amor desinteresado
creados; pero la mera ausencia de deseos no conduce a la felicidad positiva, aunque sí protege al individuo del sufrimiento auto creado y contribuye en gran medida a

hacer posible la felicidad verdadera. *La felicidad verdadera comienza cuando el hombre aprende el arte de adaptación correcta a los demás, y la adaptación correcta implica el auto olvido, y el amor.* De ahí nace la importancia espiritual de transformar la vida del ser limitado en una vida de amor.

El amor puro es excepcional porque en la mayoría de los casos, el amor se adultera con los motivos egoístas que se introducen subrepticiamente

El amor desinteresado es poco común
en la consciencia, por la operación de los malos *sanskaras* acumulados. *Es muy difícil purgar la consciencia de una ignorancia profundamente arraigada, que se expresa mediante el concepto del "yo" y de lo "mío".*

Por ejemplo, incluso cuando una persona dice que quiere a su amado, a menudo significa que quiere que su amado esté con ella. El sentimiento de "yo" y lo "mío" se encuentra notablemente presente incluso en la expresión del amor. Si una persona ve a su hijo con la ropa deshilachada, hace lo posible para darle una ropa mejor, y ansía verlo feliz. En tales circunstancias, la persona consideraría el sentimiento hacia su hijo como el de amor puro. Pero, en su rápida respuesta por la angustia de su hijo, el papel que desempeña la idea de lo "mío" no es insignificante. Si por casualidad llegara a ver al hijo de algún extraño en la calle con la ropa deshilachada, no respondería como lo habría hecho con su hijo. Esto muestra que, aunque posiblemente no sea plenamente consciente de ello, el comportamiento hacia su hijo, de hecho, es en gran parte, egoísta. El sentimiento de lo "mío" queda en el *trasfondo* de la mente, aunque sólo puede salir a la superficie mediante un análisis minucioso. Si su respuesta al hijo del extraño es la misma que a la del hijo propio, sólo entonces se puede decir que tiene amor puro y desinteresado.

El amor puro no es algo que se pueda imponer sobre alguien, ni algo que se le pueda quitar a alguien por la fuerza. Debe manifestarse desde el interior, con espontaneidad libre. Lo que *sí* se puede **El amor puro** lograr con una audaz decisión, es la eliminación **es fácil y** de los factores que impiden la manifestación del **difícil** amor puro. Se puede decir entonces, que lograr el desinterés es *tanto difícil, como fácil.* Es difícil para quienes no han decidido superar el ser limitado, y es fácil para quienes sí lo han decidido. En ausencia de las decisiones firmes, se encuentra que los apegos conectados con el ser limitado son demasiado fuertes para poderse ultimar, pero si la persona decide eliminar el egoísmo a cualquier costo, encuentra una entrada fácil al dominio del amor puro.

El ser limitado es como un abrigo externo que lleva puesta el alma. De igual manera que el hombre se puede quitar un abrigo ejercitando la voluntad, con un paso decisivo y audaz, puede **Necesidad de** tomar la decisión de superar al ser limitado, y **una decisión** deshacerse de este de una vez por todas. La tarea **audaz** que de otro modo sería difícil, se vuelve fácil con el ejercicio de *decisiones audaces y firmes.* Tales decisiones florecen en su mente solo cuando siente un intenso anhelo de amor puro. De la misma forma en que el hombre hambriento anhela la comida, el aspirante que quiere experimentar el amor puro, siente un intenso anhelo por este.

Cuando el aspirante desarrolla un intenso anhelo de amor puro, se puede decir que ha sido preparado para la intervención del Maestro, quien, mediante la ayuda necesaria y dirección **Amor verdadero** adecuada, lo introduce al estado de amor divino. **solo despertado** Sólo un Maestro puede despertar el amor, **por el Maestro** mediante el amor divino mismo que imparte; no hay otra forma. *Quienes añoran ser consumidos en el amor, deben acudir a la llama eterna de amor.* El amor es la cosa más significativa de la vida, y no se puede despertar si no entra en contacto con la Encarnación del Amor. Una reflexión teórica sobre el amor resulta en la elaboración de una *teoría* sobre el amor, pero el corazón sigue igual de vacío que antes. *"El amor engendra amor"; este no se puede despertar a través de ningún medio mecánico.*

Cuando el amor verdadero despierta en el hombre, lo conduce a la realización de Dios y abre un campo ilimitado de felicidad continua e imperecedera. La felicidad

El amor conduce a la realización de Dios

de la realización de Dios es la meta de la creación entera. No es posible tener la mínima idea de esa felicidad inexpresable, sin tener la experiencia de Dios. La idea que el hombre mundano tiene sobre el sufrimiento y la felicidad es del todo limitada. *La felicidad verdadera que nace con la realización de Dios merece todo el sufrimiento físico y mental del universo. Cuando esto ocurre, todo el sufrimiento es como si nunca hubiese existido.*

Inclusive quienes no han realizado a Dios pueden controlar sus mentes a través del yoga, hasta el punto en que nada es capaz de hacerles sentir dolor o sufrimiento, aunque sean enterrados

La felicidad de la realización de Dios es ilimitada y permanente

o arrojados al aceite hirviente. Sin embargo, aunque los *yoguis* avanzados pueden desafiar y anular cualquier sufrimiento, no experimentan la dicha de la realización de Dios. Cuando el ser se convierte en Dios, todo lo demás es un cero.

Por esto, no hay nada que puede restringir la felicidad de la realización de Dios. *La felicidad de la realización de Dios es autosustentable, eternamente nueva e imperecedera, ilimitada e indescriptible. Por esta felicidad, el mundo ha saltado a la existencia.*

Dios
como
Amor Infinito

Quienes intentan comprender a Dios solo mediante el intelecto, llegan a un concepto seco y frío que pierde la esencia misma de la naturaleza de Dios. Es cierto que Dios es conocimiento infinito, existencia infinita, poder infinito y dicha infinita, pero Dios no es comprensible en su esencia hasta que también se le entiende como *amor infinito*. En el estado del Más Allá, del cual brota el universo entero y con el cual finalmente se fusiona, Dios es amor *eternamente* infinito. Es solo cuando el amor de Dios se observa en el contexto limitado de las *formas* (que se dan en el período provisional de la aparición del universo ilusorio de la dualidad), que su infinitud *parece* haberse deteriorado.

La esencia de Dios es el amor

Cuando el amor de Dios se experimenta *en*, y *a través de* las formas manifiestas del universo, pasa por las siguientes etapas: (i) se experimenta como extremadamente limitado, (ii) se experimenta cada vez menos limitado, y se hace cada vez más similar al amor infinito. y (iii) se experimenta como lo que realmente es: infinito en esencia y existencia. *La experiencia de limitación en el amor se da debido a la ignorancia que causan los sanskaras (que son el subproducto de la evolución de la consciencia), y el proceso del amor haciéndose infinito, se caracteriza por la eliminación de estos sanskaras restrictivos.*

Curso de amor manifiesto

Después de pasar por las etapas casi inconscientes del reino mineral, el amor se vuelve consciente de sí como lujuria, en los animales. Su primera aparición en la consciencia humana también se da en forma de lujuria. *La lujuria es la forma más limitada del amor, en la consciencia humana. A pesar de la referencia clara que la lujuria tiene con las otras personas, es indistinguible del egoísmo puro, porque todos los objetos a los que se apega la lujuria se desean por, y desde el punto de vista del ser limitado y separado.* Al mismo tiempo sigue siendo una forma de amor, porque hay cierto tipo de

Amor como lujuria

aprecio por otros, aunque este aprecio se mina profundamente por la densa ignorancia referente del Ser verdadero.

Cuando la consciencia humana se ve totalmente atrapada en la dualidad de la esfera *densa* de la existencia, el amor solo se puede expresar como algún tipo de lujuria. A una persona **Amor en la** le gusta el curry porque es agradable al paladar. Al **esfera densa** no haber consideraciones más elevadas, es una forma de lujuria porque solo se desean las sensaciones del gusto. La mente también ansía las sensaciones corporales de la vista, el olfato, el sonido y el tacto, y nutre la cruda vida del ego mediante la excitación derivada de estas sensaciones. *La lujuria de cualquier tipo equivale al enredo con las formas densas, independientemente del espíritu detrás de estas. Es una expresión del mero apego a los objetos sensoriales.*

Así como en todo tipo de lujuria el corazón no se alimenta ni se expresa, se convierte en un vacío perpetuo y queda en un estado de sufrimiento e incumplimiento constante.

El amor que se expresa como lujuria pura, *sin dilución alguna*, es sumamente limitado porque se encuentra impotentemente atrapado en un estado de deseo continuo. *Cuando el corazón se* **La lujuria es** *encuentra en las garras de la lujuria, el espíritu permanece, por* **la limitación** *así decirlo, en un estado de engaño o estupor. Su funcionamiento* **extrema** *se restringe y pervierte severamente por la ignorancia limitante a la que se sujeta. Se le niega la expresión y realización a su potencial más elevado, y esta frustración y supresión de la vida del espíritu conlleva un estado de total esclavitud.*

La lujuria es la forma más limitada del amor, que funciona bajo la esclavitud de la ignorancia. El sello inequívoco de la insuficiencia que invariablemente porta la lujuria es en **En la lujuria la** sí, una señal de ser la expresión incompleta **auto afirmación del** e inadecuada de algo más profundo, vasto e **infinito es indirecta** ilimitado. *Mediante los múltiples e interminables sufrimientos que acompañan a la lujuria pura, y las continuas experiencias de frustración que conlleva, el espíritu incesantemente registra una protesta férrea contra la absoluta superficialidad de una vida de lujuria absoluta. De esta forma, la voz incontenible de la infinidad del amor de Dios afirma indirectamente las imperativas exigencias de su realidad, que queda inexpresada, pero intacta.*

Incluso en la más baja vida lujuriosa de la esfera *densa*, Dios se experimenta como amante, pero en el estado de un amante que es completamente ignorante de su naturaleza verdadera, o de la del amado. Es el estado de un amante que se encuentra inexorablemente separado del amado por la cortina opaca de la dualidad no entendida. Sin embargo, es el comienzo de un largo proceso mediante el cual *el amante irrumpe en la cortina envolvente de la ignorancia y arriba a su propia Verdad, como Amor irrestricto e ilimitado.* Pero para iniciarse en el amor infinito, el amante debe pasar por otras dos etapas que son características de la esferas *sutil* y *mental.*

Tres etapas del amante

El amante en la esfera *sutil* no es libre de lujuria, pero la lujuria que experimenta no es absoluta, como en la esfera densa. La intensidad de la lujuria en la esfera sutil es aproximadamente la mitad de la que se encuentra en la esfera densa. Además, no existe la expresión densa de la lujuria como en la esfera densa.

Amor en la esfera sutil

El amante en la esfera densa está inextricablemente entrelazado con los objetos densos; de ahí que su lujuria encuentra expresión densa. Pero el amante en la esfera sutil se ha liberado del apego a los objetos densos, y por ende, en su caso, la lujuria queda inexpresada en forma densa. Su lujuria tiene expresiones *sutiles*, pero no puede tener expresión densa. Además, dado que aproximadamente la mitad de la lujuria original de la esfera densa se sublima en la esfera sutil, el amante en la esfera sutil experimenta el amor, no como lujuria pura, sino en una forma más elevada, como *anhelo de unirse con el Amado.*

Así entonces, en la esfera densa, el amor se expresa como lujuria, y en la esfera sutil se expresa como *anhelo.* La lujuria es el anhelo de las sensaciones. Como tal, tiene motivos completamente egoistas e implica una indiferencia total por el bienestar del amado. En el anhelo hay menos egoísmo, y aunque sigue siendo *posesivo* en cierta forma, se reconoce que el Amado tiene importancia y valor por derecho propio. El anhelo es una forma de amor menos limitada que la lujuria. En el anhelo, la cortina de la dualidad se ha vuelto más transparente y menos obstructiva, ya que ahora el amante busca superar conscientemente la dualidad entre el amante y el Amado, al garantizar la presencia del Amado. *En la lujuria solo se enfatiza el yo limitado, y el Amado queda completamente relegado a las necesidades densas del ser. En el anhelo, el énfasis se distribuye de igual forma, sobre el ser como sobre el Amado, y el amante se percata de que él existe para el*

Amor como anhelo

Amado, de la misma forma en que el Amado existe para él.

El amante en la esfera *mental* tiene una expresión de amor aún más elevada y libre. En su caso, aunque la lujuria no ha desaparecido por completo, ha sido mayormente sublimada. Sólo queda aproximadamente una cuarta parte de la lujuria original de la esfera densa, pero en forma latente, sin ninguna expresión. *En la esfera mental, la lujuria no tiene siquiera expresión sutil.* El amante en la esfera mental se ha desapegado de los objetos sutiles y queda *libre del anhelo posesivo por el Amado* que caracteriza al amante en la esfera sutil.

Amor en la esfera mental

En la esfera mental, el amor se expresa como la *completa resignación a la voluntad del Amado.* Todo deseo egoísta, incluyendo el anhelo por la presencia del Amado ha desaparecido. Ahora el énfasis se encuentra solo sobre el valor y voluntad del Amado. El egoísmo desaparece por completo y hay una liberación mucho *más abundante de amor en su forma pura.* Sin embargo, incluso en la esfera mental, el amor todavía no se ha vuelto infinito, ya que queda una delgada cortina de *dualidad* que sigue separando al amante del Amado. El amor ya no se encuentra en las garras del egoísmo, pero aún no es infinito porque *se experimenta a través del medio de la mente finita*, así como en las esferas inferiores, se experimenta a través del medio de los cuerpos inferiores.

Amor como resignación

El amor se vuelve conscientemente infinito, tanto en esencia como en expresión, cuando se trasciende la mente individual. Tal amor se denomina divino ciertamente, porque es característico del estado de Dios en el cual toda la dualidad finalmente se supera. En el amor divino, la lujuria ha desaparecido por completo. No existe ni en forma latente. *El amor divino es ilimitado en esencia y expresión, porque el alma lo experimenta mediante el alma misma.* En las esferas densa, sutil y mental, el amante es consciente de su separación del Amado, pero cuando todas estas esferas se trascienden, el amante es consciente de su unicidad con el Amado. El amante se pierde en el ser del Amado y sabe que es uno con el Amado. El amor divino queda completamente libre de la esclavitud a los deseos o del ser limitado. *En este estado de infinitud, el amante no tiene existencia aparte del Amado. Es el Amado Mismo.*

El amor divino es infinito

De esta forma observamos a Dios como amor infinito, primero limitándose a sí mismo en las formas de la creación, y después recuperando su infinitud mediante las diferentes etapas de la creación. Todas las etapas de Dios, experimentándose como amante finito, finalmente culminan en Su experiencia de Sí, como **El romance divino** el Amado único. *La travesía del alma es un emocionante romance divino en el cual el amante, quien al principio solo es consciente del vacío, la frustración, la superficialidad y las cadenas roedoras de la esclavitud, gradualmente alcanza una expresión de amor cada vez más libre y plena, y finalmente desaparece, fundiéndose en el Amado divino para realizar la unidad del Amante y el Amado, en la suprema y eterna realidad de Dios como Amor Infinito.*

Doce
Formas
de Realizarme

1. ANHELO

Si sientes el mismo anhelo y sed de unión conmigo, que siente por el agua quien ha languidecido bajo el sol ardiente del Sahara por días, entonces me realizarás.

2. PAZ INTERIOR

Si tienes la paz de un lago congelado, entonces también me realizarás.

3. HUMILDAD

Si tienes la humildad de la tierra, que es moldeable en cualquier forma, entonces me conocerás.

4. DESESPERACIÓN

Si experimentas la desesperación que puede llevar a un hombre al suicidio, y sientes que no puedes vivir sin verme, entonces me verás.

5. FE

Si tienes la fe plena que tenía Kalyan en su Maestro, creyendo que era de noche, aunque fuera de día (porque su Maestro lo había dicho), entonces me conocerás.

6. FIDELIDAD

Si tienes la misma fidelidad que tiene el aliento para hacerte compañía, incluso sin que lo sientas constantemente, hasta el final de tu vida (que tanto en la felicidad como en el sufrimiento te brinda compañía y nunca se revela contra ti), entonces me conocerás.

7. CONTROL MEDIANTE EL AMOR

Cuando tu amor por mí aleje tu lujuria por las cosas de los sentidos, entonces me realizarás.

8. SERVICIO DESINTERESADO

Si tienes la cualidad del servicio desinteresado que no se ve afectado por los resultados, similar a la del sol que sirve al mundo, brillando sobre la creación entera, sobre la hierba en el campo, sobre los pájaros en el aire, sobre las bestias en el bosque, sobre la humanidad entera con sus pecadores, sus santos, sus ricos y sus pobres, inconsciente de la actitud de estos hacia él, entonces me ganarás.

9. RENUNCIA

Si por mí renuncias a todo lo físico, mental y espiritual, entonces me tienes.

10. OBEDIENCIA

Si tu obediencia es tan espontánea, plena y natural como lo es la luz para los ojos o el olfato para la nariz, entonces vienes a mí.

11. ENTREGA

Si tu entrega a mí es tan sincera como la de quien, sufriendo de insomnio, se entrega al sueño repentinamente sin temor a perderse, entonces me tienes.

12. AMOR

Si sientes ese amor por mí que San Francisco sentía por Jesús, no solo me realizarás, sino que también me complacerás.

Glosario

Abreviaturas:

lit.: literalmente.
Sct.: sánscrito.
S.: Sufi.
V.: Vedanta.

Términos utilizados en Discursos:

abdal (S.) - alma espiritualmente avanzada que puede tomar diferentes formas físicas a voluntad.

Abraham - el Profeta; el Patriarca. En el relato del Corán, a Abraham (Ibrahim) se le reclama que sacrificó a su hijo Ismael (Ismail); en la Biblia se le reclama que sacrificó a su hijo Isaac.

abrar - Santo en el quinto plano; wali y mahapurusha son términos equivalentes.

adhyatma-marga (V.) - el sendero interior del avance espiritual.

adhikar - derecho, autoridad, poder, prerrogativa.

adhyatma-marga (V.) - el sendero interior del avance espiritual.

ahadiyat - unicidad o unión en Urdu.

Aham Brahmasmi (V.): "Yo soy la Realidad"; la afirmación del estado de Realización de Dios.

Ahuramazda - Dios Todopoderoso; el Ser Supremo en el Zoroastrismo.

Aikya - Unión; ver Unión, Vasl.

alam-e-jabrut - ver esfera mental.

alam-e-malakut - ver esfera sutil.

alam-e-nasut - ver esfera física.

Alma Universal - el Alma suprema y universal; Dios Todopoderoso.
V.: Paramatma. Ver también Ahuramazda; Alá; Yezdan.

amavasya (Sct.) - la noche más oscura del mes lunar.

ana al-Haaq (S.) - "Yo soy Dios"; la afirmación del estado de
Realización de Dios. Ver Aham Brahmasmi. Ver también "Yo soy Dios";
Realización. Del árabe, en el que al Haqq es uno de los noventa y nueve
nombres de Dios que se encuentran en el Corán, literalmente "Yo
soy la Verdad Absoluta", "Yo soy la Realidad Suprema". Citado varias
veces por Meher Baba como el equivalente sufí del vedántico Aham
Brahmasmi. En la corriente principal del Islam se considera herético y
se asocia especialmente con el mártir sufí y místico persa del siglo X,
Mansur al-Hallaj, quien fue crucificado en Bagdad en 922 por haber
pronunciado esta frase. Más tarde, la Maestra Perfecta Hazrat Babajan
fue enterrada viva por quienes la consideraban culpable de blasfemia por
decir estas palabras.

Alá, Alah, Allah - Dios Todopoderoso; el Ser Supremo en el Islam.

Amartithi - el día, y aniversario del mismo, en el que Meher Baba
abandonó su cuerpo físico (31 de enero de 1969).

Arjuna – discípulo de Krishna. Ver Krishna.

arti - canción u oración devocional; la ejecución de oraciones y cantos
devocionales. En las ceremonias devocionales hindúes, el arti a menudo
se puede realizar ante un ídolo o la imagen de una deidad.

aspirante – quien se esfuerza por crecer espiritualmente. ver sadhak;
yogui.

astral - dominio que sirve como enlace entre la esferas densa y la sutil. A
veces también se usa como sinónimo de sutil. Ver cuerpo astral.

atmn, atma - alma (en la tradición hindú). Véase también paramatma.

Atmapratisthapana - ver Sahaj Samadhi.

Aum - ver Om.

Avatar (adj. Avatárico): la manifestación total de Dios en forma humana sobre la Tierra, como el Eterno Maestro Viviente; el descenso directo de la Realidad en la ilusión. El Salvador, el Altísimo, el Antiguo, el Dios Hombre. En diferentes tradiciones también se denomina Mesías, Buda, Cristo, Rasool. Del sánscrito: descenso; descenso de Dios en la tierra; la encarnación de Vishnu.

bhakta (V.) - devoto, practicante del bhakti.

bhakti (V.) - devoción o adoración reverente, amor hacia Dios o al Maestro. Ver también para-bhakti.

Bhakti Marga - Amor o devoción como camino hacia Dios; junto con Dnyan Marga y Karma Marga, comprende uno de los tres principales caminos o aspectos de la práctica espiritual.

bhas (V.) - Ilusión, falsa imaginación, algo que se experimenta como real, aunque no lo sea.

bhrashta – ver yoga brashta.

Buda - Buda Gautama o Gotama, el Iluminado; el Avatar.

Brahma - El Creador, el primer Dios o aspecto de Dios en la trinidad de Brahma-Vishnu-Mahesh (Brahma-Vishnu-Shiva), Creador-Preservador-Destructor.

Camino o Sendero - ver Dios Habla. El camino interior del avance espiritual en el que el aspirante atraviesa los planos avanzados de consciencia.

Chisti, Chisthi Muinuddin, Khwaja – un Maestro Perfecto sufí de Ajmer, India, siglo XII.

Creación, Punto de - ver Punto Om.

Cristianismo - ver Jesucristo.

Cristo, el – Mesías, Salvador, Avatar. Ver también Jesucristo.

cuerpo astral - la forma (cuerpo) que experimenta el mundo astral, el cual sirve de enlace entre los mundos físico y sutil. Ver también mundo semi sutil. (Para más información, ver Dios Habla.)

cuerpo causal - ver karan sharir; manas: cuerpo mental.

cuerpo denso, o **forma densa** - el cuerpo o forma física, que funciona en el plano denso (o físico).

cuerpo/forma mental - el cuerpo causal, que funciona en la esfera mental; el asiento de la mente.

cuerpo o **forma sutil** - la fuerza energética vital (pran), que funciona en la esfera sutil; el vehículo de los deseos y fuerzas vitales.

daaman - dobladillo de una prenda; orla del manto del Maestro. En el uso de Meher Baba, "aferrarse a Su daaman" significa aferrarse a Él.

darshan -   audiencia con un Maestro espiritual o Santo. Dar darshan: la aparición pública de tal persona para otorgar su compañí a los devotos. Los peregrinos pueden visitar el santuario o la tumba de un Santo o Maestro para 'tomar darshan'.

Dios-Hombre - el descenso directo de Dios a la Tierra en forma humana; Dios hecho hombre. Ver Avatar. Ver también Hombre-Dios.

dhuni - fuego purificador que simboliza la luz divina o el amor divino; Meher Baba instituyó la práctica de encender el dhuni en Meherabad, el día doce de cada mes.

dnyan - conocimiento, comprensión, sabiduría; gnosis. Ver también vidnyani sanskaras.

dnyan marga - el conocimiento como camino hacia Dios.

Elahi (Avesta) - el Dios único.

embelesamiento, encantamiento - ver hairat.

ego mente - el asiento de la individualidad desde el cual el Ser experimenta impresiones (sanskaras) mediante los cuerpos denso, sutil y mental.

emancipación - ver libertad.

esfera o **mundo denso** - mundo físico o mundo material; los mundos visibles de la Creación que el cuerpo físico experimenta a través delas impresiones densas o físicas.

esfera o **mundo mental** - la esfera compuesta de los planos de consciencia quinto y sexto, donde se experimenta el cuerpo mental mediante las impresiones mentales, las cuales son más finas (mucho menos densas) que las impresiones sutiles.

esfera sutil o **mundo sutil** - la esfera que consiste de los cuatro primeros planos de consciencia, donde se experimenta el cuerpo sutil mediante las impresiones sutiles, las cuales son menos densas que las impresiones densas, o físicas. El cuarto plano sirve como umbral para la esfera mental, pero no es plenamente sutil ni mental.

Estado de Dios (divino) - estado en el que el alma se experimenta como Dios. Estado del Más Allá. Un estado de Dios, más allá del tiempo y del espacio; asimismo, el estado supremo, en el cual Dios en forma manifiesta es infinitamente consciente tanto de la Realidad como de la Ilusión. (Ver Dios Habla, para más información.)

Estado del Más Allá - el estado de Dios más allá del universo ilusorio de tiempo y espacio, y de la identificación con formas finitas; Dios El Padre. (Ver Dios Habla, para más información.)

Estado de Nirvikalpa (V.) - estado de "Yo soy Dios", propio de los Seres Perfectos.

Estado de Vacío Absoluto - ver Nirvana.

evolución - el proceso por el cual la consciencia progresa hasta completar la vigilia mediante la identificación sucesiva del alma con las formas finitas: piedra, metal, vegetal, gusano, pez, pájaro, animal y finalmente humano.

Ezad - el único Dios, el único digno de adoración.

experiencias o **poderes ocultos** - experiencias y poderes que ocurren en las esferas física y semi sutil, incluyendo también al mundo astral. En los tres primeros planos de consciencia, los poderes ocultos se denominan poderes místicos. Los poderes del cuarto plano son los poderes divinos y omnipotentes de Dios. Ver siddhis. (Para más información ver Dios Habla.)

fana (S.) - aniquilación, disolución; aniquilación parcial del ego, que precede la Realización de Dios (ver Fana-Fillah)

fana-e-jabruti (S.): aniquilación de todos los deseos; la fusión con el quinto plano de consciencia.

fana-e-mahabubi (S.): aniquilación del ser (del amante) en el Amado (Dios); la fusión con el sexto plano de consciencia.

fana-e-malakuti (S.): aniquilación que conduce hacia la libertad; la fusión con el cuarto plano de consciencia.

fana-e-zahiri (S.): aniquilación de lo aparente; la fusión con el tercer plano de consciencia, en el que uno experimenta el videh samadhi, o el estado de coma divino.

Fana-Fillah - La aniquilación final del falso yo en Dios; la fusión con el séptimo plano de consciencia, en el que el peregrino espiritual pierde su existencia separada y experimenta el estado "Yo soy Dios".

Francisco, San - (1181 o 1182-1226); de Asís, Italia. Meher Baba explicó que San Francisco fue el primer Maestro Perfecto nacidoen occidente, y que después vendrían más.

Ganj-e-Shakkar (ver también Baba Fariduddin) - el famoso wali que quedó atrapado en el estado de encantamiento (hairat) pero su Maestro Khwaja Muinuddin Chisthi finalmente lo guió hasta convertirlo en un Maestro Perfecto.

Ghausali Shah - santo musulmán del norte de la India.

Gopichanda - el gran rey de la India, que renunció a todo para buscar la Verdad.

hairat - Un estado de encantamiento en el Camino espiritual, y en particular, entre el tercer y cuarto plano de consciencia. Un peregrino atrapado en el Hairat generalmente no puede liberarse sin la ayuda de un Maestro.

hal - un estado espiritual de éxtasis; la experiencia interna en etapas, en los seis planos de consciencia.

Haqiqat - Verdad, Realidad, Dios. Derivado de al-Haqq. Según la tradición sufí, el viaje hacia Dios comienza con shariat (la ley), continúa con tariqat (el camino) y culmina con haqiqat (la verdad).

Haqq o **Haq** - Verdad, Realidad, Dios.

Haram - vedado o prohibido por la ley Islámica. Lo opuesto de haram es halal.

Hombre-Dios – un hombre hecho Dios; Maestro Perfecto. S.: Qutub; Salik-e-Mukammil. V.: Param Mukta; Sadguru. Ver también Dios-Hombre.

Ignorancia - ver Maya.

Iluminación – estado de iluminación espiritual que se experimenta en los planos superiores de consciencia, en los cuales la mente ve el Alma (Dios) pero aún no experimenta la Realización. Ver Realización.

Ilusión - ver Bhas; Maya.

impresiones - ver sanskaras.

Insan-e-Kamil – lit. "Hombre Perfecto". A menudo se utiliza en el Islam como título honorífico para Mahoma. Ver Ser Perfecto.

involución - la etapa en el trayecto del alma (después de la evolución),en la cual cruza los seis planos interiores de consciencia, culminando en la Realización de Dios. Ver planos de consciencia.

Ishwar - aspecto de Dios que crea, preserva y destruye, ejemplificado con Brahma, Vishnu y Shiva (o Mahesh) respectivamente.

istighraq - absorción, inmersión; el equivalente islámico al samadhi hindú.

jabrut, jabruti - un cielo o dominio.

jai - ¡salve, victoria a, gloria a! Ejemplificado en las expresiones '¡Jai Baba!' y '¡Avatar Meher Baba Ki Jai!'

Jalaluddin Rumi - Ver Rumi, Jalaluddin, Maulana.

Jami - (1414-1492); poeta y místico persa.

Jesucristo – Hijo de Dios; el Avatar. Ver también Cristo

Jivanmukta (V.) – quien ha Realizado a Dios en el estado de Jivanmukti: el estado de "Yo soy Dios" en el que la persona permanece consciente de la creación, pero queda libre de los deberes (u obligaciones) espirituales; alma encarnada liberada.

jiv-atma - alma encarnada o atman; el alma esclavizada por la ilusión.

Kabir (1440-1518) - Maestro Perfecto y poeta del norte de la India.

karan sharir (V.) - cuerpo causal o mental; el asiento de la mente. Ver también manas.

karma (V.) - acción, trabajo, accionar; efecto; destino. Lo que sucede natural y necesariamente en nuestra vida, condicionado previamente por nuestras vidas pasadas.

karma kanda (V.) - conformidad con, y adhesión externa al dharma shastra (preceptos y tradiciones de carácter religioso); ortodoxia. S.: shariat.

karma marga, también **karma yoga** - El camino de la acción desinteresada; yoga a través del desempeño de deberes en los que el yogui renuncia interiormente al fruto de la acción y al apego a los resultados.

karma yogui - practicante del karma yoga.

khwaja - hombre de distinción o rango; un venerable. asceta musulmán; jefe de una casa. La designación 'Khwaja de Ajmer' fue otorgado al Maestro sufí Muinuddin Chisti y sucesores.

Krishna - el Avatar (Ver) cuya historia se narra en la epopeya hindú del Mahabharata, y cuyas enseñanzas se encuentran en el Hinduismo. Su discurso dirigido al guerrero Arjuna antes de la batalla contra los Kauravas se conoce como el Bhagavad Gita.

lahar - el capricho o impulso de Dios que dio origen a la creación; ola, ondulación; impulso.

Liberación – la liberación del ciclo de nacimientos y muertes (de la reencarnación); equivalente al hindú Mukti y Moksha. Véase también Nirvana.

Libertad - libertad respecto de la esclavitud de los nacimientos y muertes (reencarnación); Emancipación. Ver también Liberación; Mukti.

Maestro - término utilizado frecuentemente para denominar al Maestro Perfecto, Hombre-Dios o Sadgurú, o al Dios-Hombre o Avatar. Ver también Maestro Perfecto, Hombre-Dios, Avatar, Dios-Hombre y Sadgurú.

Maestro Perfecto - un Hombre-Dios, de los cuales siempre hay cinco en esta Tierra. Un alma que ha pasado por los procesos de reencarnación, evolución e involución, quien ha Realizado a Dios, y que retiene simultáneamente la consciencia de Dios y de la Creación. Trabaja en la Creación para ayudar a otras almas para lograr la Realización de

Dios. A lo largo del texto se le menciona simplemente como "Maestro". Otras designaciones equivalentes pueden ser Qutub, Satgurú, Salik-e-Mukammil, Param Mukta.

Mahabharata - ver Krishna.

Mahapralaya (V.) - la gran disolución de la Creación al finalizar un kalpa o ciclo cósmico. En la tradición Hindú, un kalpa dura 432 millones de años.

mahapurush - ver wali.

Mahoma o Muhammad - el Profeta, el Rasul, el Avatar. En la tradición islámica, sus enseñanzas se encuentran en el Corán. Var.: Mahomed.

Majnun y Layla - el relato islámico sobre el singular amor que Majnun sentía por Layla. Tiene sus orígenes en Arabia y se considera que proviene de una historia verdadera.

Mahesh (también llamado Shiva) - El destructor. El tercer dios o aspecto de Dios en la trinidad de Brahma-Vishnu-Mahesh, o Creador-Preservador-Destructor.

Majzub o Majzoob (S.) – individuo que experimenta el séptimo plano de consciencia, que ha realizado a Dios, absorto en la divinidad, que conserva por un tiempo el cuerpo físico o denso.

Majzubiyat - el estado de ser un Majzub. Ver Videh Mukti.

Majzub-Salik - Ver Parahamsa.

Majzub-e-Kamil (S.) - alma del séptimo plano de consciencia, absorta en la divinidad, unida con Dios, que conserva por un tiempo el cuerpo físico o denso.

manas (V.) - lit. mente; el cuerpo causal o mental; el asiento de la mente.

mandali - círculo de discípulos íntimos; también puede ser un miembro del círculo de discípulos íntimos. Del sánscrito: círculo, anillo.

manonash - la aniquilación de la mente o del falso ser (falso yo). Meher Baba usó el término para designar una fase de su trabajo en 1951-1952 al final de la Nueva Vida.

marga - el sendero hacia Dios; una forma o modo de práctica espiritual. Los tres margas particulares son Dnyan Marga, Karma Marga y Bhakti Marga.

mast (S.) - femenino mastani; alma que, en el sendero espiritualexperimenta el estado de embelesamiento, o 'ebriedad divina' (masti). Los masts han perdido el equilibrio mental ordinario y suelen aparentar que han perdido la razón. Del persa mast: literalmente borracho, intoxicado; ahogado.

Maulana - el nombre persa usualmente usado para referirse a Jalaluddin Rumi. Ver Rumi.

Maestro – puede referirse a un Maestro Perfecto o al Avatar.

Maestro Perfecto - alma que ha Realizado a Dios, que retienela Consciencia de Dios y la consciencia de la creación simultáneamente, y que trabaja en la Creación para ayudar a otras almas hacia la Realización de Dios. Mencionado con mayor frecuencia a lo largo del texto como "Maestro". Otros términos equivalentes son Sadguru, Qutub, Salik-e-Mukammil, Param Mukta, Hombre-Dios.

Maulana - nombre persa habitualmente utilizado para Jalaluddin Rumi (ver Rumi).

Maya (adj. mayavico) - Ilusión, Ignorancia. El principio de la Ilusión. Generalmente utilizado para referirse al mundo de la Ilusión, pero estrictamente hablando, es lo que hace que el mundo ilusorio aparente ser real.

Mesías (Judaismo) - el Salvador esperado; el Avatar que apareció como Jesucristo. Equivalente al Avatar hindú.

moksha o **moksh** (V.) – Lliberación. Ver Mukti.

moksha marga - el camino o sendero que conduce a la Liberación. Ver adhyatma-marga.

Mukta - individuo que ha logrado el mukti.

Mukti (V.)- liberación; la liberación del ciclo de nacimientos y muertes. Hay cuatro tipos de Mukti:

    1) Mukti común, o Moksha.

    2) Videh Mukti, o le estado de Yo soy Dios" (Sat-Chit-Anand o Conocimiento, Poder y Dicha) sin consciencia de dualidad.

    3) Jivanmukti, de los Maestros Perfectos, o el estado de "Yo soy Dios" (Sat-Chit-Anand) con consciencia de la dualidad

    4) Param Mukti, simultáneamente "Yo soy Dios" (Sat-Chit-Anand) con la dualidad y la divinidad en acción.

mundo semisutil - una etapa entre las esferas física y sutil.

muqam-e-afsan (S.) - la morada del engaño; la ilusión de estar al final del Camino cuando uno todavía lo sisgue recorriendo.

neti, neti -Lit. "esto no, esto no", el principio de la negación; una fórmula que significa ese proceso de desapego discriminativo por el cual uno reconoce la Realidad como distinta de todos los fenómenos dentro de la ilusión. A menudo traducido como "esto no, eso no".

Nirvana (V.): en la sexta edición de Discursos se refiere a la aniquilación de la mente o yo falso, y la total y final absorción consciente del alma en la Divinidad (Dios); equivalente a Fana-Fillah. En la séptima edición de Discursos se modificó el texto para que se ajustara a Dios Habla, donde Nirvana es el estado de vacío absoluto, la primera etapa de Fana-Fillah, equivalente a Manonash, y donde Nirvikalpa Samadhi es absorción en la Divinidad. Véase también Sahaj Samadhi.

Nirvikalpa o **Nirvikalpa Samadh**i - en la sexta edición de Discursos, significa divinidad en expresión, en la cual el alma se experimenta como uno con Dios, y simultáneamente retiene la consciencia del universo.

no sadhak - persona mundana; no a la manera de un sadhak o aspirante espiritual.

ocultismo - teoría o práctica oculta; creencia en (o estudio de) la acción o la influencia de poderes y fuerzas de carácter oculto o sobrenatural.

oculto - más allá del ámbito de la experiencia común; escondido, no revelado; psíquico, sobrenatural.

Om, punto Om - el sonido 'Om' es el eco o reflejo del Sonido Primordial, la Palabra de Dios, el Brahman Nad, del cual ha surgido todo el universo. El punto Om es el punto más finito dentro de la infinitud de la Realidad de Dios a través del cual surge esta creación. Om: la sílaba sagrada en el hinduismo, a menudo recitada en el curso de la práctica ritual y meditativa, que designa el sonido oceánico primario al comienzo de la creación. Apareciendo por primera vez en los Upanishads, la palabra a veces se divide en tres fonemas constituyentes, a-u-m, cada uno con su propio significado.

pagri - turbante.

para-bhakti - la etapa más elevada del bhakti, en la que la devoción se transforma en amor divino.

Parabrahma - el Espíritu Supremo; la Realidad última; Dios absoluto y trascendente.

Paramatman, Paramatma (V.): el Alma universal; el Alma, Espíritu Supremo o Sobre-Alma. El Ser verdadero de cada alma individual, o atman; la Realidad Última, Dios Todopoderoso

Paramhansa - alma encarnada liberada, en el noveno estado de Dios (ver Dios Habla) quien a veces está absorto en Dios como un Majzub y en otras ocasiones simultáneamente consciente de la creación (en cuyo caso se le dice Salik-Majzub). Por el contrario, el Jivanmukta, el otro tipo de alma encarnada liberada es consciente de la creación sin interrupción.

Parameshwar (V.) - Dios Todopoderoso.

Param Mukta - ver Maestro Perfecto.

Param Mukti - el estado de Liberación experimentado por el Param Mukta. Ver Mukti.

Parvardigar - el Preservador, el Protector, el Sustentador. Ver Vishnu.

pir - un santo del quinto o sexto plano de consciencia; venerable anciano; guía espiritual; también puede ser el fundador o jefe de cualquier cuerpo religioso o secta, o un santo musulmán.

planos de consciencia - los estados de consciencia experimentados por el alma mientras recorre el Camino espiritual. Durante los primeros seis planos, el alma retira gradualmente el foco de su consciencia de la esfera densa a la esfera sutil y luego a la esfera mental: esto es involución. En el séptimo plano, el alma experimenta la Realización de Sí, y se reconoce a sí misma como Dios.

Prabhu - Maestro, soberano, gobernador, Señor; Dios.

Prakriti - el mundo de la naturaleza, el mundo fenoménico; la fuerza o principio que evoluciona el mundo material; la 'materia' primordial que, en sus múltiples transformaciones, constituye el universo creado. Inconsciente en sí misma, Prakriti proporciona los medios a través de los cuales se manifiesta la consciencia, latente dentro de Purusha, lo que le permite eventualmente a Purush volverse consciente de sí. Prakriti y Purusha constituyen la dicotomía central en samkhya, una de las seis escuelas tradicionales de filosofía india; también es fundamental para el yoga Patanjali y recibe un tratamiento extenso en el Bhagavad Gita.

pran (V.) - energía vital de la esfera sutil.

pran bhuvan - ver esfera sutil.

prarabdha - lo que está destinado; destino inevitable de una vida, determinado por los sanskaras (impresiones) de una persona; en el caso de un Maestro Perfecto, ese destino que lo hace descender de la absorción de Dios para cumplir con su deber en la creación.

Prarabdha Sanskaras - los sanskaras (impresiones) adquiridos en el trayecto del viaje del alma que determinan y constituyen su destino. Porque estos sanskaras surgen de la dualidad y mantienen el alma atada a esta, difieren fundamentalmente de los Sanskaras Yogayoga y de los Sanskaras Vidyani. Muqaddar es un término islámico aproximadamente correlacionado.

Punto Om (V.) - Punto de la Creación; el punto del que brota toda la Creación Sílaba sagrada.

prasad - un don precioso de Dios; un pequeño obsequio, a menudo comestible, dado por o en el nombre de un santo, Maestro Perfecto o Avatar.

purna vairagya (V.) - completo desapasionamiento o desapego; renunciamiento total.

Purusha - el Ser Supremo; el Alma o Ser o Inteligencia en cada individualidad. Aunque Purusha Mismo no actúa, toda la consciencia le pertenece y se manifiesta a través de Prakriti, o naturaleza primordial o fenoménica.

Qiyamat - en el Islam, Día de la Resurrección, Día del Juicio Final, Día del Juicio.

Quran o Corán (adj. Quránico, Coránico) - el Corán es el libro sagrado del islam, compilado a partir de una serie de revelaciones dadas por el arcángel Gabriel a Mahoma durante un período de poco más de dos décadas.

Qutub - Lit. polo o eje; Maestro Perfecto, un equivalente sufí de la designación hindú Sadgurú.

Qutub-e-Irshad - el líder de la jerarquía espiritual y jefe de los cinco Qutubs (Maestros Perfectos) que dirigen los asuntos del universo.

Radha-Krishna - Radha era una cuidadora de vacas cuyo amor sin par por Krishna, el Avatar, la hizo acreedora a la jerarquía de ser Su amada.

raja - rey, príncipe.

Rama o Ram - el Avatar cuya vida es el tema de la epopeya hindú el Ramayana, y cuyas enseñanzas se estudian en el Hinduismo.

Rasool -Profeta, mensajero. La designación islámica de Mahoma; un profeta preeminente o figura espiritual.

Realización (también llamada Realización de Dios, Realización de Sí, Realización del Ser) - el destino final del alma cuando se experimenta a sí mismo como Dios; el estado 'Yo soy Dios'; Fana Fillah, Nirvikalpa Samadhi.

reencarnación - el ciclo de renacimiento donde el alma nace y muere, identificándose con formas sucesivas. A veces esto se refiere solo al ciclo de nacimientos y muertes humanas, otras veces incluye formas prehumanas de peces, pájaros, animales, etc.

Rishi - un gran vidente o sabio, más comúnmente aplicado a las grandes figuras espirituales de la antigua India.

Rumi, Maulana, Jalaluddin - Maestro Perfecto sufí y poeta persa; fue discípulo de Shams-e-Tabriz (alrededor de 1207-1273).

Sadgurú - Maestro Perfecto. "Gurú de la Verdad". Qutub es el equivalente sufí.

sadhak (V.) - aspirante espiritual.

sadhana (V.) - práctica, empeño, esfuerzo en dirección a la meta.

Sahaj Samadhi (V.) - El estado "Yo soy Dios". Las dos formas de Sahaj Samadhi son Nirvana y Nirvikalpa Samadhi.

sahavas - la compañía del Maestro.

Samadhi o samadhi - estado temporal de intensa concentración en el que la mente se absorbe en trance. También se puede referir a la Tumba de Meher Baba en Meherabad, India.

sanskaras (sing. sanskara; adj. sanskárico) (V.) - impresiones; rastros acumulados o huellas de experiencias pasadas. En conjunto, pueden considerarse como el karma que determina los deseos y las acciones del individuo.

Sanskaras Vidnyani o **Vidnyani Sanskaras** (V.): tipo especial de sanskaras (impresiones) que el Avatar tiene antes de develarse, y tipo de sanskaras que otorga a los que están en sus diez círculos. Después de la Realización, los Sanskaras Vidnyani se transforman en Sanskaras Yogayoga.

Sanskaras Yogayoga o **Yogayoga Sanskaras** - los sanskaras no vinculantes que quienes son Perfectos traen consigo cuando descienden de la realización de Dios, de regreso a la consciencia de la creación. A diferencia de los Sanskaras Prarabdha, los Sanskaras Yogayoga no velan la consciencia del Ser Perfecto, sino ayudan a particularizar y materializar la Voluntad Divina a través de él en el cumplimiento de su misión.

santo - alma espiritualmente avanzada en los planos internos de consciencia o conocimiento; se utliza más específicamente para las almas en el quinto o sexto plano de la esfera mental.

Salik - a veces se utiliza como sinónimo de Maestro Perfecto. En otros casos se refiere a un alma avanzada que mantiene su equilibrio y perspicuidad, a diferencia de un mast, que se encuentra abrumado e intoxicado (embriagado) por el amor divino.

Sendero o **Camino** - ver Dios Habla. El camino interior del avance espiritual en el que el aspirante atraviesa los planos avanzados de consciencia.

Shams-e-Tabriz (fallecido en 1247) - Maestro Perfecto sufí y Maestro de Jalaluddin Rumi.

Shariat, Shariah o **Sharia** (S.) - Las leyes religiosas del Islam; Meher Baba a menudo usaba el término para referirse a la ortodoxia religiosa. Según la tradición sufí, el viaje hacia Dios comienza con shariat (la ley), continúa con tariqat (el camino) y culmina con haqiqat (la verdad).

sharir (V.): lit. el cuerpo denso; la forma física.

Shiva o **Mahesh** - el aspecto destructor de Dios, el tercer dios en la sagrada trinidad Brahma-Vishnu-Shiva, Creador-Preservador-Destructor.

Shivaji (1630-1680) - fundador del reino de Maratha, en la India; reformador social, jefe militar y defensor de la tolerancia religiosa. Meher Baba declaró que Shivaji fue una encarnación Avatárica menor.

Siddha - quien ha realizado a Dios y mora en la perfección del Sahaj Samadhi.

siddhis (sing. siddhi) – poderes ocultos adquiridos por peregrinos espirituales en los planos sutiles interiores de consciencia, o los poderes divinos del cuarto plano de consciencia.

Sita-Ram - Sita era la amada de Krishna, el Avatar.

Sobrealma - el Alma Universal y Suprema, el verdadero Ser, la Realidad de Dios de la cual derivan todos los seres de la creación. "Alma Suprema" es una traducción del Vedántico Paramatma (ver Paramatman).

Sufismo (también Sufí) - la tradición mística del Islam, cuya meta es purificar
el corazón de todo, salvo de Dios, para finalmente lograr la absorción total en Dios. A los adherentes a las enseñanzas esotéricas de Muhammad, el Profeta, con el tiempo se los conoció como sufis.

tariqat, tariqah, tariqa - el camino; el sendero espiritual, el camino esotérico del avance espiritual, el modo místico de vida. Comparado con seguir las leyes de la religión ortodoxa, el camino se da como una elección y un viaje individual. Según la tradición sufí, el viaje hacia Dios comienza con shariat (la ley), continúa con tariqat (el camino) y culmina con haqiqat (la verdad).

Todo, el - Dios, el Infinito; puesto que el Todo es infinito, incluye a la Nada.

Unión - el estado de unión con Dios, el Infinito.

unmatta (V.) - quien se halla en el estado irrestricto de ebriedad, o intoxicación divina, sin prestar atención a las normas y valores del mundo; frenético.

Vairagya - cementerio, lugar de entierro o cremación; la libertad de los deseos mundanos; ascetismo, renuncia permanente. Vairagya existe en tres tipos de intensidad creciente, que son Smashan Vairagya, Tivra Vairagya y Purna Vairagya.

vali - ver wali.

Vasl - ver Wasl.

Vedanta - sistema ortodoxos del Hinduismo, doctrina religioso-filosófica de idealismo objetivo surgida de los Upanishadas.

vidnyan - Conocimiento de Dios en Su estado Más Allá; más allá del conocimiento de las tres esferas.

Vidnyani Sanskaras o **Sanskaras Vidnyani** (V.): tipo especial de sanskaras (impresiones) que el Avatar tiene antes de develarse, y tipo de sanskaras que Él otorga a quienes están en sus diez círculos. Después de la Realización, los Sanskaras Vidnyani se transforman en Sanskaras Yogayoga.

Vishnu - el Preservador del universo, segundo en la tríada divina de Brahma, Vishnu y Mahesh (o Shiva), que son la divinidad en sus aspectos de Creador, Preservador y Destructor. Parvardigar.

vyatireka (V.) -la actividad analítica de la mente.

wali - también escrito vali (S.) lit. - un amigo, un amigo de Dios, un santo en el quinto plano de consciencia.

Wasl - también escrito Vasl - Unión con Dios; el equivalente sufí del aikya vedántico. Véase también Haqiqat.

Yezdan - Dios Todopoderoso; la suprema Deidad zoroastriana de bondad y luz, que se opone a Ahriman, la fuente del mal. Cognado con Ezad.

yoga - disciplina espiritual en la que la mente y el cuerpo se subyugan hacia el objetivo final de lograr la unión del ser individual con Dios. La teoría y práctica de la meditación emprendida para lograr la unión del individuo con el Espíritu supremo; ejercicios corporales conducentes a ese fin; un sistema ortodoxo de filosofía hindú. En la tradición hindú hay cuatro yogas principales: dnyan, karma, bhakti y raj (ver raja).

yoga bhrashta - aspirante del cuarto plano que ha sufrido una excepcional regresión, por haber utilizado sus proderes ocultos de forma erronea; aspirante que tiene un contratiempo o caída en el Camino espiritual; el que cae del cuarto plano. En el uso convencional, un yoga bhrashta es alguien que ha dejado la fe o se ha desviado del camino.

Yogayoga Sanskaras o Sanskaras Yogayoga - los sanskaras no vinculantes que quienes son Perfectos traen consigo cuando descienden de la realización de Dios, de regreso a la consciencia de la creación. A diferencia de los Prarabdha Sanskaras, los Yogayoga Sanskaras no velan la consciencia del ser Perfecto, sino ayudan a particularizar y materializar la Voluntad Divina a través de este, en el cumplimiento de su misión.

yogui - practicante de yoga.

Zoroastro, Zaratustra, Zarathustra - el Avatar cuyas enseñanzas se encuentran en el Zoroastrismo y el Avesta. Meher Baba explicó que Zoroastro fue el primer Avatar de esta era.